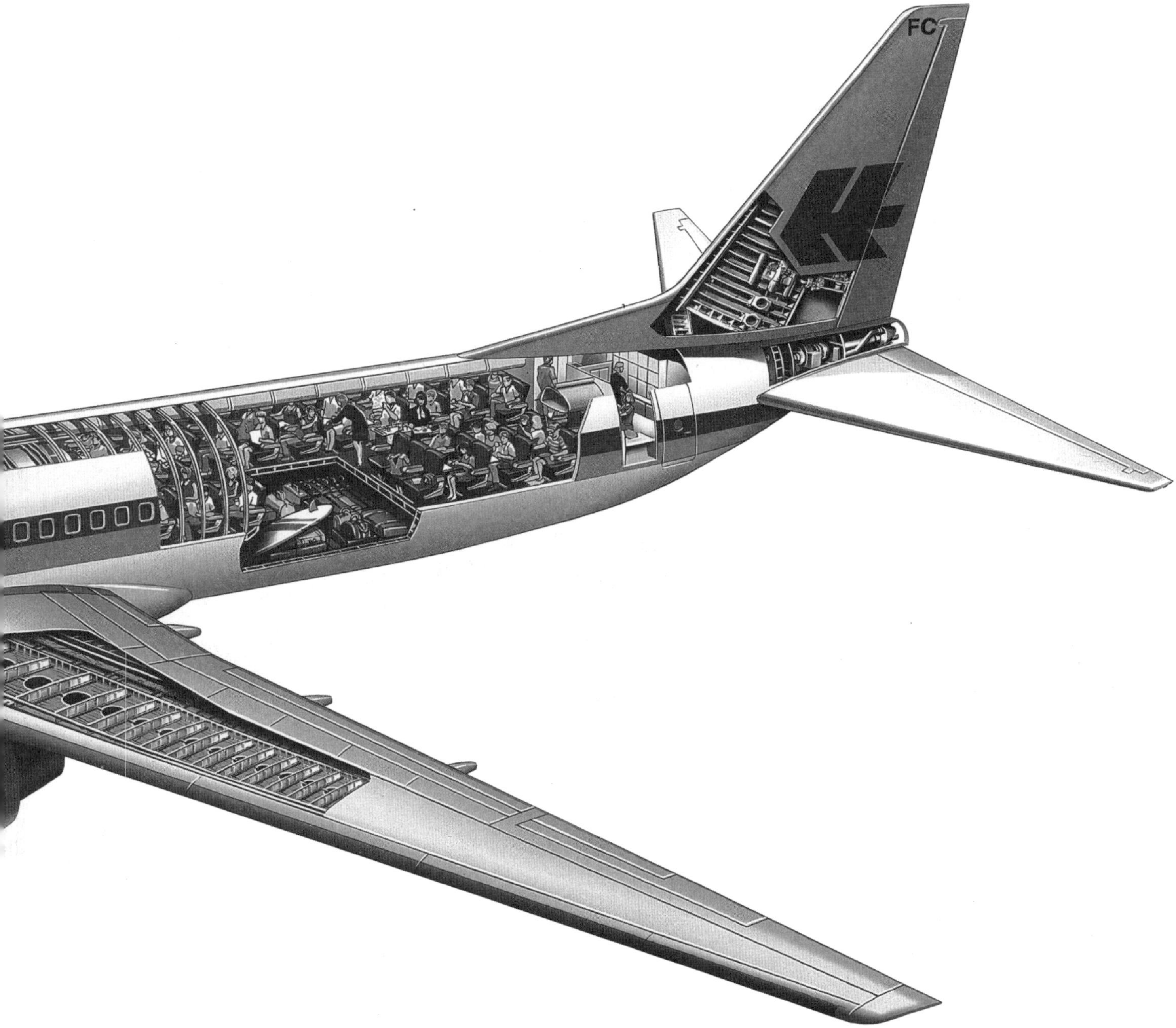

Frank Littek

Fluggesellschaften und Linienflugzeuge

»Willkommen an Bord.« Ellen Church darf in der Geschichte der Luftfahrt als Erfinderin des Bordservice mit Bedienung gelten: Am 15. Mai 1930 nahm sie bei Boeing Air Transport, einem Vorläuferunternehmen von United Airlines, als erste Stewardess der Welt ihren Dienst auf. Zuvor hatte sie selbst diese Dienstleistung ins Leben gerufen.

Frank Littek

Fluggesellschaften und Linienflugzeuge

Verlag E.S. Mittler & Sohn GmbH
Hamburg · Berlin · Bonn

Bildnachweis

Bildquelle	Seite	Bildquelle	Seite
Aero Lloyd	80	KLM	157, 158, 199 unten
Air France	94	Korean Airlines	162, 163
Airbus Industries	16, 22 oben, 23, 26, 28 unten, 29, 30, 31, 239, Schutzumschlag vorn	Lauda Air	70, 164, 165, 167
Alitalia	18	Littek	19, 20, 21, 22 unten, 25, 34, 39, 41, 42, 43 oben, 67 oben, 73, 77, 83, 85, 86, 87, 88, 89, 92, 93, 95, 96/97, 98, 101, 104, 109, 114, 119, 125, 126, 135, 136, 139 oben und Mitte, 141, 146 unten, 160, 161, 173, 201, 203, 205, 215, 237, Schutzumschlag hinten
Archiv Littek	12, 13		
ATR	33, 35, 65		
Austrian Airlines	99, 100, 102		
Boeing	36, 37, 38, 40 unten rechts, 45, 49, 51, 52, 124 oben, 137, 193, 198 oben		
Britannia	44, 200		
British Airways	56, 58, 105, 107, 194 oben, 195 unten	LTU	43 unten, 168, 169, 170
Brüssel Airport	210	Lufthansa	9, 10, 14, 17, 24, 27, 28 oben, 40 oben, 40 unten links, 53, 54, 55, 66, 74, 75, 78, 117, 132, 174, 175, 176, 177, 179, 181, 196
Cathay Pacific	68, 110, 111, 112		
Condor	121		
Continental	48, 122, 124 unten	Northwest Airlines	182, 185, 186
Delta Airlines	79, 195 oben	Qantas	188, 189, 190, 191
Deutsche BA	128, 129	Sabena	207, 208, 209
Dornier	59, 60, 61, 62, 63, 64, 67 unten	South African Airways	194 unten, 199 oben, 211, 212, 218, 219, 221, 222
Flughafen Frankfurt	127		
Hapag-Lloyd Flug	134, 138, 139 unten	Swissair	72
Icelandair	143, 144, 145, 146 oben	TWA	224, 226
Japan Airlines	47, 76, 147, 148, 149, 151, 153, 198 unten	Tyrolean	229, 230, 231
		United Airlines	2, 232, 234, 235

Schutzumschlag

Vorn: Zu den elegantesten Verkehrsflugzeugen gehört heute der Airbus A 340.
Hinten: Kurz vor dem aufsetzen: Dank präziser Navigationshilfen sind im modernen Luftverkehr Landungen in der Dunkelheit zu einer Selbstverständlichkeit geworden.

Die Deutsche Bibliothek – CIP-Einheitsaufnahme

Littek, Frank:
Fluggesellschaften und Linienflugzeuge / Frank Littek. –
Hamburg: Mittler: 2001
ISBN 3-8132-0721-8

ISBN 3 8132 0721 8; Warengruppe 41
© 2001 by Verlag E.S. Mittler & Sohn GmbH, Hamburg · Berlin · Bonn
Alle Rechte, insbesondere das der Übersetzung, vorbehalten
Schutzumschlaggestaltung, Layout und Produktion: Hans-Peter Herfs-George
Repro: DZA Satz & Bild GmbH, Altenburg
Druck und Bindung: Druckerei zu Altenburg, Altenburg
Printed in Germany

Inhaltsverzeichnis

Einführung in den Luftverkehr 7

Linienflugzeuge 16
- Airbus A 320 16
- Airbus A 300/A 310 21
- Airbus A 340/A 330 25
- Airbus A 380 29
- ATR 33
- Boeing B 717 36
- Boeing B 737 39
- Boeing B 757 42
- Boeing B 767 44
- Boeing B 777 47
- Boeing B 747 51
- Concorde 56
- Dornier Do 328 59
- Dornier Do 328 Jet 61
- Dornier Do 728 63
- Douglas DC 10 73
- McDonnell Douglas MD 11 77

Fluggesellschaften 80
- Aero Lloyd 80
- Aeroflot 86
- Air France 93
- American Airlines 96
- Austrian Airlines 99
- British Airways 104
- Cathay Pacific 109
- Condor 114
- Continental Airlines 122
- Delta Airlines 125
- Deutsche BA 128
- Hapag-Lloyd 132
- Icelandair 143
- Japan Airlines 147
- KLM 157
- Korean Air 160
- Lauda Air 164

- LTU 168
- Lufthansa 174
- Northwest Airlines 182
- Qantas 188
- Royal Jordanian 201
- Sabena 207
- South African Airways 211
- Swissair 218
- TWA 224
- Tyrolean Airways 229
- United Airlines 232
- US Airways 237

Anhang 241
- Begriffe aus der Luftfahrt einfach erklärt 241

Vom Doppeldecker zum Großraumjet:
Die Entwicklung des Luftverkehrs

Keiner der Spaziergänger, die in den frühen Morgenstunden des kalten Dezembertages im Jahr 1903 zufällig am Strand in North Carolina unterwegs waren, ahnte, dass sich hier schon in Kürze Weltgeschichte ereignen würde. Um 10.30 Uhr, es war der 17. Dezember, schwang sich ein junger Mann namens Orville Wright bei Kill Devil Hill in eine seltsam anmutende Maschine, die über weit ausladende Schwingen an beiden Seiten verfügte und zog am Gasgriff eines eigens konstruierten Motors. Lärm schwoll an und das Gefährt setzte sich in Bewegung – erst langsam, dann schneller werdend. Erst der zweite Blick zeigte: Die Maschine glitt nicht direkt über den Sandboden, sondern über eine Schiene, die dafür auf dem Boden installiert war. Der Mann lag nun im Zentrum seines Gerätes, umgeben von einem zerbrechlich aussehenden Geflecht von Spanten, Drähten und Stützen, eine zweite Person bemühte sich laufend mit ihm Schritt zu halten. Dann geschah das Unglaubliche: Die Maschine hob sich in die Luft. Sie flog. Schon waren drei Sekunden vergangen – und das Gefährt befand sich immer noch in der Luft – und flog weiter und weiter. Ganze zwölf Sekunden dauerte der Flug, er führte über 36 m und schrieb an diesem Morgen in den USA Menschheitsgeschichte. Es handelte sich um den ersten gesteuerten Flug eines Motorflugzeuges. Orville Wright hieß der junge Pilot, der Mann an seiner Seite war Bruder Wilbur, dem noch einen Moment zuvor ein eigener Flugversuch misslungen war. Die beiden Männer machten weiter, hatte doch der Erfolg gezeigt, dass sie sich auf dem richtigen Weg befanden. Weitere Versuche folgten: Schon der vierte Flug dauerte 59 Sekunden. Der Doppeldecker flog dabei – angetrieben von seinem 12-PS-Benzinmotor und den beiden Druckpropellern – 260 m weit. Ein Jahr später hatten beide Brüder ihre Flugmaschine weiterentwickelt. Erste Flüge im Kreis wurden durchgeführt und 1905 überbrückten sie im Flug bereits eine Strecke von 39 Kilometern. Wilbur Wright ging dann 1908 mit einer anderen Pioniertat in die Geschichte des Luftverkehrs ein. Er beförderte den ersten Passagier, der den Namen Charles W. Furnass trug. Ebenfalls 1908 kam es dann zum ersten Unglück eines Motorflugzeuges bei dem mit Leutnant Thomas Selfridge ein Mensch starb. Orville Wright hatte ihn auf einem Flug an seiner Seite befördert. Die Entwicklung des Fliegens konnte dieser Todesfall nicht stoppen. Weltweit waren die Menschen jetzt von den neuen Möglichkeiten fasziniert. Noch hatte der erste Weltkrieg nicht begonnen, noch war die Titanic nicht gesunken. Die neue Technik, Motoren und Maschinen, schien alles möglich zu machen. Immer schönere und größere Schiffe durchpflügten die Meere, immer häufiger tuckerten die neuen Automobile durch Stadt und Land. Entfernungen schrumpften zusammen, der Mensch begann die Ozeane zu beherrschen. Und nun hob er auch noch an, den Luftraum zu erobern. Die Begeisterung kannte keine Grenzen mehr, als Louis Blériot am 25. Juli 1909 in 38 Minuten den Ärmelkanal zwischen Sangatte und Dover überflog. Die Erfolge des Flugzeuges waren spektakulär. Von einer kommerziellen Nutzung aber war dieser Verkehrsträger noch weit entfernt. Das änderte sich auch bis zum Ersten Weltkrieg nicht, der wenige Jahre später die alte Ordnung erschütterte. Die Folgen waren verheerend. Gleichzeitig hatte die Technik aber auch einen gewaltigen Schritt nach vorn getan. Ganz besonders die Fliegerei. Zunächst entdeckten die Militärs während des Krieges Flugzeuge als Aufklärungsmittel für Heer und Artillerie. Dabei fühlten sich viele der Piloten zunächst durchaus mit ihren fliegerischen Kollegen von der Gegenseite freundschaftlich verbunden. So flog man oft noch unbewaffnet, und als sich eine französische Morane-Saulnier und eine deutsche Taube in dieser frühen Zeit des Krieges über der Front begegneten, winkten sich die Piloten freundlich zu und flogen ihrer Wege. Das änderte sich schnell. Zunächst schoss man mit Pistolen und Karabiner aufeinander. Auch Stahlpfeile kamen zum Einsatz, und einmal beschwerte sich ein französischer Pilot, dass ein deutscher Widersacher ihn sogar mit einem Ziegelstein beworfen habe. Wenig später wurden Maschinengewehre eingesetzt, und es entspann sich ein langjähriges Kräftemessen zwischen den Piloten der verschiedenen Nationen. Dabei machte die Technik rasche Fortschritte. Waren vor dem Krieg Flugzeuge noch

Die Entwicklung des Luftverkehrs

wackelige Konstruktionen und jeder Flug ein Abenteuer auf Leben und Tod, so hatte das Flugzeug mit dem Kriegsende eine für damalige Verhältnisse atemberaubende Entwicklung durchgemacht – mit dem Ergebnis sehr viel zuverlässigerer Maschinen als vor dem Krieg.

Die Kunst des Reisens – Luftverkehr mit dem Zeppelin

Während das Fliegen mit Motorflugzeugen vor dem Ersten Weltkrieg noch in den Kinderschuhen steckte, konnte sich ein anderes Luftfahrzeug als zuverlässiges Verkehrsmittel etablieren: der Zeppelin. Bereits am 16. Oktober 1909 wurde in Frankfurt/Main die deutsche Luftschiffahrts AG (Delag) gegründet, das erste Luftverkehrsunternehmen der Welt überhaupt. Mit dem Zeppelin LZ 7 führte die Delag vom Juni des Folgejahres an Fahrten zwischen Frankfurt, Düsseldorf und Baden-Baden durch. Das Angebot kam an. Als der Erste Weltkrieg ausbrach hatten die Zeppeline des Unternehmen bereits 18 287 Passagiere befördert und dabei in 1588 Fahrten 172 535 km zurückgelegt. Das aber war erst der Anfang. Die eigentlich große Zeit der Zeppeline brach erst nach dem Ende des Krieges an. Schon bald wurden regelmäßige Liniendienste zwischen Europa und Amerika mit neuen Riesen wie der »Hindenburg« eingerichtet. In 65 Stunden reiste der Zeppelinpassagier zu dieser Zeit zwischen den Kontinenten, in einem Luxus, den allerhöchstens der Komfort der Luxusriesen auf den Meeren, der Schiffe der Hapag, des Norddeutschen Lloyd, der Cunard Line oder der White Star Line, übertraf. Auf dem Wasser wie in der Luft wurde man zu dieser Zeit nicht bloß befördert. Man reiste. Von den Luftreisen der Gegenwart in engbestuhlten Economy-Kabinen trennte diese Art der Fortbewegung Welten. In den Zeppelinen schliefen die Fluggäste in eigenen Kabinen, es gab Gesellschaftsräume, eine Bar, Schreibzimmer, einen Rauchsalon wie auf den Ozeanriesen und einen großzügigen Speisesaal, in dem Gemälde beim Speisen auf den Passagier herabblickten, während die Mahlzeiten akustisch durch Musik vom Flügel begleitet wurden. Diese Epoche ging zu Ende, als die »Hindenburg« am 6. Mai 1937 bei der Landung im US-amerikanischen Lakehurst in Brand geriet und 36 Menschen starben.

Auch wenn bereits vor dem 1. Weltkrieg, am 1. Januar 1914, in den USA der regelmäßige Passagierverkehr mit einem Flugzeug eröffnet worden war – Pilot Tony Janus hob mit seinem Benoist Flugboot in St. Petersburg, Florida, ab und beförderte seinen Fluggast nach Tampa. Flugzeit: 23 Minuten – kam es erst nach Ende des Krieges zu einem ersten echten Aufschwung der kommerziellen Fliegerei. Überall wurden erste Fluggesellschaften ins Leben gerufen. In Deutschland gründete die AEG am 13. Dezember 1917 die Deutsche Luftreederei (DLR) zunächst als Studiengesellschaft. Am 5. Februar 1919 beförderte das Unternehmen zum ersten Mal eine Gütersendung. Dabei handelte es sich um Zeitungen, die von Berlin nach Weimar geflogen wurden. Als weiteres Transportgut kam schnell Post hinzu – aber auch die ersten Passagiere wagten sich schon auf die harten Stühle in den engen Maschinen. Immerhin 19 Fluggäste konnte die DLR im Februar 1919 bereits verbuchen. In diesem ersten Monat des Flugbetrieb wurden 120 Flüge gestartet – 18 davon erreichten allerdings nicht ihr im Flugplan angekündigtes Flugziel. Trotzdem war die Entwicklung vielversprechend und die häufig eingesetzten Doppeldecker vom Typ LVG C VI galten mit ihren 200 PS und der Höchstgeschwindigkeit von 160 km/h als zuverlässige, robuste Maschinen. Bei jedem Flug dieser Maschinen konnten neben den Piloten zwei Passagiere und 40 kg Luftpost befördert werden. Trotzdem entstand schnell Bedarf nach einem größeren Flugzeug. Er wurde mit der Junkers F 13, die im Sommer 1919 ihre Zulassung erhielt, gedeckt. In diesem Flugzeug war neben zwei Piloten Platz für sechs Passagiere.

Junkers F 13

Besatzung: 2 Piloten
Passagiere: 6
Länge: 9,59 m
Spannweite: 14,82 m
Startgewicht: 1640 kg
Reisegeschwindigkeit: 170 km/h
max. Flugdauer: sechs Stunden
benötigte Startstrecke: 100 m
Triebwerk: BMW IIIa
Leistung: 185 PS

Die Entwicklung des Luftverkehrs

6. April 1926: Mit einem Flug von Berlin-Tempelhof über Halle, Erfurt, Stuttgart nach Zürich nahm die Lufthansa den Linienflugverkehr auf. Am Start: ein Fokker-Grulich Hochdecker, der hier für den Flug beladen wird.

Die Junkers F 13 gilt heute als erstes echtes Verkehrsflugzeug der Welt. Als sie auf den Markt kam, wurde der Luftverkehr noch von Doppeldeckern dominiert, filigrane Gebilde, deren dünne Tragflächen durch zahlreiche Holzleisten und Verspannungen zusammengehalten wurden. Die F 13 dagegen war ein Eindecker, mit dick profilierten Tragflächen ausgestattet und vor allem ganz aus Metall gebaut. Für die Passagiere stand eine geschlossene Kabine zur Verfügung. Die Piloten saßen allerdings weiterhin in einer offenen Kanzel. Was heute als Nachteil erscheint, war zu dieser Zeit von den Piloten ausdrücklich so gewünscht. Um das Gefühl für den Flug und die Maschine nicht zu verlieren, so glaubte man damals, war es absolut notwendig, dass die Piloten die Auswirkungen von Wind und Wetter unmittelbar spüren konnten.

In vielen Staaten der Welt bauten Fluggesellschaften erste Linienverkehrsnetze auf, in Deutschland, aber zum Beispiel auch in Großbritannien. Hier flog die Fluggesellschaft Aircraft Transport and Travel von August 1919 an regelmäßig Passagiere zwischen Paris und London. In den Niederlanden nahm die neugegründete KLM den Flugbetrieb mit einem Eröffnungsflug zwischen Amsterdam und London auf und in Belgien bediente die SNETA regelmäßige Liniendienste von Brüssel nach London und Paris. Auch in Frankreich entwickelte sich der Luftverkehr. Die Fluggesellschaft Grands Express Aeriens wagte 1922 gar den ersten zivilen Nachtflug von Frankreich nach England. Dieser Flug blieb keine Ausnahme. Gerade im ebenfalls aufblühenden Luftfrachtverkehr gehörten Flüge während der Nachtstunden schon bald zu den völlig normalen Gegebenheiten. In Deutschland kam es Ende der 20er Jahre zur Einrichtung einer festen Nachtverbindung, die von Berlin in verschiedenen Etappen bis nach Paris führte. Fliegerisch gehörten die Flüge zu dem anspruchsvollsten, was Piloten leisten konnten. Moderne Navigationshilfen, wie sie heute üblich sind, standen nicht

Die Entwicklung des Luftverkehrs

Service an Bord einer Lockheed L 1049 »Super Constellation« der Lufthansa.

zur Verfügung. Auch in der Nacht flogen die Piloten ausschließlich nach Sicht, wie am Tage auch. Dazu waren entlang der Routen im Abstand von 25 bis 30 km Drehscheinwerfer installiert. Als zusätzliche Navigationshilfe hatte man zahlreiche Gasbaken und Neonlampen auf Hausdächern und Masten installiert.

Mittlerweile waren auch die Strecken länger geworden. Stück für Stück tasteten sich die Fluggesellschaften hinsichtlich der Entfernungen, die der Luftverkehr leisten konnte, weiter vor. Noch hatten viele der Staaten, die sich im Luftverkehr engagierten, Kolonien. Je schneller und je zuverlässiger die Verkehrswege dorthin funktionierten, umso besser für Politik, militärische Interessen aber auch die Unternehmen, die in den Kolonien tätig waren. Da kam das Flugzeug als Verkehrsmittel gerade recht. Vor allem Briten und Niederländer wussten die neue Entwicklung zu nutzen. 1924 organisierte eine britische Expedition in Zusammenarbeit mit der Fluggesellschaft Imperial Airways einen Flug nach Indien und Burma, bei dem 28 970 km zurückgelegt wurden. Als Flugzeug kam eine de Havilland D. H. 50 J zum Einsatz. Die KLM machte sich am 1. Oktober 1924 zu einem Erprobungsflug nach Batavia, in die holländische Kolonie Ostindien auf den Weg. 1929 schon konnte die Fluggesellschaft einen regelmäßigen Linienverkehr nach Ostindien in ihren Flugplan aufnehmen. Auch Deutsche und Amerikaner ruhten nicht. Charles Lindbergh führte am 20./21. Mai 1927 den ersten Non-Stop-Alleinflug über den Atlantik mit einem Flugzeug durch und wurde von den Massen in Paris gefeiert. Der deutsche Pilot Hermann Köhl, der Ire James C. Fitzmaurice und Ehrenfried Günther Freiherr von Hünefeld vom Norddeutschen Lloyd flogen 1928 mit einer auf den Namen »Bremen« getauften Junkers-Maschine zum ersten Mal von Ost nach West nonstop über den Nordatlantik. Pionierarbeit leistete die deutsche Lufthansa über dem Südatlantik. Hier eröffnete die Fluggesellschaft am 03. Februar 1934 den ersten Trans-Ozean-Dienst der Welt, der im ersten Jahr des Betriebes 47 mal durchgeführt wurde. Die Lufthansa beförderte dabei allerdings keine Passagiere, sondern Post. 43 kg davon fanden in einer Heinkel He 70 Platz. Die Maschine startete auf dem Flughafen Berlin-Tempelhof, flog nach Stuttgart, dann nach Marseille und schließlich nach Sevilla in Spanien. Hier war der Flug für die Heinkel zu Ende. Fleißige Hände warfen den Postsack in eine Junkers Ju 52, die einen Moment später mit ihren drei Motoren auch schon startete und nach Gran Canaria flog, hier zwischenlandete und sich weiter auf den

Eine Lockheed L 1649 A »Super Star« der Lufthansa. Die Maschine flog von 1957 bis 1966 für das deutsche Unternehmen.

Die Entwicklung des Luftverkehrs

Weg nach British-Gambia an der Westküste Afrikas machte. Dort, genauer in dem Ort Bathurst, lag bereits das Frachtschiff »Westfalen« bereit, um die Postsäcke zu übernehmen. Damit war die Rolle des Luftverkehrs aber noch bei weitem nicht beendet. Ganz im Gegenteil. An Bord der »Westfalen« war ein Dornier-Wal-Flugboot, die »Taifun« stationiert. Kaum befand sich die Post an Bord des Frachtschiffes, legte dieses im Hafen ab und steuerte auf das offene Meer hinaus. 36 Stunden ging das so, bis eine Position erreicht war, von der die »Taifun« starten konnte. Dieses geschah von einem Katapult auf dem Deck des Frachters aus. Die »Taifun« flog bis nach Natal in Brasilien. Hier wasserte sie neben einer W 34, die schon auf die Post wartete. Kaum waren die Sendungen übergeben, machte sich dieses Flugzeug auf den Weg und flog bis nach Buenos Aires. Die »Schwabenland« war ein weiteres Katapultschiff, das auf dem Atlantik zum Einsatz kam. Von diesem starteten später auch Maschinen vom Typ Blohm & Voss Ha 139. Der afrikanische Kontinent war schon früh eine Domäne der mittlerweile gegründeten Fluggesellschaft Sabena aus Belgien. Nicht ohne Grund, denn auch dieses Land hatte handfeste koloniale Interessen zu wahren – und die lagen zu einem großen Teil in Afrika. Von 1935 an konnte Sabena von Brüssel aus einen regelmäßigen Liniendienst nach Leopoldsville im Kongo anbieten. Noch gab es keine regelmäßigen Passagierverkehre mit Flugzeugen über den Nordatlantik. Die britische Fluggesellschaft Imperial Airways und die US-amerikanische Pan Am führten in der zweiten Hälfte der dreißiger Jahre erste Erprobungsflüge mit Flugbooten durch. 1938 wurde dann die erste Linienverbindung aufgenommen. Der 2. Weltkrieg kappte den Ausbau eines weltweiten Luftverkehrsnetzes in großen Teilen der Erde. Sehr viel stärker noch als im 1. Weltkrieg aber wurde im 2. Weltkrieg die Bedeutung des Flugzeuges als Waffe sichtbar. Im Pazifik entschieden Flugzeuge ganze Seeschlachten und in Europa waren die deutschen Truppen bald am Tage aufgrund der drückenden alliierten Luftüberlegenheit an vielen Fronten in ihrer Bewegungsfreiheit entscheidend eingeschränkt. Entsprechend seiner Bedeutung wurde das Kampfmittel Flugzeug weiterentwickelt. Wendigkeit, Schnelligkeit und vor allem Zuverlässigkeit und Reichweite der Maschinen erreichten bisher nicht für möglich gehaltene Standards. Damit waren nach Kriegsende hervorragende technische Voraussetzungen für einen gewaltigen Aufschwung des zivilen Luftverkehrs gegeben. Und der ließ nicht lange auf sich warten. Den Anfang machten die USA. Hier konnte nach dem gewonnenen Krieg zunächst einmal abgerüstet werden. Das betraf zum Beispiel die Flotte der Transportflugzeuge. Zahlreiche der bewährten C 47 Transporter, nichts anderes als die militärische Version der Douglas DC 3, wurden verkauft – zu äußerst günstigen Preisen. Gleichzeitig suchten Scharen von Jagd-, Bomber- und Transportfliegern einen neuen Job. Nur wenige wurden auf Anhieb fündig. Was lag da näher, als für wenig Geld eine der ausgemusterten Transportmaschinen zu kaufen und ganz nach Kundenwunsch gegen Entgeld Flüge durchführen? Genau diesen Weg gingen viele der altgedienten US-Piloten. Die Folge: Überall in den USA kam es zur Gründung kleinster Fluggesellschaften, die zu einem großen Teil nur aus einem Piloten und einer Maschine bestanden. Es entstand in kürzester Zeit ein Überangebot an Flügen. Daraus resultierte ein beispielloser Verfall der Ticketpreise. Gleichzeitig erfuhr das Fliegen aber auch eine bisher ungeahnte Verbreitung. Als weitere Folge dieser Entwicklung erhöhten sich die Unfallzahlen drastisch. Nach und nach stellte sich die Flugsicherung auf die neue Entwicklung ein, während gleichzeitig die Mechanismen des Marktes schon bald für eine Reduzierung des Überangebotes sorgten. Auf den Langstrecken kamen nun die großen und eleganten viermotorigen Propellermaschinen wie die Lockheed L-049 Constellation, ihre Weiterentwicklung, die Lockheed L-1049 Super Constellation, oder die Douglas DC 6 zum Einsatz. Dann ging mit der de Havilland DH 106 Comet der erste Düsenjet an den Start und in den Linieneinsatz und sorgte gleich mit zwei spektakulären Abstürzen für eine erste große Verunsicherung unter den Kunden des immer populärer werdenden Verkehrsmittels Flugzeug. Eine Unfalluntersuchung bisher nicht gekanntem Ausmaßes begann und fand im Ergebnis heraus, dass Materialermüdung zu den Abstürzen geführt hatte. Ein Problem, dass die Hersteller in den Griff bekamen, die Erfahrung im Umgang mit der neuen Technologie nahm rasch zu und war schon sehr ausgereift, als 1958 die Boeing B 707 mit einem Flug von New York nach London in den Liniendienst gestellt wurde. Die Bedeutung dieser Maschine für die Entwicklung des Luftverkehrs kann gar nicht hoch genug eingeschätzt werden. Durch den Einsatz der B 707 wurde das Fliegen populär und großen Bevölkerungsschichten zugänglich. Als diese Maschine über dem Nordatlantik auftauchte, nahm die Sitzplatzkapazität

Die Entwicklung des Luftverkehrs

Boeing B 707 der Fluggesellschaft Varig aus Brasilien.

der Fluggesellschaften drastisch zu. Die Folge: Die Preise für Flugtickets fielen drastisch, Fliegen wurde plötzlich für viele Menschen bezahlbar. Diese Entwicklung bekam noch einmal einen gewaltigen Schub, als die Boeing B 747 und dann die weiteren Widebodies wie die Douglas DC 10 oder die Lockheed L 1011 TriStar auf den internationalen Routen erschienen. Fliegen wurde zu dem, was es auch heute darstellt: ein leistungsfähiges, stets verfügbares und preisgünstiges Verkehrsmittel, dass Staaten und Kontinente schnell und zuverlässig miteinander verbindet. Damit hat es ganz entscheidend zum wirtschaftlichen Wohlstand, aber auch zum wechselseitigen Austausch und Dialog zwischen den Nationen und Kulturen beigetragen. Einen Dämpfer erhielt der stetige Aufwärtsdrang dieses Verkehrsmittels durch die Ölkrise von 1973 und die sich anschließenden wachsenden Umweltprobleme. Das stellte Flugzeughersteller wie Airlines vor neue Aufgabenstellungen. Flugzeuge und Luftverkehr mussten nun zunehmend Fähigkeiten im wirtschaftlichen Umgang mit den Ressourcen erwerben – aus rein betriebswirtschaftlichem Interesse, aber auch der Umwelt zu Liebe. Auf Basis dieser Voraussetzungen entstanden die Maschinen der neueren Flugzeuggeneration wie die Airbusse A 320 und A 340 oder die Boeing B 777 und die B 737 der Next Generation. Gegenüber den Maschinen der frühen 70er Jahre wurde der Kerosinverbrauch um gut 50 Prozent reduziert, entsprechend sanken die Schadstoffemissionen. Auch beim Lärm, ein anderes Feld aus dem Umweltbereich, bei dem Flugzeuge und der Luftverkehr weltweit in die Kritik geraten waren, konnten die Flugzeughersteller erhebliche Verbesserungen erzielen. So erzeugt die Douglas DC 8 beim Start einen Lärmwert von 107,2 gemessen beim Flughafen Düsseldorf. Am selben Messpunkt ergeben sich für den modernen Airbus A 340 Werte von 88,20. Und die Entwicklung schreitet weiter fort. Durch Weiterentwicklung der Triebwerke, den Einsatz neuer Werkstoffe und vor allem auch neue Konstruktionsmerkmale an den Tragflächen wie neu konstruierte Winglets und Landeklappen sind in Zukunft weitere Kerosineinsparungen möglich. Diese werden auch durch einen anderen Ansatz möglich: die Abkehr von bisher praktizierten Verfahren in der Organisation des Luftverkehrs. Hier wird es in Zukunft zur Ablösung des bestehenden Luftstraßenkonzeptes kommen und dafür zum so genannten freien Flug in der Fläche. Dadurch können bisher noch notwendige, treibstoffverbrauchende und schadstoffintensive Umwege für die Maschinen, die durch das Abfliegen der hakenförmig von Funkfeuer zu Funkfeuer verlaufenden Luftstraßen entstehen, vermieden werden. Möglich wird auch das durch den konsequenten Einsatz neuer Technik, wobei hier vor allem die Satellitennavigation auf GPS-Basis zu nennen ist. Ein anderer Ansatz, der zu einer deutlichen Reduzierung des Kraftstoffverbrauchs und der Schadstoffemissionen führt, ist schon weitgehend etabliert, bietet aber in Zukunft noch weiteres Potential: das Hub-and-Spoke-System.

Dieses Sparpotential ist auch dringend nötig, denn der Boom des Luftverkehr entwickelt sich weiter ungebrochen.

Die Entwicklung des Luftverkehrs

Die Lockheed TriStar gehörte zu den frühen Großraumflugzeugen, die mit dazu beitrugen, Fliegen für breite Bevölkerungsschichten erschwinglich zu machen.

So geht Airbus in seinen Prognosen von einem jährlichen Wachstum des Passagierverkehrs in Höhe von 5 Prozent aus. Unter Annahme dieser Perspektive wird sich bis zum Jahr 2018 der Zahl der Flugzeuge verdoppeln – und damit auch die Zahl der Starts, der Landungen und der Flüge. Der Treibstoffverbrauch der zivilen Weltluftflotte soll dann aber, das jedenfalls ist das Ziel der gegenwärtigen Anstrengungen, sogar noch unter dem heutigen Kerosinkonsum liegen.

Die Entwicklung des Weltluftverkehrs der ICAO-Mitgliedsstaaten

Jahr	Mio. Passagiere
1955	68
1965	177
1975	536
1985	899
1999	1558

Allianzen

Ein ganz wesentlicher Faktor, um die Umwelt zu entlasten, ist eine möglichst zentrale Organisation des Luftverkehrs, also das, was heute üblicherweise als Hub-and-Spoke-System bezeichnet wird. Dieser Ansatz steht in engem Zusammenhang mit der zunehmenden Bildung von Allianzen und Kooperationen der Fluggesellschaften im Luftverkehr, einer Entwicklung, die auf wirtschaftlichem Gebiet zum dominierenden Trend in den 90er Jahren geworden ist. Zunächst aber zum Hub-and-Spoke-System. Das Prinzip dabei ist einfach: Einmal angenommen, es gibt fünf Orte, die durch den Luftverkehr miteinander verbunden werden sollen. Bestehen direkte Verbindungen zwischen allen Orten, sind dazu zehn Flüge nötig. Werden die Flüge zentral, über ein weiterverteilendes Drehkreuz abgewickelt, sind nur noch vier Flüge nötig. Dieses System kommt aber nicht nur der Umwelt zugute, es hat auch entscheidende wirtschaftliche Vorteile für die Fluggesellschaften und ist damit ein

Die Entwicklung des Luftverkehrs

Der Lufthansa Airbus A 340 D-AIBA, bemalt mit den Namen und Farben der ersten sechs Star-Alliance-Partner, ist ein fliegendes Symbol für das Airline-Bündnis und gleichzeitig für den Trend der Fluggesellschaften, Allianzen zu schließen.

gutes Beispiel dafür, dass sich die Ziele der Ökonomie und Ökologie nicht unbedingt widersprechen müssen. Und eben weil das so ist, wickeln mittlerweile alle großen Fluggesellschaften ihren Flugbetrieb über Drehkreuze ab. Für die Lufthansa nimmt Frankfurt/Main diese Rolle wahr, bei der Air France ist es Paris (CDG), bei Delta Airlines Atlanta, bei United Airlines Chicago (ORD) und Denver, um nur ein einige Beispiel zu nennen. Die Auswirkungen des Hub-and-Spoke-Systems für den Passagier sollen am Beispiel des Flughafens Hamburg aufgezeigt werden. Von hier aus konnte der Fluggast noch im Sommer 1990 täglich per Direktflug mit der Lufthansa von Hamburg nach New York fliegen. Heute ist das nicht mehr möglich. Um in die Metropole an der Ostküste der USA zu kommen muss der Fluggast heute über das Drehkreuz Frankfurt fliegen und dort umsteigen. Auf den ersten Blick eine Verschlechterung. Der genauere Blick in den Flugplan zeigt aber auch, dass der Fluggast heute sehr viel mehr Flüge nach New York nutzen kann, als noch Anfang der 90er Jahre. So konnte der Fluggast 1997 um 7.30 Uhr über Frankfurt, um 9.40 Uhr über München, um 11.15 über Frankfurt, um 11.30 über Düsseldorf fliegen, wo – anders als in Hamburg – noch eine Direktverbindung bestand. Um 14.45 Uhr dann war wieder ein Flug über Frankfurt möglich. Für die Fluggäste bedeutete das, dass sie praktisch im Zweistundentakt über den Atlantik nach New York fliegen konnten. Die Vorteile des Hub-and-Spoke-Systems lassen sich noch einmal deutlich optimieren, wenn Fluggesellschaften Partnerschaften untereinander eingehen. Und genau das ist ein weiterer Trend, der sich seit vielen Jahren in der Luftverkehrswirtschaft zeigt. Kaum ein Unternehmen, das mittlerweile nicht auf die Zusammenarbeit mit einem oder mehreren Partnerunternehmen setzt. Dabei ist das Spektrum möglicher Kooperationen durchaus breit. Es reicht von der begrenzten Zusammenarbeit zwischen zwei Fluggesellschaften auf einzelnen Sachgebieten bis hin zur Einbindung in eine der mittlerweile entstandenen weltumspannenden Allianzen. Eine besonders häufige Basis der Kooperation ist die Einrichtung von Code-Sharing-Flügen. Dabei bieten zwei Fluggesellschaften einen Flug an, der von beiden Unternehmen als getrennte Reise ihren Kunden gegenüber deklariert wird und unter der jeweiligen Flugnummer beider Fluggesellschaften gebucht werden kann. Abgerechnet wird dabei zwischen den Airlines hauptsächlich nach zwei Verfahren. Handelt es sich um einen Free-Sale-Flug kalkuliert jeder Partner den Preis des zu verkaufenden Flugtickets selbst. Die Erlöse erhält aber das Unternehmen, das den Flug durchführt. Beim Block-Seat- oder Block-Space-Verfahren bekommt ein Partner ein Sitzplatzkontingent für eine festgelegte Geldsumme. Diese Plätze kann er dann zu eigenen Bedingungen, aber auch auf eigenes Risiko, mit Passagieren füllen. Code-Sharing-Flüge dienen natürlich nicht gerade dazu, die Bindung des Kunden an »seine« Air-

Die Entwicklung des Luftverkehrs

line zu stärken. Viele Passagiere, die in Deutschland Lufthansa buchen, tun das aus gutem Grund. Sie schätzen das Markenimage, das sich die Airline in vielen Jahren geschaffen hat. Da kann es natürlich irritieren und sogar verärgern, wenn der Kunde des Fluges LH 6866 bei seinem Flug von Frankfurt nach Rio de Janeiro dann statt im erwarteten Lufthansa Airbus in einer McDonald Douglas MD 11 der brasilianischen Fluggesellschaft Varig Platz nehmen muss. Wer als Kunde eine solche Beförderung – gegen die ansonsten objektiv nichts einzuwenden ist – nicht wünscht, sollte bei der Buchung gezielt darauf hinweisen oder einen genaueren Blick in den Flugplan der Fluggesellschaft werfen. In der Regel sind Code-Sharing-Flüge auch hier als solche zu erkennen. Im Lufthansa-Flugplan ist hinter der Flugnummer in Klammern das Kürzel (RG) angegeben. Das ist die Kennung der Fluggesellschaft Varig.

Wirtschaftlich bieten Allianzen und jede Form der Zusammenarbeit für die Airlines zahlreiche handfeste Vorteile. Würden die Unternehmen diese nicht nutzen, hätten sie im ständig härter werdenden Wettbewerb mit seinen immer noch fallenden Preisen keine Überlebenschance. Das fängt bei Synergieeffekten und dadurch sinkenden Kosten an, die durch Kooperation bei der Wartung, der Ausbildung des Personals oder der Vermarktung der Flüge entstehen und bietet zahlreiche weitere Möglichkeiten bei der Ausgestaltung des Flugplans. So kann eine Airline durch Wahl eines Partners und Installation von Code-Sharing-Flügen ihren Kunden plötzlich sehr viel mehr Flüge bieten als ohne – und vielleicht unrentable eigene Verbindungen zu entlegenen Destinationen streichen, da der Partner sie ja anbietet. Jede Fluggesellschaft weist in ihrem Flugplan Stärken und Schwächen aus. Ist sie in bestimmten Regionen der Welt unterrepräsentiert, kann das durch geschickte Partnerwahl ausgeglichen werden. Außerdem hilft ein Partner, die eigenen Maschinen zu füllen, strömen jetzt an einem Drehkreuz nicht nur die Passagiere einer Airline in eine Maschine, sondern auch die des Partners. Und gerade hierbei lassen sich die Vorteile des Hub-Systems von beiden Partnern einer Zusammenarbeit trefflich nutzen. Besteht zum Beispiel eine Verbindung zwischen Frankfurt und Chicago, die als Code-Sharing-Flug von Lufthansa und United durchgeführt wird, dient in Deutschland das Verteilernetz der Lufthansa dazu, das Flugzeug zu füllen oder abgehende Verkehre zu verteilen. In den USA ist es das bestehende Netz von Partnerairline United, das die Lufthansa in dieser Dichte niemals hätte aufbauen können. Und genau dieser Vorteil schlägt wieder eine Brücke zu den Vorteilen des Passagiers, denn ohne Kooperation der Fluggesellschaften wäre es für ihn bedeutend schwerer und vor allem zeitraubender, entlegenere Orte in den USA anzufliegen. Auch die kleinen Regionalfluggesellschaften finden dabei ihren Platz. Ein Beispiel ist die deutsche Fluggesellschaft Eurowings, die Zubringerflüge für die Air France nach Paris durchführt. Insgesamt soll es zur Zeit nach Ansicht von Fachleuten rund 280 Kooperationen unterschiedlichsten Grades in der Luftfahrt geben. In 110 Fällen kommen Code-Sharing Flüge zum Zuge. Die großen Allianzen, die sich heute am Luftverkehrsmarkt herausgebildet haben, stellten bislang die am weitesten entwickelte Form dieser Zusammenarbeit zwischen Fluggesellschaften dar.

Die großen Allianzen der Fluggesellschaften:

Oneworld:
American Airlines
British Airways
Cathay Pacific
Qantas
LanChile
Air Lingus
Finnair
Iberia

Wings Alliance: [1)]
KLM
Northwest Airlines

Star Alliance:
Deutsche Lufthansa
United Airlines
SAS
Air Canada
Thai Airways
Varig
Ansett Australia
Air New Zealand
All Nippon Airways
Singapore Airlines
Austrian Airlines
Lauda Air
Tyrolean Airways
Mexicana
British Midland

Sky Team:
Air France
Delta Air Lines
Aeromexiko
Korean Air

Qualiflyer Group:
Swissair
TAP Air Portugal
AOM
Turkish Airlines
Sabena
Air Europa
Air Littoral
Crossair
Lot
Portugalia
Volare Airlines

1) Name steht noch nicht endgültig fest

Linienflugzeuge

Vom »Atari-Flieger« zum bewährten Arbeitsgerät:

Die Flugzeuge der Airbus-A-320-Familie

Auch wenn der Airbus A 300 den Erfolg des europäischen Flugzeugbau-Konsortiums begründete, gilt doch der erst sehr viel später entwickelte Airbus A 320 in den Augen der Öffentlichkeit in noch sehr viel stärkerem Maße als Symbol für den Flugzeughersteller aus Europa. Ein Grund dafür ist sicher der revolutionäre Charakter der Maschine, ein Aspekt, der kurz nach dem Erscheinen dieses neuen Musters für aufgeregte Diskussionen und eine Polarisierung auch der Fachwelt sorgte, wie es seit dem Auftreten der ersten Boeing B 747 nicht mehr der Fall gewesen war. Rein äußerlich ist der A 320 eigentlich ein ganz normales Flugzeug, das in seiner grundsätzlichen Auslegung mit seinen zwei Triebwerken unter den Tragflächen kaum von anderen Flugzeugtypen zu unterscheiden ist. Bei der verwandten Technik aber brach Airbus mit einigen recht grundsätzlichen bestehenden Konzeptionen im Flugzeugbau vor allem bei der Steuerung und der Übermittlung der Pilotenbefehle. Auffälligstes und symbolträchtigstes Merkmal hierbei ist der Sidestick, über den die Piloten die Maschine bei ausgeschaltetem Autopiloten steuern. Der Sidestick befindet sich rechts des Copiloten und links vom Kapitän auf einer kleinen Konsole in Handhöhe und ist bedeutend kleiner als die massiven Steuersäulen, die

Die Maschinen der A-320-Familie auf einen Blick.

Linienflugzeuge

Das Cockpit des A 320 ist mit dem im A 319 und A 321 identisch.

bis dahin in Verkehrsflugzeugen verwendet wurden und sich direkt vor den Piloten befinden. Diese Veränderung brachte – auch wenn sie im Cockpit am auffälligsten war – aber nur viel weitreichendere Veränderungen, die sich im Systemdesign der Maschine vollzogen hatten, optisch konsequent zum Ausdruck. Die Steuersäulen waren in Verkehrsflugzeugen bisher nötig gewesen, weil die Piloten häufig große Kräfte über das Steuerorgan auf die Steuerflächen des Flugzeuges übertragen mussten. Das wiederum ist dann der Fall, wenn die Übertragung der Steuerungsbefehle auf mechanischem Wege, über ein komplexes System von Seilzügen und Umlenkrollen, an die Steuerflächen oder die dort arbeitenden Stellmotoren erfolgt. Im A 320 gibt es keine großen Kräfte mehr zu übermitteln, auf Seilzüge und Umlenkrollen wurde bei einem großen Teil der Steuerung verzichtet. Statt dessen werden im A 320 die Steuerwünsche der Piloten in elektrische, digitale Signale umgewandelt und als solche über Kabel – englischsprachig »wire« – an die Stellmotoren an den Steuerflächen übermittelt. Auch wenn das System in der Airbus-Auslegung eine völlig neuartige Konzeption darstellte, hatte man in der Fliegerei durchaus schon so viel Erfahrung mit einem solchen Ansatz gesammelt, dass die Konzeption für einen Einsatz in einem Großserien-Verkehrsflugzeug reif war. Schon die Steuerung der Concorde erfolgte mit einem einfachen Fly-by-Wire-System, das allerdings noch auf analoger Basis arbeitete. Und auch in Militärflugzeugen fand es bereits Verwendung. Die Übermittlung der Befehle über Draht hat natürlich einen erheblichen Vorteil: Sie spart Gewicht – gerade in der Verkehrsfliegerei stets ein gutes Argument. Um es in Zahlen auszudrücken: Je nach Flugzeugtyp lassen sich durch Fly-by-Wire-Einsatz zwischen 200 und 400 kg einsparen. Das klingt zunächst wenig. Das ändert sich aber, wenn man bedenkt, dass dadurch bei einem Airbus A 320 pro Jahr 25 000 Liter Kerosin eingespart werden können. Das allein war Airbus aber nicht genug. Genauso konsequent wie die Entscheidung, bei Fly-by-Wire auf die Anwendung eines Steuerhorn zu verzichten, war auch die Überlegung, die Steuerbefehle, wenn sie denn schon ohnehin in elektrische Signale umgewandelt sind, doch auch gleich von einem Computer bearbeiten zu lassen, bevor sie die Steuerflächen erreichen. Genau dieser Ansatz sorgte schließlich für die kontroversen Diskussionen über den Airbus A 320 und dazu, dass die zugespitzte Bezeichnung vom »Atari-Flieger« in der Öffentlichkeit die Runde machte. Das Airbus-System ist so ausgelegt, dass es neben den Steuervorgaben der Piloten zusätzlich Daten aus dem Luftdatenrechner sowie dem Fluglage- und Richtungsreferenzsystem berücksichtigt. Außerdem enthält die Programmierung des Bordcomputers als Basis die Flugzeugdaten einschließlich des Leitungsbereichs und der Limits der Maschine. Im realen Fluggeschehen führt der Bordcomputer die Steuerwünsche der Piloten aus. Dabei gleicht er sie aber mit den anderen zur Verfügung stehenden Daten ab und gibt sie immer so weiter, dass ein Überschreiten von Limits gar nicht mehr möglich ist. Die Maschine kann also zum Beispiel nicht mehr in einen überzogenen, und damit für die Sicherheit kritischen, Flugzustand geflogen werden. Um mögliche Fehler durch Computerausfälle so weit es geht zu reduzieren, baut Airbus nicht nur einen Bordcomputer in die Maschine ein, sondern gleich fünf. Jeder dieser Rechner könnte im Bedarfsfall auch alle anfallenden Arbeiten alleine ausführen. Im alltäglichen Flugbetrieb teilen sich die Computer die Arbeit untereinander auf. Jeder Computer wird bei seiner Arbeit durch einen internen Kontrollrechner überwacht. Nun könnten natürlich noch Fehler dadurch entstehen, dass Rechner und Kontrollrechner mit derselben Basissoftware arbeiten und gewissermaßen denselben Fehler oder dieselben Voraussetzungen bereits einprogrammiert haben. Auch dessen waren sich die Airbus-Ingenieure bewusst und konzipierten die Anlage so, dass Computer

Ein A 321 in den Farben von Alitalia.

und Kontrollrechner von verschiedenen Herstellern geliefert werden und mit verschiedenen Programmiersprachen geschrieben wurden.

Ein Prototyp der Maschine hob am 22. Februar 1987 in Toulouse zu seinem Erstflug ab. Nach drei Stunden und 23 Minuten landete die Maschine sicher. Mit insgesamt vier Flugzeugen führte Airbus die Flugerprobung durch. Das erste Flugzeuge wurde am 28. März 1988 an Air France ausgeliefert und ging am 18. April in den Liniendienst.

Die Diskussionen über Vor- und Nachteile der Fly-by-Wire-Auslegung von Airbus sind bis heute nicht ganz verstummt. Ein Grund dafür waren auch einige spektakuläre Unfälle, die sich beim Betrieb der Maschine ereigneten. Ein Beispiel: Am 14. September 1993 schießt in Warschau bei schwierigem Wetter ein Lufthansa Airbus A 320 über die Landebahn hinaus und prallt gegen einen Erdwall. Zwei Menschen sterben. Ein Grund dafür sind Fehler der Besatzung. Diese hat – so der offizielle Untersuchungsbericht – bei extrem starken Rückenwind und überhöhter Landegeschwindigkeit auf der vom Regen überfluteten Landebahn versucht zu bremsen, anstatt ein Durchstartmanöver durchzuführen, was nach Ergebnis der Unfallermittler nötig und möglich gewesen wäre. Daneben trägt aber auch eine Eigenart der Airbussysteme ihren Teil zu dem Unglück bei. So besagt eine der Vorgaben in den Bordcomputern, dass die Luftbremsen an der Oberseite der Tragflächen nur ausgefahren werden dürfen, wenn die Maschine gelandet ist. Diese Spoiler unterbrechen den Luftstrom – und damit den Auftrieb – an der Oberseite der Tragflächen. Dadurch wird die Maschine bei einer Landung auf die Landebahn gedrückt, wo sie dann wirkungsvoll abgebremst werden kann. Die programmierte Vorgabe für die Freigabe der Spoiler: Die Räder müssen sich mit mehr als 72 Knoten drehen. Genau das ist in Warschau aufgrund der Wetterbedingungen nicht der Fall. Sehr wahrscheinlich schwebt eines der Fahrwerke nur Millimeter über dem Asphalt der Piste. Die Folge: Der Bordcomputer gibt die Spoiler nicht frei. Gerade diese hätte die Besatzung aber dringend benötigt, um die Maschine abzubremsen. Solche spektakulären Unglücke blieben zum Glück Einzelfälle. Rein statistisch gesehen hat sich mittlerweile gezeigt, dass der Airbus A 320 ein sehr sicheres Flugzeug ist und kein höheres Unfallrisiko als andere Maschinen hat. Und gerade die Piloten, von denen in der Einführungsphase der Maschine viele Vorbehalte hatten, gehören heute häufig zu den engagiertesten Befürwortern dieses Flugzeugmusters und sind von den technischen Möglichkeiten gerade in Bezug auf Sicherheit, Sparsamkeit und Komfort begeistert. Das gilt auch für die Schwestermodelle des Airbus A 320, die das europäische Gemeinschaftsunternehmen aus der Maschine entwickelte. So kündigte Airbus im November 1989 die Entwicklung des A 321 an. Dabei handelt es sich um eine verlängerte Variante des A 320, der entsprechend mehr Passagiere aufnehmen und damit von den Fluggesellschaften auf Strecken, für die der A 320 zu klein wäre, eingesetzt werden kann. Die Maschine absolvierte am 11. März 1993 ihren

Linienflugzeuge

Erstflug. In Dienst gestellt wurde das Flugzeug am 27. Januar 1994 von der Lufthansa. Für den Bau des A 321 streckte Airbus den Rumpf des A 320 durch den Einbau von zwei zusätzlichen Rumpfsektionen vor und hinter den Tragflächen um insgesamt 6,9 m. Da der A 321 gegenüber dem A 320 über eine erhöhte Abflugmasse verfügt, mussten die Airbus-Ingenieure außerdem Fahrwerk, Tragflächen und tragende Zellenelemente verstärken. Im Cockpit ist der A 321 weitgehend mit dem Airbus A 320 identisch, für die Fluggesellschaften ein wichtiges Argument, gewinnen sie doch dadurch beim Einsatz der Besatzungen in ihrer Flotte sehr viel Flexibilität. Dieses Prinzip kam auch bei der Auslegung des Cockpits des A 319 zur Anwendung, einer weiteren Variante dieser Flugzeugfamilie, die am 25. August 1995 zu ihrem Erstflug startete und im April 1996 bei der Swissair zum ersten Mal in den Liniendienst ging. Gegenüber dem A 320 wurde der Rumpf des A 319 um 3,73 m verkürzt, gegenüber dem A 321 ist die Maschine 10,67 m kürzer.

Die bis jetzt letzte Entwicklung auf Basis des A 320 ist der Airbus A 318. Als im Dezember 1998 die US-amerikanische Fluggesellschaft TWA eine Absichtserklärung über den Kauf von gleich 50 Maschinen des Typs Airbus A 318 unterzeichnete, waren viele Luftfahrtfachleute überrascht. Allzu große Chancen hatten viele Kenner der Szene dem erst kurz zuvor von Airbus angekündigten neuen Model nicht eingeräumt. Zu Unrecht: In den folgenden Monaten reihten sich weitere Bestellungen aneinander. Die erste Maschine soll Ende 2002 in den Dienst gehen. Von der Grundkonzeption stellt der A 318 einen verkürzten A 319 dar. Der A 318 ist 31,4 m lang, genau 2,4 m kürzer als der nächstgrößere A 319. Die Spannweite beträgt 34,1 m und ist genauso groß wie die des A 319, A 320 oder A 321. Bei einer Standard-Zweiklassenauslegung haben 107 Passagiere in dem Flugzeug Platz. In dem nächstgrößeren A 319 sind es 124. Ansonsten finden sich die wesentlichen Merkmale der Schwestermodelle wie die Fly-by-Wire-Steuerung oder der Sidestick als Steuerelement für die Piloten auch im A 318 wieder. Das Cockpit ist wiederum identisch. Die Zweifel, die es zunächst an der Verkäuflichkeit dieses Flugzeugmusters gab, waren nicht ganz unbegründet. Immerhin bietet Konkurrent Boeing mit der B 717 bereits seit längerem ein Modell in der 100-Sitzer-Klasse an. Für beide Modelle sollte aber eigentlich der Markt in dieser Flugzeugklasse groß genug sein. Das jedenfalls wird bereits seit langem prognostiziert. So schätzt der Flugzeughersteller Fairchild Dornier in der Größenklasse der Maschinen von 90 bis 125 Plätzen bis zum Jahr 2014 in einer Studie

Dieser A 319 unternimmt die ersten Rollversuche mit eigenem Antrieb auf der Startbahn des Airbuswerks in Hamburg-Finkenwerder.

Airbus A 320

Airbus A 319 von TAP Air Portugal auf dem Vorfeld des Flughafens Funchal auf Madeira.

den Gesamtbedarf des Marktes auf 3302 Maschinen ein. Boeing selbst geht von einen Bedarf an Flugzeugen zwischen 80 und 120 Passagieren in den nächsten 20 Jahren von 2500 Stück aus. Ein Teil dieses Potentials scheint sich bereits als Nachfrage auf dem Markt bemerkbar zu machen. In relativ kurzer Zeit konnte Airbus gleich eine ganze Reihe von Aufträgen für das neue Muster entgegennehmen. Neben TWA unterzeichnete die Leasinggesellschaft ILFC – das Unternehmen vermietet Flugzeuge an Fluggesellschaften weiter – eine Absichtserklärung über den Kauf von 30 Maschinen. Kurz nach dem Programmstart bestellte Air France 25 A 318, Egypt Air unterzeichnete eine Kaufverpflichtung von drei Flugzeugen dieses Typs, British Airways orderte 12 Maschinen fest und gab für weitere 12 Flugzeuge die Kaufabsicht bekannt.

Trotz der Diskussionen um die Neuerungen dieser Modellreihe verkaufen sich die Flugzeuge von Airbus hervorragend. Bis Ende 1999 hatte der europäische Flugzeughersteller 792 A 320 an Airlines in aller Welt ausgeliefert. Dazu kamen 206 Airbus A 319 und 144 A 321. Für den Airbus A 318 lagen 120 Bestellungen vor.

Die Daten des Airbus A 320-200

Länge (m)	37,6
Höhe (m)	11,8
Spannweite (m)	34,1
Rumpfdurchmesser (m)	3,96
Kabinenbreite (m)	3,7
Besatzung Cockpit	2
typische Passagierbelegung	150
max. Startgewicht (t)	73,5
max. Landegewicht (t)	64,5
max. Nutzlast (t)	18,6
Tankkapazität (l)	23850
Frachtkapazität (m^3)	31,06
max. Reisegeschwindigkeit (km/h)	840
Reichweite (km)	4800
Durchschnittlicher Verbrauch (l/h)	2900
Triebwerkstypen	2 × CFM 56-5A1 mit 111,20 kN Schub

Nachfolgemodell gesucht:
Airbus A 300/A 310

Wer heute einmal ganz bewusst auf einem der großen internationalen Flughäfen der Welt das Aussehen der modernen Düsen-Verkehrsflugzeuge begutachtet, wird bei den meisten Maschinen weitgehende Ähnlichkeiten im grundsätzlichen Aufbau der Flugzeugkonstruktion feststellen. Fast immer sind die Triebwerke unter den Tragflächen angeordnet, am Heck befindet sich keine Düse, das Höhenleitwerk ist am Rumpf, und nicht am oberen Ende des Seitenleitwerks, befestigt. Das war nicht immer so. Anfang der 70er Jahre herrschte noch eine weit größere Vielfalt unter den Konstruktionselementen der Flugzeuge. Die Boeing B 727 dominierte das Bild auf den Airports mit ihren drei am Heck befestigten Turbinen und dem hoch auf dem Seitenleitwerk platzierten Höhenleitwerk. Auf Langstrecken stellten die mit drei Triebwerken – eines davon am Heck – ausgestatteten Douglas DC 10 und Lockheed TriStar hochmoderne Flugzeuge dar. Als am 28. Oktober 1972 der Airbus A 300 seinen Erstflug absolvierte, war diese Maschine von Anfang an genau mit dem Design ausgestattet, das heute das Aussehen fast aller modernen Verkehrsflugzeuge bestimmt. Das konnte zu diesem Zeitpunkt natürlich noch niemand absehen, genauso wenig wie den Erfolg, den dieser Flugzeugtyp später haben sollte. Im Mai 1974 ging die erste Maschine bei Air France in den Liniendienst. Zunächst sah es gar nicht nach einem kommerziellen Erfolg dieses Flugzeugmusters aus. Zwar wusste die Maschine die Fachwelt durch die klare, funktionsorientierte und dabei zugleich elegante Erscheinung durchaus zu überzeugen, doch für einen sich an die Indienststellung anschließenden langen Zeitraum konnte Airbus keinen weiteren Auftrag mehr für diesen Flugzeugtyp registrieren. Der Weiterbestand des mit dem Flugzeugbau befassten europäischen Airbus-Konsortiums, mit dem so viele Hoffnungen verknüpft waren und das geradezu symbolisch für die europäische Integration steht, schien kurz nach dem Start schon wieder fraglich. Kritiker, insbesondere in der Presse, sahen bereits das nahe Ende des Airbus-Projektes voraus. Sie sollten Unrecht behalten. Thai Airways markierte das Ende der Durststrecke mit einem Auftrag über zehn Airbus A 300, dann orderte die US-amerikanische Fluggesellschaft Eastern Airlines vier Maschinen dieses Typs und der Einstieg

Der Airbus A 310 ist ein Flugzeug, das weltweit große Verbreitung gefunden hat. Hier eine Maschine aus Pakistan.

Airbus A 300/A 310

Mit dem Airbus A 300 B 1 begann die Erfolgsgeschichte der europäischen Flugzeugbauer.

in den als besonders schwierig geltenden US-Markt war geschafft. Bei den Flugzeugen, die nun aus Thailand und den Vereinigten Staaten bestellt worden waren, handelte sich um Airbus A 300 B 4. Das war bereits eine weiterentwickelte Version. Den Prototyp dieses Flugzeugmusters stellte der Airbus A 300 B1 dar, von dem zwei Maschinen hergestellt wurden. Das Ursprungsmodell für den Verkauf der Maschine, das auch der Erstkunde Air France erhielt, war der A 300 B 2. Gegenüber diesem Modell hatte der B 4 einem zusätzlichen Kraftstofftank im Tragflächenmittelteil. Von Anfang an fertigte Airbus auch Frachtvarianten der Maschine, allerdings nur in geringer Stückzahl. In dieser Hinsicht scheint der A 300 das Schicksal vieler anderer Flugzeugtypen zu teilen: Erst heute, wo sich die Maschine als Passagierflugzeug seit mehreren Jahrzehnten weltweit bewährt hat, wird sie von einer immer größeren Zahl von Betreibern als Frachter eingesetzt. Verwendung finden dabei meist ausgediente Passagierflugzeuge, die für ihre spätere Verwendung umgebaut werden. Die von Airbus auch als solche konzipierten Frachtvarianten sind die Modelle C 4 und F 4. Bei dem F 4 handelt es sich um

Airbus A 300-600 der Lufthansa.

Linienflugzeuge

Auch als Frachter wird der Airbus A 300 – wie auch der A 310 – von vielen Fluggesellschaften eingesetzt.

einen reinen Frachter, bei dem C 4 um eine Convertible-Version, eine Maschine, die wechselweise als Frachter oder Passagierflugzeug fliegen kann. Beide sind mit einer Frachtluke auf der Backbordseite ausgestattet, sowie einem verstärkten Kabinenboden und einem Rauchmeldesystem in der Hauptkabine. Der C 4 ist, im Gegensatz zum F 4, aber aufgrund seiner Einsatzmöglichkeit im Passagierbereich, mit Fenstern ausgestattet.

Nachdem der A 300 erfolgreich vom Markt aufgenommen worden war, dachte Airbus über eine Weiterentwicklung der Maschine nach. Die entsprechenden Entwicklungsarbeiten wurden 1978 von den Ingenieuren des europäischen Flugzeugbau-Konsortiums aufgenommen. Bei dem neuen Muster handelt es sich um den Airbus A 310. Als erste Variante offerierte Airbus den A 310-200. Das Flugzeug war 7 m kürzer als der A 300 und erhielt neue Tragflächen mit einer geringeren Spannweite sowie neue Triebwerksaufhängungen. Der verstärkte Einsatz von CFK-Materialien führte zu einer Gewichtsreduzierung von 500 kg. Die Maschine absolvierte ihren Erstflug am 3. April 1982.

Gleichzeitig wurde aber auch der A 300 weiterentwickelt. Die neue Variante war der A 300-600. In den Bau des neuen Flugzeuges flossen auch die Verbesserungen und Modifikationen, die beim Bau des A 310 zum Einsatz kamen, ein. Der -600 erhielt neue, wirtschaftlichere Triebwerke, das Profil der Tragflächen wurde modifiziert. Gleichzeitig konnten die Airbus-Techniker das Gewicht der Maschine durch den vermehrten Einsatz neuer, leichter Kunststoffe reduzieren. Im Ergebnis eignete sich die Maschine für den Einsatz auch auf Langstrecken. Das Höhenleitwerk übernahmen die europäischen Flugzeugbauer komplett vom A 310 ebenso wie die Auslegung des Cockpits, die zwischen beiden Maschinen weitgehend identisch ist. Der A 300-600 absolvierte am 8. Juli 1983 seinen Erstflug. Die Auslieferung des ersten Flugzeuges erfolgte im April 1984. Auch das andere Produkt von Airbus Industries, der A 310, wurde weiterentwickelt. Die neue Version war der Airbus A 310-300, der am 8. Juli 1985 seinen Erstflug absolvierte und im Februar 1986 erstmals im Linieneinsatz flog. Gegenüber dem -200 bestand eine wesentliche Änderung im Einbau eines weiteren Tanks im Leitwerk, der immerhin 6100 l fasst. Das führte natürlich zu einer Erhöhung des Abfluggewichts und der Reichweite der Maschine. Der Anbau von Winglets und einer Heckflosse aus CFK stellten weitere Verbesserungen dar. Auf Basis des -200 brachte Airbus mit dem -200C und dem -200F zwei Versionen für den Gütertransport heraus. Der -200C ist eine Combi-Variante, die für den gemischten Passagier- und Frachteinsatz geeignet ist. Soll das Flugzeug nur Fracht befördern ist ein entsprechender Umbau von den Airlines in 15 Stunden zu schaffen. 40 t lassen sich dann transportieren. Der -200F wurde von vornherein als Frachter ausgelegt. Das 27 m lange Hauptdeck verfügt über eine Breite von 5 m und eine Höhe von 2,3 m. Es ist – wie im -200C – über eine Luke auf der Backbordseite zu erreichen.

Airbus A 300/A 310

Cockpit eines Airbus A 300-600.

1988 nahm dann der Airbus A 300-600R den Liniendienst auf. Dieses Muster hat gegenüber den Vorgängervarianten noch einmal eine vergrößerte Reichweite. Auch vom Airbus A 300-600 brachte Airbus wieder eine Frachtversion auf den Markt. Diese flog als A 300-600 F 1993 zum ersten Mal. Wie schon beim F 4 wurden auch bei diesem Frachter die Kabinenfenster weggelassen. Außerdem verzichtete Airbus auf den Einbau aller sonst üblichen Türen, bis auf die beiden vorderen. Dafür erhielt der -600F einen verstärkten Boden, ein zusätzliches Frachttor vorne Backbord, von dem aus das Hauptdeck beladen werden kann sowie ein Rauchmeldesystem. Um einen Eindruck von den Transportmöglichkeiten zu vermitteln: Auf dem Hauptdeck haben zum Beispiel 21 Paletten mit einem Maß von 3,17 m × 2,23 m Platz. Die Paletten werden dabei zweireihig nebeneinander im Laderaum platziert. Zusätzlich können im Unterdeck weitere Güter befördert werden, zum Beispiel zwölf standardisierte LD-3-Container im vorderen unteren Laderaum und zehn LD-3-Container im hinteren. Hinzu kommt ein weiteres kleineres Fach für Gepäckstücke, kleinere Kisten und Kartons, das 17,3 m^3 an Volumen aufnehmen kann.

Bis zum Ende 1999 konnte Airbus vom A 300 insgesamt 489 Maschinen ausliefern, vom A 310 waren es 255 Maschinen. Beide Modellreihen hatten sich damit als äußerst erfolgreich erwiesen. Gegen Ende der 90er Jahre deutete sich aber ein Ende der Baureihe an. Selbst wenn Fluggesellschaften grundsätzlichen Bedarf an Flugzeugen mit dem Profil dieser Muster haben, wird ein Neukauf des A 300 oder A 310 in den meisten Fällen nicht mehr in Erwägung gezogen, dazu ist die Grundkonzeption der Typen zu alt. Daraus ergibt sich eine Modelllücke auf dem Flugzeugmarkt. Es sieht so aus, als hätten die Flugzeughersteller diesen Modellbereich vernachlässigt, während sich der Konkurrenzkampf zur Zeit auf die obersten und untersten Größenklassen zu konzentrieren scheint. Fluggesellschaften wie Hapag-Lloyd, die durchaus Interesse an einem Nachfolgemuster des A 310 hätten, haben es schwer, auf dem Markt ein zeitgemäßes Nachfolgemodell zu finden, eine Maschine, die z. B. in Einklassenauslegung rund 260 Passagiere auf Mittelstrecken befördert. Der moderne A 330 ist in seinen aktuellen Auslegungen dafür zu groß, genauso die Boeing B 777. Die in Frage kommende B 767-300 hat fast das Alter des A 310, die neuere B 767-400 darf als zu groß gelten. Und die brandneue B 757-300 bietet zwar ein passendes Platzangebot, ist aber ein Narrow-Body. Als passendes Muster käme aber eine verkürzte A 330 in Frage.

Die Daten des Airbus A 310-300

Länge (m)	46,7	max. Nutzlast (t)	32,2
Höhe (m)	15,8	Tankkapazität (l)	61 070
Spannweite (m)	43,9	Frachtkapazität (m^3)	79,9
Kabinenbreite (m)	5,28	Reisegeschwindigkeit (km/h)	860
Rumpfdurchmesser (m)	5,64	Reichweite (km)	8 050
Besatzung Cockpit	2	Treibstoffverbrauch im	
typische Passagierbelegung	220	Reiseflug (l/h)	5 250
max. Startgewicht (t)	150	Triebwerkstypen	2 × GE CF6-80C2A2
max. Landegewicht (t)	123		mit 238 kN Schub

Linienflugzeuge

Elegante Größen aus Europa:
Airbus A 340/A 330

Am 5. Juni 1987 startete Airbus das Programm zum Bau von zwei neuen Flugzeugtypen, die in der Folgezeit insbesondere in Europa mit großer Spannung erwartet wurden: der Airbus A 330 und der Airbus A 340. Nachdem kurz zuvor der weitaus kleinere Airbus A 320 seinen Erstflug erfolgreich absolviert hatte, war der europäische Flugzeughersteller nun dabei, sich auch im bisher unbesetzten Marktsegment oberhalb der schon sehr erfolgreichen Modelle A 300 und A 310 als Wettbewerber der US-Hersteller zu etablieren. Auch die Eckdaten der zu bauenden Maschinen ließen vielversprechende Erwartungen aufkommen. Wie der Airbus A 320 sollten A 340 und A 330 mit der neuen Fly-by-Wire-Technik ausgestattet sein und damit neue Maßstäbe hinsichtlich Verbrauch und Umweltverträglichkeit setzen. Auch die absehbare Reichweite des A 340 von bis zu 14 000 km ließ die Maschine als einen »ganz großen Wurf« von Airbus erscheinen. Die Hoffnungen wurden nicht enttäuscht. Bis Ende 1999 hatte Airbus 171 Maschinen vom Typ A 340 und 131 Flugzeuge des Modells A 330 ausgeliefert. Seit die Lufthansa den ersten Airbus A 340-200 am 15. März 1993 bei einem Flug von Frankfurt nach Newark in den Liniendienst genommen hat und der erste A 340-300 am 26. Februar an Air France übergeben wurde, erfreut sich die Maschine wachsender Nachfrage bei den Fluggesellschaften und steigender Begeisterung bei den Passagieren – genau wie der Airbus A 330, der am 30. Dezember 1993 erstmals an die französische Fluggesellschaft Air Inter ausgeliefert wurde. Bei der Entwicklung beider Modelle gehörte es von Anfang an zu den Vorgaben für die Ingenieure, die Maschinen weitgehend identisch zu gestalten. Wesentliches Unterscheidungsmerkmal sind die Triebwerke. Während der A 330 mit zwei Turbinen ausgestattet ist, verfügt der Airbus A 340 über vier. Eine andere Unterscheidung zwischen beiden Mustern ist nicht sichtbar. Beim Airbus A 340 verstärkten die Airbus-Flugzeugbauer die Tragfläche im Bereich der äußeren Turbinen. Beide Maschinen sind mit Fly-by-Wire-Technik ausgestattet. Das Cockpit ist mit dem des Airbus A 320 weitgehend identisch. Das A-340-Cockpit fällt optisch gegenüber den Arbeitsplätzen der Piloten im A 320 und A 330 vor allem dadurch auf, dass in der Mittelkonsole vier statt sonst zwei Schubhebel installiert sind. Beide Maschinen sind vielleicht zur Zeit die elegantesten Passagierflugzeuge der Welt, auch wenn derartige optische Einschätzungen natürlich immer subjektiv sind. Der elegante Eindruck hat seinen Grund vor allem in den langen Tragflächen, die, ausgestattet mit hohen Winglets, eine sehr große Flügel-

Ein A 330 von Emirates wird vor dem Flug nach Dubai vom Terminal in Frankfurt/Main zurückgestoßen.

Ein Airbus A 340-300 landet in Funchal auf Madeira. Die Aufnahme entstand kurz nach Verlängerung der Landebahn. Mit Übungsflügen sondierte Tap Air Portugal das Potential der neuen Piste auf diesem extrem schwierigen Airport.

streckung aufweisen, wobei auch das harmonische Verhältnis zur Gesamtlänge der Maschine nicht unwesentlich ist. Die kürzeren -200 Varianten sind sehr viel eleganter als die verlängerten -300 Versionen. Ein weiterer nicht sichtbarer Unterschied zwischen A 330 und A 340 betrifft die Reichweite. Während der A 340-200 14800 km weit fliegen kann, sind es bei dem A 330-200 immer noch beachtliche 12000 km, was auf eine geringere Kraftstoffkapazität zurückzuführen ist. Der Airbus A 340 absolvierte seinen Erstflug am 25. Oktober 1991 als -300 und am 3. Februar 1992 in der Variante -200. Es folgte ein Erprobungsprogramm, an dem sechs Flugzeuge teilnahmen. Insgesamt wurden 750 Flüge mit mehr als 2400 Flugstunden absolviert. Das Erprobungsprogramm wurde in drei Stufen abgewickelt. Zunächst testeten die Piloten das Verhalten der Maschine bei allen Geschwindigkeiten und in allen Höhen. Dann folgte die Erprobung verschiedenster Systemausfälle. Es schloss sich die Ermittlung der exakten Flugdaten an sowie die Überprüfung der Navigationsanlage und das Verhalten bei Vereisung. Neben diesen Flugtests kam es auch zu ausführlichen Tests der Bruchsicherheit der Maschine, wie sie heute bei den Flugzeugherstellern üblich sind. Dabei wurden die wesentlichen Flugzeugteile, zum Beispiel die Zelle oder die Tragflächen auf ihre Belastbarkeit hin getestet. Diese Tests führen die Hersteller unter anderem durch, um die langfristige Belastbarkeit der Maschine zu testen. Dabei werden die Bauelemente des Flugzeug auf einem Aufbau montiert. Anschießend montieren die Flugzeugbauer zahlreiche Druckzylinder an die Bauteile. Diese Druckzylinder fahren dann hydraulisch immer wieder rauf und runter und simulieren so die Belastungen, der die Maschine auch im spateren Flugzeugleben ausgesetzt sein wird. Ein Beispiel: Durch den Auftrieb biegen sich bei jeder Maschine bei jedem Flug die Tragflächen ein bisschen hoch. Turbulenzen, Starts- und Landungen belasten die Tragflächen ebenfalls. Bei den Tests werden unter den Tragflächen Druckzylinder installiert, die diese wieder und wieder hochdrücken. Das geschieht in genau dem Maße, wie es auch beim späteren Flugzeugalltag der Fall ist, nur in zeitlich gerraffter Form. Üblich ist dabei, die Materialbeständigkeit über simulierte Zeiträume von 50 Jahren zu testen. Dazu kommen statische Bruchtests, bei denen die Flugzeugingenieure überprüfen, wie weit sich zum Beispiel die Tragflächen durchbiegen lassen, ohne dass es zu einem Bruch kommt. Schon im normalen Flug ist durch die Auftriebskräfte eine Verformung von 1 m normal. Bei rauem Wetter kommt es zu Verformungen bis zu 2,70 m. Durchgebogen wurden die Tragflächen des Airbus A 340 aber zum Beispiel in statischen Tests bis 4,9 m. Nach den Berechnun-

Linienflugzeuge

gen der Flugzeugbauer sollen theoretisch Werte von knapp über 5 m möglich, bis es dann zum Bruch kommt. Gemessen wird die Verformung dabei an den Flügelspitzen. Maßgebend ist die Anhebung im Vergleich zum entlasteten Zustand.

Der Airbus A 330 folgte dem Airbus A 340 mit seinem Jungfernflug am 2. November 1992. Er dauerte vier Stunden und 55 Minuten. Während beim A 340 die Versionen -200 und -300 nur kurz hintereinander zum ersten Mal flogen, war beim A 330 zunächst die -300 flügge. Grundsätzlich ist bei beiden Flugzeugmustern der -300 die längere der beiden Varianten. Nachdem der A 330-300 gebaut wurde, entschied sich Airbus am 24. November 1995 für den Bau eines verkürzten A 330-200. Die Maschine hob am 13. August 1997 in Toulouse erstmals vom Boden ab. Gegenüber dem -300 wurde beim -200 der Rumpf um 4,7 m verkürzt. Um eine optimale Steuerbarkeit der Maschine bei kürzerem Rumpf zu gewährleisten, wurden Seiten- und Höhenleitwerk vergrößert. Der -200 ist deshalb rund 1 m höher als der -300. Airbus lieferte das erste Flugzeug dieses Typs am 29. April 1998 aus. Im Laufe der folgenden Jahre wurde bei vielen Fluggesellschaften der Ruf nach einem Nachfolgemuster für die in die Jahre gekommenen Modelle A 300 und A 310 immer lauter. Beispiele sind die Fluggesellschaften Lufthansa oder Hapag-Lloyd. Der norddeutsche Ferienflieger setzt den A 310 seit vielen Jahren auf seinen Routen ein. Die Maschinen bieten in einer Einklassenauslegung rund 260 Passagieren Platz. Für dieses Fluggerät ein aktuelles Nachfolgemuster auf dem Markt zu finden, ist nicht einfach. Der A 330 und der A 340 sind dafür zu groß. Ebenso Boeings B 777. Und die Boeing B 767 hat fast das Alter des A 310. In Frage kämen allenfalls die neue Boeing B 757-300 oder die Boeing B 767-400. Die B 757-300 aber ist ein Narrowbody mit einem entsprechend anderen Raumgefühl in der Kabine und zudem von der grundsätzlichen Konzeption auch nicht mehr die neueste Maschine. Genau wie die 767-400, die zudem eigentlich immer noch etwas zu groß für die gewünschte Größenordnung ist. In diese Produktlücke, würde optimal eine verkleinerte Version des A 330 passen. Genau der Bau eines solchen Flugzeuges wird jetzt auch bei Airbus angedacht. Zunächst zog Airbus dabei eine Weiterentwicklung des A 300-600 in Erwägung, doch stellte sich heraus, dass unter den Kunden eine deutliche höhere Akzeptanz gegenüber einer Weiterentwicklung des A 330 bestand. Der Grund liegt vor allem in der größeren Reichweite einer A-330-Weiterentwicklung und natürlich im Cockpit und Auslegung der Maschine, die mit den anderen A-340- und A-330-Maschinen weitgehend identisch sein wird. Nach dem derzeitigen Stand der Planungen kommt der neu Typ unter der Bezeichnung A 330-500 auf den Markt und bietet bei einer Dreiklassenauslegung Platz für rund 220 Passagiere. Die Reichweite soll 13000 Kilometer betragen. Gegenüber dem A 330-200 wird der Rumpf jeweils vor und hinter der Tragfläche um vier Spanten verkürzt werden. Läuft alles planmäßig, sollen die ersten Auslieferungen Anfang 2004 erfolgen. Auch der A 340 wurde von Airbus weiter ausgebaut. Im Dezember 1997 erfolgte der offizielle Programmstart für die Modelle A 340-500 und A 340-600. Der -500 ist 4,1 m länger als der -300 und hat eine auf 63,50 m

Airbus A 340-300.

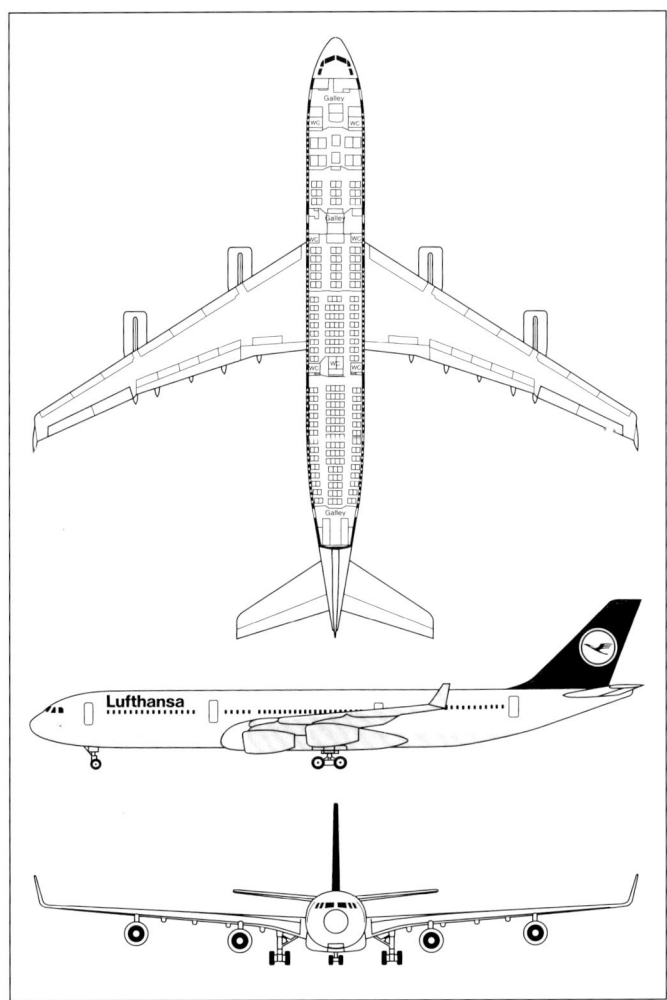

Airbus A 340/A 330

Im Cockpit eines A 340 während eines Langstreckenfluges.

Die Daten des Airbus A 340-300

Länge (m)	63,7
Höhe (m)	16,80
Spannweite (m)	60,30
Kabinenbreite (m)	5,28
Rumpfdurchmesser (m)	5,64
Besatzung Cockpit	2
typische Passagierbelegung	295
max. Startgewicht (t)	260
max. Landegewicht (t)	190
max. Nutzlast (t)	47,9
Tankkapazität (l)	141 500
Frachtkapazität (m³)	162,8
Reisegeschwindigkeit (km/h)	860
Reichweite (km)	12 000
Treibstoffverbrauch im Reiseflug (l/h)	8 300
Triebwerkstypen	4 × CFM56-5C2 mit 138,78 kN Schub

vergrößerte Spannweite. Die Reichweite soll 15 750 km betragen, den Erstflug plant Airbus für das Frühjahr 2002. Der -600 ist für nicht ganz so weite Flüge vorgesehen. Die Reichweite beträgt bei diesem Muster aber immer noch beachtliche 13 900 km. Dafür setzt der -600 bei Airbus hinsichtlich der Größe neue Maßstäbe. Die Maschine ist 11,1 m länger als der -300. Das maximale Startgewicht beträgt 365 t. Ausgelegt mit drei Klassen, kann der -600 440 Passagiere aufnehmen. In Einklassenauslegung werden es sogar 485 Fluggäste sein. Der Erstflug dieses Musters ist für das Frühjahr 2001 vorgesehen.

Der erste Airbus A 340-600 am 20. September 2000.

Seitenansicht: A 380 – hier noch als A 3XX bezeichnet – in einer Computersimulation.

Superjumbo der Zukunft:
Airbus A 380

In einem Punkt ist sich Airbus sicher: Bis zum Jahr 2018, so schätzt der Flugzeughersteller in seinem Global Market Forecast, einer globalen Marktvorausschau, wird sich die Zahl der Passagierflugzeuge weltweit verdoppeln. Eine ganz besonders starke Nachfrage könnte sich dabei nach Ansicht der europäischen Flugzeugbauer im Bereich der Maschinen mit mehr als 400 Sitzen entwickeln. Der Grund: Bei dem angenommenen jährlichen Passagierwachstum von fünf Prozent werden sich zunehmende Kapazitätsprobleme in den vielfach schon jetzt an den Grenzen ihrer Auslastung arbeitenden internationalen Großflughäfen ergeben. Die Abfertigung einer größeren Zahl von Flügen pro Stunde dürfte kaum noch möglich sein. Um aber trotzdem mehr Passagiere befördern zu können, bleibt nur die Möglichkeit, dieses in größeren Flugzeugen zu tun. Flugzeuge wie die Boeing B 747 werden in Zukunft also stärker denn je gefragt sein. Über 1200 Flugzeuge lassen sich nach Airbus-Einschätzung in dieser Flugzeugklasse bis 2018 verkaufen lassen. Für den US-amerikanischen Flugzeughersteller Boeing eine äußerst lukrative Aussicht, gibt es doch bisher für Airlinekunden zum Jumbo in dieser Flugzeugklasse keine Alternative. Boeing verfügt damit über ein Angebotsmonopol, das nach Ansicht vieler Branchenkenner einer Lizenz zum Gelddrucken gleichkommt. Klar, dass auch Airbus am Geschäft in diesem Marktsegment teilnehmen will. Das Flugzeug, mit dem die europäischen Flugzeugbauer das Boeing-Monopol in dieser Klasse brechen wollen, ist der Airbus A 380. Die Planungen der Maschine sind schon recht weit fortgeschritten. Zunächst die Eckdaten zur Flugzeuggröße: Hier wird der A 380 eine Länge von 73 m und eine Spannweite von 79,80 m bekommen. Damit ist die Maschine deutlich größer als die aktuellen Variante der B 747, die eine Länge von 70,67 m und eine Spannweite von 64,44 m hat. Gleichzeitig fällt auf, dass der Größenunterschied insbesondere bei der Länge der Maschine nicht so groß ist, wie teilweise im Vorfeld der Planungen in vielen Diskussionen angenommen wurde, wenn von einem gigantischen Superjumbo die Rede war, der die Dimensionen der meisten Flughäfen sprengen würde. Schon deutlicher ist dabei der Unterschied in der Spannweite zum Jumbo von Boeing. Der neue Airbus soll im Verhältnis zum Rumpf sehr viel längere Tragflächen erhalten als das Konkurrenzmuster. Größere Tragflächen erzeugen natürlich mehr Auftrieb. Und genau dieser wird auch beim A 380 benötigt, denn die Maschine soll – betrachtet man einmal

So soll der A 380 in den Farben von Singapore Airlines aussehen.

die Standardvariante A 380-800 – sehr viel schwerer als die B 747-400 werden. Beträgt bei Boeings Modell das maximale Startgewicht 385 t, müssen die Tragflächen beim A 380 immerhin 540 t in die Luft hieven. Dazu kommt natürlich, dass Airbus bei der Wahl der Tragflächengröße bereits die Option von größeren A-380-Varianten einkalkuliert hat. Schon heute werden Modelle mit 583 t projektiert. Entsprechend steigt auch die Zahl der zu befördernden Passagiere. In einer üblichen Drei-Klassen-Auslegung sollen 555 Passagiere in der Maschine Platz finden. Nur zum Vergleich: in der Boeing B 747-400 sind es zwischen 400 und 500. Entscheidet sich eine Fluggesellschaft für eine sehr viel engere Bestuhlung und der Konfiguration mit nur einer Klasse, wie es im Charterverkehr üblich ist, ließen sich über 800 Fluggäste im A 380 unterbringen. Bei der Konstruktion des A 380 müssen sich die Airbus-Ingenieure aber nicht nur mit physikalischen Gegebenheiten wie dem Verhältnis von Auftrieb und Gewicht, sondern auch mit Rahmendaten der Flughäfen auseinandersetzen. So hat die internationale Flughafenvereinigung ACI empfohlen, dass die Länge und Breite eines Flugzeuges nicht über ein Quadrat mit 80 m Seitenlänge hinausragen dürfen. Nach den Erfahrungen der Flughäfen muss ein Flugzeug diesen Eckwert einhalten, wenn es mit der bestehenden Infrastruktur – Terminals, Fluggastbrücken, Taxiways und vor allem den teilweise eng geschnittenen Kurven auf den Rollwegen – an den Flughäfen auskommen soll. Daran ist Airbus natürlich interessiert, denn alles andere würde die Akzeptanz der Maschine bei den Fluggesellschaften drastisch sinken lassen. Bei einer maximalen Länge von etwas unter 80 m wäre es aber gar nicht möglich, über 550 Passagiere in einer Maschine auf einer Ebene unterzubringen. Um diese Ziel trotzdem zu erreichen, hat Airbus den A 380 durchgängig dreistöckig konzipiert, mit einem Unterdeck, auf dem Fracht und Gepäck der Passagiere befördert werden, dem Hauptdeck und einem Oberdeck, die beide in den Standard-Varianten Passagieren vorbehalten sind. Neue Raumverhältnisse scheinen auf Öffentlichkeit, aber auch Flugzeugbauer immer inspirierend zu wirken. So lässt sich

Linienflugzeuge

bei der Planung des A 380 ein Phänomen beobachten, was vor Jahrzehnten auch bei der Entwicklung der Boeing B 747 oder – in der östlichen Hemisphäre der Welt – bei den Überlegungen einer möglichen Verwendung der gigantischen Antonov An 225 auch für Passagierzwecke – zu beobachten war: die Entwicklung recht phantasievoller Vorstellungen über die Nutzung des zur Verfügung stehenden Raumes. Wurden bei Boeings B 747 die Einrichtung einer – später auch umgesetzten – Bar oder eines – nicht realisierten – Panoramadecks im Bug der Maschine angedacht, sind es beim A 380 Kabinen mit Betten, Ruheräume oder eine zentrale Bordküche im Unterdeck des Flugzeuges. Ganz realitätsfern sind entsprechende Vorstellungen allerdings auch nicht, wenn man bedenkt, dass auch heute schon in Verkehrsmaschinen, die im Passagierraum voll besetzt fliegen, häufig ein großer Teil des Unterflur-Frachtraums aufgrund von Geschichtsbeschränkungen leer bleiben muss. Stattdessen könnten hier natürlich Räumlichkeiten angesiedelt werden, die in der Passagierkabine Platz für zusätzliche Sitze schaffen. Das wäre durch die Verlegung der Bordkücheneinrichtungen, aber auch von Toiletten, möglich. Ob dieses im Fall des A 380 sinnvoll ist, bleibt aber letztlich eine Frage der detaillierten planerischen Ausgestaltung der Maschine.

Windkanaltests sind bei der Konstruktion eines neuen Flugzeuges unabdingbar.

Um die geplanten Passagierzahlen in vertretbaren Zeiträumen in den Flughafenterminals ein- und aussteigen lassen zu können – stundenlange Wartezeiten wird niemand akzeptieren – muss das Flugzeug entsprechend effektiv gestaltete Verkehrsflächen aufweisen. Das fängt bei den Passagiertüren an.

Hier hat Airbus in der Basisversion den Einbau von neun Türen an jeder Seite vorgesehen. Im Flugzeug werden wie bei jedem Widebody heute auch zwei breite Gänge zwischen den Sitzreihen für die Bewegungsfreiheit der Passagiere sorgen. Der Zugang zwischen den Decks ist über eine 1,32 m breite Treppe möglich. Airbus verspricht, dass der A 380 so ausgestattet mindestens die gleiche Zwischenlandungszeit wie die Boeing B 747 erreicht. Nur wenige Flughäfen bieten die Möglichkeit, die Passagiere durch die Anbringung verschiedener Flugsteige auf dem Ober- und Unterdeck gleichzeitig aussteigen zu lassen. Sollte sich das auf den Flughäfen in Zukunft verstärkt durchsetzen, könnte die Zwischenlandungszeit des A 380 drastisch verkürzt werden. Das Cockpit ist – wie üblich bei modernen Verkehrsflugzeugen – für eine Besatzung von zwei Piloten geplant. Die wesentlichen Daten über Flugzeug und Route wird die Besatzung wie heute auch schon über Displays erhalten. Dabei sollen in den A 380 aber acht statt wie bisher bei Airbus sechs Bildschirme vor den Piloten zur Verfügung stehen. Neu wird die interaktive Auslegung der Displays sein. Kapitän und Copilot können darauf Eingaben über ein Steuergerät, ähnlich einer Maus, vornehmen. Mit den auf dem Bedienpult angebrachten Eingabegeräten kann die Besatzung Funktionen auf den Bildschirmen wie Waypoints direkt anwählen. Damit lässt sich auf die Eingabe über die Tastatur verzichten, was nach Airbus-Angaben die Bedienzeit deutlich reduziert. Ansonsten soll der grundsätzliche Aufbau der Hauptbildschirme, des Primary Flight Displays des Navigation Displays, weitgehend unverändert bleiben, nur jeweils größer und großzügiger ausgelegt sein als heute. Ganz unverändert werden aber auch diese Anzeigen nicht bleiben. Airbus plant die Aufnahme einer zusätzlichen vertikalen Führungsanzeige. Beim Anflug auf einen Airport sehen die Piloten auf dem Display damit nicht nur den Flughafen, die Position ihrer Maschine und den abzufliegenden Kurs mit den Wegmarken als Linie von oben, sondern auch ein Profil des Anfluges von der Seite. Um den Besatzungen das Rollen am Boden zu erleichtern, bietet Airbus zwei wesentliche Verbesserungen im A 380 an. So ist geplant, dass die Crew die Rollbewegungen am Boden durch den Einsatz von Videokameras überwachen kann. Daneben wird die Möglichkeit der Anzeige von Flughafenkarten mit der Flugzeugposition geboten. Gerade auf unvertrauten und komplizierten Airports dürfte das die Arbeit im Cockpit erheblich vereinfachen und sicherer machen. Schon heute betonen viele Piloten, dass das

Airbus A 380

Rollen auf vielen großen Flughäfen ihnen größeren Stress bereitet als weite Phasen des normalen Fluges. Ein weiteres Informationsangebot für die Besatzung bietet eine elektronische Bibliothek, die Zugang zu aktualisierten Betriebs- und Wartungsdokumenten des Flugzeuges, zu Navigationsdaten und anderen Informationen ermöglicht.

Die Steuerung des A 380 erfolgt nach dem Fly-by-Wire-Prinzip über einen Sidestick. Über die Passagierversionen hinaus wird der neue Super-Jumbo von Airbus auch als Frachter- und Kombiversion angeboten. Bis zum Jahr 2018 prognostiziert das europäische Flugzeugbaukonsortium global einen Bedarf von 300 neuen Großfrachtern mit mehr als 80 t. Die aktuellen Planungen, die bereits in Workshops mit Frachtairlines wie Federal Express, Cargolux und Eva Air diskutiert wurden sehen einen Frachter vor, der auf seinen drei Decks 150 t Fracht über eine Entfernung von 10 408 km transportieren kann.

Umweltschutz und Betriebskosten eines Flugzeuges werden in Zukunft noch sehr viel stärker als heute an Bedeutung gewinnen. Dessen sind sich natürlich auch die Ingenieure bei Airbus bewusst. Ihre Ziele: Der A 380 soll leiser als die gegenwärtige Version der B 747 werden und beim Kerosinverbrauch die Werte des Konkurrenzmusters pro Kilometer und Passagier um 20 Prozent unterbieten. Bei den Betriebskosten lautet die Vorgabe von Airbus, 15 Prozent unter der aktuellen B 747 zu bleiben. Die Ziele werden nicht einfach zu erreichen sein und bedingen den konsequenten Einsatz modernster zur Verfügung stehender Technologie – zum Beispiel durch die Verwendung neuer Verbundwerkstoffe. Dazu gehört auch die Lösung umfangreicher Detailfragen wie die Konstruktion der Klimaanlage oder der Notrutschen. Letzteres ist ein wichtiges Thema. In nur 90 Sekunden, so schreiben es die gesetzlichen Bestimmungen vor, muss ein Verkehrsflugzeug im Notfall evakuiert sein. Um das zu gewährleisten kommt es auf eine optimale Anordnung und Größe der Gänge und Treppe im Flugzeug an. Aber auch die Notrutschen sind bei der Einhaltung dieser Zeit ein wichtiger Faktor, denn hier dürfen sich die Passagiere beim Verlassen des Flugzeuges in einem Notfall keinesfalls stauen. Wer an dieser Möglichkeit zweifelt, möge nur bedenken, dass das Oberdeck immerhin fast in einer Höhe von 10 m liegt. Viele Passagiere dürften Angst vor dem Sprung in die Tiefe haben, die sich noch verschärft, wenn die Maschine mit eingebrochenem Fahrwerk schräg zum Stehen kommt und zum Beispiel das Bug steil in die Höhe ragt. Hierbei dürfen die Notrutschen dann am Bug des Flugzeuges keinesfalls so steil verlaufen, dass Verletzungen der Fluggäste vorprogrammiert sind, während die Rutschen am Heck keineswegs so flach verlaufen dürfen, dass zu evakuierende Fluggäste darin stecken blieben. Und natürlich gilt es zu bedenken, dass der Fall auch genau andersherum eintreten kann. Die Markteinführung der Maschine ist im letzten Quartal 2005 geplant. Der Erstflug soll 2004 stattfinden. Der Verkauf der Maschine lief bisher für Airbus sehr erfolgreich an. Als Erstkunde präsentierte sich offiziell die Fluggesellschaft Emirates aus den Vereinigten Arabischen Emiraten schon kurz nach dem Verkaufsstart im Juli 2000 bei der Luftfahrtschau im britischen Farnborough. Die Airline hat sich für den Kauf von fünf Passagiermaschinen und zwei Frachtern entschieden. Weitere Airlines wie Qantas und Air France haben großes Interesse am Kauf der Maschine gezeigt, womit sich die optimistische Markteinschätzung für den A 380 von Airbus zu bestätigen scheint.

Die Daten des Airbus A 380

Länge (m)	73
Höhe (m)	24,1
Spannweite (m)	79,8
Besatzung Cockpit	2
typische Passagierbelegung	555
max. Startgewicht (t)	540
max. Landegewicht (t)	381
max. Nutzlast (t)	85
Tankkapazität (l)	297 000
Unflurladeraum	36 LD-3-Container
max. Reisegeschwindigkeit (km/h)	860
Reichweite (km)	14 200
Treibstoffverbrauch im Reiseflug (l/h)	k. A.
Triebwerkstypen	4 × General Electric GP 7267 mit 298–333 kN Schub, 4 × Rolls Royce Trend 900 mit 355,9 kN Schub

Eine ATR 42 im Flug.

Erfolgsmodelle für kurze Strecken: ATR 42/ATR 72

Mit über 500 verkauften Maschinen gehören die ATR 42 und ATR 72 zu den erfolgreichsten Verkehrsflugzeugen im Regionalverkehr, die jemals gebaut wurden. Die Flugzeuge sind auf Airports in Europa genauso zu sehen wie auf großen und kleinen Flughäfen in den USA oder in Asien. Der Einsatz im Regionalverkehr bedeutet fast immer Kurzstreckenflüge, meist im Zubringerverkehr von kleineren Flughäfen hin zu den großen internationalen Drehscheiben des Luftverkehrs oder im Linienverkehr zwischen kleinen, regionalen Flughäfen untereinander. Beispiele dafür sind Flüge von Dortmund nach Paris, wie sich beispielsweise die Fluggesellschaft Eurowings im Zubringerverkehrs für die Air France im Flugplan offeriert oder die Verbindung von Dortmund nach Stuttgart als Beispiel für einen Flug zwischen kleineren Flughäfen. Wie andere Verkehrsflugzeuge im Regionalverkehr auch, werden die ATR-Maschinen von Propellern angetrieben, eine Antriebsform, die bei vielen Passagieren auf Vorbehalte stößt. Auch wenn die Motoren einer ATR äußerlich große Ähnlichkeit mit den Triebwerken von Maschinen wie der Junkers Ju 52 oder der Douglas DC 3 haben, basieren sie doch auf einem gänzlich anderen Antriebsprinzip. Bei Kolbentriebwerken wie sie die DC 3 hat, handelt es sich um ganz normale Motoren, wie sie auch im Auto zum Einsatz kommen, nur dass sie im Flugzeug in der Regel über mehr Zylinder verfügen, die außerdem zumeist sternförmig angeordnet sind. Bei den Motoren einer ATR oder auch von anderen propellergetriebenen Regionalflugzeugen handelt es sich dagegen von der Funktionsweise her um Düsentriebwerke. Sie werden als Turboprop-Triebwerke bezeichnet. Bei ihnen dient die in

ATR 42/ATR 72

Eine ATR 72 rollt über das Vorfeld des Bremer Flughafens.

der Turbine erzeugte Rotation dazu, einen Propeller anzutreiben.

Die ATR 42 und ATR 72 wurden von dem französischen Flugzeughersteller Aerospatiale und dem italienischen Unternehmen Aeritalia gemeinsam entwickelt. Zunächst hatten beide Firmen eigene Entwürfe für ein Regionalflugzeug, die Aerospatiale AS 35 und die Aeritalia AIT 230. Es zeigte sich recht schnell, dass beide Entwürfe große Ähnlichkeit zueinander aufwiesen. Beide Partner nahmen Verhandlungen auf und legten im November 1981 ihre Entwürfe zusammen. Der offizielle Programmstart zum Bau der ATR 42 erfolgte am 4. November. Die Zielsetzung ließ sich in wenigen Worten formulieren: Die ATR sollte ein einfach zu wartendes und zu fliegendes Flugzeug für den Regionalverkehr werden, mit einem möglichst großen Komfort für die Passagiere. Geplant war, vor allem auf den Einsatz von modernster Technik zu setzen, um diese Ziele zu erreichen. Das Programm lief vielversprechend an. Bereits im April 1982 konnte ATR die ersten Bestellungen entgegennehmen. Am 16. August 1984 hob die ATR 42 im französischen Toulouse, wo das Flugzeug auch produziert wird, zu ihrem Erstflug ab. Am 3. Dezember 1985 wurde die erste ATR 42 an die Fluggesellschaft Air Littoral ausgeliefert. Am 9. Dezember kam es zwischen Paris und Béziers zum ersten regulären Linieneinsatz dieses Flugzeugmusters. Bei ATR gab es zu diesem Zeitpunkt schon Planungen für den Bau einer verlängerten Version, die ATR 72, deren Bau einen Monat später angekündigt wurde. 1986 hatte sich die Maschine bereits am Markt durchgesetzt. Eine Flut von Aufträgen ging bei ATR ein. Air Tahiti, Air Pacific, Britair und Ethiopian Airlines bestellten ATR 42, Finnair orderte ATR 72. Gleichzeitig wurden in diesem Jahr 42 Flugzeuge ausgeliefert. 1988 konnte ATR dann ein erstes Produktionsjubiläum feiern, die 100. Maschine ging in die Auslieferung. Die USA waren ein äußerst erfolgversprechender Markt für die neuen Maschinen. Bisher hatte ATR hier aber noch nicht so recht Fuß fassen können. Das änderte sich ebenfalls 1988. Bei ATR ging mit 50 Maschinen ein Riesenauftrag von Texas Air ein. Als wenig später die französische TAT weitere 30 Flugzeuge bestellte, sicherte das die Auslastung des Werkes noch weiter in die Zukunft hinein. Jetzt absolvierte auch die ATR 72 am 27. Oktober 1988 ihren Erstflug. Die Maschine ist so ausgelegt, dass Piloten und Wartungspersonal der Airlines gleichermaßen mit diesem Typ, aber auch an der ATR 42 arbeiten können. Eine Möglichkeit, die es natürlich für viele Fluggesellschaften überlegenswert machte, beide Typen in ihre Flotte aufzunehmen. Auf den

Linienflugzeuge

Tag genau ein Jahr nach dem Erstflug der ATR 72 konnte Finnair die erste Maschine in Empfang nehmen. 1990 folgte ein weiterer großer Verkaufserfolg aus den USA. Die Fluggesellschaft American Eagle, ein Tochterunternehmen von American Airlines, bestellte 41 Flugzeuge vom Typ ATR 42 und 59 ATR 72. Noch im selben Jahr konnte ATR die 200. Maschine ausliefern. Empfänger war die Fluggesellschaft Thai Airways. Als die polnische Fluggesellschaft Lot im August 1991 ihre erste ATR 72 in Empfang nahm, war das für die französisch/italienischen Flugzeugbauer ein wichtiger Schritt auf einem ganz anderen Markt: Osteuropa. Lot setzt die ATR zum Beispiel auf den Strecken nach Deutschland ein, so zum Beispiel bei Flügen von Warschau über Danzig nach Hamburg. Schon 1992 lieferte ATR die 300. Maschine aus. Ein Jahr später, am 14. Juni 1993, kündigte der kleine Hersteller aus Toulouse eine überarbeitete Version der ATR 42, die ATR 42-500, auf der Luftfahrtausstellung in Paris an. Das neue Flugzeug absolvierte im September 1994 seinen Erstflug und wurde im Oktober 1995 erstmals an die Fluggesellschaft Air Dolomiti ausgeliefert. Modifiziert hatte ATR in der Überarbeitung die Passagierkabine. Außerdem ist die -500 schneller und schwerer als die Ursprungsversion des Flugzeuges. Im März 1996 flog dann die ATR 72-500, die Weiterentwicklung der ATR 72. Unterdessen bemühten sich die Verkaufsstrategen des Regionalflugzeugbauers um einen Markt, der noch weiter im Osten von Europa angesiedelt

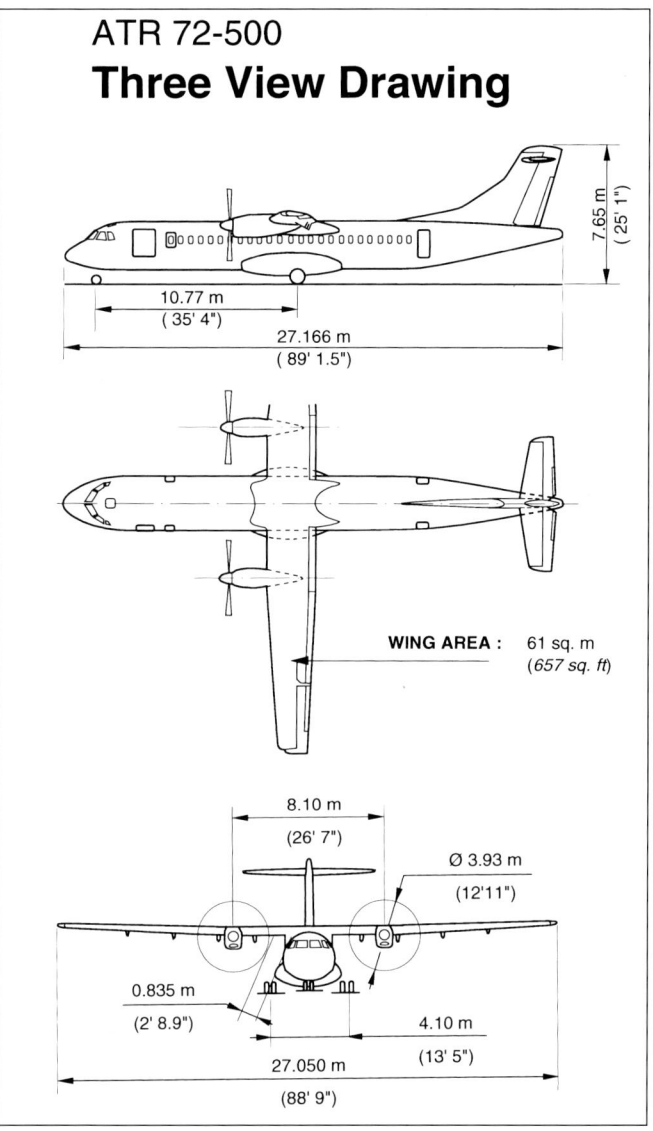

ATR-72-500.

Die Daten der ATR 42-500

Länge (m)	22,67
Höhe (m)	7,59
Spannweite (m)	24,57
Kabinenbreite (m)	2,57
Besatzung Cockpit	2
typische Passagierbelegung	48
max. Startgewicht (t)	18,6
max. Landegewicht (t)	18,3
max. Nutzlast (t)	5,45
Tankkapazität (kg)	4 500
Reisegeschwindigkeit (km/h)	555
Reichweite (km)	1556
Triebwerkstypen	2 × PW 127 Propellerturbinen mit 2 400 WPS Leistung

ist: die Volksrepublik China. Der Erfolg ließ nicht lange auf sich warten. Im Mai 1997 konnte der Hersteller China Xinjiang Airlines und die chinesische Luftfahrtbehörde als neue Kunden gewinnen. Das erste Flugzeug wurde bereits im August in das Reich der Mitte ausgeliefert. Einen Monat später, im September, verließ eine weitere wichtige Maschine die Werkshallen: das 500. Flugzeug, das ATR an American Eagle auslieferte. Die Maschine war zu einem weltweiten Verkaufsschlager geworden. Ganz wie es die ursprünglichen Planungen vorgesehen hatten, werden die ATR-Flugzeuge von ihren Kunden als unkomplizierte, kostengünstige und zugleich moderne Fluggeräte geschätzt.

Boing B 717

Für McDonnell Douglas kam die Entwicklung zu spät:
Boeing B 717

Taucht die neue Boeing B 717 zum ersten Mal auf europäischen Flughäfen auf, bemerken viele Betrachter auf den ersten Blick nicht einmal, dass es dabei um einen nagelneuen Flugzeugtyp handelt. Der Grund: Boeings neuestes Produkt sieht betagteren Modellen wie der Douglas DC 9 oder den Maschinen der McDonnell Douglas MD-80-Reihe zum Verwechseln ähnlich. Die optische Nähe ist kein Zufall. Die 717 entspricht beim Rumpf und den Tragflächen weitgehend den Daten der DC 9. Dieses Flugzeug, das später auch die Basis für die MD-80-Serie bildete, wurde in den frühen 60er Jahren entwickelt.

Die äußerliche Nähe zu den älteren Modellen täuscht natürlich. Von der Ausstattung, den technischen Daten und der Leistungsfähigkeit her repräsentiert die neue Boeing den neuesten Stand der Technik. Das für Kurzstrecken konzipierte Flugzeug hat eine Spannweite von 28,45 m, eine Länge von 37,81 m und eine Höhe von 8,92 m. Bei einer Zweiklassenauslegung passen 106 Passagiere in die Maschine. Die Bestuhlung ist bei einem Mittelgang so ausgerichtet, dass sich in jeder Reihe auf der einen Seite des Mittelganges drei Plätze, auf der anderen zwei Sitze befinden. Die Reichweite beträgt 2535 km, das maximale Startgewicht 51710 kg. Im Cockpit haben – wie bei modernen Maschinen üblich – zwei Piloten Platz. Gegenüber dem schon nostalgischen Cockpit der DC 9 oder dem der Maschinen der MD-80-Reihe mit ihren zahlreichen, verstreuten Rundinstrumenten, wirkt die Steuerzentrale der 717 mit sechs sehr großen Flüssigkristallbildschirmen ausgesprochen übersichtlich und aufgeräumt. Angetrieben wird das Flugzeug von zwei Triebwerken, die am Heck der Maschine angebracht sind. Sie stammen übrigens von BMW Rolls-Royce im deutschen Dahlewitz. Die Leistung soll um 23 Prozent über dem der DC-9-Turbinen liegen, bei gleichzeitig jedoch um zehn Prozent verminderten Betriebskosten, weniger Schadstoffausstoß und deutlich geringerer Lärmerzeugung.

Entwickelt wurde die 717 zum größten Teil nicht von Boeing. Sie stammt aus dem Hause McDonnell Douglas, was auch die Nähe zu der DC 9, einem der Erfolgsmodelle dieser Firma erklärt. Bei McDonnell Douglas sollte diese Neuentwicklung den Erfolg der betagteren Vorgängermodelle fortführen. Der Rumpf der 717 ist gegenüber der MD 87 um 1,45 m verlängert. Die Tragflächen entsprechen weitgehend denen der DC 9-34, wurden allerdings überarbeitet und mit einer stärkeren Pfeilung versehen. Die

B 717 in den Farben von Olympic Aviation.

Äußerlich ist die B 717 kaum von einer DC 9 zu unterscheiden. Hier eine Maschine von Hawaiian Air.

Höhen- und Querruder werden konventionell über Steuerseile betätigt. Dabei kommt kein Fly-by-Wire zum Einsatz. Die Maschine ist mit zweifach geschlitzten Klappen ausgestattet, die Vorflügel laufen über die gesamte Spannbreite. Die Spoiler/ Luftbremsen befinden sich auf der Flügeloberseite. Der Programmstart des Flugzeuges erfolgte als MD 95 am 19. Oktober 1995. Nach der Fusion mit Boeing führte dieses Unternehmen die Entwicklung fort. Das Flugzeug wurde – passend zu den übrigen Modellnamen – in B 717 umbenannt und absolvierte am 2. September 1998 seinen Erstflug, während die Produktion der anderen zivilen Verkehrsflugzeug-Typen von McDonnell Douglas, wie dem dreistrahligen Langstreckenjet MD 11, eingestellt wurde. Am 23. September 1999 lieferte Boeing die erste Maschine an die US-Fluggesellschaft Air Tran aus.

An der Herstellung der B 717 sind übrigens viele europäische Unternehmen beteiligt – so die Firmen Alenia (Italien), Labinal (Frankreich), Fischer Advanced Composite Compo-

Das Cockpit der B 717 präsentiert sich aufgeräumt.

Boing B 717

Air Tran – die ehemalige US-Fluggesellschaft Valujet – war lange der einzige Kunde der B 717.

nents (Österreich) sowie ein Joint-Venture zwischen BMW und RollsRoyce aus Großbritannien. Dabei zeichnet Alenia für den 717-Rumpf verantwortlich, Fischer Advanced Composite Components entwickelt die Innenausstattung des Flugzeugs. Verkabelung und Hilfsenergieaggregate werden von Labinal beigesteuert. Das britische Unternehmen Smiths Industries liefert EDV-Systeme und Standby-Ausrüstung, während Andalucia Aerospacial aus Spanien als Subunternehmer wesentlich an der Tragflächenfertigung beteiligt ist.

Angetrieben wird die Boeing 717 ausschließlich von den bereit erwähnten BMW/ Rolls Royce-Triebwerken des Typs BR715. Diese Aggregate werden in einem neu errichteten Werk im brandenburgischen Dahlewitz bei Berlin gebaut. Auf diese Triebwerke entfallen allein rund 20 Prozent des Gesamtwertes des Flugzeuges.

Die Nachfrage nach der 717 verlief in der Vergangenheit nur schleppend. Über Jahre blieb die US-amerikanische Fluggesellschaft Air Tran der einzige große Kunde mit einer Bestellung von 50 Maschinen. Dann allerdings wurden weitere Flugzeuge geordert, so von der Fluggesellschaft TWA. Ob das allerdings der Durchbruch für dieses Flugzeugmuster ist, um an der von Boeing prognostizierten gewaltigen Nachfrage in diesem Flugzeugsegment teilzuhaben, bleibt abzuwarten. Immerhin schätzt Boeing für die kommenden 20 Jahre weltweit einen Bedarf von rund 2500 Flugzeugen in dieser Größenordnung. TWA jedenfalls hat sich daneben auch für die Bestellung des neuen Konkurrenzmusters von Airbus, der A 318, entschieden. Wie einige andere Fluggesellschaften auch, die kürzlich auf diesem Markt als Einkäufer in Erscheinung getreten sind.

Die Daten der Boeing B 717

Länge (m)	37,81
Höhe (m)	8,92
Spannweite (m)	28,45
Kabinenbreite (m)	3,11
Rumpfdurchmesser (m)	3,34
Besatzung Cockpit	2
typische Passagierbelegung	106
max. Startgewicht (t)	51,7
max. Landegewicht (t)	46,3
max. Nutzlast (t)	12,2
Tankkapazität (l)	13905
Frachtkapazität (m³)	26,5
Reisegeschwindigkeit (km/h)	933
Reichweite (km)	2535
Treibstoffverbrauch im Reiseflug (l/h)	k. A.
Triebwerkstypen	2 × BR 715 mit 82,3 kN

Das meistverkaufte Verkehrsflugzeug der Welt
Boeing B 737

3576 Maschinen wurden von der Boeing B 737 bis Ende 1999 verkauft. Damit ist sie das erfolgreichste Verkehrsflugzeug, das bisher in der Geschichte der Luftfahrt flog. Es gibt wohl kaum einen internationalen Flughafen der Welt, auf dem die 737 nicht in einer ihrer zahllosen Versionen zum Alltagsbild gehört. Bereits am 9. April 1967 startete die Maschine zu ihrem Erstflug, damals als Boeing B 737-100. Seitdem hat sie zwei grundlegende Überarbeitungen erfahren.

festigt, sondern unter den Tragflächen, ein Konstruktionsmerkmal, das die B 737 von den meisten anderen Kurz- und Mittelstreckenmaschinen dieser Zeit unterschied. Völlig neu war die Aufhängung der Triebwerke selbst. Diese waren bei der 737 nicht an Pylonen aufgehängt. Statt dessen lagen sie eng an der Tragfläche an, was natürlich den Luftwiderstand erheblich reduzierte und es möglich machte, das Fahrwerk kurz zu halten. Eine andere Neuerung betraf die Fahrwerksschächte. Diese wurden nicht durch Klappen verschlossen, sondern von den Rädern selbst. Nach erfolgreichem Erstflug absolvierten die Testpiloten von Boeing 1300 Stunden Flugerprobung, wobei insgesamt sechs Maschinen zum Einsatz kamen. Im Dezember 1967 erhielt Boeing von der FAA die Zulassung für das neue Muster. Am 10. Februar ging die erste

Eine B 737 von British World im Landeanflug.

Zur ersten Generation dieses Musters gehört neben der -100 auch die 737-200. Die zweite Generation umfasst die Typen -300, -400 und -500, zur dritten Generation – auch Next Generation genannt – sind die Modelle -600, -700, -800 und -900 zu zählen. Bei der Entwicklung des Flugzeuges konnten die Boeing-Ingenieure auf in schon vielerlei Hinsicht erprobte Technik zurückgreifen. Gleichzeitig erhielt die 737 auch einige für ihre Zeit sehr fortschrittliche Neuerungen. Zunächst einmal wurde der Rumpfquerschnitt von den bereits bestehenden Modellen Boeing B 707 und Boeing B 727 übernommen. Dann konzipierte Boeing die Maschine so, dass 60 Prozent der Bauteile von der Boeing B 727 unverändert übernommen werden konnten. Anders als bei diesem Typ waren die Triebwerke aber nicht am Heck der Maschine be-

Maschine bei der Lufthansa in den Liniendienst. Das deutsche Unternehmen hatte sich während der gesamten Planungs- und Entwicklungszeit sehr stark für das neue Flugzeug engagiert und damit ganz wesentlich mit dazu beigetragen, dass der neue Typ überhaupt gebaut werden konnte. Schon recht früh ging Boeing Entwicklung und Bau einer zweiten Variante der 737 an. Dieser Version, die -200, war um 193 cm länger als die -100 und konnte 12 Fluggäste mehr befördern. Bereits am 8. August 1967 hob eine Boeing B 737-200 zu ihrem Erstflug ab. Die -100 verkaufte sich in den folgenden Jahren nicht sehr gut. Demgegenüber entwickelte sich die -200 zu einem Verkaufsschlager. Der Typ wurde auch unter der Bezeichnung -200C als Convertible-Version für den Umbau zum Frachter angeboten. Dazu ist

Boing B 737

Eine Boeing B 737-100 der Lufthansa.

Spiegelbilder der technischen Entwicklung im Cockpit: Flugdeck der B 737-100 ...

... und das Cockpit der aktuellen Boeing B 737-800.

an der vorderen Backbordseite des Rumpfes eine große Frachtluke montiert, durch die Container und Paletten auf das für die Güterbeförderung verstärkte Hauptdeck geschoben werden können. Das Hauptdeck selbst hat eine Länge von 21 m, ist 2,2 m hoch und 3,10 breit. Das reicht für die Beförderung von sieben Paletten des Standardmaßes 88" × 125". Beim Kauf konnten sich Kunden zwischen zwei Versionen entscheiden, der -200C und der -200QC. Bei letztgenannter Variante kann der Umbau von der Passagiermaschine zum Frachtflieger schneller als bei der -200C vollzogen werden. Bei der QC ist er in einer Stunde möglich, während er bei der C sechs Stunden dauert. Das erste Modell der zweiten Generation, die Boeing B 737-300, flog am 24. Februar 1984 zum ersten Mal. In den Bau dieses Musters flossen zahlreiche Modifikationen gegenüber den älteren Typen ein. Zunächst verlängerte Boeing den Rumpf um genau 2,64 m, verstärkte Tragflächen und Fahrwerk. Dann erhielt die -300 gänzlich neue Triebwerke. Das aber erwies sich als problematisch. Denn es zeigte sich, dass die 737 unter den Tragflächen nicht genug Bodenfreiheit hatte, um die verfügbaren Triebwerke aufzunehmen. Triebwerkshersteller CFM bot eine Lösung an: Das Unternehmen erkannte natürlich das riesige Geschäftsvolumen, das sich aus einem Engagement für dieses Flugzeugmuster ergeben konnte und modifizierte seine Turbinen so, dass sie für die B 737 anwendbar waren. Dazu bauten die Triebwerksingenieure ein neues, kleineres Gebläse ein und verlegten zahlreiche Aggregate seitlich. Boeing seinerseits verlegte die Aufhängung der Düsen

Linienflugzeuge

weiter nach vorn. Durch die Modifikationen entstand das charakteristische Aussehen der Triebwerke, das beim Blick von vorn in die Triebwerke deutlich wird. Diese haben keinen kreisförmigen Lufteinlass, sondern einen an der unteren Kante deutlich abgeflachten. Das neue Triebwerk und die Maschine passten gut zusammen. Am 28. November 1984 konnte die 737-300 in den Liniendienst gehen. Auch dieser Typ wurde von Boeing wieder mit verstärktem Boden und einer großen Ladeklappe ausgestattet als QC-Version angeboten, außerdem als reiner Frachter. Es folgen weitere Varianten mit der -400, die gegenüber der -300 um 2,9 m länger ist und der -500, die das kleinste Modell der zweiten Generation darstellt. Am 9. Februar 1997 flog mit der B 737-700 zum ersten Mal eine Maschine der dritten Generation. Auch bei diesem Generationswechsel hatte Boeing wieder zahlreiche grundlegende Änderungen an den Maschinen vorgenommen. Ganz wesentlich waren die Neuerungen an den Tragflächen. Diese waren um 5 m gegenüber den Vorgängermodellen gestreckt worden und verfügten außerdem eine um 50 cm vergrößerte Tiefe. Gleichzeitig konnte die Kapazität der Tanks in den Tragflächen um 30 Prozent gesteigert werden. Außerdem erhielten die Maschinen modernere Triebwerke mit geringerem Verbrauch und verminderten Schadstoff- und Lärmemissionen was zusammengenommen mit den größeren Tanks, zu deutlichen Reichweitensteigerungen führte. Auch das Cockpit erfuhr wesentliche Veränderungen durch den Einbau von fünf großen Displays anstelle der zuvor dominierenden Rundinstrumente. Mit einer Länge von 33,64 m ist die Boeing B 737-700 ideal als Ersatzmuster für die -300 geeignet. Die B 737-800 bietet sich dagegen als Nachfolgemodell für die -400 an. Die -800 ist 39,48 m lang. Damit wurde die Maschine gegenüber der 737-400 um 3,08 m gestreckt, was die Maschine auch optisch eleganter erscheinen lässt. 160 bis 189 Passagiere finden jetzt in der -800 Platz, die am 31. Juli 1997 ihren Erstflug absolvierte und am 23. April 1998 an die deutsche Ferienfluggesellschaft Hapag-Lloyd ausgeliefert wurde. Seit 2000 wird dieser Typ wahlweise auch mit 2,40 m hohen Winglets angeboten, durch die sich der Kerosinverbrauch um bis zu 7 Prozent reduzieren soll. Dritte und kürzeste Variante der neuen 737-Generation ist die -600 mit einer Länge von 31,25 m. Die Maschine flog am 23. Januar 1998 zum ersten Mal. Die Boeing B 737-900 stellt mit 41,11 m das längste Modell der Reihe dar.

B 737-800 der niederländischen Charterfluggesellschaft Transavia.

Derzeit sieht es so aus, als ob Boeing mit der Next Generation an den bisherigen Erfolg der 737 anknüpfen kann. Bis Ende 1999 konnten 198 Boeing B 737-800, 184 737-700 und 32 Modelle -600 ausgeliefert werden. Zum Vergleich die Zahlen für die älteren Modelle: Die Boeing B 737-100 wurde 30 mal ausgeliefert, bei der -200 verließen 1114 Maschinen die Werkshallen auf dem Weg zum Kunden. 1113 Boeing B 737-300 wurden gebaut, sowie 484 737-400 und 389 Maschinen der -500.

Die Daten der Boeing B 737-400

Länge (m)	36,40
Höhe (m)	11,1
Spannweite (m)	28,9
Kabinenbreite (m)	3,54
Rumpfdurchmesser (m)	3,76
Besatzung Cockpit	2
typische Passagierbelegung	141
max. Startgewicht (t)	60
max. Landegewicht (t)	54,9
max. Nutzlast (t)	16
Tankkapazität (l)	20100
Frachtkapazität (m³)	38,9
Reisegeschwindigkeit (km/h)	800
Reichweite (km)	3810
Treibstoffverbrauch im Reiseflug (l/h)	2850
Triebwerkstypen	2 × CFM56-3C1 mit 97,9 kN Schub

Boing B 757

Vor allem auf Mittelstrecken zu finden
Boeing B 757

Mit insgesamt 1831 aufgelieferte Maschinen ist die Boeing B 727 eines der erfolgreichsten Flugzeuge der Welt, eine Maschine, die auch heute noch gelegentlich auf deutschen und europäischen, weit häufiger aber auf US-amerikanischen und südamerikanischen Flughäfen zu sehen ist. Dieser Typ absolvierte am 9. Februar 1963 seinen Erstflug. Ende der 70er Jahre war klar, dass Boeing sich über einen Nachfolger der Maschine Gedanken machen musste. Am 23. März 1978 kündigte das Unternehmen ein entsprechendes Flugzeug an: die Boeing B 757. Bei der Konstruktion der Maschine mischte Boeing bewährte Elemente mit neuen Entwicklungen. Der US-Hersteller übernahm den Rumpfquerschnitt der 727, wobei der Rumpf allerdings um 5,97 m verlängert wurde. Das neue Muster erhielt vierrädrige Hauptfahrwerksbeine, deren Auslegung sich an das Fahrwerk der Boeing B 707 anlehnte. Neu war die Auslegung des Cockpits. Boeing konzipierte es so, dass es weitgehend identisch mit dem der Boeing B 767 war, einer Maschine, die sich zu diesem Zeitpunkt ebenfalls in der Entwicklung befand. Dadurch konnten Piloten ohne großen Trainingsaufwand auf beiden Maschinen eingesetzt werden – ein sehr gutes Verkaufsargument gegenüber den Fluggesellschaften, denen dieser Personaleinsatz ein Mehr an Flexibilität bei der Crewplanung ermöglicht. Neu war auch der Einsatz von leichten Verbundmaterialien, die Boeing bei der 757 für den Bau der Höhen- und Seitenruder und die Abdeckklappen der Fahrwerksschächte verwendete. Am 19. Februar 1982 absolvierte die Boeing B 757 ihren Erstflug. Nach 1380 Flugstunden erhielt Boeing die Musterzulassung, die erste Maschine ging am 1. Januar 1983 in den Liniendienst. Basisversion war die Boeing B 757-200, die Boeing 1986 durch eine Variante mit größerer Reichweite, die -200ER ergänzte. Daneben gibt es einen reinen fensterlosen Frachter und eine Combiversion, die 757-200 M. Das Hauptdeck des Frachters ist 31 m lang, hat eine Breite von 3 m und eine Höhe von 2,5 m. 15 standardisierte 125-Inch-Paletten finden darauf Platz. Erst sehr spät ergänzte Boeing die 757-200 durch eine weitere Variante. Am 2. August 1998 startete die B 757-300 zu ihrem Jungfernflug. Gegenüber der -200 wurde diese Version um 7,1 m verlängert. Das aber ist nicht alles: Die Maschine erhielt daneben verstärkte Tragflächen- und Triebwerksstreben. Das Fahrwerk wurde verstärkt und die gesamte Kabine komplett überarbeitet. Da die -300 insgesamt größer als die -200 ist, bringt sie auch ein höheres Gewicht auf die Waage. Bei gleichzeitig nur unwesentlich erhöhter Tankkapazität ist die Reichweite der neuen Variante gegenüber der -200 leicht gesunken. Flog die -200 noch bis zu 7 315 km weit, sind es bei der -300 6 454 km. Ein besonders Merkmal befindet sich am Heck des Flugzeuges. Hier installierten die Boeing-Techniker eine kleine Kufe – Tail Skid genannt – die das Flugzeug vor den gefürchteten Tail Strikes schützen soll, vor dem möglichen Aufsetzen des Hecks bei Starts- und Landungen mit einem zu steilen Winkel der Maschine. Im März 1999 wurde das erste Flugzeug an die Deutsche Condor ausgeliefert. Mit einer Länge von 54,4 m ist die -300 für einen Narrow-Body extrem lang. Diese Tatsache ließ nicht wenige Flugzeugfachleute im Vorfeld der Indienststellung lange Abfertigungs-

Eine B 757-200 der LTU Süd beim Rollen auf dem Flughafen Hamburg.

Boeing B 757-300 von Condor im Landeanflug auf den Flughafen Palma de Mallorca.

B 757-200 der Fluggesellschaft LTU aus Düsseldorf.

zeiten der Maschine am Boden befürchten, da sich die vielen Passagiere beim Ein- und Aussteigen in dem einen langen Gang der Maschinen stauen würden. Diese Befürchtung konnte Boeing rund ein Jahr nach Auslieferung der ersten Maschine unter Verweis auf die gemachten Erfahrungen beim praktischen Einsatz durch die deutsche Condor zerstreuen. Hier waren in dieser Hinsicht keinerlei Nachteile gegenüber anderen Flugzeugtypen aufgetreten.

Bis Ende 1999 hatte Boeing von der B 757-300 sieben Maschinen ausgeliefert. Von der -200 wurden bis zu diesem Zeitpunkt 815 Maschinen an Kunden übergeben werden, von der -200 M eine und vom Frachter 80.

Die Daten der Boeing B 757-200

Länge (m)	47,3	max. Nutzlast (t)	20
Höhe (m)	13,6	Tankkapazität (l)	42600
Spannweite (m)	38	Frachtkapazität (m³)	47,3
Kabinenbreite (m)	3,45	Reisegeschwindigkeit (km/h)	850
Rumpfdurchmesser (m)	3,76	Reichweite (km)	7315
Besatzung Cockpit	2	Treibstoffverbrauch im Reiseflug (l/h)	4000
typische Passagierbelegung	210	Triebwerkstypen	2 × PW 2040 mit 185,5 kN Schub, 2 × RollsRoyce RB 211-535E mit 178,4 kN Schub
max. Startgewicht (t)	113,4		
Landegewicht (t)	95,3		

Britannia setzt die B 767 auf ihren längeren Strecken ein.

Königin über dem Nordatlantik
Boeing B 767

Als Boeing am 13. Juli 2000 die neue Boeing B 767-400ER erstmals in Hannover deutschen Journalisten und Kunden vorstellte, war die Botschaft klar: Auf dem Markt der Flugzeugtypen mittlerer Größenordnung wird in Zukunft eine große Nachfrage nach modernen, effizienten Maschinen entstehen. Grund: die Maschinen, die bisher bei den Airlines in dieser Größenordnung in Diensten stehen, kommen allmählich in die Jahre. Das zielte unter anderem auf die zahlreichen bei vielen Airlines in Dienst stehenden Airbus A 310, A 300 und die bisherigen Boeing B 767 ab. Genau für dieses sehr breite Marktsegment sieht Boeing die B 767-400ER als das ideale Flugzeug der Zukunft an, als die Maschine, die sich für Ersatzbeschaffungen der Airlines sehr gut eignet. Das Problem dabei, von Boeing natürlich aus verständlichen Gründen nicht gerade besonders lautstark herausgestellt: In der Airline-Branche zeichnet sich tatsächlich genau in diesem sehr breiten Marktbereich großer Ersatzbedarf der Fluggesellschaften ab. Nur ob dabei die 767-400ER den Bedarf der Kunden wirklich trifft, darf zumindest bezweifelt werden, denn wie sich schon aus der Bezeichnung herleiten lässt, handelt es sich bei der 767-400ER eben nicht um ein völlig neues Flugzeug, sondern »nur« um eine Weiterentwicklung der seit Jahrzehnten in Dienst stehenden 767-Varianten. Und nicht wenige Branchenkenner betonen seit langem, dass die Airlines im Grunde ein wirklich völlig neu konzipiertes Flugzeug brauchen. Und das haben zur Zeit weder Airbus noch Boeing zu bieten. Die Wurzeln der Boeing B 767 reichen bis in die 70er Jahre zurück. 1972 absolvierte der Airbus A 300 seinen Erstflug. Zu diesem Zeit-

Linienflugzeuge

punkt war das europäische Flugzeugbaukonsortium bei weitem noch nicht der Konkurrent für Boeing, der er heute ist. Trotzdem beobachtete Boeing das Vorhaben natürlich kritisch. Dem Unternehmen war klar, dass ihm genau in diesem Marktsegment ein der A 300 vergleichbares Flugzeugmuster fehlte, ein Widebody unterhalb der Größe der Boeing B 747. Die Notwendigkeit, ein entsprechendes Muster zu bauen, wuchs, als deutlich wurde, dass der Airbus A 300 sich zunehmend zu einem Verkaufsschlager entwickelte. 1978 fiel bei Boeing offiziell die Entscheidung zum Bau einer entsprechenden Maschine. Am 26. September 1981 dann startete die Boeing B 767 zu ihrem Erstflug, der zwei Stunden und vier Minuten dauerte. Rund ein Jahr später, am 8. September 1982, ging die erste Maschine in den Liniendienst. Das Flugzeug – die erste Variante war die B 767-200 – stieß sofort auf große Resonanz bei den US-Fluggesellschaften wie Delta Airlines, United und American. Schon zwei Jahre nach Auslieferung der ersten Maschine absolvierte eine modifizierte Variante, die B 767-200ER, ihren Erstflug. Das ER steht als Abkürzung für Extended Range, die verlängerte Reichweite der Maschine, die sich äußerlich nicht von der normalen -200 unterscheidet. Die -200ER ist mit größeren Tanks, einer stärkeren Zellenstruktur im Tragflächenbereich und mit schubstärkeren Triebwerken ausgerüstet. So ausgestattet beträgt die Reichweite rund 10000 km. Das ist heute kein besonderer Wert. Mitte der 80er Jahre war er für ein Flugzeug mit zwei Turbinen äußerst ungewöhnlich. Damit konnte ein zweistrahliges Flugzeug plötzlich technisch völlig problemlos Langstrecken fliegen, Routen über die Ozeane, die bisher vier- oder dreistrahligen Maschinen vorbehalten waren. Dem standen aber die gültigen Vorschriften entgegen. Demnach durfte die 767 als zweistrahliges Flugzeug nur auf Strecken fliegen, auf denen es innerhalb von 60 Minuten Flugzeit einen Flughafen erreichen kann. Diese Vorschrift erwies sich natürlich nicht gerade als verkaufsfördernd für die Maschine. Deshalb setzte sich Boeing für eine Änderung ein. Dasselbe Interesse verfolgten die an dem Flugzeug interessierten Airlines, die gerne das in der Maschine steckende Potential genutzt hätten. Den Unternehmen gelang es, eine Veränderung der Bestimmungen zu erwirken. Im Mai 1985 ließ die zivile US-Luftfahrtbehörde das Zulassungsverfahren ETOPS (Extended Twin Operations) mit einem Limit von 120 Minuten vom nächst erreichbaren Flughafen zu. 1989 kam es zu einer Ausweitung auf 180 Minuten. Die Änderung der Bestimmungen darf aber nicht nur als Nachgeben einer Behörde gegenüber den Interessen der Unternehmen gewertet werden. Sie macht auch in der Realität Sinn und stellt im Prinzip nur eine Anpassung von im Grunde veralteten behördlichen Bestimmungen an gewandelte technische Realitäten dar, hatten doch die Triebwerke zu dieser Zeit eine sehr viel größere Zuverlässigkeit als noch Jahrzehnte zuvor erreicht. 1986 ließ Boeing bereits die Flugerprobung für eine weitere Variante

Blick in die Business Class der neuen Boeing B 767-400.

der B 767 anlaufen. Dabei handelte es sich um die B 767-300, die gegenüber der -200 um 6,5 m verlängert wurde. Da sich das Abfluggewicht erhöht hatte, statteten die Boeing-Ingenieure das neue Muster mit Modifikationen an Tragflächen, Fahrwerk und Beplankung aus. Die erste Maschine wurde am 25. September 1986 ausgeliefert. Noch im selben Jahr, am 19. Dezember, absolvierte die -300ER ihren Erstflug. Bei dieser Version kombinierte Boeing den Rumpf der -300 mit der höheren Treibstoffkapazität der -200ER. Das Flugzeug wurde 1988 erstmals ausgeliefert. Anders als bei anderen Mustern bot Boeing lange keine Frachtervariante der 767 an. Erst als der Express- und Kurierdienst UPS In-

Boing B 767

teresse angemeldet hatte, begann Boeing mit den entsprechenden Entwicklungsarbeiten. Die erste Maschine, die Boeing B 767-300F, wurde im Oktober 1995 ausgeliefert. Das Hauptdeck dieses Typs kann über eine große Luke beladen werden. Diese befindet sich auf der Backbordseite im vorderen Rumpfbereich. Das Hauptdeck selbst ist 39 m lang, 4 m breit und 2,5 m hoch.

Am 29. August 1999 wurde die erste Boeing B 767-400 an Delta Airlines übergeben. Zwei Tage später erhielt Continental das erste Flugzeug der neuen Reihe. Von den Neuerungen, die Boeing in dieser Version berücksichtigte, profitieren die Passagiere in ganz besonderem Maße, betreffen sie doch zu einem großen Teil die Kabine. Deren Ausstattung wurde von Boeing gegenüber der bisherigen 767-Modellreihe einer gründlichen Überarbeitung unterzogen und basiert jetzt auf dem großzügigen, freundlichen Design der 777-Kabine. In den Genuss der neuen Ausstattung werden nicht nur die Fluggäste in der neuen B 767-400ER kommen, auch die 767-300ER und -200ER werden damit bei Neuauslieferungen ausgestattet. Zu wesentlichen Änderungen ist es daneben im Cockpit der -400ER gekommen. Hier werden nun alle wesentlichen Informationen auf sechs großen LCD-Bildschirmen mit 20,3 cm Seitenlänge angezeigt. Damit wurde das Cockpit der 767-400ER der Instrumentierung angepasst, wie sie Boeing auch in der 777, der 747-400 oder der Next-Generation der 737 bietet. Rein äußerlich ist die -400ER gegenüber der -300 oder der 200 darüber hinaus das größere Flugzeug. Während die -200 48,51 m lang ist, die -300 54,94 m, sind es bei der -400ER 61,37 m. Auch die Spannweite wurde vergrößert, von 47,57 m bei -200 und -300 auf 51,92 m bei der -400ER. Neu und auch optisch auffällig sind die nach hinten gepfeilten Tragflächenverlängerungen, die Boeing bei der B 767-400 erstmals zum Einsatz bringt. Sie steigern die aerodynamische Wirksamkeit der Flügel und verbessern damit die Leistung im Reiseflug, was sich unter anderem in einer gesteigerten Reichweite manifestiert. Da die -400ER gegenüber der -300 deutlich schwerer wurde (204 t gegenüber 186,8 t) musste auch das Fahrwerk verstärkt werden. Verwendung fanden dabei unter anderem die Reifen, die auch bei der größeren B 777 zum Einsatz kommen. Gegenüber den Vorgängervarianten konnte natürlich bei verlängertem Rumpf auch die Zahl der Sitzplätze deutlich erhöht werden. In einer Dreiklassenkonfiguration kann die -400ER 245 Passagiere befördern, die -300 218 Fluggäste. Bei Auslegung mit nur einer Sitzplatzkategorie, wie im Charterverkehr üblich, finden in der -400ER bis zu 375 Menschen Platz, in der -300 bis zu 351 Personen. Vergleicht man die Eckdaten der 767-Muster miteinander, fällt allerdings eine Verschlechterung gegenüber den Varianten -300 und -200 auf: die Reichweite. Trotz der vorgenommenen Modifikationen an den Tragflächen sank diese auf 10464 km gegenüber 11390 km bei der -300ER und 12227 km bei der -200ER. Aus diesem Grund arbeitet Boeing derzeit an der Entwicklung einer reichweitengesteigerten Version, die als -400ERX auf den Markt kommen soll. Diese Maschine wird denselben Rumpf wie die -400ER erhalten, demgegenüber aber die Reichweite der -300ER bieten. Angedacht ist für die Maschine ein noch mal erhöhte Startgewicht von 211 t. Gegenüber der -400ER soll die -400ERX rund 8 t mehr Kraftstoff mitführen können. Vorgesehen ist derzeit, dass dafür zusätzliche Tanks im Höhenleitwerk der Maschine zum Einsatz kommen. Weitere angedachte Modifikationen sind der Einbau stärkerer Triebwerke sowie von weiteren Verstärkungen an Rumpf, Flügeln und Fahrwerk.

Die Daten der Boeing B 767-300

Länge (m)	54,94
Höhe (m)	15,85
Spannweite (m)	47,57
Kabinenbreite (m)	4,72
Rumpfdurchmesser (m)	5,03
Besatzung Cockpit	2
typische Passagierbelegung	218
max. Startgewicht (t)	184,6
max. Landegewicht (t)	145
max. Nutzlast (t)	26
Tankkapazität (l)	91370
Frachtkapazität (m³)	114,2
max. Reisegeschwindigkeit (km/h)	850
Reichweite (km)	11390
Treibstoffverbrauch im Reiseflug (l/h)	5800

Triebwerkstypen 2 × PW 4060 mit 2 × 267 kN Schub, 2 × GE CF6-80C2 mit 276,2 kN Schub, 2 × RollsRoyce RB 211-524 G/H mit 269,6 kN Schub

Großzügiger Zweistrahler aus den Vereinigten Staaten
Boeing B 777

Befindet sich die Boeing B 777 auf irgendeinem der Flughäfen dieser Welt im Landeanflug, richten sich die Augen der Betrachter meistens auf die Triebwerke, die – gerade bei der Betrachtung von vorne – ausgesprochen groß unter den Tragflächen wirken. Der Eindruck täuscht nicht. Die Turbinen, die bei der B 777 Verwendung finden, haben tatsächlich gigantische Ausmaße. Sie wurden extra für diesen Flugzeugtyp entwickelt. Gleich drei Triebwerkshersteller bieten Düsen für die Maschine an: General Electric, Pratt & Whitney sowie RollsRoyce. Jedes einzelne dieser Triebwerke entwickelt dabei mehr Schub, als alle vier Düsen einer Boeing B 707 zusammen. Von den äußeren Abmessungen her erreichen die Triebwerke einen vergleichbaren Durchmesser wie der Rumpf einer Boeing B 737. Ansonsten sieht die Maschine von der äußerlichen Silhouette der Boeing B 767 sehr ähnlich. Abgesehen von der Größe ist daneben das Fahrwerk ein optisch prägnantes Erscheinungsmerkmal. Jeder der Hauptfahrwerksbeine ist mit sechs Reifen ausgestattet statt mit vier, wie es bei der B 767 der Fall ist. Mit dieser Auslegung steht die 777 unter den Zivilflugzeugen des Westens alleine da. Einzig ein Flugzeug aus Osteuropa, die Tupolev Tu 154 hat ebenfalls sechsrädrige Hauptfahrwerksbeine. Bei der B 777 lässt sich die hintere Radachse um jeweils +/–8 Grad lenken, was der Manövrierfähigkeit des Flugzeugs am Boden zugute kommt. Trotz der optisch großen Ähnlichkeit hat die B 777 nichts mit der B 767 gemein, außer der Tatsache natürlich, dass es sich dabei um ein Widebody-Verkehrsflugzeug von Boeing handelt. Während der amerikanische Hersteller bei anderen Modellen wie der B 737, der Boeing B 717 oder auch der Boeing B 747, die jetzt als Konkurrenzmuster zum Airbus A 3XX noch einmal weiterentwickelt werden soll, gerne auf bewährte Technik zurückgreift und diese ausbaut, basiert die B 777 auf keinem Vorgängerflugzeugmodell, sondern stellt eine völlig neu konzipierte Maschine dar. Sie ist also auch keine Weiterentwicklung der B 767. In der Kabine und im Cockpit beeindruckt die Boeing B 777 zunächst einmal den Betrachter, wenn er einen Blick hereinwirft oder mit der Maschine fliegt. Das Cockpit präsentiert sich geräumig und großzügig und wurde mit großen Bildschirmen ausgestattet. Freundlich, hell und ebenfalls äußerst großzügig wirkt die Kabine auf den Passagier. Während des Fluges verhält sich

Boeing B 777 von Japan Airlines.

Boing B 777

Cockpit der B 777.

die Maschine sehr leise und komfortabel. Da auch die Leistungsdaten und die Wirtschaftlichkeit dieses Flugmodells stimmen, ist es denn auch kein Wunder, dass sich die B 777 bei den Fluggesellschaften hervorragend verkauft. Bis Ende 1999 konnte Boeing bereits 261 Maschinen ausliefern.

Angedacht wurde die Entwicklung der B 777 Ende der 80er Jahre, als immer stärker zutage trat, dass in der Boeing-Produktpalette zwischen den Modellen B 767 und B 747 eine Lücke klaffte, für die gleichzeitig Bedarf bei den Fluggesellschaften bestand. Gleichzeitig zeichnete sich ab, dass der erstarkende Konkurrent Airbus mit der Entwicklung der Modelle A 340 und A 330 schon in naher Zukunft zwei Flugzeuge auf dem Markt anbieten würde, die genau diese Lücke ausfüllen würden. Natürlich wollte Boeing dieses Marktsegment nicht kampflos aufgeben. Zunächst wurde an eine Vergrößerung der 767 gedacht. Schon bald aber zeigte sich, dass diese Maschine nicht das Potential für die angedachte Größenordnung bot, zudem Boeing sich langfristig die Option offen halten wollte, die neu zu entwickelnde Maschine zu einer Modellreihe mit weiteren Typen auszubauen. Damit entstand der Plan, einen völlig neuen Flugzeugtyp zu konzipieren. Eine der wichtigsten Entscheidungen fiel gleich zu Beginn der Planungen: Die Entwicklungsarbeiten an der neuen Maschine sollten vollständig am Computer abgewickelt werden. Die Zeit dafür war mittlerweile reif, denn Computer und Software hatten einen Entwicklungsstand erreicht, der eine solche Aufgabe möglich machte. Um sie zu realisieren verwendete Boeing das von Dassault entwickelte Computerprogramm CATIA, das die einzelnen Bauteile – eine B 777 besteht immerhin aus über drei Millionen Einzelteilen – räumlich darstellen kann. Bisher war es so gewesen, dass ein Flugzeug zweidimensional, mit Hilfe von Zeichnungen entwickelt wurde. Lagen diese fest, bauten die Flugzeughersteller ein Mockup, ein Modell aus Holz und Metall im Maßstab 1 : 1, um die räumliche Komponente der Konstruktion zu überprüfen und festzustellen, ob die einzelnen Elemente auch in der Praxis wie gedacht zusammenpassen. Das konnte jetzt entfallen, nur für die nötigen Belastungstests mussten zwei Bruchzellen gebaut werden. Die Konstruktion erfolgte auf insgesamt 2 200 Computern. 500 dieser Workstations waren dabei gar nicht im Boeing-Werk oder in Seattle installiert, sondern auf der ganzen Welt, beispielsweise in Japan, aufgebaut, überall dort, wo jemand saß, der einen Beitrag für den Bau dieses Flugzeug leistete. Dabei hatte jeder Konstrukteur Zugriff auf die Daten der anderen Bereiche. Das war wichtig, denn so konnte unmittelbar überprüft werden, ob eine gerade konstruierte Befestigung nicht zum Beispiel mit einer Hydraulikleitung, an der eine andere Abteilung arbeitete, in räumlichen Konflikt geriet. Gearbeitet wurde dabei grundsätzlich in der Organisation von so genannten Design Building Teams. Jedes war für bestimmte Baugruppen zuständig. Insgesamt gab es 238 dieser Teams. In diesen Arbeitsgruppen wiederum waren auch Vertreter der Fluggesellschaften einbezogen. Das hatte den Sinn, möglichst schon in der Konstruktion der Maschine die Praxiswünsche der Airlines zu berücksichtigen, die der Erfahrung nach zuweilen anders aussehen können, als das, was sich die Flugzeugingenieure allein am »grünen Tisch« überlegen.

Linienflugzeuge

Auch Air France setzt die B 777 ein.

Die neue Arbeitsphilosophie erhielt bei Boeing das Motto »Working together«. Ein entsprechender Schriftzug zierte später die erste Maschine, die an United Airlines ausgeliefert wurde. Die Zusammenarbeit aller Beteiligten, vor allem aber auch die Konstruktion am Computer, ohne Holzmodell, klappte tadellos. Das stellte sich spätestens heraus, als die Mitarbeiter von Boeing in den Werkshallen in Everett damit begannen, die Teile der ersten Maschine zusammenzufügen. Ein Arbeiter nannte dazu ein Beispiel: »Als wir die Vorflügel zum ersten Mal einbauten, passten sie sofort so gut zusammen, dass wir dachten, wir hätten etwas falsch gemacht.« Bei einem Flugzeug, was konventionell am Zeichentisch entwickelt wird, muss später beim Zusammenbau immer an vielen Stellen nachgebessert werden. Nie passt alles so zusammen, wie es in der Theorie geplant wurde. Derlei Probleme hatten sich bei der Montage der B 777 drastisch reduziert. Der Programmstart für den Bau der B 777 fand im Oktober 1990 statt. Am 9. April 1994 erfolgte der Rollout der Maschine. Den Erstflug absolvierte Boeing am 12. Juni 1994. Er dauerte drei Stunden und 48 Minuten. In der anschließenden Erprobungsphase wurden in 4800 Flügen 6700 Flugstunden absolviert. Zum Einsatz kamen dabei neun Maschinen. Ausgeliefert wurde die erste Maschine am 17. Mai 1995 an United Airlines.

Neben den äußerlich sichtbaren Erkennungszeichen wie dem sechsrädrigen Hauptfahrwerksbeinen und den Triebwerken ist die B 777 auch sonst mit bemerkenswerten Konstruktionsdetails versehen. In die Entwicklung flossen die neuesten technischen Errungenschaften, die zu dieser Zeit anwendbar waren, ein. Gänzlich neu entwickelt wurde das Tragflächenprofil von Boeing. Die Flügel sind mit einem Profil versehen, dass wesentliche bessere Eigenschaften im Reiseflug bietet, als ältere Konstruktionen von Boeing. Gleichzeitig legten die Flugzeugentwickler die Tragflächen überdimensioniert an, so dass spätere gestreckte Versionen der Maschine ohne eine Veränderung der Flügel entwickelt werden können. Als Option bietet das Unternehmen hochklappbare Flügelenden an. Sie wurde im Rahmen des Working-Together-Konzeptes als Anregung von den Fluggesellschaften übernommen. Der Vorteil: Durch das Hochklappen reduziert sich die Spannweite am Boden auf 47,29 m, die Maschine benötigt auf ihrer Parkposition weniger Platz. Gleichzeitig offenbaren diese Klappenden aber auch eine Schwäche des Working-Together-Ansatzes: bisher hat nämlich keine Fluggesellschaft der Welt die klappbaren Tragflächenenden bestellt. Als erstes Flugzeug von Boeing ist die B 777 mit einer Fly-by-Wire-Steuerung versehen. Anders als bei Airbus griff der US-Hersteller dabei aber als Steuerorgan nicht auf Side-Sticks zurück, sondern behielt die klassische Steuersäule bei. Diese bewegt sich entsprechend der Flugbewegungen der Maschine mit – wie bei konventionell ausgelegten Maschinen –, so dass die Piloten darüber ständig ein Feedback über den Flugzustand der B 777 erhalten. Steuert ein Pilot das Flugzeug, während der andere gerade den ausgedruckten Flugplan aktualisiert, erhält auch dieser, ohne seinem Kollegen zuzusehen, durch die Bewegungen der Steuersäule immer die jeweilige Steuerbewegung übermittelt, die der andere Pilot ausführt. Das gilt natürlich auch für Steuerbewegungen, die der Autopilot veranlasst. Das ist bei Airbus-Maschinen nicht der Fall. Ein anderer Unterschied zwischen Airbus und Boeing: Bei Airbus kann der Pilot die vom Computer gesetzten Betriebslimits nicht übersteuern. Es handelt sich um so genannte Hard Limits. Boeing verwendet Soft Limits. Hier können die Piloten die Limits überschreiben, erhalten dann aber deutliche Warnungen vom Flugzeug. Zum Beispiel steigen dann die nötigen Steuerkräfte enorm an oder der Stick Shaker, der Schüttelmechanismus der Steuersäule, der vor einem Strömungsabriss warnt, setzt ein. Im Cockpit beeindrucken zunächst die sechs großen, 20,3 cm × 20,3 cm messenden Hauptbildschirme vor den Piloten, die einen sehr aufgeräumten Eindruck vermitteln. Sie sind als LCD-Displays ausgelegt, eine Technik, die sich zunehmend gegenüber den bisher zumeist verwendeten Röhrenbildschirmen durchsetzt. LCD sparen Platz, wiegen weniger, benötigen weniger Strom und erzeugen weniger Wärme als Bildschirme auf Röhrenbasis. Außerdem ist die Ablesbarkeit bei den verschiedensten Lichtbedingungen besser. Drei der Bildschirme sind als Multifunktionsanzeigen ausgelegt. Ihre Belegung kann über eine zentral angeordnete Bedientafel angewählt werden. Folgende Formate stehen für die Piloten zur Auswahl: Navigationsanzeige, sekundäre Triebwerksanzeige, elektronische Checkliste, Statusanzeige, Kommunikation und Systemüberblick. Mit Hilfe von zwei Touchpad-Bedienfeldern können die Piloten die Funktionen der elektronischen Checkliste sowie der Datenkommunikation nutzen. Via Datalink ist ein Informationsaustausch mit dem Flugbetriebsbüro oder der Airline möglich. Die elektronischen Checklisten enthalten alle Punkte, die der Crew normalerweise in Papierform vorliegen. Das Checklistenmenü bietet die Checklisten für Normal- und Notfallverfahren. Kommt es zu Abweichungen der Bordsysteme ruft der Bordcomputer automatisch die benötigte Checkliste auf und stellt sie auf dem Display dar. Neben den Multifunktionsanzeigen sind zwei Bildschirme – die jeweils äußeren – als Hauptflugüberwachungsanzeigen ausgelegt. Sie zeigen also zum Beispiel den künstlichen Horizont. Das mittlere Display stellt die Haupttriebwerksdaten dar und das Crewwarnsystem. Die erste Version, die an United Airlines ausgeliefert wurde, war die B 777-200. Im Februar 1997 lieferte Boeing dann erstmals die -200ER aus, eine Variante mit vergrößerter Reichweite. Während die Reichweite bei der -200 9525 km beträgt, erreicht die -200ER 14 260 km. Am 26. Juni 1995 gab Boeing die Produktionsfreigabe für die B 777-300 bekannt, nachdem das Unternehmen zuvor in einer großangelegten Marktuntersuchung das Interesse der Airline an einem solchen Modell sondiert hatte. Die -300 ist eine gestreckte Version der B 777. Mit einer Gesamtlänge von 73,90 m ist die -300 um 10 m länger als die -200, was natürlich die mögliche Passagierbelegung deutlich erhöht. In Einklassenbestuhlung können 550 Passagiere befördert werden. Mit ihrer Länge übertrifft die -300 sogar die Boeing B 747-400. Von der gesamten Auslegung her eignet sich die Maschine hervorragend als Ersatz für in die Jahre gekommenen Modelle B 747-100 und -200. Der Erstflug der -300 fand am 16. Oktober 1997 statt. Die erste Auslieferung erfolgte im Mai 1998 an die Fluggesellschaft Cathay Pacific. Im Februar 2000 dann kündigte Boeing den Programmstart für zwei weitere Varianten der Maschine an: die B 777-200X und -300X. Beide Flugzeuge sollen über extreme Reichweiten verfügen. So wird die -200X für Flüge über die Distanz von 16 330 km geplant, die -300X für Flüge über 13 350 km. Die Auslieferung ist für Ende 2003 geplant.

Die Daten der Boeing B 777-300

Länge (m)	73,90
Höhe (m)	18,50
Spannweite (m)	60,90
Kabinenbreite (m)	5,86
Rumpfdurchmesser (m)	6,2
Besatzung Cockpit	2
typische Passagierbelegung	394
max. Startgewicht (t)	299
max. Landegewicht (t)	237,7
max. Nutzlast (t)	64
Tankkapazität (l)	171 160
Frachtkapazität (m^3)	200,5
max. Reisegeschwindigkeit (km/h)	925
Reichweite (km)	10 370

Triebwerkstypen 2 × GE 90, 2 × RollsRoyce Trent 800, 2 × PW 400 mit je bis zu 436 kN Schub

Linienflugzeuge

Majestätischer Riese:
Boeing B 747

Eines der markantesten und zugleich beeindruckensten Flugzeuge der Welt ist die Boeing B 747. Befindet sich der Jumbo-Jet, wie die Maschine auch liebevoll genannt wird, auf irgendeinem der Flughäfen dieser Welt zu Gast, zieht er fast automatisch die Blicke der meisten Besucher auf sich, und das, obwohl dieser Typ seinen Erstflug vor mehr als 30 Jahren absolvierte. Natürlich beeindruckt die Maschine schlicht durch ihre Größe, daneben aber durch ihren eigenständigen Charakter und natürlich durch ihren Ruf. Wenn es ein Flugzeug gibt, dass am meisten das Flair der großen, weiten Welt vermittelt, das am stärksten symbolisch für die Möglichkeit interkontinentaler Reisen steht, dann ist es der Jumbo. Die 747 hat sich aber nicht nur in der Öffentlichkeit einen legendären Ruf erworben. Sie ist auch für Boeing geschäftlich zu einem äußerst erfolgreichen Flugzeug geworden. Wenn Fluggesellschaften Langstrecken mit einem großen Verkehrsaufkommen fliegen wollen, die Verbindungen zwischen den großen Knotenpunkten des Luftverkehrs wie zum Beispiel die Strecke Frankfurt–Hongkong, dann kommen sie letztlich um Kauf oder Leasing einer 747 nicht herum, was Boeing in diesem Marktsegment eine Monopolstellung verschafft. Diesen Erfolg des Jumbos konnte bei seiner Entwicklung natürlich niemand vorsehen. Ganz im Gegenteil. Bis das Flugzeug in den Liniendienst ging, wurden Planung und Entwurf von zahlreichen kritischen und pessimistischen Einschätzungen begleitet. Und auch der eigentliche Auftakt der Entwicklung entwickelte sich aus einem Fehlschlag von Boeing. Anfang der 60er Jahre hatte die US Air Force die Entwicklung eines schweren Transportflugzeuges für militärische Aufgaben ausgeschrieben. Für den Bau der entsprechenden Maschinen bewarb sich Boeing - und unterlag im Wettbewerb gegen den Konkurrenten Lockheed. Das ist für ein Flugzeugbauunternehmen eine sehr missliche Situation, denn natürlich mussten bis zu diesem Zeitpunkt bereits erhebliche finanzielle Mittel in das Projekt investiert werden. Da Boeing das mögliche Risiko einer Ablehnung aber gleichzeitig auch im Vorweg schon bekannt war, hatte das Management bereits alternative Überlegungen angestellt. Diese sahen den Bau eines zivilen Verkehrsflugzeuges mit für die damaligen Zeit fast unvorstellbar großen Außenmaßen vor. Boeing war sich sicher, eine solche Maschine auf dem

Auch als Frachtflugzeug nimmt die Boeing B 747 eine führende Rolle ein. Hier ein 747-400-Frachter der Fluggesellschaft Atlas Air.

Die 747-Familie für das 21. Jahrhundert.

Markt der Zukunft platzieren zu können. Darauf jedenfalls wiesen die vorgenommenen Marktanalysen eindeutig hin. Für die geplanten zivilen Zwecke musste ein völlig neues Flugzeug entworfen werden. Entscheidendes Know-how hatte sich die Entwicklungsmannschaft bei der Ausarbeitung der Pläne für den ebenfalls sehr großen Militärtransporter erworben. Dieses Know-how kam jetzt dem neuen Entwurf zugute. Recht früh entstand die heute so charakteristische Form des Jumbos mit seinem Buckel und der Anordnung des Cockpits ein Deck über dem Hauptdeck. Der Grund dafür war, dass die Boeing-Ingenieure von Anfang an die Verwendung der Maschine als Frachter einplanten. Das eine Etage höher angesiedelte Cockpit eröffnete für zukünftiger Frachterversionen optimale Möglichkeiten zum Beispiel für eine Beladung über eine Bugklappe – eine Option, die den Jumbo heute tatsächlich zu einem äußerst begehrten und verbreiteten Frachtflugzeug macht. Der durch das Cockpit entstandene Buckel erhöhte natürlich den Luftwiderstand. Dieser ließ sich durch eine möglichst strömungsgünstige Gestaltung reduzieren. Um dieses Ziel zu erreichen, wurde der Buckel möglichst flach nach hinten am Rumpf weitergezogen, was wiederum im Inneren des Flugzeuges neue Platzmöglichkeiten schuf. Hier konnten zusätzliche Passagiere aufgenommen werden. Die Fluggesellschaften waren von diesem Gedanken begeistert. Überhaupt begannen sich an den Möglichkeiten des neuen Flugzeugmusters schon bald die Phantasien von Flugzeugherstellern und Airlines gleichsam zu entzünden. Man begann, eine Bar im Oberdeck anzudenken, den Einbau von Panoramafenstern im Bug der Maschine. Während die Bar später in einigen Maschinen tatsächlich realisiert wurde, musste auf das Panoramafenster verzichtet werden. An seiner Stelle fand sich später das Wetterradar wieder. In vielen Bereichen betraten die Flugzeugentwickler technologisches Neuland. So war es ganz normal, dass es immer wieder zu Schwierigkeiten und Verzögerungen bei den Entwicklungsarbeiten kam. Ein schwieriges Thema für die Boeing-Ingenieure war die Verwendung von Titan, das sich aus Gewichtsgründen sehr gut als Werkstoff eignete. Da Boeing bei der Verarbeitung und Anwendung wesentliche Erfahrungen fehlten, kam das Unternehmen auf diesem Gebiet nicht so recht weiter. Das änderte sich, nachdem es zu einem denkwürdigen informellen Treffen in einem Hotel kam, bei dem

Linienflugzeuge

sich Boeing-Techniker mit Ingenieuren des russischen Flugzeugbauers Tupolev abseits der Pariser Luftausstellung trafen. Die Russen arbeiteten zu dieser Zeit am Entwurf des Überschallflugzeuges Tupolev Tu 144 und kamen ihrerseits mit einer ganzen Reihe von aerodynamischen Fragestellungen nicht weiter, einem Gebiet, auf dem Boeing für sein Knowhow bekannt war. Ganz inoffiziell, abseits aller politischen Probleme, tauschten sich die Techniker beider Firmen untereinander aus, mit dem Ergebnis, dass russisches Know how letztlich in der Boeing B 747 zur Anwendung kam und Boeing der Tu 144 in die Luft verhalf. Am 30. September 1968 wurde die Boeing B 747 der Öffentlichkeit vorgestellt. An einem kalten, bewölktem Tag, dem 9. Februar 1969, erfolgte der erste Flug. Testpilot Jack Wadell hob die Maschine bei einer Geschwindigkeit vom 263 km/h vom Boden ab. Später nach seinen Eindrücken befragt, sagte Wadell, er habe es vor allem als sehr ungewöhnlich empfunden, ein Flugzeug aus eine Höhe von rund 10 m zu lenken. In den folgenden Monaten wickelten die Boeing-Testpiloten 1400 Flugstunden Erprobungsprogramm in elf Monaten ab. An der Erprobung nahmen fünf Flugzeuge teil. Mittlerweile war mehr und mehr in

Auf dem Flugdeck einer Boeing B 747-200 befinden sich die meisten Anzeigen und Schalter im Bereich des Flugingenieurs.

das Bewusstsein der Menschen gerückt, was für ein Flugzeug da in Kürze in den Liniendienst gehen würde. Die Maschine polarisierte die Öffentlichkeit. Viele Menschen waren begeistert, wiesen auf die neuen Möglichkeiten hin, andere warnten vor übervölkerten Flughafenterminals und einer Zerstörung der bestehenden Start- und Landebahnen. Am 30. Dezember 1969 wurde die Maschine von der US-Luftfahrtbehörde zum Verkehr zugelassen. Drei Wochen später nahm Pan Am den Liniendienst bei einem Flug von New York nach London auf. Heftige Studentenproteste begleiteten diesen Flug. Bei der ersten Version der Maschine handelte es sich um die Boeing B 747-100. Schon am 11. Oktober 1970 absolvierte die -200 ihren Jungfernflug. Die Version ging 1971 in den Liniendienst. Von Anfang an hatte Boeing den Bau einer Frachterversion geplant. Dieses Vorhaben wurde aber erst relativ spät realisiert. Der erste Frachter, die Boeing B 747-200F, absolvierte seinen Jungfernflug am 30. November 1971. Dass die -100 noch nicht als Frachter auf den Markt kam, hatte seinen Grund in den Triebwerken, die zu diesem Zeitpunkt noch nicht den für einen Frachter nötigen Schub zur Verfügung stellen konnten. Charakteristisch für den Frachter ist die große Bugklappe, durch die sich das Hauptdeck der Maschine besonders effizient beladen lässt. Daneben konnte von den Kunden auch eine zusätzliche große Frachtluke an der Backbordseite der Maschine, hinter dem Flügel, geordert werden. Weitere Modifikationen des Frachters gegenüber den Passagiermaschinen: Am Rumpf fehlen die Fenster, der Kabinenboden ist verstärkt und mit einem rechnergesteuertem, mechanischem Frachtfahrsystem zur Beladung mit Containern und Paletten ausgestattet. Erstmals 1973 lieferte Boeing die -200C aus, eine Convertible-Version, die die Airlines wahlweise als Passagier- oder Frachtmaschine einsetzen oder bei der sie auch beide Nutzungsmöglichkeiten kombinieren können. Für den gemischten Betrieb können die Betreiber unter fünf möglichen Kombinationen wählen. Bei der 1975 auf den Markt gebrachten -200M handelt es sich um eine Combivariante. Auch in dieser lassen sich gleichzeitig Passagiere und Fracht befördern, wobei sich die Fracht im hinteren Teil des Flugzeuges befindet. Der offenkundigste Unterschied zur -200C: Die -200C ist mit der großen Bugklappe ausgestattet, die -200M nicht. Hier kommt für die Beladung ausschließlich die am Backbordrumpf, hinter der Tragfläche, angebrachte Frachtluke zum Einsatz. Dieses Tor wurde von Boeing so konzipiert, dass die Fracht umgeschlagen werden kann, während die Passagiere das Flugzeug verlassen. Auf diese Weise ist sichergestellt, dass es durch den Frachttransport nicht zu Verzögerungen bei der Abfertigung des Flugzeuges kommt. Eine erste Combi-Variante hatte es schon 1974 gegeben. In diesem

Boing B 747

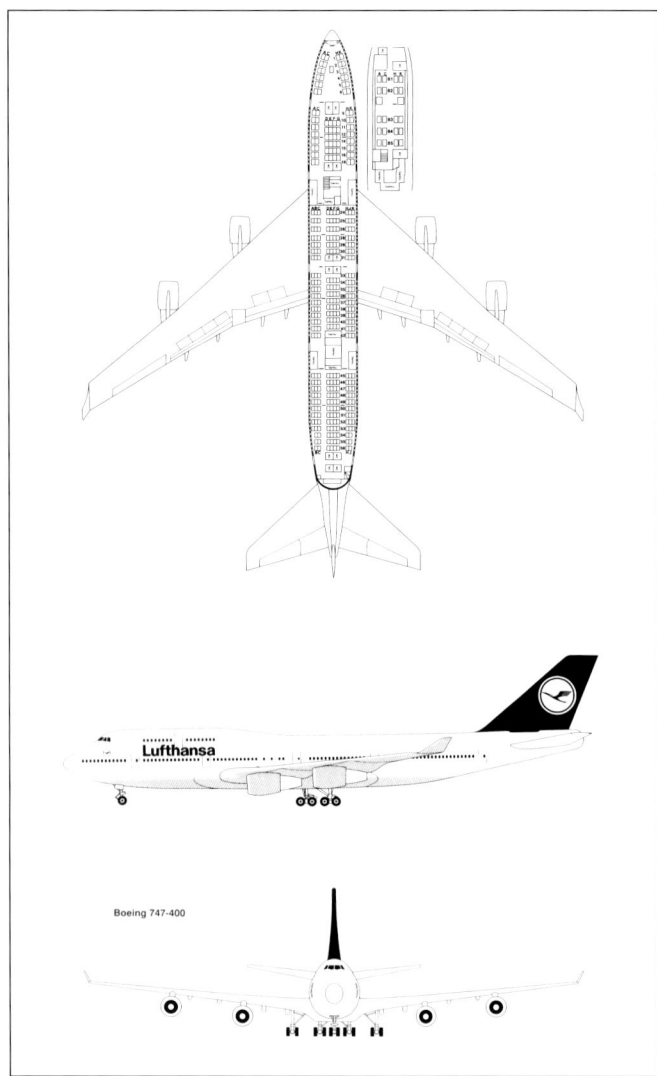

Boing B 747-400.

Jahr lieferte Boeing die 747-100C an die Fluggesellschaft Sabena aus. Dabei handelte es sich jedoch um eine -100er Passagiermaschine, die nachträglich eine seitliche Frachtluke erhielt. Die Boeing B 747 erwies sich als außerordentlich erfolgreiches Flugzeug. Von der -100 konnte Boeing 250 Maschinen ausliefern, von der -200 393 Flugzeuge. Am 28. März 1983 ging dann mit der B 747-300 eine wesentliche Weiterentwicklung dieses Flugzeugtyps bei der Fluggesellschaft Swissair in den Liniendienst. Die -300 war zum ersten Mal mit dem verlängerten Oberdeck ausgestattet. Boeing hatte dieses gegenüber der -200 um 7,11 m gestreckt, was in diesem Kabinenteil die Kapazität bei Economybestuhlung von 32 auf 69 Sitzplätze erhöhte. Die bisherige Wendeltreppe entfiel und

wurde von einem geraden Aufstieg abgelöst, was auf dem Hauptdeck den Einbau von sieben zusätzlichen Sitzen ermöglichte. Wie bei der -200 arbeiteten im Cockpit aber weiterhin drei Besatzungsmitglieder. Neben Pilot und Copilot wird ein Flugingenieur benötigt. Durch das verlängerte Oberdeck verbesserte sich die Aerodynamik der Maschine. Gleichzeitig kamen in der -300 wirtschaftlichere Triebwerke zum Einsatz und Boeing erhöhte die Startmasse, was zusammengenommen die Reichweite auf über 12000 km erhöhte. Mit der -300M bot der US-Hersteller auch von dieser Jumbo-Version eine Combi-Variante, jedoch keinen Frachter, an. In der -300M finden bei Zweiklassen-Auslegung 496 Passagiere Platz. Wahlweise können aber auch 360 Fluggäste und sechs Frachtpaletten oder 278 Passagiere und 12 Paletten transportiert werden. 81 Maschinen wurden von der -300 ausgeliefert. Letztlich blieb die Maschine aber ein Übergangsmodell. Am 29. April 1988 hob sich bei Boeing die B 747-400, das heute noch aktuelle Modell, in die Lüfte. Die Maschine nahm am 9. Februar 1989 bei Northwest Airlines den Liniendienst auf. Wie die -300 verfügt die -400 über das verlängerte Oberdeck. Darunter, im Cockpit, war es zu wesentlichen Modifikationen gekommen. Statt der zuvor verwendeten klassischen Rundinstrumente kamen nun große Displays zum Einsatz. Zur Bedienung der Maschine reichen zwei Flugzeugführer aus. Der Flugingenieur war entbehrlich geworden. Daneben erhielt die -400 zahlreiche weitere Modifikationen, so eine um 3,66 m vergrößerte Spannweite und 1,83 m hohe Winglets an den Spitzen der Tragflächen. Durch den Einbau von zusätzlichen Tanks in den Höhenflossen wurde die Reichweite der neuen Maschine noch einmal gesteigert. Als weitere Neuerungen baute Boeing neue Carbonbremsen ein, Reifen mit dünnerem Profil sowie eine neue Metalllegierung aus Aluminium und Lithium, Maßnahmen, die dazu dienten, das Gewicht der Maschine in Grenzen zu halten. Am 13. November 1993 lieferte Boeing erstmals die Frachtversion der Maschine, die -400F an die Fluggesellschaft Cargolux aus. Anders als die Passagierversion ist die Cargovariante der -400 nicht mit einem verlängerten Oberdeck ausgestattet. Sie besteht im Prinzip aus dem Rumpf der -200, der mit den Tragflächen der -400 kombiniert wurde. Die Boeing-Ingenieure modifizierten den 200er Rumpf aber gründlich im Detail – zum Beispiel am Zugang zum Oberdeck oder dessen Boden – wodurch auf dem Hauptdeck mehr Raum für Fracht geschaffen werden konnte. Außerdem verbesserte Boeing das

Eine B 747-400 der Lufthansa nach der sicheren Landung auf dem legendäre Flughafen Hongkong Kai Tak.

Frachtführungs- und Befestigungssystem. Von der B 747-400 bietet Boeing auch eine Combiversion, die -400M, an. In ihr können 413 Passagiere reisen. Wahlweise ist auf dem Hauptdeck aber auch Platz für 266 Fluggäste und sieben Frachtcontainer. Der Zugang zum Hauptdeck erfolgt wieder mit einer Frachtluke, die sich auf der Backbordseite der Maschine, hinter dem Flügel, befindet.

Mit den bestehenden Modellen sind die Entwicklungsmöglichkeiten der 747 bei weitem noch nicht ausgereizt. Boeing plant einen weiteren Ausbau der Modellreihe, bei dem es auch zu einer deutlichen Vergrößerung der Maschinen kommen wird. Im Juni 2000 fand aus diesem Grund in Seattle eine dreitägige Veranstaltung statt, an der Vertreter von 30 Fluggesellschaften Boeing ihre Vorstellungen für zukünftige Großraumflugzeuge darlegen konnten und Boeing zugleich über seine Pläne informierte. Vorgesehen sind derzeit drei neue Varianten für die 747, die Boeing B 747-400X, die 747X sowie die 747X Stretch. Die -400X könnten nach dem derzeitigen Stand der Planungen bereits 2002 in den Liniendienst gehen. Sie wird äußerlich der heutigen -400 entsprechen, in Technik und Ausstattung aber einer gründlichen Aktualisierung unterzogen. So soll die Maschine durch den Einsatz neuer Werkstoffe vor allem deutlich leichter als heute werden, was die Reichweite erhöhen dürfte oder die Zuladung von mehr Nutzlast möglich macht. Die Kabine wird der Auslegung der B 777 angepasst. Die 747X soll möglichst zum selben Zeitpunkt wie der Airbus A 3XX auf den Markt kommen. Die Eckdaten – eine Länge von 73,47 m, eine Spannweite von 69,77 m, eine Reichweite von 16640 km und ein Startgewicht von 473 t – liegen schon weit über denen der heute fliegenden -400. In noch größeren Dimensionen ist die 747 X Stretch geplant. Die Maschine soll immerhin 80,55 m lang werden und über eine Spannweite von 69,77 m verfügen. Die Reichweite würde 14450 km betragen. In der Maschine fänden bei Dreiklassenauslegung 522 Passagiere Platz, bei Bestuhlung mit nur einer Klasse könnten 660 Fluggäste befördert werden.

Die Daten der Boeing B 747-400

Länge (m)	70,67
Höhe (m)	19,51
Spannweite (m)	64,44
Rumpfdurchmesser (m)	6,5
Besatzung Cockpit	2
typische Passagierbelegung	387
max. Startgewicht (t)	385,6
max. Landegewicht (t)	285,8
max. Nutzlast (t)	60
Tankkapazität (l)	216000
Frachtkapazität (m³)	170,8
max. Reisegeschwindigkeit (km/h)	920
Reichweite (km)	13480
Treibstoffverbrauch im Reiseflug (l/h)	12500

Triebwerkstypen 4 × GE CF6-80C2B1F mit 257,6 kN Schub, 4 × PW 4056 mit 252,5 kN Schub, 4 × RollsRoyce RB 211-524G mit 258kN Schub

Concorde

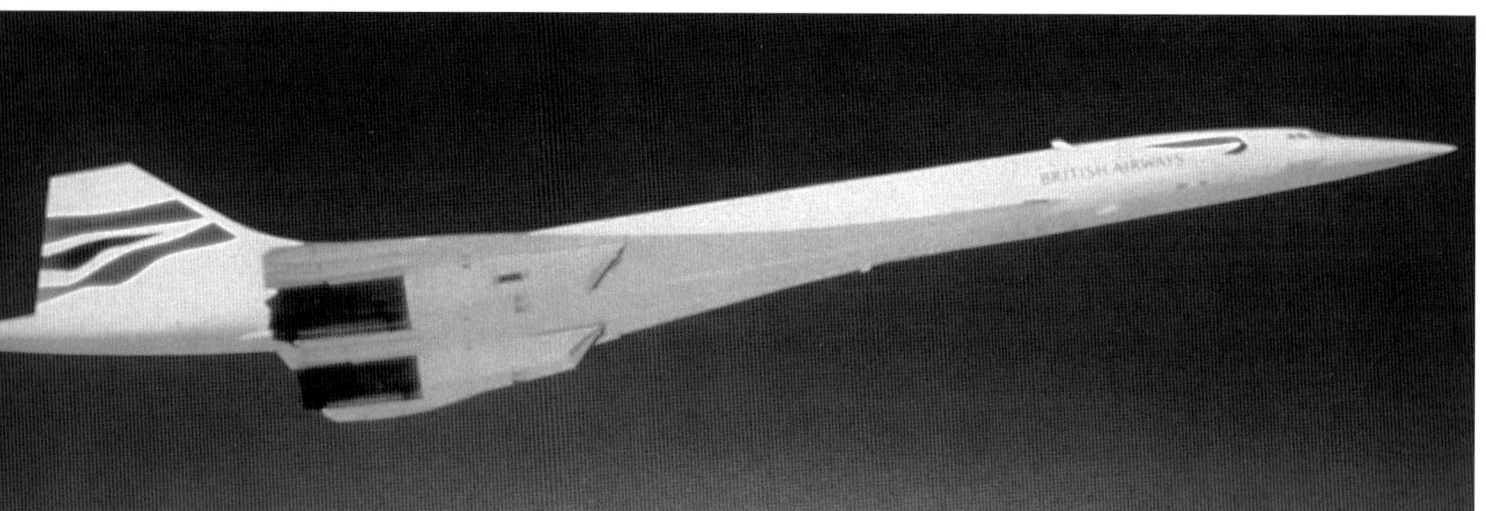

Die Concorde im Steigflug.

Überschalllegende aus Frankreich und Großbritannien:
Concorde

Zeit ist Geld. Im Geschäftsleben, insbesondere in der Arbeit von Top-Managern, hat dieser nur allzu oft strapazierte Satz seine Berechtigung, was allein schon der Blick auf die hier üblichen Jahresgehälter zeigt. Ungenutzte Arbeitszeit ist hier für die Unternehmen mehr als ärgerlich – was natürlich insbesondere auf nötige Reisen im Flugzeug zutrifft, bei denen die Arbeit zwar heute nicht mehr gänzlich unmöglich, die Möglichkeiten dazu aber doch stark eingeschränkt sind. So ist es denn auch kein Wunder, dass gerade dieser Kundenkreis bei seinen Flügen Wert auf schnellstmögliche Beförderung legt. In dieser Hinsicht war die Concorde als Verkehrsmittel unschlagbar. 3 Stunden und 50 Minuten dauerte der Flug von London nach New York während der Geschäftsreisende in einer Boeing B 747 rund acht Stunden in der Luft ist. Die Concorde stellt aber nicht nur hinsichtlich der erreichten Reisezeiten und Geschwindigkeiten ein bedeutendes Flugzeug in der Luftfahrtgeschichte dar. Sie hat auch wegbereitende Funktion hinsichtlich einer europäischen Gemeinschaftsproduktion, wie sie später vom Airbus-Konsortium – wenn auch in anderer Form – nachvollzogen wurde. Auch die Concorde war ein europäisches, genauer gesagt britisch/französisches, Gemeinschaftsprojekt. Beteiligt waren die Firmen Aerospatiale und British Aerospace, die später auch am Bau der Airbus-Flugzeuge mitwirken sollten. Der Aufwand für das Concorde-Projekt war riesig. Immerhin 14 Jahre lang dauerte die Entwicklung der Maschine. Schließlich wurden nur 20 Flugzeuge gebaut und später nur an British Airways und Air France ausgeliefert – was allerdings zu diesem Zeitpunkt noch niemand wissen konnte, sah es doch lange so aus, als ob die Concorde in großer Stückzahl an Fluggesellschaften in aller Welt aufgeliefert werden könnte. Die Überlegungen und Planungen für den Bau dieses Flugzeuges begannen in Frankreich und Großbritannien zunächst unabhängig voneinander. Es waren die 50er Jahre und die Möglichkeiten des neuen Düsenantriebs schienen unbegrenzt. 1961 beschlossen die Unternehmen BAC und Sud-Aviation, die weiteren Planungen an dem Projekt eines Überschallflugzeuges zusammenzulegen. Die Ingenieure der Triebwerkshersteller Rolls-Royce und SNECMA nahmen die Entwurfsarbeiten für die dazu benötigten Turbinen auf, die später zum Olympus-Triebwerk führten. 1965 lief die Düse zum ersten Mal auf einem Prüfstand in Großbritannien. Bis die Concorde zum ersten Mal abhob, dauerte es noch wesentlich länger. Erst am 2. März 1969 flog die Maschine zum ersten Mal – allerdings nur mit moderaten Geschwindigkeiten. An den Überschallbereich tasteten sich die Testpiloten langsam heran. Die Schallmauer wurde mit der Concorde erstmals am 1. Oktober 1969 – beim 45. Flug

Linienflugzeuge

– durchbrochen. Und erst am 4. November 1970 – beim 102. Flug – flog die Maschine mit doppelter Schallgeschwindigkeit. Die Testpiloten erprobten das neue Flugzeug in insgesamt 3850 Flugstunden – rund doppelt so lange, wie ein »normales« Verkehrsflugzeug. Zahlreiche Erkenntnisse und Ergebnisse wurden aus den Flügen gewonnen und flossen in den Bau von zwei Vorserienflugzeugen ein. Diese erhielten einen verlängerten Rumpf, ein vollverglastes, einziehbares Visier und neue Schubdüsen für die Olympus-Triebwerke. In dieser Zeit sahen die Verkaufsaussichten für die Maschine hervorragend aus. Viele Fluggesellschaften meldeten Interesse für die Concorde an, gaben sogar Optionen für den Kauf ab. Am 6. Dezember 1973 dann startete die erste Serienmaschine, die an die Air France gehen sollte, zu ihrem Jungfernflug. Das erste Flugzeug für British Airways folgte am 13. Februar 1974. Am 21. Januar 1976 war es dann soweit: die Concorde ging für beide Fluggesellschaften in den Liniendienst. Air France flog auf der Strecke Paris–Dakar–Rio de Janeiro, British Airways von London nach Bahrain. Am 24. Mai 1976 starteten beide Airlines zum ersten Flug nach Washington. Eines der attraktivsten Ziele für die Maschine war New York. Genau diese Stadt sperrte sich aber zunächst dem Flugzeug. Erst nach zähen Verhandlungen mit den US-Behörden konnten Ende 1977 Linienflüge in die Metropole an der US-Ostküste aufgenommen werden. Daneben kam es für kurze Zeit zu Flügen nach Fernost, die aber schon 1980 wieder eingestellt wurden. Auf dem Markt der Verkehrsflugzeuge hatte sich die Concorde trotz der anfänglich herrschenden Euphorie nicht durchsetzen können. Außer an British Airways und Air France waren keine Maschinen an andere Fluggesellschaften geliefert worden. Die Zurückhaltung der meisten, anfänglich interessierten Airlines hatte verschiedene Gründe. Wesentlich war der enorme Kraftstoffverbrauch der Maschine. Gerade in dieser Hinsicht hatten die Ölkrisen und die drastischen Erhöhungen der Kerosinpreise zu einem völligen Umdenken bei den Fluggesellschaften geführt. In einem viel stärkerem Maße als zuvor war der Kraftstoffverbrauch der Maschinen zu einem wesentlichen Kostenfaktor für die Airlines geworden. Dazu kamen teilweise hohe Überfluggebühren, die viele Länder für Concorde-Flüge kassierten sowie andere Staaten, die Überflüge der Concorde über ihr Gebiet gänzlich untersagten, so dass schließlich ein immer begrenzterer Einsatz der Maschine möglich war.

Optionen auf Überschallflugzeuge

1968 – Jahre vor der Ölkrise von 1973 – herrschte in der Welt des Luftverkehrs noch großer Optimismus hinsichtlich der Möglichkeiten des Überschallflugverkehrs – wie ein Blick in alte Unterlagen der Lufthansa verrät. Die deutsche Airline hatte in diesem Jahr in einer Broschüre aufgelistet, welche Fluggesellschaften Optionen auf Überschallflugzeuge abgegeben hatten. Daraus ergibt sich folgendes Bild:

Optionen auf den Kauf einer Concorde

Air Canada 4	Lufthansa 3
Air France 8	Middle East Airlines 2
American Airlines 6	Pan Am 8
BOAC 8	Qantas 4
Braniff Airways 3	Sabena 2
Continental 3	TWA 6
Eastern Airlines 6	United Airlines 6
Japan Airlines 3	Gesamt 72

Optionen auf Kauf eines US-SST

Air Canada 6	Irish International 2
Air France 6	Japan Airlines 8
Air India 2	KLM 6
Airlift International 1	Lufthansa 3
Alitalia 6	Northwest Airlines 6
American Airlines 6	Pakistan International 2
BOAC 6	Pan Am 15
Braniff Airways 2	Qantas 6
Continental 3	Trans American 2
CPAL 3	TWA 12
Delta Airlines 3	United Airlines 6
Eastern Airlines 5	World Airways 3
EL AL 2	ungenannt 5
Iberia 3	Gesamt 130

Was schließlich in der Praxis für die Concorde-Betreiber blieb, waren Flüge über den Nordatlantik von Paris und London nach New York. Auf diesen Strecken, die von der Maschine in den folgenden Jahren bis 2000 im regelmäßigen Liniendienst beflogen wurden, erwies sich das Flugzeug dann auch wirtschaftlich als sehr erfolgreich. Fast immer flogen die Maschinen mit sehr guten Auslastungen von

Concorde

Die Kabine der Concorde: Überflüssigen Luxus gibt es hier nicht. Was zählt ist die Geschwindigkeit.

über 80 Prozent. Bei diesen Flügen steigt die Concorde in größere Höhen als andere Verkehrsflugzeuge auf. Während sich diese üblicherweise in rund 12 000 m Höhe befinden, fliegt der Überschalljet in rund 18 000 m.

Die Concorde Konkurrenten

Spricht man heute von der Concorde, gilt sie als »das« Überschallflugzeug schlechthin. Dabei war sie nicht das einzige Verkehrsflugzeug, das in diesen Geschwindigkeitsbereichen flog. Und bei ihr handelte es sich auch nicht um das erste. Bereits am 31. Dezember 1968 absolvierte die russische Tupolev Tu 144 ihren Erstflug. Das Flugzeug wurde am 3. Juni 1973 dem Westen auf dem Pariser Aerosalon vorgestellt – und stürzte bei einer Flugvorführung ab. Das war aber noch nicht das Aus für die Maschine. Die Tu 144 ging in den Liniendienst. Vom 26. Dezember 1975 an wurde sie als Frachtflugzeug eingesetzt, was in der damaligen Sowjetunion ein gängiges Verfahren bei der Einführung neuer Flugzeugmuster war. Am 1. November 1977 wurde der Liniendienst mit Passagieren aufgenommen, bis ein Flugzeug am 23. Mai 1978 bei einer Notlandung beschädigt wurde. Anschließend stellten die Verantwortlichen die Flüge ein. Bei weitem nicht so weit wie bei der Concorde oder der Tu 144 war ein US-amerikanisches Vorhaben – das SST-Projekt – für ein Überschallflugzeug gediehen, bevor es am 24. März 1971 der US-Senat einstellte. 1962 waren in den USA die Planungen des SST-Flugzeuges, SST steht für Supersonic Transport, angelaufen. Dabei nahmen alle großen Luftfahrthersteller an einer Ausschreibung für ein entsprechendes Flugzeug teil. Boeing gewann mit seinem Entwurf, der Boeing B 2707-100. Die Eckdaten waren selbst für die damalige optimistische Zeit ehrgeizig: Das Flugzeug sollte rund 3000 km/h schnell sein und 250 Passagiere befördern können. 1969 begann Boeing sogar mit dem Bau von zwei Prototypen, bevor es dann zur Einstellung des Projektes kam.

Die Daten der Concorde

Länge (m)	62,13
Höhe (m)	12,22
Spannweite (m)	25,56
Kabinenbreite (m)	2,63
Rumpfdurchmesser (m)	2,9
Besatzung Cockpit	3
Passagiere	100
max. Startgewicht (t)	185
max. Landegewicht (t)	111
max. Nutzlast (t)	106
Tankkapazität (l)	119 500
Reisegeschwindigkeit (km/h)	2200
Reichweite (km)	6723
Treibstoffverbrauch im Reiseflug (l/h)	25 629
Triebwerkstypen	4 × Rolls-Royce/Snecma Olympus 593 mit jeweils 170 kN Schub

Dornier Do 328 im Flug.

Regionalflugzeug mit Besonderheiten:
Dornier Do 328

Als der traditionsreiche Flugzeughersteller Dornier Ende 1988 mit der Entwicklung der Dornier Do 328 begann, konnte das Unternehmen dabei bereits auf einschlägige Erfahrungen in der Entwicklung und dem Bau von Turboprop-Mustern zurückgreifen. Schon 1981 hatte die Do 228 ihren Erstflug absolviert und sich seitdem am Markt als äußerst erfolgreich erwiesen. Optisch gehört die Do 228 nicht gerade zu den elegantesten Erscheinungen unter den gängigen Flugzeugmustern. Unter technischen Gesichtspunkten hat dieses Flugzeug aber einige Besonderheiten zu bieten, die ihm im Details durchaus bahnbrechenden Charakter verleihen. Das gilt insbesondere für die Tragflächen. Diese wurden von Dornier im Rahmen eines mit Bundesmitteln geförderten Forschungsprogramms entwickelt. Das Vorhaben erwies sich als äußerst erfolgreich. Durch die Konstruktion des Profils, der Randbögen und Klappen konnte der induzierte Widerstand der Tragflächen deutlich reduziert werden. In der Folge stieg die Leistung des Flugzeuges gegenüber vergleichbaren Maschinen um 25 Prozent. Im praktischen Flugbetrieb bot das die Möglichkeit der Steigerung von Nutzlast und Reichweite aber auch der Senkung des Kraftstoffverbrauchs. Insgesamt wurde die Do 228 damit zu einem sehr wirtschaftlichen Flugzeug. Für die Dornier-Ingenieure lag es also nahe, bei der Entwicklung der Do 328 auf diesen »Tragflügel neuer Technologie (TNT)« – so die Bezeichnung – zurückzugreifen, was dann auch ge-

Dornier Do 328

schah. Lediglich die Landeklappen sowie das Tragflächenmittelstück wurden neu konstruiert. Anders als bei der Tragfläche erfolgte beim Rumpf der Maschine eine völlige Neukonstruktion. Gegenüber dem rechteckigen Rumpf der Do 228 wählten die Flugzeugbauer von Dornier bei der neuen Maschine einen runden und größeren Querschnitt, der als Druckkabine – anders als bei der Do 228 – ausgelegt wurde. Eine andere Eigenschaft der Do 228 wurde aber von Dornier ebenfalls beibehalten. Die Do 328 kann wie das Vorgängermodell auf Schotterpisten starten und landen. Der Erstflug der Do 328 fand am 6. Dezember 1991 statt. Am 21. Oktober 1993 wurde die erste Maschine an die schweizer Regionalfluggesellschaft Air Engiadina ausgeliefert. In den folgenden Jahren arbeitete Dornier kontinuierlich an einer Verbesserung des Musters. 1994 erfolgte die Zulassung der Dornier Do 328-110 mit um 10 cm vergrößerten Propel-lern und aerodynamischen Detailverbesserungen. Die Do 328-120 stellt eine nochmals verbesserte Variante dar. Sie wurde erstmals 1996 ausgeliefert und verfügt insbesondere noch einmal über verbesserte Start- und Landeeigenschaften.

Die Daten der Do 328-120

Länge (m)	21,28
Höhe (m)	7,23
Spannweite (m)	20,97
Kabinenbreite (m)	2,18
Besatzung Cockpit	2
typische Passagierbelegung	33
max. Startgewicht (t)	13,9
max. Landegewicht (t)	13,2
max. Nutzlast (t)	3,69
Tankkapazität (l)	4 290
Reisegeschwindigkeit (km/h)	620
Reichweite (km)	1850
Treibstoffverbrauch im Reiseflug (l/h)	600
Triebwerkstypen	2 Propellerturbinen Pratt & Whitney Canada PW 119 C mit 2180 WPS.

Eine Do 328 der Air Engiadina kurz nach der Landung. Für die Passagiere ist der Weg zum Terminal nicht weit.

Linienflugzeuge

Düsen statt Propeller: Auch optisch ist die Herkunft der Do 328 Jet deutlich zu erkennen.

Die Düsen machen den Unterschied:
Dornier Do 328 Jet

Insbesondere in den 90er Jahren zeichnete sich immer mehr ab, dass Passagiere auch im Regionalverkehr düsengetriebene Maschinen gegenüber solchen mit Turboprop-Motoren bevorzugen. Dornier gehörte zu den Flugzeugherstellern, die ausgesprochen schnell auf diese Entwicklung reagierten. Dabei hatte es das Unternehmen aber auch relativ leicht, stand doch mit der Do 328 eine Maschine zur Verfügung, die konstruktiv noch ein erhebliches Ausbaupotential bot. Aus der Do 328 wurde die Do 328 Jet. Dabei behielt Dornier Flügel und Rumpf weitgehend bei. Wesentliche Änderung waren natürlich die Düsentriebwerke, die Dornier an der Stelle der Turboprop-Motoren anbrachte. Außerdem verlängerten die Flugzeugbauer die Hinterkante der Tragflächen um 10 cm, was den Luftwiderstand reduzierte und einer höheren Geschwindigkeit zugute kam. Da die 328 Jet rund 30 Prozent mehr Kraftstoff verbraucht als die 328 erfolgte außerdem eine Vergrößerung des Fassungsvermögens der Tanks. Als weitere Änderungen kam es zu einer Verstärkung der Zelle, die aufgrund der angepeilten größeren Reiseflughöhe nötig wurde sowie zur Anbringung von Spoilern an der Tragflächenoberseite, was einen besseren Bodenkontakt der Räder bei Landungen möglich macht. Der Programmstart der Do 328 Jet fand am 5. Februar 1997 statt. Der Jungfernflug erfolgte am 20. Januar 1998. Ausgeliefert wurde die erste Maschine am 4. August 1999. Das Cockpit des Jets ist mit dem der Turboprop-Maschine weitgehend identisch. Anders als bei größeren Düsenverkehrsgetriebenen Maschinen wie der Boeing B 737 oder der A 320 verfügt die kleinere Do 328 Jet nicht über einen Unterflurbereich für die Aufnahmen von Gepäck oder kleineren Frachtstücken. Dafür ist ein entsprechender Laderaum

Dornier Do 328 Jet

Cockpit der Do 328.

im Heck des Flugzeuges vorgesehen. Er hat ein Volumen von 6,5 qm und kann 750 kg Gewicht aufnehmen. Stolz ist Dornier insbesondere auf einige technische Daten der Maschine. Dazu gehört die Steigleistung. Die Do 328 Jet erreicht eine Höhe von 35000 Fuß in weniger als 20 Minuten. Vergleichbare Konkurrenzmuster lassen sich dabei bis über 25 Minuten Zeit. Bei den Triebwerken entschied sich Dornier für das Pratt & Whitney Canada PW 306B, das einen Schub von 26,9 kN zur Verfügung stellt. Die Turbine hat eine Länge von 192 cm, einen Durchmesser von 93 cm. Das Trockengewicht beträgt 480 kg, das Bypass-Verhältnis 4,5 : 1. Die Cockpitauslegung mit fünf großen Displays weist alle Merkmale auf, wie sie auch in größeren modernen Jets zu finden sind. Dazu gehört ein Flight Management System, ein modernes Wetterradar, TCAS und die modernste Ausführung des Bodenannäherungs-Warnsystems (EGPWS). Wie bei Regionalflugzeugen üblich, sind die Umkehrzeiten sehr gering. Darunter wird die Zeitspanne verstanden, die nötig ist, um eine Maschine nach der Landung auf einem Airport wieder für den Weiterflug vorzubereiten. Dornier gibt die Zeit mit unter 20 Minuten an. Welches Potential in der ursprünglichen Do 328 steckt, zeigen die Planungen, die bei Dornier zwischenzeitlich angelaufen waren. Der Flugzeughersteller plante, die Do 328 Jet noch einmal zu vergrößern. Die so entstandene Maschine sollte als Do 428 im 3. Quartal 2002 an die ersten Kunden ausgeliefert werden. Die Do 428 war für 44 Passagiere vorgesehen. Dazu wurde die Spannweite der Do 320 um 0,8 m auf 21,78 m vergrößert, die Länge des Rumpfes wuchs auf 25,41 m. 2000 dann wurde das Programm gestoppt. Aufgrund des großen Potentials, das der Markt für Regionalflugzeuge nach wie vor bietet, ist eine Wiederaufnahme natürlich nicht auszuschließen.

Die Daten der Do 328 Jet

Länge (m)	20,92
Höhe (m)	7,24
Spannweite (m)	20,98
Kabinenbreite (m)	2,18
Besatzung Cockpit	2
typische Passagierbelegung	34
max. Startgewicht (t)	15,2
max. Landegewicht (t)	14,09
max. Nutzlast (kg)	3410
Tankkapazität (kg)	3634
max. Reisegeschwindigkeit (km/h)	740,8
Reichweite (km)	1482 km
Triebwerkstypen	2 × Pratt & Whitney Canada PW 306B mit 26,9 kN Schub

Noch fliegt sie nicht: die Do 728 in einer Simulation.

Hoffnungsträger für ein traditionsreiches Unternehmen
Dornier Do 728

Als Fairchild/Dornier im Rahmen der Internationalen Luft- und Raumfahrtausstellung im Mai 1998 in Berlin den Start eines gänzlich neuen Flugzeugprogamms ankündigte, war die Fachwelt zunächst skeptisch. Einem neuen Düsenverkehrsflugzeug in der Größenordnung zwischen 50 und 100 Sitzplätzen, also unterhalb der Größe der Boeing B 737 und des Airbus A 320, aber oberhalb der üblichen Turbopropmuster, räumten viele Fachleute wenig Chancen ein. Das änderte sich schlagartig schon im April 1999. In einer Sitzung stimmte der Aufsichtsrat der Deutschen Lufthansa der Bestellung von gleich 60 Maschinen dieses Typs zu. Für weitere 60 Maschinen wurden Optionen abgegeben. Die Rede ist von der Dornier Do 728 und der sich daraus entwickelnden Flugzeugfamilie. Fairchild/Dornier hatte verständlicherweise die Perspektiven des Marktes schon lange zuvor sehr viel optimistischer eingeschätzt als die vielen Skeptiker. In einer Prognose der zukünftigen Marktentwicklung für kleinere Verkehrsflugzeuge sieht der Flugzeughersteller in der Größenklasse von 30 bis 90 Sitzen bis zum Jahr 2008 insgesamt einen Bedarf von 4000 Maschinen voraus. Bis zum Jahr 2018 werden nach Einschätzung von Dornier sogar 7700 Flugzeuge verkauft. Die Einschätzung im Detail:

Dornier Do 728

Kabine der Do 728. In Zukunft ein typischer Anblick für Lufthansa-Passagiere.

Sitzplätze	Bedarf von 1999 bis 2008	Bedarf von 1999 bis 2018
30–40	1 100	2 000
50	1 100	2 200
70	1 000	2 000
90	800	1 500
Gesamt	4 000	7 700

Um diesem Bedarf optimal gerecht werden zu können, setzt Dornier auf zwei Flugzeugfamilien, wobei die Trennlinie bei 50 Sitzplätzen gezogen wird. Die kleinere Flugzeugfamilie fußt auf der bekannten Do 328 und der daraus entwickelten Do 328 Jet. Bleibt der Markt darüber bis zur Größenordnung von rund 100 Plätzen. Hierfür ist der Entwurf einer neuen Flugzeugfamilie geplant, wobei die Do 728 das mittlere Modell darstellt. Eine größere Do 928 und eine kleinere Do 528 werden zusätzlich entwickelt, basieren aber alle auf dem identischen Grundkonzept, bei dem nach den Vorstellungen von Dornier die Wirtschaftlichkeit von Regionalflugzeugen mit dem Komfort von Großraumflugzeugen verbunden werden soll. Den Planungen entsprechend wird die Do 728 erstmals im 4. Quartal 2002 in Dienst gehen. Für die Do 928 ist die Indienststellung für das 1. Quartal 2004 geplant, bei der Do 528 im 4. Quartal 2004. Die grundsätzliche Auslegung sieht bei der 528 eine Belegung mit 55 bis 65 Sitzen vor, während die 728 mit 70 bis 80 und die 928 mit 95 bis 105 Plätzen bestückt sein sollen. Von den Größenordnungen her werden sich bei den größeren beiden Modellen folgende Unterschiede ergeben, die schon jetzt feststehen: Während die Do 728 27,04 m lang ist, sollen es bei der Do 928 30,96 m sein. Die Spannweite der größeren Maschine wird mit 28,81 m etwas gegenüber der 728 anwachsen. Beim maximalen Startgewicht wiegt die Do 928 44,5 t, während es bei der 728 35,2 t sind. Anders als die kleinere Do-328-Familie werden die Maschinen der 728-Reihe ein Unterdeck für die Zuladung von Fracht und Containern erhalten. Geplant sind bei der Do 728 zwei solcher Frachträume. Der vordere wird 5,5 qm groß sein, der hintere 9,24 qm. Schon als erstaunlich schnell muss die Umkehrzeit bezeichnet werden, die Dornier für die Maschinen angibt. So soll die Do 728 schon 22 Minuten nach dem Unterschieben der Bremsklötze nach einer Landung wieder für den Weiterflug bereit seit. Das ist nur wenig mehr, als der Hersteller für die kleinere Do 328 Jet kalkuliert. Und für die 928 nimmt Dornier mit rund 25 Minuten eine nur geringfügig längere Zeit an. Ob das bei einem Maschine mit rund 100 Sitzplätzen in der Praxis beim späteren Einsatz auf den Flughäfen umzusetzen ist, bleibt natürlich abzuwarten.

Die Daten der Do 728

Länge (m)	27,04
Höhe (m)	9,05
Spannweite (m)	27,12
Kabinenbreite (m)	3,25
Besatzung Cockpit	2
typische Passagierbelegung	70
max. Startgewicht (t)	35,2
max. Nutzlast (t)	9,5
Frachtkapazität (m³)	14,74
max. Reisegeschwindigkeit (km/h)	859
Reichweite (km)	3 185
Triebwerkstypen	2 × General Electric CF34-8D3 mit rund 60 kN Schub

Air Martinique setzt zwei Flugzeuge ein. Bei beiden handelt es sich um ATR 42-500.

Airbus A 320-200 in den Farben der Lufthansa.

Ein Airbus A 340-300 kurz nach dem Aufsetzen. An den Seiten der Turbinen sind die Klappen für den Umkehrschub geöffnet.

Airbus A 320 der Fluggesellschaft Royal Jordanian kurz nach dem Start in Amman. Einen Moment später wird das Fahrwerk eingefahren.

Eine Dornier Do 328 wartet auf den nächsten Flug.

Boeing B 747-400 von Cathay Pacific.

Lauda Air gehörte schon früh zu den überzeugten B 777 Kunden. Gerade bei diesem Flugzeugmuster lässt sich sehr gut die Wirkung des Auftriebs als nach oben wirkende Kraft an den Tragflächen erkennen.

Die MD 11 ist für die Swissair ein wichtiges Arbeitsgerät auf Langstrecken – hier eine Maschine über den Alpengipfeln.

MD 11 von Swissair. Eine Schwestermaschine stürzte 1998 vor der kanadischen Küste in den Atlantik.

Komfortable Legende aus den USA:
Douglas DC 10

Eine der Maschinen, die noch regelmäßig auf vielen großen Airports der Welt zu sehen ist und sich doch schon auf dem besten Weg befindet, zu einem der ganz großen Klassiker des Luftverkehrs zu werden, ist die Douglas DC 10 – ein Flugzeug, das bei Piloten und Passagieren einen gleichermaßen guten Ruf genießt. Vor allem der Komfort der Maschine – im geräumigen Cockpit mit seinen großen Fenstern, die bis zu einer Geschwindigkeit von 460 km/h geöffnet werden können, aber auch der ruhigen, großzügigen Passagierkabine – wird auch heute noch von Crews und Fluggästen gleichermaßen hoch eingeschätzt. Die Beliebtheit dieses Flugzeugmusters war nicht immer so hoch. Ganz im Gegenteil: Zeitweise gefährdeten einige der schwersten Unglücke in der Luftfahrtgeschichte die Modellkarriere der DC 10 und brachten das Muster mit negativen Schlagzeilen in die Presse, was sich zeitweise sehr nachteilig auf den Ruf dieses Flugzeugtyps auswirkte. Letztlich konnte das aber den langanhaltenden Verkaufserfolg dieses Typs dann doch nicht aufhalten.

Entworfen hatte der US-amerikanische Flugzeughersteller Douglas die Maschine zunächst mit zwei Triebwerken. Dieser – aus heutiger Sicht sehr zeitgemäße Ansatz – wurde aber wieder verworfen. Sollte es zu einem Triebwerksausfall beim Start auf einem sehr hochgelegenen Flughafen mit entsprechend dünner Luft und geringem Auftrieb kommen, erschienen die Leistungsreserven als zu gering. Um auch für einen solchen Fall gerüstet zu sein, beschloss der Hersteller den Einbau einer dritten Turbine. An der Vorderkante der Tragflächen wurde die Maschine mit verstellbaren Vorflügeln für drei Positionen ausgestattet, die an den Pylonen für die Triebwerke jeweils unterbrochen waren. An der Hinterkante kommen doppelt gespaltete Klappen zum Einsatz. Bei hohen Geschwindigkeiten steuert die Besatzung die Maschine über innen liegende Querruder. Bei niedrigen Geschwindig-

Eine DC 10-10 von United Airlines. Von der DC 10-30 unterscheidet sich diese Variante durch ein fehlendes Fahrwerksbein unter der Mittellinie des Rumpfes.

DC 10 mit Damen: An den Stewardessen lässt sich die Entwicklung der Dienstkleidung für die Kabinenbesatzung in den vergangenen Jahrzehnten ablesen.

keiten erhalten diese bei ihrer Arbeit Unterstützung durch Querruder, die weiter außen an den Tragflächen liegen. Den Passagieren kommen die großen Fenster in der Kabine zugute. Sie sind gut 25 Prozent größer als die Fenster anderer Verkehrsmaschinen zu dieser Zeit. 1967 erfolgte die Fusion des traditionsreichen Flugzeugherstellers Douglas mit McDonnell, was die weiteren Planungen an dem vielversprechenden Projekt aber nicht gefährdete. Am 29. August 1970 war es dann in Long Beach soweit: die erste DC 10 hob zu ihrem Jungfernflug vom Boden ab. Im Jahr darauf, am 5. August 1971, nahm die erste DC 10 bei der Fluggesellschaft American Airlines den Betrieb auf. Dabei handelte es sich um die DC 10-10. Das Flugzeug war so konzipiert, dass es sich hervorragend für den transkontinentalen Einsatz auf den Hauptstrecken in den USA eignete. Zudem hatten die Ingenieure es so ausgelegt, dass es darüber hinaus auch gute Voraussetzungen bot, um auf kleineren Flughäfen in den USA starten und landen zu können. Recht schnell entstand darüber hinaus Bedarf an einer Langstreckenversion, die McDonnell Douglas auch schon wenig später mit der DC 10-30 offerieren konnte. Dieser Typ absolvierte am 21. Juni 1972 seinen Erstflug und war mit CF6-50 Triebwerken ausgestattet. Außerdem hatten die Flugzeugbauer ein zusätzliches Fahrwerk auf der Mittellinie installiert. Um ganz differenziert auf die Wünsche der Airlines eingehen zu können, entwickelte McDonnell Douglas einen weiteren Langstreckentyp, der DC 10-20 genannt wurde und mit JT9D-Triebwerken ausgestattet war. Diese Variante – sie erhielt später die Bezeichnung DC 10-40 – verkaufte sich aber nie besonders gut. In Verruf geriet die DC 10 Anfang bis Mitte der 70er Jahre. Eine Maschine der Fluggesellschaft Turkish Airlines stürzte 1974 nach dem Start in Paris ab. Aufgrund eines nicht optimal konstruierten Verschlusssystems hatte sich eine der Frachttüren während des Fluges geöffnet, was aufgrund des Druckunterschiedes dazu führte, das wesentliche Teile des Rumpfes und für die Steuerung wichtige Kabelstränge zerstört wurden. Schon 1972 war es in den USA zu einem ähnlichen Fall – allerdings mit glimpflicherem Ausgang – gekommen. Nach dem Absturz bei Paris modifizierte McDonnell Douglas das Verschlusssystem. Dem Unternehmen gelang es, das Flugzeug wieder aus dem Meinungstief heraus zu bekommen und anschließend mit gutem Erfolg weiter zu verkaufen. 1979 geriet der Typ nochmals in die Schlagzeilen, nachdem bei einer Maschine von American Airlines kurz nach dem Start das linke Triebwerk von der Tragfläche abfiel und die Maschine abstürzte. In diesem Fall war aber die Kritik an McDonnell Douglas unberechtigt, wie sich im Laufe der Unfalluntersuchung herausstellte. Verantwortlich für den Verlust des Triebwerkes war nicht die Konstruktion der Aufhängung, sondern ein Wartungsfehler bei der Airline. Durch den Einsatz eines Gabelstaplers beim Ein- und Ausbau des Triebwerkes – ein vom Hersteller nicht erlaubtes Verfahren – war eine Bruchstelle an der Triebwerksaufhängung entstanden.

Linienflugzeuge

Bei dem Absturz der DC 10 von American Airlines am 25. Mai 1979 in unmittelbarer Nähe des Flughafens Chicago O'Hare in den USA starben 271 Menschen. Das Triebwerk löste sich unter der linken Tragfläche wenige Sekunden vor dem Abheben beim Startlauf. Die Turbine lief dabei auf vollen Touren. Das allein hätte normalerweise aber nicht für einen Absturz ausgereicht. Ein Flugzeug wie die DC 10 ist auch mit nur zwei verbleibenden Triebwerken immer noch in der Lage zu starten. Entsprechende Übungen werden von allen Piloten regelmäßig am Simulator durchgeführt. Auch beim American-Airline-Flug hob das Flugzeug zunächst ab und flog sicher mit einer Geschwindigkeit von 172 Knoten in den Himmel. Die Piloten im Cockpit hatten die Tatsache des Triebwerksausfalls sofort bemerkt. Sie ahnten aber nicht, dass sich das Triebwerk sogar von der Tragfläche gelöst hatte. Es war ihnen auch nicht möglich, diese Tatsache durch das Fenster optisch zu erfassen. Weiter wussten sie nicht, dass beim Abfallen der Turbine Teile der Vorderkante der Tragfläche mitsamt den dort verlaufenden Hydraulikkabeln zerstört worden waren. Dadurch hatten die ausgefahrenen Vorflügel auf der linken Tragfläche keinen Hydraulikdruck mehr. Der Wind drückte sie also an die Tragfläche zurück. Die Vorflügel stellen aber beim langsamen Flug eine wichtige Auftriebshilfe dar. Die Piloten fahren sie zur Startphase aus, um zusätzlichen Auftrieb zu erzeugen. Später, im Reiseflug bei höherer Geschwindigkeit, benötigt die Maschine diese Auftriebshilfe nicht mehr. Die DC 10 war schon kurz nach dem Start immerhin 172 Knoten schnell. Das bedeutete: Sie benötigte die Auftriebshilfe der Slats schon nicht mehr. Die Maschine flog trotz des Schadens sicher.

Hervorragender Durchblick: Die DC 10 bietet den Piloten besonders große Fensterflächen im Cockpit. Die Crew auf dem Bild wird schon bald auf ihrem Zielflughafen landen.

Douglas DC 10

Eine DC 10-40 der Fluggesellschaft Japan Airlines.

Nun wurde den Piloten aber gerade ihr gewissenhaftes Verhalten zum Verhängnis. Sie hielten sich an die Vorschriften für einen entsprechenden Notfall und begannen die Checkliste für den Fall eines Triebwerksausfalls abzuarbeiten. Diese wies sie an, mit der Geschwindigkeit V2 den Steigflug fortzusetzen. V2 ist die Sicherheitsstartgeschwindigkeit, die jede Besatzung vor einem Flug individuell – je nach Gewicht des Flugzeugs – ausrechnet. Für V2 hatten die Piloten in diesem Fall 153 Knoten errechnet. Die Crew erhöhte also etwas den Steigwinkel, eine Möglichkeit, um die Geschwindigkeit der Maschine zu senken. Entsprechend dieser Maßnahme wurde die DC 10 langsamer. Nun wird aber bei V2 normalerweise von intakten Vorflügeln auf beiden Tragflächen ausgegangen. Das war hier nicht mehr der Fall. Während sich das Flugzeug verlangsamte, bei genau 159 Knoten, riss die Luftströmung an der linken, beschädigten, Tragfläche ab. Über einen solchen Fall werden die Piloten normalerweise mittels Warnsignale informiert, so dass sie die Möglichkeit haben, Gegenmaßnahmen zu ergreifen und beispielsweise mehr Schub zu geben und die Nase des Flugzeuges zu senken. In diesem Fall aber unterrichtete keine Warnung die Piloten über die Gefahr, denn die entsprechenden Kabel waren zerstört. Ohne entsprechend schnelle Reaktion der Piloten war das Flugzeug einen Moment später nicht mehr zu halten. Die Maschine rollte plötzlich auf die linke Seite, kippte ab und stürzte zu Boden.

McDonnell Douglas bot auch Frachtvarianten der Maschine an. So absolvierte am 28. Februar 1973 die DC 10-30 CF ihren Jungfernflug. Bei der CF handelt es sich um eine konvertierbare Passagier-/Frachtversion, die äußerlich an einen großen Frachtluke an der vorderen Backbord-Rumpfseite zu erkennen ist. Ein reiner Frachter, die DC 10-30F, wurde erst relativ spät, 1986, zum ersten Mal ausgeliefert. Die Planungen für weitere Varianten wie eine DC 10-50 und DC 10-60 führten schließlich zur McDonnell Douglas MD 11.

Insgesamt wurden von der DC 10 446 Maschinen ausgeliefert.

Die Daten der DC 10-30

Länge (m)	55,35
Höhe (m)	17,7
Spannweite (m)	50,4
Kabinenbreite (m)	5,79
Besatzung Cockpit	3
typische Passagierbelegung	370
max. Startgewicht (t)	264,4
max. Landegewicht (t)	186,4
max. Nutzlast (t)	35
Tankkapazität (l)	138 750
Frachtkapazität (m³)	130,7
max. Reisegeschwindigkeit (km/h)	900
Reichweite (km)	9600
Treibstoffverbrauch im Reiseflug (l/h)	10 450
Triebwerkstypen	3 × GE CF6-50C2 mit 233,5 kN Schub

Trotz guter Qualitäten ohne Zukunft:
McDonnell Douglas MD 11

Die McDonnell Douglas MD 11 ist die Weiterentwicklung der bewährten Douglas DC 10 und vom Vorgängermodell optisch kaum zu unterscheiden. Die eigenständige Silhouette mit zwei Triebwerken unter den Tragflächen und dem dritten Triebwerk am Heck wurde auch bei der MD 11 beibehalten. Wer die DC 10 kennt, entdeckt trotzdem recht schnell einige Unterschiede. Ein besonders markanter sind die Winglets, mit denen die MD 11 ausgestattet wurde. Das ist aber – auch äußerlich – noch nicht alles. So misst die MD 11 genau 5,66 m mehr als die DC 10. Auch der Heckabschluss präsentiert sich dem Betrachter länger und eckiger als beim Vorgängermodell. Eine weitere Neuerung betrifft die Höhenflosse der Maschine, die bei der MD 11 um 30 Prozent kleiner ausfiel als bei der DC 10. Über die optisch sichtbaren Änderungen hinaus erhielt die MD 11 zahlreiche weitere Verbesserungen. So wurde das Cockpit komplett neu gestaltet. Modernste Instrumente und Avionik hielten Einzug – mit dem Ergebnis, dass in der MD 11 gänzlich auf den Flugingenieur verzichtet wurde, der in der DC 10 noch als dritter Mann zur Standardbelegung des Cockpits gehört. Durch die Verlängerung entstand mehr Platz, zum einen in der Kabine, in der nun 44 Passagiere mehr befördert werden konnten, zum anderen im Unterdeck, in dem nun 30 Prozent mehr Kapazität für die Beförderung von Fracht zur Verfügung standen. Eine grundlegende Änderung erfuhren die Tragflächen, die mit einem völlig neuen Profil ausgestattet wurden und das Höhenleitwerk. Hier platzierte McDonnell Douglas einen weiteren Tank, der zum Trimmen der Maschine verwendet wird und gleichzeitig natürlich durch die zusätzlich vorhandene Kerosinkapazität die Reichweite steigert. Am 10. Januar 1990 hob der Prototyp der MD 11 zu seinem Erstflug ab. Noch im selben Jahr, am 29. No-

Eine MD 11 von Delta Airlines wird vom Terminal 2 des Frankfurter Flughafens zurückgestoßen.

Douglas MD 11

Die Lufthansa schätzt die MD 11 als Frachter.

vember, konnte McDonnell Douglas das erste Flugzeug ausliefern. Neben reinen Passagiermaschinen, bei denen Fracht ausschließlich als Belly-Kapazität im Unterdeck befördert werden kann, brachte McDonald Douglas auch einen Nurfrachter, die MD 11 F, auf den Markt. Diese Version wurde insbesondere nach der Übernahme des Unternehmens von Boeing vom Markt sehr gut angenommen. Zahlreiche Fluggesellschaften, darunter Lufthansa Cargo, nahmen die Produktionseinstellung mit ausdrücklichem Bedauern zur Kenntnis. Die MD 11 füllt bei der Luftfracht eine Marktlücke aus. Das Flugzeug ist ideal für Transporte, die ein Langstreckenflug erfordern, bei denen aber gleichzeitig nicht die Ladekapazität zur Verfügung steht, die nötig wäre, um einen B-747-Frachter zu füllen. Daneben wurde noch eine Combi-Variante unter der Bezeichnung MD 11 C und eine Version für den schnellen Umbau zwischen Passagier- und Frachtversion, die MD 11 CF, angeboten. Im Gegensatz zur reinen Passagierversion sind diese Varianten der MD 11 mit einem breiten Tor im Oberdeck, das natürlich der Aufnahme von Gütern dient, ausgestattet. Bei den Frachtern befindet sich diese Luke im vorderen Teil des Rumpfes, bei der Combi- und Umbauversion im hinteren Bereich. Betreiber der letztgenannten Maschinen haben sogar gegenüber dem reinen Frachter einen Vorteil: Die Frachtklappe ist mit 4,06 m × 2,59 m deutlich größer als bei der MD 11 F, bei der die Luke 3,56 m × 2,59 m misst. In der Combi-Version können gleichzeitig Fracht und Passagiere auf dem Hauptdeck der Maschine befördert werden. Die Fracht fliegt dabei im hinteren Teil des Flugzeuges mit. Die MD 11 CF ist dagegen eine Maschine, die sich für den wechselnden Einsatz eignet und beispielsweise im Sommer als Charterflieger Passagiere zur ihren Urlaubszielen fliegt, im Winter dagegen Container und Paletten zwischen den Industrieregionen der Welt befördert. Soll das Flugzeug von der Passagierversion für den Frachteinsatz umgerüstet werden, dauert der entsprechende Umbau zwei Tage. Die Umrüstung vom Frachter zum Passagierflieger nimmt drei Tage in Anspruch. Bis Ende 1999 wurden 194 MD 11 ausgeliefert. Dabei handelt es sich um 136 Passagiermaschinen, 5 MD 11 C und 53 Frachter.

Linienflugzeuge

Deutlicher Unterschied der MD 11 zur DC 10 sind die Winglets am Ende der Tragflächen.

Die Daten der MD 11

Länge (m)	61,2	max. Startgewicht (t)	285,9
Höhe (m)	17,6	Tankkapazität (l)	146 174
Spannweite (m)	51,7	Frachtkapazität (m³)	194
Kabinenbreite (m)	5,71	max. Reisegeschwindigkeit (km/h)	945
Rumpfdurchmesser (m)	6,02	Reichweite (km)	13 355
Besatzung Cockpit	2	Triebwerkstypen	3 × GE CF6-80C2D1F mit 274 kN Schub, 3 × PW 4460 mit 267 kN Schub, 3 × PW 4462 mit 276 kN Schub
typische Passagierbelegung	356		

Fluggesellschaften

Regelmäßige Dienste zu Sonnenzielen:
Aero Lloyd

Condor, LTU und Hapag-Lloyd. So heißen die größten Ferienfluggesellschaften in Deutschland. Zu den etwas kleineren Unternehmen gehört die Fluggesellschaft Aero Lloyd in Oberursel, deren Maschinen auf dem Frankfurter Flughafen ihre Heimatbasis haben. Das Unternehmen ist vergleichsweise jung und wurde am 16. Dezember 1980 gegründet. Die Anfangsausstattung der Flotte: Aero Lloyd startete mit drei Caravelle 10 R mit jeweils 99 Plätzen in den Urlaubsreiseverkehr. Der Erstflug fand am 1. April von Düsseldorf nach Rom statt. Der Flugplan wies in diesem ersten Betriebsjahr Abflüge von Frankfurt, Düsseldorf und Hamburg zu immerhin schon 27 Zielen auf. Als Gesellschafter stiegen in diesem Jahr die DAL Deutsche Luftfahrt Leasing und Air Charter Market ein. Zu den ersten Maßnahmen der neuen Unternehmen gehörte eine Modernisierung der Flotte. Schon 1982 sollten drei DC-9-32 mit jeweils 119 Plätzen zur Fluggesellschaft stoßen und die Caravelles ablösen. Dazu kam es nicht. Die Nachfrage war so unerwartet groß, dass die Caravelles vorerst im Dienst bleiben mussten und neben den DC-9 weiterflogen. 1983 startete Aero Lloyd bereits von acht deutschen Flughäfen aus zu 35 Zielen. Die Fluggesellschaft beschäftigte 168 Mitarbeiter und erzielte einen Umsatz von 100 Mio. DM. Das Geschäft entwickelte sich für die Fluggesellschaft gut. 1984 wurden bereits weitere Flugzeuge bestellt und das Unternehmen Sky Shop Catering (SSC) gegründet. Am 6. April 1986 dann landete die erste McDonnell Douglas MD 83 für die Aero Lloyd

Der Airbus A 320 bildet das Rückgrat der Flotte von Aero Lloyd.

in Frankfurt – ein Flugzeugtyp, der im folgenden Jahrzehnt das Auftreten der Fluggesellschaft bestimmte. Weitere Maschinen wurden ausgeliefert, 1989 bestand die Flotte bereits aus 17 Maschinen. Im Jahr zuvor hatte die junge Fluggesellschaft die Genehmigung zur Durchführung von innerdeutschen Linienflügen erhalten. Am 31. Oktober nahm Aero Lloyd die Flüge auf. Angeboten wurden sie auf den Strecken Düsseldorf–Hamburg, Frankfurt–Hamburg, Frankfurt–München, Hamburg–München und Frankfurt–Köln. Die Caravelle diente zu dieser Zeit als Stand-by-Gerät und stand damit als Reserveflugzeug zur Verfügung, was das Risiko von Verspätungen für die Passagiere deutlich reduzierte. 1989 dann führte Aero Lloyd auch Linienflüge nach Paris und London ein. Der Umsatz erreichte in diesem Jahr 311 Mio. DM. Das Liniengeschäft lief aber insgesamt gesehen nicht gut an und verursachte deutliche Anlaufverluste. Die Auslastung der Maschinen ließ zeitweise zu wünschen übrig. Dazu kam 1991 der Golfkrieg, der ebenfalls das Unternehmensergebnis belastete. Aero Lloyd geriet in wirtschaftliche Schwierigkeiten, die allerdings kurzfristig aufgefangen werden konnten, in dem die wichtigsten Veranstaltungspartner der Fluggesellschaft mit kurzfristigen Krediten aushalfen. 1992 dann erfolgte schon der letzte Linienflug nach Berlin, dass mittlerweile in den Flugplan aufgenommen worden war. 1993 ging die Konsolidierung der Fluggesellschaft weiter, jetzt kam ein umfassendes Kostensenkungsprogramm zum Zuge, die DC-9 Flotte wurde verkauft. Die Bilanz am Jahresende zeigte denn auch ein ausgeglichenes Ergebnis. 1994 verbesserte sich die Situation noch einmal deutlich für die Fluggesellschaft. Bei einem Umsatz von 610 Mio. DM erreichte Aero Lloyd einen Gewinn von 5 Mio. DM. Insgesamt wurden 2,7 Mio. Passagiere befördert. 1995 beschloss die Geschäftsleitung ein umfassendes Flottenerneuerungsprogramm. Maschinen vom Typ Airbus A 320 und A 321 sollten die komplette MD-Flotte ersetzen. Die Auslieferungen begannen zügig, 1996 gingen die ersten drei A 320 bei Aero Lloyd in Dienst. Ein Jahr später beförderte die Urlaubsfluggesellschaft über drei Mio. Passagiere. 1998 stellte Aero Lloyd die ersten beiden Airbus A 321 in Dienst. Auch auf wirtschaftlicher Ebene kam es zu Veränderungen. Die Bayerische Landesbank übernahm die Gesellschafteranteile von Air Charter Market und wurde neuer Mehrheitsgesellschafter des Unternehmens. 1999 dann wandelte Aero Lloyd Optionen auf den Kauf von drei weiteren Airbussen in Festbestellungen um.

Hamburg–Malaga–Berlin…:
Ein ganz normaler Umlauf im Ferienflugverkehr

Millionen Urlauber nutzen in jedem Jahr die Maschinen der zahlreichen Ferienfluggesellschaften für einen Flug zu den Sonnenzielen am Mittelmeer. Was für viele Passagiere der Auftakt zur schönsten Zeit des Jahres ist, stellt für die Crews in den Maschinen die ganz normale Arbeitsroutine dar. Der Aufenthalt am Ferienziel dauert für die Besatzungen dabei selten länger als ein bis zwei Stunden. Bei einem typischen Umlauf bestand Gelegenheit, einen Airbus A 320 der Fluggesellschaft Aero Lloyd und die darin arbeitenden Crews zu begleiten.

Sonntag früh auf dem Flughafen Hamburg-Fuhlsbüttel. Noch liegt tiefschwarze Nacht über dem Land. Im Cockpit eines Airbus A 320-200 schiebt Copilot Erwin Reitenbach langsam die Schubhebel nach vorn. Die Zeiger auf den Triebwerksinstrumenten vor ihm wandern nach oben, aufmerksam vom links neben ihm sitzenden Flugkapitän Steffen Kaiser beobachtet. Langsam, träge, rollt die Maschine auf der Startbahn 23 des Airports an, nimmt dann immer mehr Fahrt an um schließlich rasant zu beschleunigen. Triebwerkslärm schwillt an, wandelt sich zu dem metallischen Summen, wie es für den Airbus A 320 so typisch ist.

»Eighty« ruft Kapitän Kaiser aus, als die Maschine die entsprechende Geschwindigkeit in Knoten passiert.

»Checkt« erwidert Reitenbach trocken. Durch diesen so genannten Crosscheck stellen die Piloten sicher, dass ihre Geschwindigkeitsmesser die gleichen Werte anzeigen. Außerdem wird so gewährleistet, dass auch der nichtfliegende Pilot – in diesem Fall der Kapitän – den Startvorgang aktiv überwacht. Bei 125 Knoten ist die Geschwindigkeit erreicht, ab der die Maschine selbst mit einer Notbremsung nicht mehr vor dem Ende der Startbahn zum Stehen gebracht werden könnte. Sie wird als V1 bezeichnet. Würde es jetzt einen Notfall geben und zum Beispiel ein Triebwerk ausfallen, müsste die Crew die Maschine in jedem Fall trotzdem starten. »V1« ruft Kaiser aus, um die entsprechende Geschwindigkeit zu markieren. Während Reitenbach mit »checkt« antwortet, nimmt er gleichzeitig die Hände von den Schubhebeln, um im Notfall gar nicht erst in Versuchung zu kommen, diese nun noch zurückzuziehen. Rasend schnell gleitet die breite Startbahn unter dem Airbus hindurch, als Kapitän Kaiser auch schon »rotate« ausruft. Die Maschine erreicht die zuvor von der Besatzung errechnete Abhebegeschwindigkeit von 132 Knoten, rund 244 km/h. First Officer Reitenbach zieht den Sidestick mit seiner rechten Hand nach hinten. Langsam und majestätisch hebt die Maschine die Nase. Einen Moment später ist Flug YP 7494 airborne. Die Uhrzeit: 6:05 Uhr.

Bereits um 5 Uhr hat der Dienst für die beiden Piloten und die fünf Mitglieder der Kabinenbesatzung begonnen. Während die Stewardessen die Kabine für den anstehenden Flug vorbereiteten und zum Beispiel die vom Cateringunternehmen angelieferten Mahlzeiten verstauten, waren die Piloten mit dem Dispatch, der Programmierung des Flugführungssystems und dem Vorfeldcheck des Flugzeuges beschäftigt. Beim Vorfeldcheck überprüft der Kapitän den Zustand der Maschine auf äußerlich erkennbare Schäden. Besonderes Augenmerk gilt dabei dem Zustand der Reifen, möglichen Beschädigungen der Triebwerksschaufeln und Verschmutzungen der Pitotrohre am Bug des Flugzeuges, die als Messsonden für die Geschwindigkeitsinstrumente dienen. Bei Dispatch informieren sich die Piloten über wesentliche Daten und mögliche Besonderheiten des anstehenden Fluges wie das Wetter, Funkfeuer und eventuelle Umleitungen auf der Strecke oder Besonderheiten am Zielflughafen. Bei der Programmierung des Flugführungssystems oder Flight Management System (FMS) gibt der Copilot die abzufliegende Strecke über die Tastatur in den Bordcomputer ein. Dabei geht er folgendermaßen vor: Zunächst werden der Abflughafen und die vorgesehene Startbahn aus einer im Computer enthaltenen Datenbank ausgewählt. Die Flughäfen haben dabei Kürzel, die von der internationalen Luftfahrtbehörde ICAO vergeben werden. Hamburg-Fuhlsbüttel hat die Buchstabenkombination EDDH. Im nächsten Schritt wählt der Copilot den Zielflughafen und die voraussichtliche Landebahn aus. Malaga hat hierbei das Kürzel LEMG. Für jeden Flughafen gibt es standardisierte, genau definierte An- und Abflugrouten, die ebenfalls in der Datenbank enthalten sind. Die Abflugrouten werden als Standard Instrument Departure (SID) bezeichnet, die Anflugrouten als Standard Terminal Arrival Route (STAR). Auch diese wählt der Copilot entsprechend dem Flugplan im FMS aus. Anschließend gibt er die Reiseroute zwischen Hamburg und Malaga ein. Diese ergibt sich aus einer Abfolge von Luftstraßen. Luftstraßen sind genau definierte Routen im Luftraum, die meist durch Sendeanlagen am Boden, so genannte Funkfeuer, definiert sind. Das Luftstraßensystem lässt mit den Autobahnen auf der Erdoberfläche vergleichen. Da Aero Lloyd, wie jede andere Fluggesellschaft auch, regelmäßig bestimmte Flüge durchführt und die Eingabe der einzelnen Luftstraßen eine recht mühsame Angelegenheit ist, gibt es für die wesentlichen Flugrouten schon vorgegebene, gespeicherte Standardrouten, die der Pilot auswählen kann. Die im FMS gemachten Eingaben werden im Cockpit optisch auf dem Navigation-Display vor den Piloten angezeigt. Während des Fluges wird der Autopilot auf das FMS aufgeschaltet und fliegt dann den eingegebenen Kurs automatisch ab. Dabei ist es aber jederzeit möglich, den Streckenverlauf während des Fluges wieder zu verändern. Das kann zum Beispiel nötig sein, wenn die Fluglotsen der Maschine über Funk eine Abkürzung anbieten. Vorgesehen ist in Malaga eine Landung auf der Landebahn 14. Die Nummerierung gibt die Himmelsrichtung an. 14 bedeutet, dass die Landebahn in Richtung 140 Grad, also nach Südosten weist. Möglich wäre auch eine Landung in Gegenrichtung. Welche Bahn im aktuellen Flugbetrieb genutzt wird, hängt ganz wesentlich von der vorherrschenden Windrichtung ab. Damit sich die Geschwindigkeit bei Start und Landung nicht durch Windeinwirkung erhöht, ist es normalerweise üblich, Flugzeuge gegen den Wind starten und landen zu lassen. So auch diesem Fall. Aus dem Dispatch wissen die Piloten, dass für Malaga ein Wind mit einer Geschwindigkeit von 17 Knoten aus Richtung 219 Grad, also Südwesten, vorhergesagt ist. Gleichzeitig sagt der Wetterbericht aber auch einen möglichen Wechsel auf nördliche Windrichtungen voraus. Damit würde sich auch die Landebahnrichtung ändern. Um für diesen Fall gerüstet zu sein, gibt der Copilot eine alternative Flugroute ein, die sich von der ersten durch die andere Landebahn und ein entsprechendes STAR unterscheidet. Sollte sich während des späteren Anfluges herausstellen, dass der Tower in Malaga die Bahn ändert, sind die Piloten darauf schon vorbereitet. So kann in dieser Flugphase, in der die Arbeitsbelastung im Cockpit ohnehin hoch ist, unnötige Hektik vermieden werden. Die Crew aktiviert dann einfach die alternative Flugroute und muss dann gegebenenfalls nur noch kleine Modifikationen vornehmen. Ebenfalls Bestandteil der Flug-

Fluggesellschaften

vorbereitung ist die Arbeitseinteilung im Cockpit. Ungeachtet der Tatsache, wer Kapitän und wer Copilot ist, gibt es immer einen fliegenden (Pilot Flying) und einen nicht fliegenden Piloten (Pilot Not Flying). In diesem Fall legen beide Piloten fest, dass der Copilot auf dem Hinflug die Aufgabe des Pilot Flying übernimmt. Der Kapitän ist der Pilot Not Flying. Auf dem Rückflug werden beide die Aufgaben wechseln. Der Pilot Flying ist immer mit dem eigentlichen Fliegen der Maschine beschäftigt. Der Pilot Not Flying führt währenddessen den Funkverkehr durch oder übernimmt anfallende Schreibarbeiten wie den Abgleich des Flugplans mit den real erflogenen Daten. Jedes Abweichen von dieser Einteilung – weil zum Beispiel der Pilot Flying einmal das Cockpit verlassen muss – wird mit einer Übergabe der Kontrolle über das Flugzeug durch den Satz „you have control" markiert.

Pilot Flying ist Copilot Erwin Reitenbach, der den Airbus nun in den Steigflug führt. Rechts neben dem Navigation Display, auf dem die Flugroute zu sehen ist, befindet sich mit dem Primary Flight Display ein weiterer großer Bildschirm, auf dem zentral der künstliche Horizont angeordnet ist. Die Gradangaben hier zeigen an, dass die Maschine mit einem Winkel von 18 Grad in den Himmel steigt. Nach dem Standardverfahren wird in diesem Winkel bis zu einer Höhe von 1500 Fuß geflogen. Anschließend nimmt die Crew den Schub von der Startleistung auf die etwas geringere Steigleistung zurück. Gleichzeitig senkt sie die Nase der Maschine ein wenig. Dadurch steigt die Geschwindigkeit. Erreicht das Flugzeug eine Geschwindigkeit von 250 Knoten, nimmt der Pilot die Nase der Maschine wieder etwas hoch, um eine weitere Erhöhung zu vermeiden. Hintergrund: Weltweit gilt im zivilen Luftverkehr unter einer Höhe von 10000 Fuß eine Geschwindigkeitsbeschränkung von 250 Knoten. Erst über dieser Höhe wird die Nase wieder gesenkt, damit das Flugzeug Fahrt gewinnen kann. Der Abflug führt die Maschine an der Ortschaft Wedel, westlich von Hamburg vorbei. Die Maschine überfliegt die Elbe, passiert dann Stade und fliegt weiter nach Bremen in Richtung Frankreich. Hier geht die Flugroute in einer Höhe von 37000 Fuß an Paris vorbei, bevor der Kurs parallel zur Biscaya über Pamplona, Madrid nach Malaga führt.

Nebel steigt von den Gipfeln und Tälern der nördlich der Metropole gelegenen Bergen auf, angestrahlt vom weichen Licht des beginnenden Tages, als die Crew im Airbus sich auf

Auf dem Navigation Display (linke Anzeige) ist die Flugroute zu sehen. Rechts davon befindet sich das Primary Flight Display mit dem künstlichen Horizont.

Landeanflug auf Malaga im Licht der gerade aufgegangenen Sonne.

Kaum ist die Maschine in Malaga gelandet, da dockt auch schon der Cateringwagen an.

den Endanflug vorbereitet. Aufgrund der Berge sind auf den Luftfahrtkarten Mindesthöhen von zum Beispiel 5500 Fuß, die das Flugzeug in bestimmten Flugphasen einhalten muss, genau vorgeschrieben. Da der Wind nicht auf nördliche Richtungen gedreht hat, wurde die Landebahn beibehalten. Die Maschine überfliegt das Funkfeuer Martin VOR, einen wichtigen Orientierungspunkt beim Anflug aus Norden. Der Flug führt zunächst auf Radial 155 des Funkfeuers weiter, das heißt die Maschine fliegt auf einem Funkstrahl, der in einer Richtung von 155 Grad vom Navigationssender abgestrahlt wird. Die Landebahn des Airports ist mit einem Instrumenten-Landesystem (ILS) ausgestattet. Dabei handelt es sich um Sendeanlagen, die der Maschine durch Funksignale den optimalen Gleitpfad zur Landebahn vorgeben. Die an das Flugzeug per Funkstrahl übermittelten Informationen beinhalten Angaben über den Gleitpfad, also den »Abstieg« der Maschine aus der Höhe zum Boden und über die Richtung, also ob das Flugzeug genau richtig oder zu weit rechts oder links von der Landebahn »hereinkommt«. Die Funksignale werden im Cockpit eines Flugzeuges so umgesetzt, dass die Besatzung auf ihren Instrumenten erkennen kann, ob sich ihr Flugzeug auf dem idealen Gleitpfad befindet oder nicht. Üblicherweise wird dieses in Form zweier Balken dargestellt, wobei der eine senkrecht, der andere waagerecht verläuft. Ergeben beide Balken ein Kreuz, befindet sich das Flugzeug genau auf dem Gleitpfad, der es zur Landebahn führt. Ergeben beide Balken kein Kreuz, müssen die Piloten das Flugzeug so bewegen, dass es sich schließlich auf dem Gleitpfad befindet. Die dazu nötigen Steuerbewegungen ergeben sich aus der Stellung beider Balken. Der vom Airbus geflogene Kurs auf dem Radial 155 des Martin VOR führt die Maschine in einen Bereich, in dem die Signale des ILS empfangen werden. Ist das der Fall, führen diese die Maschine dann zum optimalen Aufsetzpunkt der Landebahn. Copilot Reitenbach bereitet sich jetzt auf die Landung vor. Die Landeklappen, Auftriebshilfen für den Langsamflug, werden stufenweise gesetzt, die entsprechenden Handgriffe führt als Pilot-Not-Flying Kapitän Kaiser durch. Der entsprechende Hebel befindet sich auf der Mittelkonsole zwischen beiden Piloten. Er aktiviert ein Ausfahren der Klappen an den Vorderflügeln (Slats) und Hinterkanten der Tragflächen (Flaps) in unterschiedlichen Kombinationen. Bei Flaps 1 sind zunächst nur die Slats aktiviert. Es folgt auf das Kommando „Gear down" das Ausfahren des Fahrwerks, was mit einem leichten Rumpeln zu hören ist. Die Maschine fliegt jetzt noch rund 200 Knoten schnell. Einen Moment später legt Kapitän Kaiser den Klappenhebel auf die Einstellung Flaps 2. Nun fahren auch die Klappen an der Hinterkante der Tragflächen aus.

Die Landebahn liegt mittlerweile deutlich sichtbar vor der Maschine. Der diesen Anflug durchführende Copilot hat nun die verschiedensten Parameter des Flugzeuges, dargestellt auf den Anzeigeninstrumenten, im Auge zu behalten. Dazu gehört der Gleitpfad, der in Seitenführung und Höhe exakt auf dem Funkstrahl liegen sollte. Geschwindigkeit und Höhe müssen stimmen und natürlich auch die Ausrichtung der Maschine, deren Bug vor der Landung leicht über den Horizont gehoben wird, um ein optimales Aufsetzen zu ermöglichen. In einer Höhe von rund 1300 Fuß werden die Klappen auf Flaps 3 gesetzt, bei 1100 Fuß auf Flaps 4. Die Maschine hat jetzt noch eine Geschwindigkeit von 160 Knoten, die Landebahn wird schnell größer. »Four-Hundred«, sagt die sonore Computerstimme des Bordcomputers einen Moment später die Höhe des Flugzeuges in Fuß an, um kurz vor dem Aufsetzen »One-Hundred – Fifty – Thirty« weiterzuzählen. Der Airbus A 320 setzt auf. Während die Maschine langsamer wird, hält sie Copilot Reitenbach mit den Seitenrudern, die er über Pedale bedient, gerade auf der Piste. Beim Rollen einen Moment später wird das Flugzeug über das Bugfahrwerk gelenkt. Ein Follow-Me-Fahrzeug bringt die Maschine zum Terminal. Es ist kurz vor 9:20 Uhr. Kaum sind die Triebwerke aus, als auch schon Gepäckfahrzeuge, Cateringtransporter und Tankwagen herankommen, um den Airbus für den Rückflug vorzubereiten. Die Passagiere gehen von Bord, das Gepäck wird ausgeladen. Ist das geschehen, kommen auch schon die Koffer der in Kürze zusteigenden Passagiere an Bord, wird neue Verpflegung übernommen und das Flugzeug betankt. Kapitän Kaiser ist währenddessen außerhalb der Maschine zu finden, nimmt den Vorfeld-Check vor und kontrolliert das Flugzeug dabei wieder auf mögliche sichtbare Schäden. Copilot Reitenbach programmiert das FMS für den Rückflug. Zielflughafen dafür ist Berlin-Tegel. Schon kommen auch die Passagiere für den Rückflug an Bord. Um 10:35 dann laufen erneut die Triebwerke des Airbus A 320 hoch, beginnt der Rückflug nach Deutschland, wo das Flugzeug 13:50 Uhr landet. Für die Crew ist damit Feierabend. Ein Teil der Besatzung, der in Hamburg wohnt, wird mit einem Crewbus in die Hansestadt an der Elbe gefahren. Eben dieser Transporter hat zuvor die neue Besatzung, die nun den Airbus weiterfliegen wird, aus der norddeutschen Metropole nach Berlin gebracht. Schon 15:00 Uhr hebt die Maschine in Berlin-Tegel mit neuen Passagieren wieder zu einem Flug nach Malaga ab. Im Cockpit:

Fluggesellschaften

Eine MD 83 im Anflug kurz vor dem Aufsetzen. Dieser Typ bildete vor dem Airbus A 320 die Basis der Aero-Lloyd-Flotte.

Flugkapitän Egbert Quast und Copilot Karsten Walter, die den Airbus um 18:20 in Malaga landen. Wieder ist die Umdrehzeit in Spanien kurz. Um 19:00 Uhr hebt der Airbus mit 113 Passagieren an Bord schon wieder ab zum Rückflug nach Hamburg. Nach dem Flug über Spanien, Frankreich und Belgien wird 35 Meilen vor Bremen der »Top of Descent« erreicht, der Punkt, von dem ab der Sinkflug auf den Hamburger Flughafen eingeleitet wird. Stufenweise geht die Maschine in Absprache mit den Fluglotsen tiefer. Es ist Sonntag-Abend. Über der Hansestadt herrscht – sehr zum Missmut der Piloten – dichter Verkehr. Ungewöhnlich für diesen Wochentag wird dem Airbus von Aero Lloyd zunächst als »Nr. 7« der Platz in einer Warteschleife, einem Holding, über Glückstadt zugewiesen. Auch ein solches Holding kann heute in einer modernen Maschine wie dem Airbus A 320 aus der Datenbank des Bordcomputers abgerufen und in die abzufliegende Route integriert werden. Bei vielen Flughäfen sind Standard-Holdings vorgegeben. Ist das nicht der Fall oder soll ein solches nicht verwendet werden, kann mit Hilfe des Bordcomputer auch ein neues Holding definiert werden, das dann auch in seiner typisch kreisförmigen Form auf den Displays vor den Piloten sichtbar ist. Schritt für Schritt werden die Piloten dann von den Fluglotsen mit genauen Richtungsvorgaben aus dem Holding auf das ILS-System der Landebahn 15 des Flughafens Hamburg geführt. Gerade ist das ILS von der Maschine erfasst, als eine Stewardess der Besatzung die »Kabine klar« meldet. Damit kann nun der eigentliche Endanflug beginnen, den in diesem Fall als Pilot Flying Kapitän Quast durchführt. Der Autopilot wird ausgestellt, die Klappen und das Fahrwerk ausgefahren. »Landing all green« stellt Copilot Walter fest, als die grünen Lampen für das ausgefahrene und verriegelte Fahrwerk aufleuchten. »All green« bestätigt Quast. Die Computerstimme meldet sich mit ihrem langgezogenen und überdeutlichen »Four-Hundred« – einen Moment später setzt der Airbus mit 134 Knoten Geschwindigkeit auf. Für die Passagiere der Abschluss einer Urlaubsreise. Für die Besatzung das Ende eines ganz normalen Arbeitstages.

Kurzprofil auf einen Blick

IATA-Code:	YP
Dreilettercode:	AEF
Callsign:	Aero Lloyd
Mitgliedschaft in Allianzen:	–
Hauptverkehrsdrehscheiben:	Frankfurt/Main
Zahl der Mitarbeiter:	1100
Beförderte Passagiere (Zahlgäste) 1999 im Linienverkehr in Mio.:	3,1
Zahl der Verkehrsflugzeuge:	20

Die Flotte im Detail[1]:	Flugzeugmuster	Anzahl
	A 321-200	7
	A 320-200	7
	MD 83	6

Flugzeugunfälle mit Totalverlust des Fluggeräts seit 1970:

Datum	Unfall
—	keiner

[1] Quelle dieser und der folgenden Flottendaten: Umfrage bei den Fluggesellschaften, Stand 2000, ergänzt durch Daten aus JP Airline Fleets International, Ausgabe 2000/2001.

Aeroflot

Ehemaliger Riese vor dem Neubeginn: Aeroflot

Gigantisch und geheimnisvoll – mit diesen beiden Worten lässt sich recht treffend die Situation der Fluggesellschaft Aeroflot zu den Zeiten vor dem Zusammenbruch der Sowjetunion beschreiben. Als es die UdSSR noch gab, war Aeroflot eine Fluggesellschaft der Superlative. Kein anderes Luftverkehrsunternehmen transportierte weltweit pro Jahr mehr Passagiere, hatte ein vergleichbar langes Streckennetz und beschäftigte so viele Mitarbeiter wie die Fluglinie des sowjetischen Riesenreiches. Gleichzeitig war im Westen nur wenig über die Fluggesellschaft bekannt. Offizielle Zahlen wurden nicht bekanntgegeben, Struktur und Aufgaben unterschieden sich wesentlich von denen westlicher Airlines. Heute ist Aeroflot ein sehr viel kleineres Unternehmen, das statt weit über 100 Mio. Passagiere wie in den 80er Jahren jährlich 4,4 Mio. Reisende befördert und sich innerhalb Russlands und auf internationalen Strecken der scharfen Konkurrenz leistungsfähiger anderer Fluggesellschaften aus Russland und der GUS stellen muss. Gleichzeitig hat sich auch der Aufbau der Flotte gewandelt – westliche Modelle von Boeing und Airbus haben Eingang gefunden – genauso wie die Informationspolitik, die naturgemäß sehr viel offener als noch zu UdSSR-Zeiten ist, dafür heute aber, wie so vieles in der ehemaligen Sowjetunion, unter fehlenden finanziellen Mitteln leidet. Wie viele der großen Fluggesellschaften der Welt kann auch Aeroflot auf eine sehr traditionsreiche Geschichte zurückblicken. Die Wurzeln des Unternehmens reichen bis ins Jahr 1923 zurück. In diesem Jahr nahm die Russische Gesellschaft der freiwilligen Luftflotte (Dobrolet) den Flugbetrieb auf der Verbindung Moskau – Gorki, das damals noch Nishi Nowgorod hieß, auf. Zum Ein-

Russischer Widebody: Die Ilyushin Il 86 kann vor allem wegen ihre mangelnden Reichweite für ein Flugzeug ihrer Größenordnung nicht überzeugen.

Fluggesellschaften

Klassiker aus Russland: Die Tupolev Tu 154 ist ein äußerst robustes Flugzeug, das sogar auf Graspisten starten und landen kann.

satz kam Fluggerät vom Typ Fokker F 13. Dobrolet ist eine von drei Fluggesellschaften, aus denen später die Aeroflot erwuchs. Die zweite Wurzel ist die 1924 gegründete Fluggesellschaft Ukrwosduchputj aus der Ukraine, die mit zwei Dornier Komet II zwischen Kiew und Charkow flog. Das dritte Unternehmen hieß Sakavia und kam aus dem Kaukasus. Erklärte Aufgabe der drei Fluggesellschaften war es, im Rahmen der planwirtschaftlichen Vorgaben, in Zentralrussland einen leistungsfähigen Luftverkehr aufzubauen und gleichermaßen die unterentwickelteren Gebiete der Sowjetunion zum Beispiel in Sibirien und dem Transkaukasus mit einem gut funktionierenden Luftverkehrsnetz auszustatten. Das lief gut an. Schon 1925 war das Liniennetz der Dobrolet auf 5000 km angewachsen. Die Fluggesellschaft beförderte 14000 Passagiere. Schon 1926 flogen Maschinen von Dobrolet nach Kabul in Afghanistan und 1928 nach Irkutsk nahe der Mongolei. In diesem Jahr hatte sich das Streckennetz schon fast verdoppelt und war auf 9300 km angewachsen. 1930 erfolgte der Zusammenschluss der drei Fluggesellschaften, 1932 erhielt das neue Unternehmen den Namen Aeroflot. Das vereinigte Streckennetz erreichte eine Gesamtlänge von 32000 km. Darauf wurden 67000 Passagiere befördert. In den folgenden Jahren wuchsen beide Kennziffern stetig weiter an. Von der Organisation, Aufbau und Aufgaben her hatte die Aeroflot von Anfang an wenig Ähnlichkeiten mit Fluggesellschaften nichtsozialistischer Länder. So gehörten bei Bedarf militärische Aufgaben ganz selbstverständlich in den Bereich der Fluggesellschaft. In größerem Rahmen wurde davon erstmals 1939/40 im Krieg der Sowjetunion gegen Finnland Gebrauch gemacht. Und nach dem Einmarsch der deutschen Truppen in die UdSSR im Juni 1941 flogen große Teile der Aeroflot in militärischen Diensten. Ein Höhepunkt war die Schlacht um Stalingrad, bei der die Aeroflot-Piloten Menschen und Material in die umkämpfte Stadt transportierten. Nach dem sowjetischen Sieg in diesem Kessel entspannte sich die Lage etwas. Aeroflot konnte wieder zivile Flüge aufnehmen. Dabei kamen auch rund 80 Junkers Ju 52 zum Einsatz, die man von der deutschen Luftwaffe bis dahin erbeutet hatte. Militärische Aufgaben waren aber nur ein weiterer Teilbereich, der neben den reinen Flugdiensten zu den Aufgaben der Aeroflot gehörte. Daneben mussten regelmäßig für Sonderaufgaben wie Land- und Forstwirtschaft, zum Beispiel zum Ausbringen von Kunstdünger und Pflanzenschutzmitteln, die Überwachung von ausgedehnten Landflächen, die Bekämpfung von Waldbränden, die Erkundung von Fischschwärmen, die geologische Erkundung des Landes, Kartographie, die Versorgung von Expeditionen, die Überwachung der Schiff-

Aeroflot

fahrtswege zum Beispiel auf Eisfreiheit Maschinen und Piloten zur Verfügung gestellt werden. Im regulären Flugbetrieb gehörten neben Passagierlinienflügen auch zahlreiche Chartereinsätze und natürlich ein umfangreicher Luftfrachtverkehr zu den Aufgaben der Aeroflot. Organisatorisch war die Fluggesellschaft seit 1964 direkt dem Ministerium für Zivilluftfahrt unterstellt. Anders als in westlichen Ländern gehörten wiederum die zivilen Flughäfen des Landes zur Fluggesellschaft. Ein ebenfalls der Aeroflot untergeordneter Bereiche stellte die Luftverkehrskontrolle und ihre Anlagen dar. Das Spektrum der zur Aeroflot gehörigen Aufgaben war aber noch weiter gefasst. Auch die Schulung der Piloten gehörte dazu sowie der Betrieb luftfahrtmedizinischer und technischer Entwicklungsbüros. Geplant und durchgeführt wurde der gewaltige Bereich der zivilen Luftfahrt in 27 regionalen Direktoraten, die von drei Direktoraten in Moskau ergänzt wurden. Über die Zahl der Mitarbeiter lagen zu dieser Zeit im Westen nur Schätzungen vor. Demnach sollen es um die 500 000 gewesen sein. Zum Vergleich: Bei der Lufthansa waren es 1985 34 905. Während die heutige Aeroflot eine Flotte von 120 Flugzeugen unterhält, standen zu dieser Zeit rund 5 000 Maschinen der unterschiedlichsten Größenordnungen in den Diensten der sowjetischen Fluggesellschaft. Dazu kamen noch einmal rund 2 000 Hubschrauber. Entsprechend umfangreich nahm sich Anfang der 80er Jahre das Streckennetz aus: Aeroflot flog 3 600 Städte und Ortschaften in der UdSSR an. Hinzu kamen 120 Ziele in 97 Staaten der Erde. Das Passagieraufkommen auf den internationalen Strecken war dabei mit 3 Mio. jährlichen Fluggästen vergleichsweise gering. Der Grund lag darin, dass viele Destinationen relativ selten angeflogen wurden. So führte der Linienflug der Aeroflot nach Lima in Südamerika einmal pro Woche zu diesem Reiseziel, Lagos in Nigeria wurde nur alle zwei Wochen angeflogen

Eine Tu 154 in Hamburg. Kurz nach der Landung hat diese Maschine noch die Slats, die Auftriebshilfen an der Vorderseite der Tragflächen, ausgefahren.

Fluggesellschaften

Eine Tu 154 kurz vor der Landung. Bemerkenswert sind die sechsräderigen Fahrwerksbeine. Bei westlichen Flugzeugen ist nur die sehr viel später entwickelte Boeing B 777 damit ausgestattet.

und Entebbe in Uganda zum Beispiel monatlich. Dazu kam, dass viele internationale Strecken aus politischen Gründen betrieben wurden, weniger aus wirtschaftlichen, wie im Westen üblich. Flugverbindungen in befreundete Staaten sollten die guten politischen Beziehungen zum Ausdruck bringen. Gleiches galt für die Einrichtung eines Aeroflot-Büros in diesen Staaten. In der Flotte von Aeroflot kamen natürlich alle wesentlichen zivilen Flugzeugtypen, die von der sowjetischen Flugzeugindustrie entwickelt und gebaut wurden, zum Einsatz, angefangen von der Antonov An 2 auf Kurzstrecken bis hin zur Überschallmaschine Tupolev Tu 144. Auf internationalen Strecken flogen zum Beispiel die Kurzstreckenmaschinen Jak 42 oder Tupolev Tu 134. Die Tupolev Tu 154 bildete das Rückgrat der Flotte auf den Mittelstrecken und war zum Beispiel ein typisches Fluggerät, mit dem Airports in Deutschland angeflogen wurden. Ebenfalls auf Mittelstrecken fand und findet die Ilyushin Il 86 ihre Einsatzmöglichkeiten, der erste Widebody der UdSSR, mit – im Vergleich zu westlichen Mustern – allerdings nur bescheidener Reichweite. Das Langstreckenmuster der Aeroflot war die Ilyushin Il 62, ein Narrow-Body mit vier Triebwerken am Heck. Daneben gehörten auch beeindruckende Frachtmaschinen zum Aeroflot-Flugzeugpark. Beispiele: die gewaltige Antonov An 124, die 150 t Nutzlast in die Luft wuchten kann oder die Antonov An 22 mit ihren vier Turboproptriebwerken, die acht gegenläufige Propeller

antreiben. Heute haben westliche Flugzeugmuster wie der Airbus A 310 oder die topaktuelle Boeing B 777 Eingang in die Aeroflot-Flotte gefunden. Der große Umbruch kam für die Fluggesellschaft im Gefolge der politischen Umwälzungen in Russland, die in den Zusammenbruch der Sowjetunion mündeten. In der Folge wurden die ehemaligen Aeroflot-Direktoraten selbständig und gründeten eigene Airlines. Dazu kamen unzählige Neugründungen in den neu entstandenen Ländern. Im Laufe der folgenden Jahre kristallisierte sich zunehmend die moderne Fluggesellschaft Aeroflot Russian International Airlines heraus, die heute noch unter diesem Namen fliegt, aber nur noch ein Bruchteil der Größe der alten Aeroflot umfasst. Das Unternehmen ist eine Aktiengesellschaft. 51 Prozent der Anteile hält der russische Staat, 49 Prozent befinden sich in den Händen der Mitarbeiter. Die Flotte besteht nur noch zu einem Teil aus altem Aeroflot-Fluggerät. Neue Maschinen wurden im Westen geleast. Daneben verlor Aeroflot aber auch nicht die russische Luftfahrtindustrie aus den Augen. Zu den Neuanschaffungen gehören auch Maschinen vom Typ Ilyushin Il 96, das Nachfolgemodell der Il 86, ein Hoffnungsträger des Flugzeugherstellers Ilyushin. Wie jede andere Fluggesellschaft auch muss Aeroflot heute ihre Routen nach wirtschaftliche Kriterien auswählen. Die früher üblichen Sonderaufgaben gehören nicht mehr zum Leistungsumfang der Fluggesellschaft.

Aeroflot

Kurzprofil auf einen Blick

IATA-Code:	SU
Dreilettercode:	AFL
Callsign:	Aeroflot
Mitgliedschaft in Allianzen:	–
Hauptverkehrsdrehscheiben:	Moskau
Zahl der Mitarbeiter:	14994
Beförderte Passagiere (Zahlgäste) 1999 im Linienverkehr in Mio.:	4,4
Beförderte Luftfracht 1999 im Linienverkehr in tsd. t:	80,3
Zahl der Verkehrsflugzeuge:	120

Die Flotte im Detail:

Flugzeugmuster	Anzahl
Boeing B 737-400	10
Boeing B 767-300ER	2
Boeing B 777-200	2
Airbus A 310-300	11
Il 96-300	6
Il 86	17
Il 62	16
Tu 154	29
Tu 134	13
DC 10-30F	1
Il 76 F	13

Flugzeugunfälle[1] mit Totalverlust des Fluggeräts seit 1970:

Datum **Unfall**

23.10.1994 Beim Start in Vorkuta kam eine Antonov An 72 von der Startbahn ab und wurde dabei total zerstört

23.03.1994 Während des Fluges von Moskau nach Hongkong verlor die Besatzung im Reiseflug die Kontrolle über ihren Airbus A 310-300. Das Flugzeug stürzte aus 33 000 Fuß Reiseflughöhe zu Boden. 63 Passagiere und 12 Besatzungsmitglieder starben.

25.12.1993 Eine Tupolev Tu 154 B-1 wurde bei der Landung in Grozny beschädigt. Alle Insassen blieben am Leben.

27.08.1992 Eine Tupolev Tu 134A kollidierte bei schlechtem Wetter mit geringer Sicht beim Anflug auf Ivanovo in Rußland weit vor der Landebahn mit einem Baum und raste anschließend in den Boden. Alle 77 Passagiere und sieben Besatzungsmitglieder starben.

07.11.1991 Beim Landeanflug auf Machatschkala in Aserbaidschan bei schlechtem Wetter raste eine Yak 40 in einen Hügel außerhalb der Stadt. Alle 34 Flugzeuginsassen kamen ums Leben.

23.05.1991 Eine Tupolev Tu 154 führte eine extrem harte Landung auf dem Flughafen von Leningrad aus. Dabei brach das Flugzeug auseinander. 15 Menschen starben.

30.11.1990 Bei der Landung auf dem Flughafen von Diskon schoss eine Yak 40 über die Landebahn hinaus. Alle Insassen der Maschine überlebten.

17.11.1990 Bei einem Fracht-Sonderflug wurde eine Tupolev Tu 154 M eingesetzt, um Zigaretten von Basel nach Moskau zu fliegen. Dabei kam es während des Reisefluges zu einem Brand in der Maschine. Die Besatzung führte eine Notlandung auf einem Acker in der Nähe von Prag aus. Alle Insassen konnten sich aus dem brennenden Flugzeug retten.

14.09.1990 Eine Yak 42 kollidierte beim Landeanflug auf den Flughafen von Sverdlovsk mit dem Boden. Vier Insassen starben.

09.09.1990 In Pavlodar, Kasachstan, stieß eine Yak 40 bei der Landung mit einer anderen Yak 40 zusammen. Es gab keine Todesopfer.

01.08.1990 Beim Landeanflug auf Stepanakert in Armenien raste eine Yak 40 außerhalb der Stadt in einen Berg. Alle 47 Insassen der Maschinen starben.

30.06.1990 In Jakutsk schlug die Landung einer Ilyushin Il 62 M fehl. Das Flugzeug wurde abseits der Landebahn völlig zerstört. Alle 109 Flugzeuginsassen blieben am Leben.

12.06.1990 Eine Ilyushin Il 76 befand sich im Landeanflug auf Kabul in Afghanistan, als die Maschine während der dort tobenden Kampfhandlungen von einer Stinger Rakete getroffen wurde. Bei der sich anschließenden Notlandung wurde das Flugzeug zerstört, alle Insassen kamen mit dem Leben davon.

---

1) Die dargestellten Flugzeugunfälle erheben bei Aeroflot, wie bei den anderen Fluggesellschaften, keinen Anspruch auf Vollständigkeit. Insbesondere bei der Fluggesellschaft Aeroflot handelt es sich um eine Auswahl von Unfällen, gerade in der Auflistung der 70er Jahre ist die Zahl der tatsächlichen Unfälle größer als dargestellt.

Fluggesellschaften

27.03.1990 Ein Frachter vom Typ Ilyushin Il 76 konnte während des Landeanfluges auf Kabul die Höhe nicht halten und stürzte zu Boden. Alle elf Besatzungsmitglieder starben.

13.01.1990 Während eines Fluges von Tjumen nach Ufa meldete die Besatzung einer Tupolev 134A Feuer im Flugzeug und verließ den Reiseflug, um in Sverdlovsk eine Notlandung durchzuführen. Während des Anfluges verschlimmerte sich die Situation in der Maschine derart, dass die Besatzung eine Notlandung auf einem Feld wagte. Dabei kamen 27 Insassen des Flugzeuges ums Leben.

13.01.1989 Bei einer Tupolev 154 A misslang der Start in Monrovia, Liberia. Die Maschine kollidierte hinter dem Bahnende mit dem Boden, alle Insassen überlebten.

24.09.1988 Bei einer überharten Landung verunglückte eine Tupolev Tu 154 B in Aleppo, Syrien. Niemand an Bord kam zu Schaden.

08.03.1988 Aufgrund einer Flugzeugentführung sollte eine Tupolev 154 B-2 auf ihrem Linienflug von Irkutsk nach Leningrad nach London umgeleitet werden. Um den Flug durchführen zu können, war eine Zwischenlandung nötig. Diese führten die Piloten in Leningrad durch. Hier stürmte nach der Landung eine Armeeeinheit das Flugzeug. Neun Menschen starben. Das Flugzeug wurde total zerstört.

27.02.1988 Beim Landeanflug auf den Flughafen Surgut gelang es der Crew einer Tupolev 134 A nicht, die Maschine auf der Piste zu Boden zu bringen. Statt dessen setzte das Flugzeug links neben der Bahn auf. Die Maschine zerschellte und brannte völlig aus. 20 Menschen kamen ums Leben.

24.01.1988 Eine Yak 40 wurde nach dem Start auf dem Flughafen Nizhnevartowsk in Sibirien zerstört. 27 Menschen starben.

18.01.1988 Bei der Landung in Krasnovodsk setzte die Besatzung ihre Tupolev 154 B-1 so hart auf der Piste auf, dass die Rumpfstruktur der Maschine kollabierte und das Flugzeug auseinanderbrach. Elf Passagiere starben.

19.06.1987 Acht Menschen starben, als eine Yak 40 in Berdiansk bei der Landung in schwerem Wetter völlig zerstört wurde.

25.01.1987 Beim Start auf dem Flughafen Leningrad verunglückte eine Yak 40.

12.12.1986 Beim Landeanflug auf Berlin-Schönefeld verfehlte die Crew einer Tupolev Tu 134 die freigegebene Piste und raste in einen Wald. 70 Menschen starben.

07.12.1986 Eine Yak 40 verunglückte bei der Landung auf dem Flughafen Moskau Bykovo.

20.10.1986 Bei der Landung in Kuibishew verunglückte eine Tupolev Tu 134. 70 Insassen verloren ihr Leben.

02.07.1986 Nach dem Ausbruch eines Brandes im Frachtraum stürzte eine Tupolev Tu 134 in der Nähe von Syktyvkar ab. 54 Menschen starben.

22.06.1986 Beim Start im russischen Penza verunglückte eine Tupolev Tu 134. Ein Flugzeuginsasse kam ums Leben.

17.05.1986 Nach der Beschädigung bei einer Notlandung wurde eine Yak 40 repariert. Beim sich anschließenden Testflug vor dem Wiedereinsatz der Maschine stürzte das Flugzeug zu Boden, die fünf Insassen starben.

11.10.1985 Nach dem Abheben auf dem Flughafen von Kutaisi in Georgien raste eine Yak 40 bei schlechten Sichtverhältnissen in einen Bergrücken. Alle 14 Insassen starben.

10.07.1985 Während des Fluges von Karschin nach Leningrad kam eine Tupolev Tu 154 ins Trudeln und stürzte zu Boden. 200 Menschen starben.

03.05.1985 Während des Landeanfluges auf den Flughafen Lvov kollidierte eine Tupolev Tu 134 mit einer Antonov An 26. 94 Menschen kam ums Leben.

01.02.1985 Nach dem Start in Minsk gelang es einer Tupolev Tu 134 nicht, ausreichend an Höhe zu gewinnen. Die Maschine stürzte zu Boden.

23.12.1984 Beim Start einer Tupolev Tu 154 in Krasnojarsk fing eines der Triebwerke Feuer. Die Maschine verunglückte auf dem Flughafengelände.

30.08.1983 Beim Landeanflug auf Alma Ata raste eine Tupolev Tu 134 in einen Berg. Alle 90 Insassen starben.

25.08.1983 Beim Start in Omsukchan gelang es der Besatzung nicht, ihre Yak 40 vom Boden abzuheben. Die Maschine raste über das Bahnende hinaus und kam dort zum Stehen. Während alle Insassen mit dem Schrecken davonkamen, musste die Maschine als Totalschaden verbucht werden.

Aeroflot

19.04.1983 Beim Landeanflug auf Leninakan raste eine Yak 40 in einen Berg. 21 Menschen starben.

29.09.1982 Bei der Landung in Luxemburg kam eine Ilyushin Il 62 von der Bahn ab. 14 Menschen kamen ums Leben.

14.08.1982 Während des Fluges brach in einer Yak 40 ein Feuer aus. Die Maschine stürzte ab, wobei die vier Insassen überlebten.

14.08.1982 Beim Start im georgischen Sukhumi raste eine Tupolev Tu 134 in eine Let 410. In der kleineren Propellermaschine starben elf Menschen.

06.07.1982 Kurz nach dem Start in Moskau verlor eine Ilyushin Il 62 Höhe und stürzte ab. Die 90 Insassen wurden getötet.

16.11.1981 Beim Landeanflug auf Norilsk verlor die Beatzung einer Tupolev Tu 154 die Kontrolle über ihre Maschine. Die 99 Insassen verloren ihr Leben.

18.09.1981 Beim Landeanflug auf Zelesnogorsk stieß eine Yak 40 mit einem Hubschrauber zusammen. 33 Menschen starben.

07.07.1980 Beim Start in Alma Ata geriet eine Tupolev Tu 154 kurz nach dem Abheben in eine Windscherung, die die Maschine zu Boden riss. Die 163 Insassen verloren ihr Leben.

16.11.1979 Während des Landeanfluges auf Volgoda stürzte eine Yak 40 ab. Für drei Insassen kam jede Rettung zu spät.

29.08.1979 Während des Fluges verlor die Besatzung einer Tupolev Tu 124 plötzlich die Kontrolle über die Maschine. 63 Menschen starben beim folgenden Absturz.

11.08.1979 Über der Ukraine rasten zwei Tupolev Tu 134 ineinander. 172 Passagiere und Besatzungsmitglieder verloren ihr Leben.

23.05.1978 Eine Tupolev Tu 144 musste eine Notlandung durchführen, bei der die Maschine schwere Schäden erlitt.

27.05.1977 Beim Anflug auf Havanna streifte eine Ilyushin Il 62 eine Hochspannungsleitung und stürzte darauf zu Boden. 69 Menschen kamen ums Leben.

09.09.1976 Bei Sochi raste eine Yak 40 in eine Antonov An 24. Mindestens 46 Menschen starben.

22.10.1975 Beim Landeversuch in Novgorod streifte eine Yak 40 ein Haus und raste anschließend in den Boden. 11 Menschen kamen ums Leben.

14.12.1974 Beim Start in Buchara kam eine Yak 40 nicht vom Boden weg. Die Maschine schoss über die Startbahn hinaus und kollidierte dort mit dem Boden. Sieben Insassen wurden getötet.

23.12.1973 Kurz nach dem Start in Lvov verlor eine Tupolev Tu 124 an Höhe und stürzte ab. 17 Insassen starben.

13.10.1973 Beim Landeanflug auf Moskau verlor die Besatzung die Kontrolle über ihre Tupolev Tu 104. Die Maschine raste in den Boden, 119 Menschen starben.

03.06.1973 Bei einer Flugvorführung auf der Pariser Luftfahrtausstellung stürzte eine Tupolev Tu 144 ab. 14 Menschen starben.

19.02.1973 Beim Landeanflug auf Prag wich eine Tupolev Tu 154 plötzlich vom Gleitpfad ab und schoss dem Boden entgegen. Für 66 Menschen kam jede Rettung zu spät.

13.10.1972 Beim Landeanflug auf Moskau stürzte eine Ilyushin Il 62 in einen See. 174 Menschen verloren ihr Leben.

10.10.1971 Beim Start in Moskau verunglückte eine Tupolev Tu 104. 20 Insassen kamen ums Leben.

25.07.1971 Beim Landeversuch in Irkutsk raste eine Tupolev Tu 104 in den Boden. Für 97 Insassen des Flugzeuges kam jede Hilfe zu spät.

29.01.1970 Während des Landeanfluges auf Murmansk verunglückte eine Tupolev Tu 124. 11 Menschen starben.

Auch westliche Muster befinden sich bei Aeroflot im Einsatz. Hier ist der Blick ins Cockpit einer Boeing B 767 möglich.

Botschafter der Grande Nation mit bewegter Geschichte:
Air France

Rund 37 Mio. Fluggäste beförderte 1999 die Fluggesellschaft Air France, eine Zahl, die das Unternehmen unter die Top 10 der Fluggesellschaften weltweit brachte. Dazu kamen noch einmal 673 000 t Fracht, auch eine beachtliche Zahl, mit der die Airline immerhin als zehntgrößte Luftfrachtfluggesellschaft der Welt gelten darf. Viele Jahre befand sich der französische Nationalcarrier in einer finanziellen Dauerkrise, die immer wieder durch finanzielle Mittel aus der Staatskasse abgefangen wurde. Im Geschäftsjahr 1995/1996 kam dann die Wende: Nachdem der Fluggesellschaft drastische Umstrukturierungsmaßnahmen verordnet worden waren und ein massives Kostensenkungsprogramm zu greifen begann, konnte die Fluggesellschaft in der ersten Hälfte dieses Geschäftsjahres erstmals wieder schwarze Zahlen schreiben. In den folgenden Jahren erholte sich die französische Fluggesellschaft weiter. Im Geschäftsjahr 1999/2000 konnte ein Betriebsergebnis von umgerechnet rund 700 Mio. DM verbucht werden. Die Wende zum Besseren stand im Zusammenhang mit der Privatisierung des Unternehmens. Gegenwärtig befinden sich noch 57 Prozent der Aktien im Staatsbesitz. 11 Prozent der Anteile halten die Mitarbeiter, 32 Prozent befinden sich im freien Umlauf. Mit den nun positiven Zahlen dürfte Air France gute Aussichten haben, sich auch im Wettbewerb der Zukunft unter den größten Fluggesellschaften der Welt zu behaupten, umso mehr, als das Unternehmen am 22. Juni 2000 zusammen mit Delta Airlines, Korean Air und Aeromexico die Gründung einer weltumspannenden Allianz bekanntgab – ein Unterfangen, das heute als wesentliche Voraussetzung für ein erfolgreiches wirtschaftliches Überleben in Zukunft gelten kann. Gerade Air France und Delta Airlines hatten sich zuvor in Sachen Allianzzugehörigkeit sehr zum Erstaunen der Fachwelt sehr lange zurückgehalten, während sich um sie herum die großen Allianzen um die Hauptkonkurrenten Lufthansa und United sowie British Airways und American Airlines schon herausgebildet hatten. Air France ist heute aber nicht nur eine sehr erfolgreiche Fluggesellschaft, sondern auch ein sehr traditionsreiches Unternehmen. Die Wurzeln reichen bis ins Jahr 1909 zurück, als die älteste der Vorläufergesellschaften, die Compagnie Générale Transaérienne, erste Flüge durchführte. Wie in Deutschland auch gründeten die Firmen, die Flugzeuge herstellten, Fluggesellschaften und führten dann den Flugbetrieb mit den eigenen Maschinen durch. Führende Hersteller in Frankreich waren Latécoère, Farman, Potez und Bréquet. Latécoère führte den ersten Flug Toulouse und Barcelona am 24. Dezember 1918 durch, Farman flog erstmals am 8. Februar 1919 auf der bis heute wichtigen Strecke Paris-London mit einer Farman F 60 Goliath. Ebenfalls 1919 kam es zu den ersten Flügen nach Casablanca. 1923 wurden erste Nachtflüge zwischen Paris und Straßburg aufgenommen. 1932 brachte der französische Staat ein Gesetz heraus, in dem er die Regeln für die staatliche Mitbestimmung sowie für die Unterstützung des Luftverkehrs durch die öffentliche Hand regelte. In der Folge schlossen sich am 17. Mai 1933 die führenden Fluggesellschaften zur Société Centrale pour l'Exploitation des Lignes Aériennes (SCELA) zusammen. Es

Die Boeing B 737 wird von Air France in großer Zahl eingesetzt.

Air France

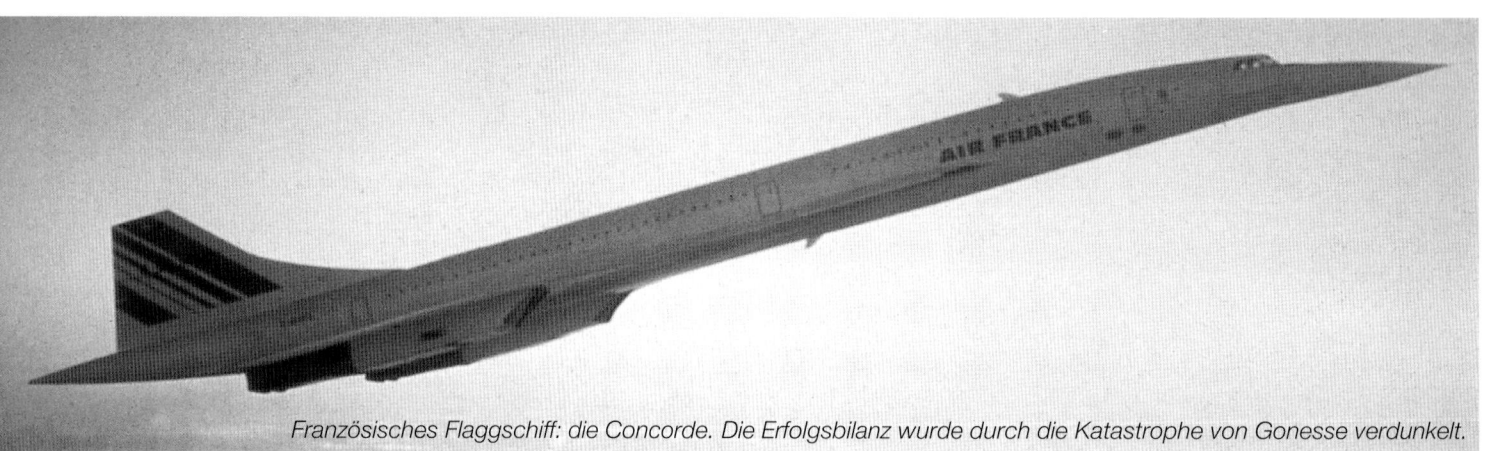
Französisches Flaggschiff: die Concorde. Die Erfolgsbilanz wurde durch die Katastrophe von Gonesse verdunkelt.

waren die Société Générale des Transports Aériens (SGTA – die ehemalige Fluggesellschaft des Herstellers Farman), die Cie. Internationale de Navigation Aérienne (CIDNA), Air Orient und Air Union. Nachdem eine weitere Gesellschaft, die Comp. Générale Aéropostale dazu kam wurde das neue Unternehmen am 30. August 1988 zur Aktiengesellschaft unter den Namen Air France umgebildet. Das Streckennetz des Unternehmens war eindrucksvoll. Es umfasste 38 000 km und führte in vier Erdteile. In den folgenden Jahren baute Air France auf diesem Streckennetz auf und gestaltete es weiter. Beispiele: Die Verbindung über Toulouse nach Buenos Aires und Santiago de Chile, die seit 1930 betrieben wurde bediente Air France vom 24. Juli 1934 an regelmäßig. Seit 1931 gab es einen Flug von Marseille nach Saigon. Zum Einsatz kamen Wasserflugzeuge. Von 1935 an brachte Air France Landmaschinen zum Einsatz und die Verbindung wurde über Bangkok und Hanoi geführt. Von 1934 an flog als Streckenpilot der Schriftsteller Antoine de Saint-Exupéry für das neugegründete Unternehmen. Der zweite Weltkrieg unterbrach dann, wie überall in Europa, die weitere Entwicklung, bei der Air France 1939 bereits mit der Vorbereitung von Transatlantik-Verkehren begonnen hatte. Nach dem Krieg wurde der Flugbetrieb mit amerikanischem Fluggerät wieder aufgenommen, das Streckennetz entstand wieder. Air France flog nach Afrika, Asien und über den Nordatlantik sowie nach Südamerika. Am 5. Januar 1949 wurde Berlin angeflogen, 1952 stand selbst ein Fernziel wie Tokio im Flugplan. Am 26. August setzte die Fluggesellschaft erstmals die neue Comet bei einem Flug zwischen Paris und Beirut ein. Damit begann bei der Air France das Düsenzeitalter. Am 2. Februar 1960 konnte die Fluggesellschaft aus Frankreich die neue Boeing B 707 erstmals über dem Atlantik einsetzen, am 23. Mai 1974 stellte sie den Airbus A 300 in Dienst. Neben dem Jumbo war natürlich immer die Concorde das Flaggschiff des französischen Nationalcarriers, ein Fluggerät, dessen Mythos erst mit dem Absturz am 25. Juli 2000 bei Paris

Komfort an Bord einer Air-France-Maschine. Die Airline ist bekannt für ihre hervorragende Weinauswahl.

empfindlichen Schaden nahm. Bei der Air France ging die Concorde am 21. Januar 1976 bei einem Flug von Paris über Dakar nach Rio die Janeiro in Dienst. Weitere, mit der Concorde durchgeführte Flüge führten von Paris nach Caracas und nach Washington, von wo sie schließlich sogar bis Mexiko-City verlängert wurden. Auch New York gehörte zum Concorde-Angebot. 1984 dann reduzierte die Air France ihre Flüge mit dem Überschalljet auf diese Destination. Pionierarbeit leistete das französische Unternehmen aber nicht nur bei der Einführung der Concorde. Sie war auch die erste Fluggesellschaft, die 1988 den Airbus A 320 in Dienst stellte.

Fluggesellschaften

Ein Airbus A 320 kurz vor der Landung.

Kurzprofil auf einem Blick:

IATA-Code:	AF
Dreilettercode:	AEF
Callsign:	Air France
Mitgliedschaft in Allianzen:	Sky Team
Hauptverkehrsdrehscheiben:	Paris
Zahl der Mitarbeiter:	52721
Beförderte Passagiere (Zahlgäste) 1999 im Linienverkehr in Mio.:	37
Beförderte Luftfracht 1999 im Linienverkehr in tsd.t:	673,4
Zahl der Verkehrsflugzeuge:	210

Die Flotte im Detail:	Flugzeugmuster	Anzahl
	B 747	41
	Concorde	5
	B 777	8
	B 767	5
	A 340	14
	A 310	10
	A 321	12
	A 320	58
	A 319	14
	B 737	43

Flugzeugunfälle mit Totalverlust des Fluggeräts seit 1970:

Datum **Unfall**

25.07.2000 Beim Start in Paris geriet die linke Tragfläche einer Concorde in Flammen. Die Maschine stürzte kurz hinter dem Flughafen in den kleinen Ort Gonesse. 113 Menschen starben.

05.03.1999 Bei einem missglückten Landeversuch in Madras wurde ein Frachter vom Typ Boeing B 747-200 zerstört. Die fünf Insassen konnten sich retten.

20.01.1994 Nach Wartungsarbeiten geriet ein Airbus A 340-200 in Brand und wurde völlig zerstört. Niemand kam dabei zu Schaden.

26.06.1988 Bei einer Flugvorführung raste ein Airbus A 320 im Tiefflug in einen Wald. Drei Insassen verloren ihr Leben.

02.12.1985 Bei der Landung in Rio de Janeiro kam eine Boeing B 747-200 von der Landebahn ab und rutschte ins Gelände. Niemand wurde getötet.

17.03.1982 Beim Start in Sana im Jemen wurde bei einem Airbus A 300 B4 ein Triebwerk zerstört. Umherfliegende Metallteile durchschlugen die Tanks der Maschine, worauf auslaufendes Kerosin in Brand geriet. Die Piloten brachen den Start rechtzeitig ab. Alle Insassen konnten evakuiert werden, an der Maschine entstand Totalschaden.

12.03.1979 Beim Rollen auf dem Frankfurter Flughafen kollidierte eine Caravelle mit einem Bodenhindernis. Niemand kam zu Schaden, aber das Flugzeug wurde anschließend abgewrackt.

28.08.1976 Auf dem Flughafen in Saigon, Vietnam, versuchten Entführer eine Caravelle zu kapern. Dabei explodierte eine Handgranate in der Maschine, die das Flugzeug irreparabel beschädigte.

American Airlines

Auf US-Inlandsstrecken groß geworden:
American Airlines

Mit 699 Flugzeugen verfügt die Fluggesellschaft American Airlines über die größte Flotte unter allen Fluggesellschaften der Welt. Wie bei Konkurrent Delta Airlines fallen bei der genaueren Betrachtung vor allem zwei Tatsachen sofort auf: American Airlines betreibt keinen Jumbo und scheint keine große Vorliebe für Airbus-Flugzeuge zu haben. So tun in der Flotte 35 Airbus A 300 Dienst, doch muss diesen angesichts der Flottengröße eher ein Nischendasein bescheinigt werden. Und wie bei Delta scheint sich auch bei American diese Entwicklung in der Zukunft fortzusetzen. Erst im August 2000 hat die Fluggesellschaft einen Milliardenauftrag für die Anschaffung neuer Flugzeuge vergeben. Entgegennehmen konnte ihn allerdings nur Flugzeughersteller Boeing, denn American orderte sechs Boeing B 777-200 sowie drei Boeing B 737-800. Von der Größenordnung her kann sich aber nicht nur die Flotte von American Airlines sehen lassen, sondern auch die anderen Zahlen des Unternehmens. So beschäftigt American Airlines immerhin mehr als 90000 Mitarbeiter. Die Maschinen spulten 1999 über 1,5 Mrd. Flugkilometer ab. Das ist mehr, als die Flotte jeder anderen Fluggesellschaft der Welt. Bei der Zahl der beförderten Passagiere belegt das Unternehmen mit rund 81,5 Mio. Fluggästen weltweit den dritten Platz hinter Delta Airlines und United Airlines. Reduziert man die Betrachtung nur auf die im internationalen Linienverkehr beförderten Passagiere, belegt American weltweit hinter British Airways, Lufthansa und Air France den vierten Rang und ist damit auf diesem Gebiet die größte US-Fluggesellschaft. Bleibt die Luftfracht. Hier befindet sie die US-Gesellschaft mit den silbernen Maschinen weltweit auf dem 12. Platz unter den größten Fluggesellschaften der Welt.

Die Geschichte von American Airlines reicht bis in das Jahr 1926 zurück, als die Robertson Aircraft Corporation ihren Flugbetrieb aufnahm. Pilot des ersten Fluges am 15. April 1926 war übrigens ein junger Piloten Namens Charles Lindbergh, der im Jahr darauf mit seinem Flug über den Atlantik Weltruhm erlangen sollte. Diese kleine Fluggesellschaft wurde 1929 von der Aviation Corporation erworben, zusammen mit einer ganzen Reihe anderer kleiner Fluggesellschaften. Die bekanntesten Namen: Colonial Air Transport, Canadian Colonial Airways, Gulf Air Lines, Texas Air Transport und Central Airlines. Im Januar 1930 gründete die Aviation Corporation ein Tochterunternehmen, um die Flugdienste unter einem einheitlichen Namen zusammenzufassen. Der Name: American Airways. Wie bei den anderen Fluggesellschaften in den USA auch, war die Beförderung von Luftpost auch für American Airways ein wichtiges Standbein des Geschäfts. So wurde die Fluggesellschaft 1934 von einer landesweit vorgenommenen Kündigung der Luftpostverträge durch die Regierung schwer getroffen. Schließlich – nach einem erfolglosen Versuch, die Post durch Militärflieger befördern zu lassen, kam es zu einem Kurswechsel der Regierung mit dem Ergebnis, dass die zivilen Unternehmen wieder mit dem Posttransport beauftragt wurden. Dafür gab es allerdings eine Bedingung: Die Fluggesellschaften durften nicht mehr zu den großen Firmenverbünden gehören, die auch im Flugzeugbau tätig waren.

American Airlines setzt die Boeing B 767-300ER auf den Strecken über dem Nordatlantik ein.

Zur Aviation Corporation gehörten auch Lycoming und Stinson Aircraft, was bedeutete, dass sich American Airways von der Aviation Corporation trennen musste. Am 11. April 1934 wurde deshalb American Airlines gegründet, wobei die neue Fluggesellschaft die Nachfolge von American Airways antrat. Das Unternehmen konzentrierte sich zunächst auf den US-Inlandsverkehr. In den folgenden Jahren war die Fluggesellschaft maßgeblich an der Entwicklung der DC 3 beteiligt. 1945 übernahm American Airlines einen Großteil der Anteile an der 1937 gegründeten Fluggesellschaft American Overseas Airlines, die bereits 1940 eine Genehmigung für Flüge nach Lissabon erhalten hatte. 1946 führte diese Airline bereits Flüge nach Frankfurt und Berlin durch. 1950 wurde American Overseas Airlines an Pan Am verkauft und American Airline konzentrierte sich zunächst wieder hauptsächlich auf den Inlandsmarkt der USA. In der Flotte kamen die Douglas DC 6, Douglas DC 7, Boeing B 707, Boeing B 727 und von 1970 an auch die Boeing B 747 zum Einsatz. 1971 übernahm American Airlines die Fluggesellschaft Transcaribbean Airways, was zu einer Intensivierung der Karibikverbindungen im Flugplan führte. Erst in den 80er Jahren wagte die Fluggesellschaft den Sprung über den Atlantik. 1982 wurde eine Verbindung nach London aufgenommen, 1985 nach Frankfurt, wobei vor allem DC 10-30 zum Einsatz kamen. Jetzt stockte die Fluggesellschaft ihr internationales Engagement kräftig auf. Schon 1986 flogen die Maschinen von American auch München und Düsseldorf in der Bundesrepublik an. Auf dem US-Inlandsmarkt hatte die Fluggesellschaft unterdessen die Regionaldienste 1984 unter dem Markennamen American Eagle zusammengefasst. Die 90er Jahre standen ganz im Zeichen der zunehmenden Partnerschaften weltweit im Luftverkehr. Eine Entwicklung, die auch vor American Airlines nicht haltmachte. 1999 gründete die Fluggesellschaft zusammen mit British Airways, Canadian Airlines, Cathay Pacific und Qantas die Oneworld Allianz.

American Airlines

Kurzprofil auf einen Blick

IATA-Code:	AA
Dreilettercode:	AAL
Callsign:	American
Mitgliedschaft in Allianzen:	Oneworld
Hauptverkehrsdrehscheiben:	Dallas
Zahl der Mitarbeiter:	90136
Beförderte Passagiere (Zahlgäste) 1999 im Linienverkehr in Mio.:	81,5
Beförderte Luftfracht 1999 im Linienverkehr in tsd t.:	564,3
Zahl der Verkehrsflugzeuge:	699

Die Flotte im Detail:

Flugzeugmuster	Anzahl
A 300-600	35
B 727	73
B 737-800	18
B 757	102
B 767-200	30
B 767-300	49
B 777-200	11
Fokker F 100	75
DC 10-10	6
DC 10-30	5
MD 11	11
MD 80	259
MD 90	25

Flugzeugunfälle mit Totalverlust des Fluggeräts seit 1970:

Datum **Unfall**

01.06.1999 Bei einer Landung in Little Rock wurde eine MD-82 schwer beschädigt. 11 Insassen des Flugzeuges starben.

20.12.1995 Beim Anflug auf Cali in Kolumbien verlor die Besatzung einer Boeing B 757 in der Dunkelheit die Orientierung. Die Maschine kollidierte mit einem Berggipfel der Anden. 159 Menschen verloren ihr Leben.

14.04.1993 Bei stürmischem Wetter kam eine DC 10-30 bei der Landung in Dallas von der befestigen Piste ab. An der Maschine entstand Totalschaden, es waren keine Todesfälle zu beklagen.

21.05.1988 Bei einem Startabbruch in Dallas raste eine DC 10-30 über die Startbahn hinaus. Die Maschine wurde zerstört, alle Passagiere und Besatzungsmitglieder blieben am Leben.

25.05.1979 Während des Startlaufs in Chicago O'Hare verlor eine DC 10-10 das Triebwerk unter der linken Tragfläche. Beim Abfallen der Turbine wurden außerdem Teile des Flügels und Hydraulikleitungen zerstört. Die beschädigte Maschine konnte zunächst Höhe gewinnen, stürzte dann aber zu Boden. 273 Menschen starben.

27.04.1976 Bei der Landung auf der Karibikinsel St. Thomas schoss eine Boeing B 727 über die Landebahn hinaus. 37 Insassen des Flugzeuges verloren ihr Leben.

American Eagle ist eine Tochter von American Airlines, die sich auf den Regionalluftverkehr spezialisiert hat. Sie setzt eine große Zahl von Saab 340 ein.

Airbus A 330-200 in den Farben von Austrian Airlines.

Von Partnern umgeben:
Austrian Airlines

Klein aber fein – so präsentiert sich die Fluggesellschaft Austrian Airlines (AUA) dem Beobachter in der Luftverkehrswirtschaft seit vielen Jahren. Mit 3,5 Mio. beförderten Passagieren, rund 4 800 Mitarbeitern und einem Flugzeugpark von 37 Maschinen gehört die Fluggesellschaft aus Österreich ganz sicher nicht zu den Großen der Branche. Auf wirtschaftlichem Gebiet steht der kleine Carrier sehr gut dar. Austrian Airlines schreibt seit vielen Jahren kontinuierlich schwarze Zahlen. 1999 konnte die Fluggesellschaft einen Jahresüberschuss von umgerechnet rund 73 Mio. DM verbuchen, bei einem Umsatz von 2,8 Mrd. DM. 1998 waren es 182 Mio. DM, wobei der Umsatz bei 2,7 Mrd. DM lag. Für die Aktionäre ein erfreuliches Ergebnis, das ihnen immerhin 1999 und 1998 eine Dividende von rund 1 DM pro Aktie einbrachte. Freuen konnte sich damit vor allem der österreichische Staat der immerhin 39,7 Prozent der Airlineaktien hält. Diese wurden im Juni 1998 an die Österreichische Industrieholding Aktiengesellschaft (ÖIAG) zur Verwaltung übertragen. Weitere Anteilseigner: die Fluggesellschaften Swissair mit einem Anteil von 10 Prozent und Air France mit 1,5 Prozent. 28,5 Prozent der Aktien befinden sich im Streubesitz, weitere Anteile werden von institutionellen Anlegern gehalten. In Österreich dominiert Austrian Airlines die Luftverkehrswirtschaft. Andere, ehedem selbständige und ebenfalls sehr erfolgreiche Fluggesellschaften wie Tyrolean Airlines und Lauda Air hat der Nationalcarrier aus Wien mittlerweile ganz oder teilweise aufgekauft. Sie finden sich nun in der Austrian Airlines Group wieder. Diese fliegt insgesamt 123 Städte in 66 Ländern auf allen fünf Kontinenten der Erde an. Innerhalb der Gruppe wird dabei eine relativ strikte Arbeitsteilung eingehalten. Während Austrian zum Beispiel für die internationalen Strecken zuständig ist, fliegen Tyrolean-Maschinen vorwiegen im Regionalverkehr. Auf

Austrian Airlines

Langstrecken wiederum ist Lauda Air eher für die Sonnenziele wie Thailand oder Cancun in Mexiko zuständig und fliegt auch Melbourne an, während Austrian die Geschäftsreiseziele ansteuert, wobei die Grenzen hierbei natürlich in der Praxis fließend sind. Gegründet wurde die kleine, profitable Fluggesellschaft mit Sitz in Wien am 30. September 1957. Nach 1955 war in Österreich wieder die Gründung von Fluggesellschaften möglich. Auf dem Papier entstanden recht schnell zwei Airlines unter dem Namen Air Austria und Austrian Airways. Keine von beiden nahm jedoch den Flugbetrieb auf. Statt dessen wurden beide Unternehmen dann 1957 zu Austrian Airlines vereinigt. Die Geschichte des Luftverkehrs selbst – und damit auch die Wurzeln dieser Fluggesellschaft – reichen aber wie in allen anderen europäischen Staaten auch noch über diese Zeit hinaus in die Vergangenheit hinein. Der 1. Weltkrieg hatte auch in Österreich die Vorteile und Möglichkeiten des Flugzeuges deutlich gemacht. Kaum war der Krieg zu Ende, wurden bereits zivile Einsatzmöglichkeiten angedacht. Eine ganz wesentliche stellte die Beförderung von Post dar. Um die Möglichkeiten zu sondieren, wandte sich die Generalpostdirektion in Wien an das Militär mit der Bitte um Hilfestellung. Und die Fliegerverbände wiederum beauftragten den 24jährigen Rittmeister August Raft von Marweil, einen erfahrener Frontflieger, damit, eine Luftpostlinie zu organisieren. Der Probebetrieb startete am 20. März 1918 und war so erfolgreich, dass bereits am 1. April der regelmäßige Verkehr auf der Luftpoststrecke aufgenommen werden konnte. Die Verbindung hatte immerhin eine Länge von 1200 km und führte von Wien über Krakau, Lemberg, Proskurow nach Kiew. Regelmäßig bedeutete, dass die Strecke täglich beflogen wurde. Zum Einsatz kam eine Hansa-Brandenburg Cl. Schon im Mai wurde die Strecke erweitert. Von Proskurow ging es in einer Abzweigung auch nach Odessa am Schwarzen Meer. Die Junkers Flugzeugwerke AG in Dessau, in Deutschland eines der einflussreichsten Unternehmen im neu entstehenden Luftverkehr und am Aufbau der Lufthansa maßgeblich beteiligt, gründete in Österreich zusammen mit der Österreichischen-Eisenbahn-Verkehrsanstalt die Österreichische Luftverkehrs AG (ÖLAG), die am 23. Mai 1923 mit zwei Junkers F 13 den Personenverkehr auf der Strecke Wien–München aufnahm. Zunächst flogen die Maschinen noch mit deutschen Kennzeichen, was sich aber schnell änderte. Flugplan und Flotte der neuen Gesellschaft wuchsen schnell, zeitweilig war die ÖLAG die viertgrößte Fluggesellschaft auf dem europäischen Kontinent. Mit dem deutschen Einmarsch in die Alpenrepublik zog dann schnell das Ende dieses ersten Kapitels österreichischer Luftfahrtgeschichte herauf. Im November 1938 erwarb die Lufthansa, schon zuvor Aktionär der ÖLAG, die restlichen Aktien des Unternehmens vom österreichischen Finanzministerium. Im Juni 1939 wurde die alpenländische Fluggesellschaft aufgelöst. Personal und Maschinen kamen fortan für die Lufthansa zum Einsatz, die auch das bisherige Streckennetz zu einem großen Teil weiter bediente.

Nach dem Krieg nahm die neugegründete Fluggesellschaft Austrian Airlines am 31. März 1958 auf der Strecke Wien–London den Flugbetrieb auf. Die Flotte bestand zunächst aus vier gecharterten Vickers Viscount 779. Noch im Sommer kamen Flüge nach Frankfurt, Zürich, Paris, Rom und

Service an Bord einer Maschine.

Warschau hinzu. Bereits 1960 lief der Chartervertrag für die Vickers Viscount 779 aus und Austrian ersetzte sie durch sechs Vickers Viscount 837. Die Maschinen erhielten die Namen berühmter Musiker und Komponisten des Landes. Am 20. Februar 1963 brach dann bei Austrian das Jetzeitalter an. Die Fluggesellschaft stellte ihre erste Caravelle VI-R in Dienst. Der Inlandsflugdienst wurde am 1. Mai aufgenommen. Hier kamen allerdings keine Jets, sondern zwei Douglas DC 3 zum Einsatz. Erst 1969 nahm Austrian Airlines

Fluggesellschaften

MD 83 in der alten Bemalung von Austrian Airlines auf der Rollbahn des Flughafens von Malta.

Flüge über den Atlantik in den Flugplan auf. Geflogen wurde in Zusammenarbeit mit der belgischen Fluggesellschaft Sabena die Strecke Wien-Brüssel-New York. Zum Einsatz kam eine Boeing B 707, die Austrian zu diesem Zweck von Sabena charterte. Die Verbindung in die neue Welt entsprach nicht den Erwartungen der AUA-Geschäftsleitung, die sie schon im März 1971 wieder einstellte. Schon im Jahr zuvor, am 31. März 1970, hatte Austrian den erst 1963 angelaufenen Inlandsflugverkehr wieder eingestellt. Im Juni 1971 erhielt die Fluggesellschaft ihre erste DC 9, ein Flugzeug, das für viele Jahre eine der Hauptsäulen des Flugbetriebes werden sollte. Wenige Monate später musterte der Carrier die letzte Viscount 837 aus, womit nun eine reine Jet-Flotte vorhanden war. Mit der Fluggesellschaft des Nachbarlandes, der Swissair, hatte sich ein ausgesprochen freundschaftliches Verhältnis entwickelt. Am 29. März 1972 mündete es in ein Abkommen über die technische Zusammenarbeit zwischen beiden Airlines. Viele Jahre entwickelte sich die Fluggesellschaft jetzt beständig weiter, auch über die erste Ölkrise hinaus, wobei jedes der Jahresergebnisse mit einem soliden Reingewinn abschloss. Am 13. Oktober 1977 entschied die Geschäftsleitung einen weiteren Ausbau der Flotte durch acht McDonnell Douglas MD 81. Für vier weitere Maschinen wurden Optionen vergeben. 1980 kam es zu einer weiteren Flugzeugbestellung, als Austrian zwei Airbus A 310 orderte. Daneben gab Austrian zwei Optionen für diesen Flugzeugtyp ab. Noch im selben Jahr konnte endlich die erste neue MD 81 ihren Dienst aufnehmen. 1984 bestellte Austrian vier MD 87, 1985 wurden erstmals mehr als 2 Mio. Passagiere innerhalb eines Jahres befördert. Die Airbus A 310 befanden sich noch nicht im Besitz der kleinen Fluggesellschaft. Mittlerweile hatte sich bei Austrian herauskristallisiert, dass es gut wäre, wenn Maschinen mit größerer Reichweite zur Verfügung ständen. Entsprechend änderte die Fluggesellschaft die Bestellung der A 310 von der Version -200 auf die Version -300. Ein Jahr später erfolgte der erste Linieneinsatz der MD 87, 1988 bestellte Austrian einen dritten Airbus A 310 sowie eine fünfte und sechste MD 87. Noch im selben Jahr, am 22. Dezember 1988, war es dann endlich soweit: Der erste Airbus A 310 traf auf der Austrian-Basis in Wien ein. Geschäftsführung und Piloten zeigten sich mit dem Flugzeug aus europäischer Fertigung zufrieden. 1989 wurde eine vierte Maschine bestellt. 1990 dann ging als Jahr der Flugzeugbestellungen in die Firmengeschichte von Austrian Airlines ein. Zunächst orderte der Carrier am 27. November 1990 eine zweite MD 83. Noch nicht einmal einen Monat später gab AUA bei Airbus eine Bestellung über 13 Airbus A 320/A 321 ab – die größte Flugzeugbestellung in der Geschichte des Unternehmens. Für 13 weitere Maschinen wurden Optionen abgegeben. Die Flugzeuge sollten von 1995 an ausgeliefert werden. Doch das war noch nicht das Ende der Flotteninvestitionen. Ein Jahr später, am 25. Juli 1991, be-

Austrian Airlines

Der Airbus A 340 wird vor allem auf Langstrecken eingesetzt.

stellte Austrian zwei Airbus A 340. Auch für diese Flugzeuge war eine Auslieferung 1995 vorgesehen. Der Ausbau der Flotte machte Sinn, denn bei der Passagierkapazität legte der österreichische Nationalcarrier Jahr für Jahr deutlich zu. 1992 wurden erstmals mehr als drei Millionen Passagiere befördert – und das, obwohl Austrian im Heimatland mittlerweile mit Lauda Air und Tyrolean Airways ernsthafte und sehr erfolgreich agierende Konkurrenten erwachsen waren. An einem der beiden Unternehmen, Tyrolean Airways, übernahm Austrian 1994 eine Beteiligung von 42,85 Prozent. Diese blieb nicht ohne Folgen für den Flugplan beider Carrier. Von nun an konzentrierte sich Tyrolean auf den Inlands- und Regionalverkehr, aus dem sich Austrian entsprechend zurückzog. 1995 bestellte das Unternehmen erneut Fluggerät, dieses Mal in Form von vier Fokker F 70, die jeweils eine Sitzplatzkapazität von 80 Plätzen boten. Wenig später, im März, standen dann die beiden Airbus A 340 in Wien zur Verfügung. Im Oktober kam mit der ersten Fokker F 70 ein weiteres neues Flugzeugmuster in die Flotte, im Dezember bestellte das Unternehmen zwei weitere Airbus A 340 und drei neue Fokker F 70. Verlief die Entwicklung der Fluggesellschaft in den 70er und 80er Jahren geradezu gemütlich, folgten die Neuerungen jetzt Schlag auf Schlag. Am 26. Januar 1996 fand der erste Linienflug eines Airbus A 321 in Austrian-Farben auf der Strecke Wien-Moskau statt. Mit den neuen A 340 konnten nun auch extreme Langstreckenflüge in Angriff genommen werden. So die Verbindung nach Osaka in Japan, die Austrian am 31. März 1996 erstmals in das Streckennetz integrierte. Am 19. Dezember dieses Jahres bestellte das Unternehmen vier Airbus A 330, die in der Flotte die Airbus A 310 ablösen sollten. 1997 erfolgte eine finanzielle Transaktion, die von der ganzen Luftfahrtbranche mit großem Interesse aufgenommen wird. Austrian beteiligte sich mit 36 Prozent am Konkurrenten Lauda Air. Im selben Jahr und 1998 kam es gleich zu einer ganzen Reihe von Erstflügen. Austrian flog nun Peking und Shanghai in der Volksrepublik China an, Johannesburg und Kapstadt in Südafrika, Dehli in Indien sowie Tallin in Estland, Wroclaw in Polen, Kharkiv in der Ukraine, Tiflis in Georgien, Astana in Kasachstan, Anapa in Russland, Harare in Simbabwe und Kathmandu in Nepal. Bei einem Flug nach New York feierte gleichzeitig der erste bei der Flotte eingetroffene A 330 Premiere. Ebenfalls 1998 erhöhte Austrian seine Beteiligung an der Fluggesellschaft Tyrolean auf nunmehr 100 Prozent. Eine solche Aufstockung der Aktivitäten kann natürlich wirtschaftlich ein erhebliches Risiko in sich bergen. Bei Austrian Airlines war das bisher offensichtlich nicht der Fall. Gerade 1998 sollte für das Unternehmen ein äußerst erfolgreiches Jahr werden. Mit umgerechnet rund 182 Mio. DM Jahresüberschuss wurde ein Rekordergebnis erzielt. 1999 dann konnte Austrian den Beitritt zur Star Alliance bekanntgeben – ein wichtiger Schritt, um auch in Zukunft weiter erfolgreich am Markt zu agieren.

Heute ist Austrian Airlines in Österreich eines der bedeutensten Unternehmen des Landes und an zahlreichen anderen Firmen finanziell beteiligt. So hält Austrian 35,9 Prozent der Aktien von Lauda Air, 100 Prozent der Anteile von Tyrolean und 80 Prozent der Anteile an Austrian Airtransport, Österreichische Flugbetriebs GmbH (AAT). Bei diesem Unternehmen handelt es sich um eine Charterfluggesellschaft, die pro Jahr immerhin mehr als 700 000 Passagiere befördert. Das besondere dabei: AAT verfügt nicht über eine einzige Maschine. Für die Flüge kommt bedarfsweise Fluggerät von Austrian Airlines zum Einsatz. Da sonst üblicherweise Charterflugzeuge sehr viel enger als Linienmaschinen bestuhlt sind, bedeutet das für die Reisenden auf vielen Strecken natürlich einen Komfortvorteil gegenüber dem Flug mit anderen Unternehmen. Neben dieser Beteiligung hält Austrian noch 19,4 Prozent der Anteile an der Fluggesellschaft Ukraine International Airlines. Dazu kommen zahlreiche Beteiligungen an Touristik- und Vertriebsunternehmen sowie Gesellschaften aus dem Finanz- und Versicherungsbereich. Einige Beispiele: Austrian hält 50 Prozent der Anteile an Gulet Touropa Touristik, Österreichs größtem Universal-Flugreiseveranstalter, 49 Prozent an Lauda Austrian Charter Marketing, der Verkaufsorganisation für Charterflüge von Lauda Air und Austrian Air Transport und 13,4 Prozent am größten österreichischen Reisebüro, der Österreichischen Verkehrsbüro AG. Des weiteren ist die Austrian Airlines Lease und Finance Company eine 100prozentige Tochter von Austrian. Die AirPlus Air Travel Card Vertriebsgesellschaft, ein Kreditkartenunternehmen, gehört zu 50 Prozent zu Austrian. Weitere Beteiligungen bestehen an zwei Unternehmen aus der Versicherungswirtschaft, der Polygon Insurance Company und Pentagram Holdings. Schließlich ist Austrian auch noch an weiteren Unternehmen wie der Österreichischen Luftfahrtschule Aviation Training Center Austria und dem Beratungsunternehmen Avicon Aviation Consult beteiligt.

Kurzprofil auf einen Blick

IATA-Code:	OS
Dreilettercode:	AUA
Callsign:	Austrian
Mitgliedschaft in Allianzen:	Star Alliance
Hauptverkehrsdrehscheiben:	Wien
Zahl der Mitarbeiter:	4824
Beförderte Passagiere (Zahlgäste) 1999 im Linienverkehr in Mio.:	3,5
Beförderte Luftfracht 1999 im Linienverkehr in tsd.t:	55,5
Zahl der Verkehrsflugzeuge:	37

Die Flotte im Detail:	Flugzeugmuster	Anzahl
	A 320	6
	A 321	5
	A 330-200	4
	A 340-200	2
	A 340-300	2
	MD 80	12
	Fokker F 70	6

Flugzeugunfälle mit Totalverlust des Fluggeräts seit 1970:

Datum	Unfall
—	keiner

British Airways

Schmerzhafte Privatisierung mit beispiellosem Erfolg:
British Airways

Keine Frage: Die Beurteilung des Service an Bord moderner Verkehrsmaschinen ist eine recht schwierige Angelegenheit, die sich meist vorwiegend im Bereich persönlicher Einschätzung und Erfahrungen bewegt. Entsprechend subjektiv fallen die Beurteilungen vieler Reisender raus. Eigentlich seltsam. Macht man sich einen Moment lang Gedanken über das, was den Komfort an Bord eines Flugzeuges ausmacht, landet man schnell bei der Qualität der Mahlzeiten und dem Platzangebot in den Maschinen. Und zumindest das Letztgenannte lässt sich objektiv messen. Wer sich hier die Mühe macht und einen Vergleich zwischen verschiedenen Fluggesellschaften anstellt, erlebt eine Überraschung.

Mit herausragenden Werten glänzt hier eine Fluggesellschaft, die in den subjektiven Berichten vieler Reisender nicht unbedingt auf den ersten Plätzen landet: British Airways. Dass die Fluggesellschaft aus dem Vereinigten Königreich hervorragende Platzverhältnisse bietet, wurde schon einmal deutlich, als sie zeitgleich mit Air France in der ersten Klasse Sitze einführte, die sich zum einen zu einer ebenen Liegefläche von 180 Grad herunterklappen lassen – üblich waren bis dato Einstellwinkel von bis zu 160 Grad – und zudem auch noch durch bewegliche Trennwände von den Plätzen der Nachbarn abgeschottet werden können. Erst nach und nach zogen andere Fluggesellschaften nach, so dass sich mittlerweile die 180-Grad-Liegefläche bei vielen Airlines in der Ersten Klasse durchgesetzt hat. In der Business Class müssen die Fluggäste dagegen bei fast allen Airlines immer noch auf Sitzen vorlieb nehmen, bei denen sich die Rückenlehne üblicherweise auf 120 bis 140 Grad herunterfahren lässt. Ausnahme: British Airways. Das Unternehmen bietet jetzt

Eine Boeing B 767 von British Airways rollt ans Terminal.

Eine Concorde im Vorbeiflug.

auch seinen Geschäftskunden in der Business Class – sie heißt bei der englischen Fluggesellschaft Club World – die Möglichkeit, den Sitz zum Bett umzubauen, was gerade auf Langstrecken bei Nachtflügen die Reisequalität deutlich erhöht, was jeder bestätigen kann, der gelegentlich versucht hat, auf einem Sitz mit einem Winkel von 140 Grad zu schlafen. Mit diesem Komfortvorteil steht British Airways bisher allein. Dazu kommt, dass in der Club World zudem ein Abstand zwischen den Sitzen von 185 cm angeboten wird, ein Wert, den viele andere Fluggesellschaften nicht einmal in der ersten Klasse bieten. Dazu nur einige – beispielhaft herausgegriffene – Daten: Die Fluggesellschaft Cathay Pacific offeriert in der First Class einen Sitzabstand von 158 cm und in der Business Class von 128 cm. Delta Airlines glänzt in der Bussiness-Elite-Class, einer zusammengelegten Business-First-Class, mit 152 cm, bei Alitalia sind es in der ebenfalls zusammengelegten Nobelklasse 140 cm, bei KLM in derselben Kategorie 152 cm und bei TWA in der First Class 145 cm. Nicht nur mit diesen Daten steht die britische Fluggesellschaft hervorragend dar. Auch die anderen Unternehmenseckwerte können sich sehen lassen. So beförderte der Carrier von der britischen Insel 1999 36,6 Mio. Passagiere, was sie zur zehntgrößten Fluggesellschaft der Welt macht. Die Hauptausrichtung der Airlines ist dabei international, was sich – wie bei der deutschen Lufthansa – aus der Größe des Landes beinahe zwangsläufig ergibt. Zählt man nur die im internationalen Verkehr beförderten Flugreisenden, führt British Airways das Ranking der Fluggesellschaften im internationalen Linienverkehr mit 30,3 Mio. Passagieren an, gefolgt von der Lufthansa mit rund 27,3 Mio. internationalen Fluggästen. Mit 688 000 t, die 1999 befördert wurden, hat die Luftfracht bei dem englischen Unternehmen ebenfalls einen sehr hohen Stellenwert. Damit ist es die siebtgrößte Frachtfluggesellschaft der Welt. Beeindruckend auch die Zahl der Mitarbeiter. 55 905 Menschen arbeiten für British Airways. Dieser Wert liegt deutlich höher als beispielsweise bei der Lufthansa, die eine noch etwas höhere Passagierbeförderung mit 36 343 Mitarbeitern erreicht und ansonsten bei dem großen Stellenwert, den der internationale Verkehr innehat, ganz ähnlich ausgerichtet ist.

Wie das deutsche Unternehmen auch, kann British Airways auf eine traditionsreiche Geschichte als Fluggesellschaft zurückblicken. Die heutige moderne Fluggesellschaft British Airways entstand Anfang der 70er Jahre, als sich die beiden Fluggesellschaften British Overseas Airways Corporation (BOAC) und British European Airways (BEA) auf Beschluss der Regierung in mehreren Stufen zur British Airways zusammenschlossen, ein Prozess, der 1974 abgeschlossen war. Die Geschichte der Fluggesellschaft reicht natürlich – wie bei den meisten anderen großen europäischen Fluggesellschaften auch – weit über dieses Datum hinaus in die Vergangenheit. Und dort, vor dem zweiten Weltkrieg, gab es schon einmal in Großbritannien eine Fluggesellschaft, die unter dem Namen British Airways firmierte.

British Airways

Überhaupt wirft der Vergleich von Mitarbeiterzahl und der Zahl der beförderten Passagiere ein recht aufschlussreiches Schlaglicht auf die Effizienz, mit der eine Fluggesellschaft arbeitet. Folgend die Zahlen für eine Reihe von Airlines:

Fluggesellschaft	Zahlgäste (tsd) 1999	Mitarbeiter 1999	Verhältnis (Mitarbeiter/Zahlgäste)
Aeroflot	4438,9	14994	3,38
Air Berlin	303,1	766	2,53
Air Canada	16235,5	21095	1,3
Air China	6644,9	11052	1,66
Air France	37048,6	52721	1,42
Air India	3132,6	17428	5,56
Alitalia	24177,9	16048	0,66
All Nippon Airways	42742,6	13800	0,32
American Airlines	81452,1	90136	1,11
Augsburg Airways	881,3	358	0,41
Austrian Airlines	3477,6	4824	1,39
British Airways	36609,2	55905	1,53
Cathay Pacific	10493,3	13159	1,25
Continental	43950	46091	1,05
CSA	1852,6	3930	2,12
Cyprus Airways	1336,7	1989	1,49
Delta Airlines	105533,8	72450	0,69
Deutsche BA	3001	813	0,27
Egyptair	4620,1	20093	4,35
El Al	2972,4	3510	1,18
Emirates	4540,6	7157	1,58
Ethiopian	861,4	3668	4,26
Eurowings	2201	1614	0,73
Finnair	6050	9278	1,53
Garuda	5211,7	9640	1,85
Gulf Air	5227,9	5101	0,98
Hapag-Lloyd	5597,4	1952	0,35
Iberia	22197,2	26936	1,21
Icelandair	1326,9	1848	1,39
Iran Air	6357,3	10563	1,66
Japan Airlines	32932,8	18974	0,58
KLM	15452,6	28358	1,84
Korean Air	20379,4	15591	0,77
Kuwait Airways	2130	4606	2,16
Lauda Air	973,4	1692	1,74
LOT	2140,7	4116	1,92
Lufthansa	42128,5	36343	0,86
Malev	1943,5	3209	1,65
MIAT	224,7	1100	4,90
Northwest	57478,2	52535	0,91
Olympic Airways	6267,2	7030	1,12
Philippine Airlines	5003,6	8071	1,61
PIA	4971,6	17903	3,6
Qantas	16823,8	24174	1,44
Royal Jordanian	1252,2	4785	3,82
Ryanair	5357,1	1136	0,21
SAA	5735,1	10514	1,83
Sabena	9965,3	12717	1,28
Saudi Arabian Airlines	12328,5	24550	1,99
Singapore Airlines	13545	13464	0,99
Swissair	13333,8	17628	1,32
Thai Airways	15950,5	24121	1,51
Transaero	540,9	1147	2,12
Turkish Airlines	10097,3	9527	0,94
TWA	25829,1	20127	0,78
United Airlines	87049	99916	1,15
US Airways	55811,7	40291	0,72
Yemen Airways	731	3618	4,95

Aber der Reihe nach. Die bereits erwähnte Fluggesellschaft BOAC war 1939 entstanden. Die britische Regierung hatte zu diesem Zeitpunkt bereits seit geraumer Zeit den zunehmenden Wettbewerb zwischen den zu dieser Zeit in Großbritannien dominierenden Fluggesellschaften Imperial Airways und British Airways beobachtet. Die „alte" British Airways wiederum war im Oktober 1935 aus einem Zusammenschluss der Fluggesellschaften British Hillman Airways, Spartan Airlines und United Airways entstanden. Auch Imperial Airways hatte einige Vorläuferunternehmen. Das waren die Fluggesellschaften Instone, Handley Page, Daimler Airways und British Air Marine Navigation Company, die sich 1924 zu Imperial Airways zusammenschlossen. Daimler Airways wiederum war das Nachfolgeunternehmen der Aircraft Transport and Travel Limited (AT & T), die 1919 den ersten täglichen Liniendienst zwischen London und Paris einrichtete. Bis in die 70er Jahre hinein stellte vor allem BOAC auf den internationalen Strecken das nationale Aushängeschild Großbritanniens im Luftverkehr dar. Gleich nach der Entstehung des Unternehmens 1939 verhinderte der Zweite Weltkrieg eine weitere Entwicklung des zivilen Flugverkehrs durch das Unternehmen. Der Regierungsbeschluss hatte aber nicht nur Imperial Airways und British Airways zur BOAC fusioniert, sondern die Unternehmen auch zugleich in Staatsbesitz überführt, ein Status, mit dem die Fluggesellschaft nach dem Krieg die Arbeit am Aufbau eines weltweiten Luftverkehrsnetzes begann. Dafür hatte die Fluggesellschaft hervorragende Voraussetzungen. So mussten während des Krieges ständig zahlreiche Maschinen der Alliierten über den Atlantik nach Europa überführt werden. Diese Aufgabe wurde von BOAC-Piloten durchgeführt, die auf diese Weise natürlich wertvolle Erfahrungen sammeln konnten, die dem Unternehmen später bei der Einführung von Langstreckenflügen zugute kamen. Schon am 31. Mai 1945 nahm BOAC gemeinsam mit der australischen Fluggesellschaft Qantas eine wöchentliche Flugverbindung von Großbritannien nach Australien auf, die schon ab Juli zweimal wöchentlich bedient wurde. Zum Einsatz kamen dabei umgebaute Lancaster-Bomber, die 63 Stunden für den Flug benötigten. Im November 1945 wurde in Zusammenarbeit mit South African Airways eine Verbindung nach Südafrika eröffnet. Am 1. August 1946 nahm BAOC dann auch den Luftverkehr in Europa auf. Ehemalige Bomber erwiesen sich gerade hinsichtlich des Komforts nicht als ideale Fluggeräte für den Passagierverkehr, weshalb die Fluggesellschaft schon früh weitere Maschinen – so die Lockheed L 649 Constellation – beschaffte. Auch die L 749 kam zum Einsatz, genauso wie die Douglas DC 7. Am 30. September 1958 ging die Comet über dem Nordatlantik in den Liniendienst, 1960 fand sich bereits die neue Boeing B 707 in der Flotte. Die Fluggesellschaft BEA war zu diesem Zeitpunkt von BOAC unabhängig und hatte vor allem ihr europäisches Streckennetz ausgebaut. Im Oktober 1971 begann die stufenweise Zusammenlegung mit BOAC. Für das neue Unternehmen wurde der Name British Airways wiederbelebt. Schon im Juli 1979 kündigte die britische Regierung an, die Fluggesellschaft langfristig in eine Aktiengesellschaft umwandeln zu wollen, ein Vorhaben, bei dem die britische Fluggesellschaft Vorreiter und Vorzeigebeispiel für zahlreiche andere große nationale Fluggesellschaften wurde. Bevor es dazu kam, musste die Fluggesellschaft aber noch einige wirtschaftlich sehr harte Krisenjahre – insbesondere 1981 und 1982 – durchstehen, in deren Gefolge das Management drastische Umstrukturierungs- und Sparmaßnahmen im Unternehmen durch-

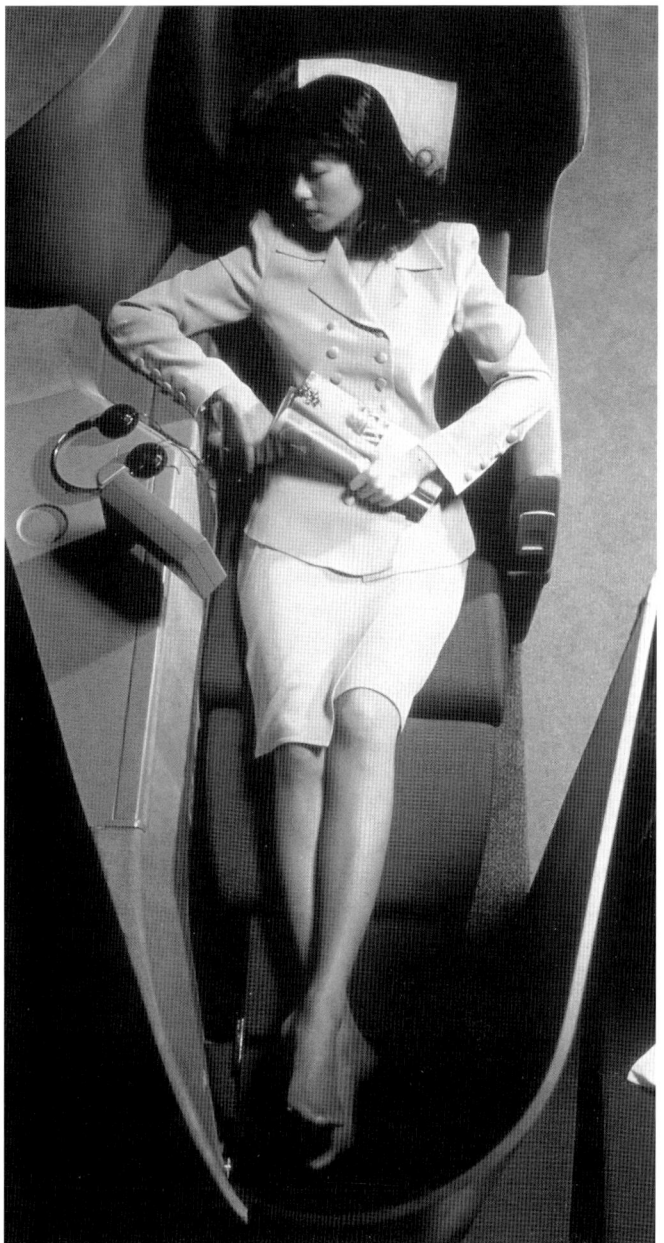

Mit Sitzen, die sich in völlig ebene Liegeflächen verwandeln lassen und gleichzeitig eine gewisse Abschottung vom Rest der Kabine ermöglichen, machte British Airways Furore.

führte. So wurden beispielsweise rund 22 000 Mitarbeiter und damit 38 Prozent der Belegschaft zu diesem Zeitpunkt entlassen, 82 Maschinen verkauft und 62 unprofitable Strecken geschlossen, mit dem Ergebnis, dass British Airways sich 1987, als die Privatisierung vollzogen war, als das äußerst ertragsstarke Unternehmen präsentierte, das es bis heute geblieben ist. So wurde im Geschäftsjahr 1998/1999

British Airways

ein Gewinn vor Steuern in Höhe von 225 Mio. britische Pfund erzielt, wobei allerdings der Gewinn im Jahr zuvor mit 580 Mio. britische Pfund noch deutlich höher ausfiel. Wie andere große Airlines der Welt auch, verfügt British Airways heute über zahlreiche Tochterunternehmen. In Deutschland ist dabei an erster Stelle die Deutsche BA zu nennen, die sich erfolgreich auf dem Inlandsmarkt in der Bundesrepublik etabliert hat. Eine 25prozentige Beteiligung besteht an der australischen Fluggesellschaft Qantas. Zusammen mit dieser Airline und weiteren Partnern wie American Airlines und Cathay Pacific ist British Airways heute eingebunden in die Oneworld-Allianz, die zur Zeit als wesentlicher weltweiter Wettbewerber der Star Alliance, die sich um Lufthansa und United formiert hat, auftritt.

Kurzprofil auf einen Blick

IATA-Code:	BA
Dreilettercode:	BAW
Callsign:	Speedbird
Mitgliedschaft in Allianzen:	Oneworld
Hauptverkehrsdrehscheiben:	London
Zahl der Mitarbeiter:	55905
Beförderte Passagiere (Zahlgäste) 1999 im Linienverkehr in Mio.:	36,6
Beförderte Luftfracht 1999 im Linienverkehr in tsd. t:	688,2
Zahl der Verkehrsflugzeuge:	278

Die Flotte im Detail:

Flugzeugmuster	Anzahl
Concorde	7
B 747-100	9
B 747-200	16
B 747-400	53
B 777	22
B 767-300	28
B 757-200	51
A 320	10
B 737-200	21
B 737-300	8
B 737-400	34
DHC 7	2
DHC 8	17

Flugzeugunfälle mit Totalverlust des Fluggeräts seit 1970:

Datum **Unfall**

18.02.1991 Eine Boeing B 747-100, die sich auf dem planmäßigen Linienflug von London nach Kuala Lumpur befand, führte wie üblich auf dieser Route am 2. August 1990 eine Zwischenlandung in Kuwait durch. Kaum war die Maschine an das Terminal gerollt, als der Flughafen in einer handstreichartigen Aktion von irakischen Truppen eingenommen wurde, die Besatzungsmitglieder und Passagiere nach Bagdad überführten. Das Flugzeug wurde später durch Geschosswirkung zerstört, als die alliierten Truppen nach Kuwait vordrangen.

10.09.1976 Während des Fluges von London nach Istanbul kollidierte eine Trident 3B der Fluggesellschaft BEA im Luftraum über Jugoslawien mit einer DC 9 der Fluggesellschaft Inex Adria. 179 Menschen starben.

04.03.1974 Beim Flug von Beirut nach London zwangen Terroristen eine Vickers VC 10 zur Landung in Amsterdam. Am Boden wurde die Maschine in Brand gesetzt, alle Passagiere und Besatzungsmitglieder kamen mit dem Leben davon.

18.06.1972 Kurz nach dem Start in London zu einem Flug nach Brüssel verlor die Besatzung die Kontrolle über ihre Trident 1C. Die Maschine stürzte zu Boden. Alle 118 Insassen kamen ums Leben.

13.09.1970 Beim Flug von Bahrain nach Beirut brachten Terroristen eine Vickers VC 10 der BOAC in ihre Gewalt und zwangen sie zur Landung auf einem abgelegenen Rollfeld im Norden Jordaniens, wo sich bereits eine DC 8 der Swissair und eine B 707 der TWA befanden. Die Passagiere wurden letztlich freigelassen, die Maschinen von dem Terrorkommando zerstört.

Fluggesellschaften

Am Anfang standen ein Dollar und eine DC 3:
Cathay Pacific

Cathay Pacific: Wer den Namen dieser Fluggesellschaft hört, musste bis vor kurzem unweigerlich an Hongkong Kai-Tak denken, einen der schönsten und für die Piloten anspruchsvollsten Flughäfen der Welt, einen Airport, der gleichzeitig als internationale Verkehrsdrehscheibe eines ganzen wirtschaftlichen Ballungsraumes in Asien und als Heimatbasis der Fluggesellschaft Cathay Pacific fungierte. Kaum ein Artikel in der Luftfahrtpresse über Cathay Pacific, der nicht in der Bebilderung eine der Maschinen der Fluggesellschaft beim legendären Anflug über die Häuser der Stadt in Richtung auf die Landebahn zeigte. Diese Zeiten sind vorbei. Am 6. Juli 1998 eröffnete der neue Flughafen Chep Lap Kok den Betrieb. Mit der Schließung von Kai Tak wurde ein Schlussstrich unter ein denkwürdiges Kapitel Luftfahrtgeschichte gezogen. Für den Nachfolgeairport Chep Lap Kok ist extra eine künstliche Insel, immerhin über ein Areal von 1248 Hektar, im Wasser errichtet worden. Dreiviertel dieser Fläche, die sich an eine bestehende Insel anschließen, wurden dem Meer durch Landgewinnungsmaßnahmen abgetrotzt. Mit der Neueröffnung des Flughafens änderte sich auch der Hauptsitz der Fluggesellschaft Cathay Pacific, die diesen nun auf den neuen Flughafen verlegte. Die Verlegung des Flughafens erfolgte beinahe zeitgleich mit einer anderen wesentlichen Veränderung in der Region. Hongkong, bis dahin britische Kronkolonie, wurde zum 1. Juli 1997 an die Volksrepublik China zurückgegeben. Auf den Bestand von Cathay Pacific hatte das keine Auswirkungen, auch wenn in Folge dieses Wechsels das bisherigen ICAO-Nationalitätenkennzeichen auf den Maschinen, VR-H, verschwand und dem neuen Zeichen, B-H, Platz machte. Gleichwohl hatte

Die Boeing B 747-400 ist hauptsächliches Arbeitsgerät von Cathay Pacific.

Cathay Pacific

gerade die »Insellage« Hongkongs bis 1997 der Fluggesellschaft in ihrer Geschichte ihren einzigartigen Stempel aufgedrückt. Dazu gehört zum Beispiel die internationale Ausrichtung der Airline und die vor allem auf Langstrecken ausgelegte Flottenstruktur. Wirft man einen Blick auf die Zahlen der größten Fluggesellschaften der Welt, ist Cathay Pacific nicht – was die reine Zahl der beförderten Passagiere angeht – unter den größten Airlines zu finden. Rund 10,5 Mio. Zahlgäste wurden 1999 befördert. Das ist beachtlich, aber auch nicht mehr. Nur zum Vergleich: die Lufthansa transportierte im selben Zeitraum 42 Mio. Passagiere. Schon anders sieht es aus, wenn man einen Blick auf die geleisteten Passagierkilometer wirft. Mit 41,4 Mrd. PKT nimmt Cathay Pacific hier immerhin den 16. Rang unter den Fluggesellschaften der Welt ein. Das liegt natürlich daran, dass die Airline vorwiegend Langstrecken bedient. Und so ist es denn auch kein Wunder, dass sich ein völlig anderes Bild ergibt, wenn man einmal nur die Zahl der im internationalen Luftverkehr beförderten Passagiere vergleicht. Dabei nimmt Cathay schon den zwölften Rang unter den Airlines der Welt ein. Einige weitere wichtige Eckdaten: Entsprechend der Lage in Hongkong – einem der wichtigsten Frachtairports der Welt – spielt Luftfracht bei Cathay Pacific eine wichtige Rolle. Immerhin 672 000 t wurden 1999 befördert. Damit ist die Fluggesellschaft nach Air France die elftgrößte Frachtfluggesellschaft der Welt. Möglich werden diese Daten durch die Arbeit von 13 159 Mitarbeitern, was – in Relation zur Zahl der beförderten Passagiere – einen relativ hohen Wert darstellt.

Die Geschichte von Cathay Pacific begann 1946, kurz nach dem Ende des zweiten Weltkrieges. Und sie ist eng mit den Namen von zwei Männern verknüpft: Roy Farrell, ein US-Amerikaner und Syd de Kantzow, ein Australier. Bei den beiden handelt es sich um zwei ehemalige Piloten der China National Aviation Corporation, die während des Krieges Transportmaschinen von Calcutta nach Kunming flogen. Nun, nach dem Ende der Kampfhandlungen, waren sie in Asien hängengeblieben. Schon zu dieser Zeit war Hongkong ein aufregendes Pflaster, eine Stadt des Neubeginns, angefüllt von sprühendem Geschäftssinn, aber auch eine Metropole der Spekulanten und wirtschaftlichen Abenteurer. Beide Piloten hatten ein Ziel: Sie wollten sich mit einer Fluggesellschaft selbständig machen – eine Vorstellung, die zu dieser Zeit insbesondere in den USA zahlreiche arbeitslos gewordene Kampf-, Jagd- und Transportflieger hegten, was in den ersten Jahren nach dem Zweiten Weltkrieg zu einem ungeheuren Boom an Neugründungen von Fluggesellschaften in den USA führte. Wie viele ihrer Kollegen fanden auch Farrell und de Kantzow schnell das Fluggerät ihrer Wahl: eine ausgemusterte Douglas DC 3. Farrell dachte aber gar nicht daran, die Maschine in den USA einzusetzen, sondern überführte sie im Oktober 1945 nach Hongkong. Hier erhielt die Maschine die Kennung VR-HDA und den Taufnamen »Betsy«. Das Flugzeug gibt es übrigens heute noch. Es steht im Hongkong Museum of Science and Technology und ist damit der Öffentlichkeit zugänglich. Am 24. September 1946 gründeten beide Piloten die Fluggesellschaft Cathay Pacific Airways – das Startkapital betrug ein Hongkong-Dollar – und waren auch schon mit Wolletransporten zwischen Australien und Shanghai unterwegs. Cathay ist die antike Bezeichnung für China. Pacific wählten beide Piloten als Namensbestandteil, um auf das vorwiegende Arbeitsgebiet

Service, der sich sehen lassen kann: in der Kabine einer Maschine von Cathay Pacific.

der Fluggesellschaft hinzuweisen. Geflogen wurden noch keine Linienverkehre, sondern ausschließlich nach Bedarf. Auf diese Weise beförderte das junge Unternehmen auch schon den einen oder anderen Passagier. Das Geschäft lief hervorragend an. Schon bald flogen beide Piloten Ziele in ganz Asien an, landeten in Manila, Bangkok, Rangoon und Singapur und konnten sich bei ihren Kunden schnell einen ausgezeichneten Ruf für die schnelle und sichere Beförderung der Waren erwerben. Schnell waren zwei weitere DC 3 gekauft worden, dann weitere Maschinen, bis die Flotte Ende 1947 bereits sieben DC 3 und zwei Catalina Flugboote

Fluggesellschaften

Ein 747-Frachter vor der Kulisse des mittlerweile geschlossenen Kai-Tak-Airports in Hongkong.

umfasste. Insbesondere im Passagierverkehr wuchs die Nachfrage nach Flügen stetig. Aus diesem Grund schien es sinnvoll, nun regelmäßige Linienflüge anzubieten. Die ersten angeflogenen Destinationen waren Macau, Manila, Singapur und Rangoon. Noch konnte im asiatischen Luftraum, in dem Cathay vorwiegend flog, jede Fluggesellschaft operieren, wie sie wollte. Es gab staatlicherseits kaum Restriktionen. Das änderte sich nun. Schon bald wurde über die Landerechte von Fluggesellschaften auf Regierungsebene entschieden, was die Organisation der Flüge für Cathay Pacific natürlich nicht einfacher machte. Dazu kam, dass der Fluggesellschaft nun in Hongkong selbst mit der Fluggesellschaft Hongkong Airways Konkurrenz erwachsen war. Hinter Hongkong Airways standen einflussreiche Kreise in der Kronkolonie, denn das Unternehmen gehörte dem Handelshaus Jardine. Wollte Cathay Pacific im sich verschärfenden Wettbewerb auch in Zukunft eine Chance haben, mussten dringend neue Geldgeber gefunden werden. Die entsprechende Möglichkeit ergab sich schnell. Das Unternehmen Butterfield and Swire – es benannte sich 1974 in John Swire and Sons um – versuchte, im Luftverkehr Fuß zu fassen und ergriff die Möglichkeit, die sich bei Cathay Pacific bot. Das Unternehmen erwarb die Mehrheit an der Fluggesellschaft. Daneben kauften die Fluggesellschaften BOAC, Australian National Airways und die Reederei P & O weitere Anteile an der Airline. Mit neuer Finanzkraft ausgestattet konnte die Fluggesellschaft 1949 die erste viermotorige Maschine in Form einer Douglas DC 4 in die Flotte eingliedern. Nun wurden Kalkutta, Saigon und Borneo in den Flugplan aufgenommen. Die Airline wuchs weiter schnell. 1955 stieß die erste Douglas DC 6 zur Flotte. Das Flugzeug war bereits mit einer Druckkabine ausgestattet. Damit konnte jetzt der wachsenden Nachfrage auch nach weiteren Langstreckenverbindungen entsprochen werden. 1959 führte Cathay Pacific bereits Flüge nach Australien und Japan durch. Mittlerweile hatte sich Cathay Pacific mehr als erfolgreich gegen Hongkong Airways behauptet. 1959 wurde die Fluggesellschaft samt der Streckenrechte übernommen. Vieles hatte sich jetzt bei Cathay Pacific geändert. Die »wilden« Gründerjahre lagen nun hinter der Airline, die mittlerweile zu einem führenden, etablierten Unternehmen in der Region geworden war. Wurden in der Anfangszeit noch Gebrauchtflugzeuge aus Armeebeständen gekauft, erwarb Cathay Pacific jetzt die neuesten auf dem Markt erhältlichen Maschinen. Das war 1959 zum Beispiel die Lockheed L-188 Electra, deren erste Maschine am 1. April 1959 ausgeliefert wurde. 1961 entschied sich Cathay Pacific für die ersten Jets. Die Wahl fiel auf die Convair Cv 880, die erstmals am 20. Februar 1962

Ein Bild, das nicht fehlen darf: Eine Boeing B 747-400 im Landeanflug auf den Flughafen Kai Tak. Die Maschine verfügt noch über die alte Cathay-Bemalung.

zum Einsatz kam. In den folgenden Jahren beschaffte Cathay Pacific sieben weitere Maschinen dieses Typs, die nach und nach die Lockheed Electra ersetzten. In den 60er Jahren expandierte die Fluggesellschaft stark. Die Zahl der Fluggäste nahm rapide zu, 1964 konnte die Airline den millionsten Fluggast an Bord einer der Maschinen begrüßen. Mit verantwortlich für den Erfolg war die geschickte Auswahl der geflogenen Strecken. In den 60er Jahren baute die Airline die Verbindungen nach Japan stark aus. Eine sehr gute Entscheidung, denn gerade Flüge zwischen Japan und Hongkong entwickelten sich zu den Hauptstrecken, die Touristen aus Japan und USA bei Asienrundreisen nutzten. Von 1971 an gingen bei Cathay die ersten Boeing B 707 in Dienst. Bis 1974 erwarb die Fluggesellschaft – dieses Mal allerdings wieder gebraucht – 12 Flugzeuge dieses Typs. Zu dieser Zeit hatten sich die ersten Widebodies auf dem Markt bereits etabliert. Die Maschinen konnten gerade auf Langstrecken sehr viel mehr Passagiere befördern, als es in den bisher eingesetzten Flugzeugen wie der Boeing B 707 oder der Convair Cv 880 der Fall war. Mehr Kapazität benötigte auch Cathay Pacific, und so war es denn auch kein Wunder, dass die Airline sich ebenfalls für die Anschaffung eines Widebodies entschied. Die Wahl fiel auf die Lockheed L-1011-100 TriStar, die 1975 erstmals an Cathay ausgeliefert wurde. Für die Boeing B 747, später eine tragende Säule der Cathay-Flotte, entschied sich die Airline relativ spät. 1980 wurde das erste Flugzeug an die Airlines ausgeliefert. Hongkong gehörte zu dieser Zeit zu Großbritannien, und Cathay Pacific war eine britische Fluggesellschaft – die allerdings nicht eine einzige Verbindung ins britische Mutterland anbot. Das sollte sich nun ändern. Mit der neuen Boeing B 747-200 stellte Cathay Pacific ihre London-Route in Dienst. Damit war das Unternehmen zum direkten Konkurrenten von British Airways geworden. Die Reaktion des Carriers von der Insel: Die vorhandenen British-Airways-Anteile an Cathay Pacific wurden verkauft. Auch bei den anderen Anteilseignern war es zu Veränderungen gekommen, so dass die Fluggesellschaft nun nur noch der Swire-Unternehmensgruppe zu 71 Prozent und der Hongkong und Shanghai Bank zu 29 Prozent gehörte. Der Flugplan wurde weiter ausgebaut. 1984 nahm die Fluggesellschaft Frankfurt darin auf. Beim Fluggerät war der Jumbo genau das Fluggerät, was die Airline aus Hong-

Fluggesellschaften

kong benötigte. Weitere Bestellungen folgten. 1985 erhielt Cathay die erste Boeing B 747-300. Wie bei den meisten Flugzeugtypen, hatte Cathay Pacific auch hier die Möglichkeit, die Triebwerke zu wählen. Das Unternehmen entschied sich für Rolls-Royce-Turbinen. Ein bemerkenswertes Detail. Zu dieser Zeit bestand die Flotte von Cathay Pacific nur noch aus den Typen B 747-200 und -300 sowie der TriStar. Alle waren mit den britischen Turbinen ausgestattet, was das Unternehmen zur einzigen Airline machte, die ausschließlich auf die Antriebskraft von Rolls-Royce vertraute. Auch die Boeing B 747-400, die wenig später die Flotte erreichte, war mit britischen Triebwerken ausgestattet. Mit dieser Maschine hatte das Unternehmen gerade für die hochfrequentierten Langstrecken wie zum Beispiel die Verbindungen von Frankfort oder London nach Hongkong ein optimales Langstreckengerät gefunden. Aber Cathay Pacific entschied sich nicht nur für die Boeing B 747. Im Rahmen einer großangelegten Flottenerneuerung bestellte die Fluggesellschaft in den 90er Jahren erstmals Fluggerät von Airbus. 1994 stellte die Airline die ersten A 340-200 in Dienst. 1995 folgte das Modell A 330-300, während gleichzeitig die Lockheed TriStar bis 1996 aus der Flotte ausgemustert wurde. Auch die neue Boeing B 777 war für Cathay Pacific ein sehr interessantes Flugzeugmodell. 1995 begann das Unternehmen damit, die Flotte mit der B 777-200 abzurunden. 1999 folgte die längere B 777-300.

Nachdem 1997 Hongkong von Großbritannien an die Volksrepublik China zurückgegeben wurde, brach für Cathay Pacific eine schwierige Zeit an. Zunächst blieben die Touristen aus, dann kam es in schneller Folge zu weiteren Rückschlägen, die negative Auswirkungen auf die Beförderungszahlen hatten: Hongkong machte Schlagzeilen mit der Vogelgrippe, einer Geflügelseuche, die dazu führte, dass die gesamten Hühnerbestände geschlachtet werden mussten, und in Asien brach eine weitreichende Wirtschafts- und Währungskrise aus. 1998 verbuchte Cathay Pacific erstmals in der Firmengeschichte einen Verlust, in Höhe von 84 Mio. US-Dollar. Die Krise war allerdings schon 1999 wieder für die Fluggesellschaft überwunden. In diesem Jahr konnte die Airline bereits wieder einen Gewinn von 362 Mio. US-Dollar vermelden. Auf Beteiligungsebene ist heute neben der Swire-Unternehmensgruppe die Volksrepublik China ein wichtiger Gesellschafter des Unternehmens, der über die Firma CITIC Pacific Limited 25 Prozent des Kapitals der Fluggesellschaft hält. Die wirtschaftlich gesunde Struktur des Carriers dürfte ein wichtiger Garant für eine weitere erfolgreiche Entwicklung der Fluggesellschaft auch in Zukunft sein. Als weiterer wichtiger Faktor kann daneben die Mitgliedschaft in Oneworld, einer der großen Allianzen im Luftverkehr, gelten, die Cathay Pacific zum engen Partner von British Airways und American Airlines macht. Die positiven Zukunftsaussichten manifestieren sich nicht zuletzt in weiteren Investitionen, so vor allem in die Flotte. Im Mai 2000 kündigte die Fluggesellschaft den Kauf von weiteren Maschinen, vier A 330-300, einer B 777-200, einer B 747-400 sowie das Leasing von drei A 330 an.

Kurzprofil auf einen Blick

IATA-Code:	CX
Dreilettercode:	CPA
Callsign:	Cathay
Mitgliedschaft in Allianzen:	Oneworld
Hauptverkehrsdrehscheiben:	Hongkong
Zahl der Mitarbeiter:	13 159
Beförderte Passagiere (Zahlgäste) 1999 im Linienverkehr in Mio.:	10,5
Beförderte Luftfracht 1999 im Linienverkehr in tsd. t:	671,8
Zahl der Verkehrsflugzeuge:	62

Die Flotte im Detail:

Flugzeugmuster	Anzahl
B 777	11
B 747-200	4
B 747-400	21
A 330-300	12
B 747-200/300	4
A 340-300	14

Flugzeugunfälle mit Totalverlust des Fluggeräts seit 1970:

Datum **Unfall**

15.06.1972 Während des Fluges von Bangkok nach Hongkong stürzte eine Convair Cv 880 plötzlich in den Dschungel auf vietnamesischem Staatsgebiet. 81 Menschen starben. Bei den späteren Ermittlungen konnten Spuren einer Bombe sichergestellt werden.

Condor

Marktführer unter den deutschen Urlaubsfliegern:
Condor

Zu den traditionsreichsten Fluggesellschaften in Deutschland gehört die Condor, die sich als Tochtergesellschaft der Lufthansa auf den Markt der Urlaubsreisen konzentriert und dort heute – legt man die Zahl der beförderten Passagiere zugrunde – die größte Airline in der Bundesrepublik darstellt. Im Bewusstsein vieler Passagiere ist die Einbettung der Condor in den Lufthansa-Konzern fest verankert. Nur wenige Fluggäste wissen, dass zumindest bei der Gründung des Unternehmens die Lufthansa keineswegs dominierte. Das Gründungsjahr der Condor ist 1955, ein Jahr, in dem überhaupt in der Bundesrepublik Luftfahrtgeschichte geschrieben wurde. Es erfolgte die Wiederzulassung des deutschen Luftverkehrs, und die neugegründete Lufthansa nahm den Verkehr auf. Genau am 21. Dezember dieses Jahres wurde die Fluggesellschaft ins Leben gerufen – allerdings noch unter anderem Namen. Das Unternehmen hieß in den Anfangsjahren schlicht Deutsche Flugdienst GmbH. Die Lufthansa gehörte zu den Gesellschaftern der ersten Stunde.

Bei der Lufthansa ausgemustert war der DC 10 bei der Chartertochter Condor noch eine längere Zeit im aktiven Einsatz vergönnt – was vielen Bordingenieuren ihren Arbeitsplatz sicherte.

Fluggesellschaften

Ihr Anteil war jedoch mit 26 Prozent keineswegs dominiert, genauso wenig wie der der Deutschen Bundesbahn, die sich mit 18,5 Prozent beteiligte. Dafür tauchen unter den Gründungsgesellschaftern zwei Firmennamen auf, die auch sonst in der Verkehrsgeschichte eine führende Rolle spielen: der Norddeutsche Lloyd und die Hamburg-Amerika-Linie. Der Lloyd war mit 27,75 Prozent am Flugdienst beteiligt. Ebenso hoch lag der Anteil der Hapag. Das Stammkapital des jungen Unternehmens betrug 3 Mio. DM, die Flotte bestand aus drei zweimotorigen Propellerflugzeugen des Typs Vickers Viking mit je 36 Sitzen. Im Jahr darauf wurde der Flugbetrieb aufgenommen. Am 29. März fand der erste Flug statt. Befördert wurden Pilger, die nach Israel flogen. Flugzeit in dieser Zeit: zehn Stunden. Der Name eines anderes Ziels aus dem Anfangsjahr klingt auch heute noch sehr vertraut: Mallorca. Auch Teneriffa gehörte zu den Flugzielen. Die Vickers Viking war ein Flugzeug mit hervorragenden Flugeigenschaften. Bei Starts- und Landungen aber galt die Maschine unter Piloten als schwierig. Der Grund: Am Boden reagierte die Maschine extrem empfindlich auf Bewegungen der Piloten am Steuerhorn, was nicht selten dazu führten, dass so mancher Pilot unfreiwillig beim Start oder bei der Landung kräftige Schlangenlinien auf der Rollbahn verursachte. Außerdem war es nicht einfach, das Flugzeug nach einer Landung problemlos auf den Boden zu bekommen. Die Vickers neigte zu Bocksprüngen was ihr unter Piloten und Kabinenpersonal den Beinamen »Dreisprungmeister« eintrug.

Insgesamt 1,7 Mio. DM Umsatz machte der Deutsche Flugdienst in diesem Jahr. Grund genug, schon 1957 die Flotte kräftig zu erweitern. Die vierte Viking wurde angeschafft. Dazu gesellten sich aber auch noch fünf zweimotorige Maschinen des Typs Convair 240, jede mit 40 Plätzen an Bord. So ausgestattet erflog die junge Airline 1958 bereits einen Umsatz von satten 10 Mio. DM. Heimatflughafen war schon damals Frankfurt/Main. Das Unternehmen beschäftigte zu dieser Zeit 168 Mitarbeiter. Nach dem gelungenen Geschäftsauftakt drohte 1959 schon wieder das Aus. In diesem Jahr stürzte die gesamte Charterbranche in eine tiefe Krise. Es kam zu zahlreichen Konkursen. Im gesamten deutschen Flugtourismus ging das Passagieraufkommen drastisch zurück. Auch der Flugdienst musste 70 Prozent der vorliegenden Buchungen stornieren. Noch war das Vertrauen in die junge Branche nicht groß. Die Muttergesellschaften wurden nervös und beschlossen die Liquidation der aufstrebenden Airline. Einzig die Lufthansa erkannte das vorhandene Potential. Sie übernahm 95,5 Prozent des Kapitals.

1961 dann kehrte mit der Übernahme der 1957 gegründeten Fluggesellschaft Condor-Luftreederei des Oetker-Konzerns der alte, traditionsreiche Name Condor zur Lufthansa-Unternehmensgruppe zurück. Die Bezeichnung stammte von der Syndicato Condor, einer Tochtergesellschaft der alten Lufthansa, die 1927 in Rio de Janeiro gegründet wurde und als brasilianische Fluggesellschaft gemeinsam mit der Lufthansa am Aufbau eines Luftverkehrs über den Südatlantik beteiligt war. Die Deutsche Flugdienst GmbH nannte sich in Condor Flugdienst GmbH um, der Name, unter der die Gesellschaft auch heute noch arbeitet. Noch im November des gleichen Jahres erhielt auch die Flotte Zuwachs. Mit der Vickers Viscount 814 wurde das erste Turboprop-Flugzeug in Dienst gestellt. Im März 1962 folgte die zweite, im Frühjahr 1963 die dritte Maschine. Bei der übrigen Flotte kam es zu Veränderungen. Zwei Vickers Viking flogen von nun an nur noch Fracht, die Convair-Maschinen wurden nach und nach ausgemustert. Spätestens 1962 zeigte sich, wie weitsichtig die Entscheidung der Lufthansa von 1959 war, die Condor nicht zu liquidieren. Die junge Fluggesellschaft befand sich auf Erfolgskurs. In diesem Jahr erreichte die Condor an der gesamten deutschen Flugtouristik einen Anteil von 63,3 Prozent, ein Spitzenwert, der später nie wieder erreicht wurde. Zum Vergleich: Im Jahr 2000 war die Condor von den Passagierzahlen her die größte der deutschen Urlaubsfluggesellschaften. Der Marktanteil lag bei 26,6 Prozent unter den Ferienfliegern in der Bundesrepublik. Insgesamt beförderte die Condor 1962 32 000 Passagiere. 18 400 davon flogen nach Mallorca. In den folgenden Jahren erfuhr die neue Flugtourismus-Branche einen deutlichen Aufschwung. Auf den Autobahnen kam es im Urlaubsverkehr zu den ersten längeren Staus, das Passagieraufkommen der Charterfluggesellschaften nahm drastisch zu. Auch der Umsatz der Condor wuchs auf rund 45 Mio. DM im Jahr 1965. Der Marktanteil lag bei immer noch imponierenden 40 Prozent. Auch ausländische Fluggesellschaften drängten nun auf den lukrativen deutschen Markt. Die Nachfrage war so groß geworden, dass die Airlines in der Bundesrepublik sie nur unzureichend befriedigen konnten.

Condor baute nun die Flotte weiter aus. Der erste Jet, eine Boeing B 727, wurde in Dienst gestellt, zwei Fokker F 27 kamen hinzu.

Condor

Flottenentwicklung der Condor Flugdienst bis 1965									
Baumuster	1956	1957	1958	1959	1960	1961	1962	1963	1964	1965
Vickers Viking	3	4	2	2	2	2	2	2		
Convair Cv 240		5	5	5	4	3				
Viscount 814						1	2	3	4	4
Boeing B 727										1
Fokker F 27										2
Gesamt	3	9	7	7	6	6	4	5	4	7

1966 bot die Condor zum ersten Mal Flugverbindungen an, die sich heute längst zu Klassikern im Flugangebot der Urlaubsfluggesellschaft entwickelt haben. Die Rede ist von den ersten Langstreckenflügen, die nach Bangkok, Ceylon, der Dominikanischen Republik und Kenia durchgeführt wurden. 1967 stieß die erste Boeing B 707 zur Flotte. Noch im gleichen Jahr erteilte die US-amerikanische Luftfahrtbehörde die Verkehrsrechte für Flüge über den Nordatlantik – eine vielversprechende Möglichkeit, die Condor aber erst 1972 nutzte. Wie die meisten anderen Fluggesellschaften bildete auch die Condor das Kabinenpersonal in Eigenregie aus. Sechs Wochen dauerten die Ausbildungskurse. Die Lerninhalte waren aber in den 60er Jahren noch andere, als heute. So mussten die angehenden Flugbegleiterinnen die exakten Entfernungen zu den Condor-Flugzielen auswendig lernen, genauso wie die Namen und die Anzahl der Navigationsfunkfeuer, die auf dem Weg zu den Reisezielen standen. Hinsichtlich des Aussehens gab es bei der Condor klare Vorschriften. So mussten die Flugbegleiterinnen den Dienst grundsätzlich geschminkt versehen. Auch roter Nagellack gehörte zur Pflichtausstattung, während lange Haare nicht gerne gesehen wurden. Schmuck an der Bluse war nicht erlaubt, genauso wenig wie Ringe an den Fingern. Für Ohrringe galt die maximale Obergröße eines Markstückes. Zu dieser Zeit durfte eine Stewardess keine Brille tragen. Weitere Bedingung war, dass die Damen unverheiratet waren. Mit 40 endete der Dienst in der Kabine. Und das Gehalt: Das betrug während der Probezeit 435 DM, danach 800 DM. Die monatliche Arbeitzeit lang oft bei rund 120 Stunden. Das ist für die Arbeit in der Kabine sehr viel. Heute liegt die gesetzlich erlaubte Obergrenze bei 110 Stunden. Ein üblicher, schon als hoch geltender Einsatzwert bei einer Charterfluggesellschaft sind rund 90 Stunden. Bei den Einsätzen an Bord der Maschinen waren die Flugbegleiter in den 60er Jahren verpflichtet, ein Ersatzhemd oder eine Ersatzbluse bei sich zu haben. Bei männlichem Kabinenpersonal gehörte das Mitführen einer Servicetasche zur Pflichtausstattung. In dieser befanden sich Flaschenöffner, Eiszangen und Bierzapfhahn. Der Bierzapfhahn wurde zum Beispiel an Bord der B 707 benötigt, wenn das zu dieser Zeit mitfliegende Bierfass anzuzapfen war. Eine bei den Flugbegleitern unbeliebte Aufgabe. Nicht selten kam anschließend das Ersatzhemd zum Einsatz und aus nicht völlig abgedichteten Bierfässern strömte der Gerstensaft in die Kabine. Mühevoll war zu dieser Zeit die Zubereitung der Mahlzeiten an Bord. Die Portionen – für weit über 100 Fluggäste – kamen tiefgefroren an Bord der Flugzeuge und wurden dort in sogenannten Auftauöfen erhitzt. Anschließend deponierten die Flugbegleiter die Speisen in Warmhalteöfen. Da deren Kapazitäten jedoch häufig nicht ausreichten, wickelten die Stewardessen einen Teil der Mahlzeiten in Decken ein, um sie bis zum Servieren warm zu halten. Zu dieser Zeit standen an Bord noch keine komplexen Unterhaltungselektronik-Systeme zur Verfügung. War genügend Zeit vorhanden, gab es häufiger als heute üblich längere Unterhaltungen und Gespräche der Flugbegleiter mit den Passagieren. Dazu entwickelten die Besatzungsmitglieder so mancher Maschine durchaus auch kreatives Engagement. So machten an Bord der Condor-Maschinen Stewardessen Musik mit Mundharmonika oder Gitarre. Besondere Stimmung kam auf, wenn der Kapitän den Passagieren über Lautsprecher Quizfragen zur Flugroute oder zum Zielland stellte. Ein beliebter Gewinn: Der Passagier mit der richtigen Antwort durfte bei der Landung im Cockpit anwesend sein. Bei den Flügen nach Thailand setzte die Condor zeitweise Mädchen aus dem asiatischen Land in Landestracht an Bord der Maschinen ein, um die Passagiere schon auf das kommende Urlaubserlebnis einzustimmen. Zuweilen halfen diese auch beim Servieren aus. Dabei verfügten sie oft nicht über die besten Sprachkenntnisse. An ein Erlebnis in diesem Zusammenhang erinnert sich die Stewardess Margitta Weber, die von 1965

Fluggesellschaften

Der »Rizzi Bird«, eine Boeing B 757, deren Bemalung von dem US-Künstler James Rizzi entworfen wurde.

bis 1994 für die Condor flog: Beim Cocktail Service kam eines der Thai-Mädchen völlig aufgelöst und sichtlich empört zu der erfahrenen Condor-Stewardess gerannt und brachte gerade noch auf Englisch hervor: »Margitta, Margitta, there is one person who wants sex.« Das mochte die Flugbegleiterin dann doch nicht glauben. Sie machte sich auf den Weg zu dem Mann, um dessen Wünsche zu sondieren. Ergebnis: Er hatte nur nach einem Glas Sekt gefragt. 1968 übernahm die Lufthansa die Fluggesellschaft Südflug. Darauf flog eine DC 8 des Stuttgarter Unternehmens im Langstreckenverkehr für die Condor.

Südflug International

Die Charterfluggesellschaft Südflug International wurde schon 1952 als von dem Piloten Rul A. Bueckle gegründet. Das Unternehmen führte zunächst Stadtrundflüge, kleine Frachttransporte und Vermessungsflüge in Afrika und Südamerika durch. In den 60er Jahren stockte der Unternehmer seine Flotte in einem riesigen Schritt auf, als er fünf Douglas DC 7 gebraucht von der Fluggesellschaft KLM kaufte. Gleichzeitig stiegen die Reiseveranstalter Scharnow und Touropa in das Unternehmen ein und verbreiterten so dessen finanzielle Basis. Noch vor der Condor flog die Südflug Passagiere über den Nordatlantik in die USA, von der Swissair wurden Maschinen vom Typ Douglas DC 8 übernommen und das Unternehmen war zeitweise nach der Lufthansa-Tochter die zweitgrößte Charterairline in der Bundesrepublik. 1967 stürzte die Fluggesellschaft in die Krise. Neben kräftigen Verlusten wurde offenbar, dass gleichzeitig erheblicher weiterer Finanzierungsbedarf bestand – den die Südflug aus eigener Kraft nicht mehr leisten konnte. 1968 übernahm darauf die Lufthansa die Anteile und natürlich den Namen der zuvor so erfolgreichen Fluggesellschaft.

1969 wurden dann die letzten Propellermaschinen ausgemustert. Condor setzte nun nur noch Jets sein, die Flotte bestand aus einer Boeing B 707, sechs Boeing B 727 und drei Boeing B 737, die mittlerweile beschafft worden waren. 1970 wies der Flugplan der größten deutschen Charterfluggesellschaft 146 wöchentliche Flüge zu touristischen Zielen aus. 1971 konnte die Condor mit einem Novum aufwarten. Als erste Charterfluggesellschaft der Welt setzte die Condor eine Boeing B 747 ein. Die Maschine bot 472 Sitzplätze an und wurde unternehmensintern »Fritz« genannt. Im Urlaubsverkehr flog der Jumbo Passagiere nach Ceylon und Kenia, war aber auch in Palma de Mallorca zu sehen. 1972 kam mit »Max« die zweite Boeing B 747 dazu. Diese Maschine verfügte sogar über 494 Plätze. In diesem Jahr nutzte die Fluggesellschaft dann auch die Verkehrsrechte über den Nordatlantik. New York wurde angeflogen, in der Sommersaison zwischen April und Oktober fanden 24 Hin- und Rückflüge statt. Währendessen herrschte in großen Teilen der Charterbranche in der Bundesrepublik Krisenstimmung. Eine ganze Reihe von Fluggesellschaften – darunter Air Commerz, Atlantis, Calair und Paninternational – musste aufgeben.

Condor

Paninternational und die Katastrophe von Hasloh

Der Anfang vom Ende der Fluggesellschaft Paninternational war ein Zwischenfall, der sich am 6. September 1971 in der Nähe von Hamburg ereignete. Nur durch eine ungewöhnliche Notlandung der geistesgegenwärtigen Besatzung konnte eine noch größere Katastrophe verhindert wurde. Bei der darin verwickelten Maschine handelte es sich um eine BAC 1-11. Die Maschine befand sich unter der Flugnummer DR 112 auf einem Flug von Hannover ins spanische Malaga und war auf dem Flughafen Hamburg-Fuhlsbüttel zwischengelandet, um zusätzliche Passagiere an Bord zu nehmen. Auf dem rechten Sitz im Cockpit – als 1. Offizier – saß Deutschlands erste weibliche Pilotin eines großen Verkehrsjets. Als die Besatzung um 18:18 Uhr vom Tower die Startfreigabe erhielt und der Kapitän den Schubhebel auf Startleistung schob, waren die Weichen für den kommenden Zwischenfall bereits gestellt. Doch zu diesem Zeitpunkt ahnte noch keiner der 121 Menschen an Bord, dass sie sich schon einige Minuten später in tödlicher Gefahr befinden würden. Grund war eine Besonderheit der BAC 1-11. Die Triebwerke dieses Flugzeugtyps sind mit speziellen Wassertanks ausgestattet. Das darin befindliche Wasser wird beim Start in die Turbine gespritzt. Hier erhöht es durch Kühlung den Luftdurchsatz in der Brennkammer und verstärkt damit den Schub. An diesem Abend aber befand sich kein Wasser in den Spezialtanks. Statt dessen hatten die Techniker der Fluggesellschaft kurz vor dem Start durch ein Versehen Kerosin eingefüllt. Wenige Sekunden vor dem Abheben – die Geschwindigkeit V1 war schon passiert, eine Bremsung konnte also nicht mehr durchgeführt werden – bemerkten die beiden Piloten einen extremen Anstieg bei einigen Triebwerksinstrumenten. Grund war das Kerosin, das anstelle des Wassers in die Turbine gespritzt wurde. Die Folge: Es entzündete sich bereits vor der Brennkammer, die Betriebstemperatur der Düsen stieg rasend schnell, während gleichzeitig die Maschine das Ende der Bahn erreichte und sich anschließend in den Hamburger Abendhimmel hob. Es knallte zweimal kurz hintereinander, als beide Triebwerke aufgrund der übergroßen Hitze ihren Dienst quittierten. Das Flugzeug war in diesem Moment erst wenige hundert Meter hoch. Um nicht zuviel Geschwindigkeit zu verlieren, drückte der Kapitän die Nase des 40 t schweren Flugzeugs mit dem Steuerhorn herunter. Beide Besatzungsmitglieder wussten sofort, dass sie aufgrund der niedrigen Höhe keine Chance hatte, zum Flughafen zurückzukehren und dort sicher zu landen. In diesem Moment sahen sie unter sich die Autobahn, die von Hamburg nach Kiel führt. Gekonnt unterquerte der Kapitän noch die Trossen einer Hochspannungsleitung, dann schwebte die Maschine auch schon mit aufgefahrenem Fahrwerk und Klappen direkt über der Autobahn zur Landung ein. Die Autofahrer, die den ihnen entgegenkommenden Verkehrsjet erblickten, bemühten sich heftig bremsend und lenkend nach Kräften, dem Flugzeug auszuweichen. Die Landung war ausgesprochen hart. Die Maschine setzte mit einem etwas zu großen Anstellwinkel auf, wobei das Heck den Boden berührte. Pilot und Copilotin stiegen voll in die Bremsen, was sofort den Bug nach unten riss. Ein Reifen platzte am vorderen Fahrwerk. Mit immer noch hoher Geschwindigkeit raste die Maschine jetzt über die östliche Fahrspur der Autobahn, beide Piloten standen in den Bremsen. Einen Moment später jagte der Rumpf durch eine Autobahnbrücke, Teile der Tragflächen und das Höhenleitwerk wurden abgerissen, dann kollidierte der vordere Rumpf mit dem Pfeiler. Die Wucht riss die Maschine herum, trennte den vorderen Cockpitteil vom Rest des Flugzeuges. Der Rumpf schleuderte weiter, verlor noch das Heck bevor er brennend auf dem Grünstreifen zum Stehen kam. Innerhalb weniger Minuten schon erreichten die ersten Feuerwehrfahrzeuge aus den umliegenden Dörfern die Maschine und begannen sofort mit den Lösch- und Rettungsarbeiten. Für 20 Passagiere und 2 Besatzungsmitglieder aber kam jede Hilfe zu spät, 99 Menschen überlebten. Im Anschluss an das Unglück wurden die Mitarbeiter des Bodenpersonals der Fluggesellschaft wegen des Vorfalls vor Gericht gestellt und zu Haftstraßen von sieben und acht Monaten verurteilt. Die Fluggesellschaft geriet so in die Kritik, dass sie ein Jahr später den Betrieb aufgeben musste.

Die Condor ging aus dieser Zeit ohne Probleme hervor. Ganz im Gegenteil: 1973 war das Unternehmen mit einem Umsatz von 291 Mio. DM weltweit die größte Charterflug-

Fluggesellschaften

Nur noch Sekunden bis zum Touch down: Airbus A 320 von Condor.

gesellschaft. Auch die Flotte konnte sich sehen lassen. Zwei Boeing B 747, zwei Boeing 707 und zehn Boeing B 727 flogen in Condor-Farben. Dann kam die Ölkrise. Für die Lufthansa-Tochter brachte das Mehrkosten für Kerosin in Höhe von 24 Mio. DM. Das war aber erst der Anfang. Die ins Rollen gekommenen Kraftstoffpreise kamen auch in den folgenden Jahren nicht mehr zur Ruhe. Allein von 1979 auf 1980 – um ein Beispiel zu nennen – ergab sich beim Betrieb einer Boeing B 727 auf der Strecke Frankfurt–Las Palmas–Frankfurt eine Steigerung um 100 Prozent. Die gesamte Wirtschaft der Bundesrepublik litt mittlerweile unter einer Rezession – die Buchungen gingen zurück. 1976 musste die Condor einen Rückgang der Flugpauschalreisen von vier Prozent registrieren. Die USA-Flügen dagegen boomten. 1976 trugen sie immerhin elf Prozent zum Umsatz bei. Der Anteil stieg in den folgenden Jahren stetig. 1978 waren es bereits 20 Prozent. Erstmals überschritt die Fluggesellschaft in diesem Jahr die Umsatzgrenze von 500 Mio. DM. Mehr als 2 Mio. Passagiere wurden befördert. Das Unternehmen beschäftigte 1159 Mitarbeiter, 824 davon gehörten zum fliegenden Personal. 1979 kam es zu einer entscheidenden Flottenumstrukturierung. »Fritz« und »Max«, die beiden Boeing B 747, wurden ausgemustert und durch drei Maschinen vom Typ Douglas DC 10 ersetzt. Die Anschaffung machte eine deutlich flexiblere Einsatzplanung möglich. Gleichzeitig schlugen jetzt die ständig gestiegenen Kerosinpreise voll auf das wirtschaftliche Ergebnis der Airline durch. Erstmals seit 20 Jahren musste die Condor 1979 wieder einen Verlust vermelden. Erst 1981 gewann die Reisekonjunktur wieder an Fahrt. Condor beförderte in diesem Jahr 1,7 Mio. Passagiere. Ihr Anteil am deutschen Luftverkehr Touristik-Luftverkehr betrug 19,6 Prozent. 1983 wurden wieder zwei Millionen Fluggäste befördert. Die Flotte bestand nun aus drei DC 10, acht Boeing B 727, vier Boeing B 737. Zusätzlich wurden in diesem Jahr erstmals Airbusmaschinen in Form von zwei A 300 in die Flotte aufgenommen. Von 1985 an setzte die Condor auch den Airbus

Condor

A 310 ein, 2,6 Mio. Passagiere nahmen in diesem Jahr in den Maschinen der Lufthansa-Tochter bei ihren Flügen in den Urlaub Platz. Der Flugplan umfasste 72 Ziele. 1986 startete das Unternehmen ein Investitionsprogramm, das auf eine Modernisierung der Flotte abzielte. Ein mittlerweile vierter Airbus A 310 wurde gekauft, fünf Boeing B 737-300 kamen hinzu. Gesamtumfang der Investitionen: 400 Mio. DM. Mit dem neuen Fluggerät wuchs der Flugplan bis 1988 auf 120 Ziele. Auch wenn die Condor auf allen großen deutschen Verkehrsflughäfen vertreten war, blieb Frankfurt/Main mit Abstand der bedeutendste Abflughafen. Mehr als eine Million Passagiere stiegen hier in diesem Jahr in die Condor-Maschinen. Das Gesamtaufkommen betrug mittlerweile 3,1 Mio. Passagiere. Rund die Hälfte davon wurde zu spanischen Destinationen geflogen. Unter den Fernreisezielen lag Kenia bei der Condor auf dem ersten Platz bei den Passagierbuchungen. 1989 erhielt der Carrier mit der Boeing B 757-200 ein neues Flugzeugmuster in der Flotte – ein Modell, das in den 90er Jahren und auch im neuen Jahrtausend zu einer tragenden Säule der Flotte werden sollte. Die neue Maschine war der Anfang eines großangelegten Flottenerneuerungsprogramms, das nun anlief. Die Lufthansa-Tochter bestellte neun Maschinen vom Typ Boeing B 757-200 und acht Boeing B 767-300ER. Das Investitionsvolumen: über 2 Mrd. DM. Im Jahr des Golfkriegs erwirtschaftete Condor einen Rekordumsatz von 1,14 Mrd. DM. 3,2 Mio. Passagiere wurden befördert. In der Sommersaison 1992 bot die Fluggesellschaft wöchentlich 460 Flugverbindungen von 15 deutschen Flughäfen zu 65 Zielen in der Welt an. 1993 machte die Liberalisierung des europäischen Luftverkehrs im Rahmen des Binnenmarktes eine Ausweitung des Flugangebots möglich. Condor flog erstmals Fluggäste aus Luxemburg und Österreich in den Urlaub und konnte zum ersten Mal die Grenze von 5 Mio. beförderten Passagieren überschreiten. Der Aufwärtstrend hielt auch im Folgejahr ungebrochen an. 1994 nahm die Zahl der Fluggäste um 13 Prozent auf 5,7 Mio. zu. Der Marktanteil der Fluggesellschaft lag damit in Deutschland nun bei 25 Prozent. 1995 übernahm Condor 40 Prozent der Anteile an der türkischen Urlaubsfluggesellschaft Sun Express, die bisher die Lufthansa gehalten hatte. Auch im Bereich der Flotte kam es zu einer Erweiterung. Zwei DC 10-30, bisher zur Lufthansa-Flotte gehörend, wurden übernommen. Für die Condor flogen damit nun fünf DC 10, vier Boeing B 737, 18 Boeing B 757 und neun Boeing B 767.

So wie andere Ferienfluggesellschaften, hatte auch die Condor mittlerweile damit begonnen, sich wirtschaftlich bei verschiedenen Reiseveranstaltern zu engagieren. 1995 hielt die Fluggesellschaft 30 Prozent der Anteile an der Alpha Holding GmbH. Außerdem war Condor mit 37,5 Prozent an der Kreutzer Touristik GmbH, mit 100 Prozent an Fischer Reisen und mit 10 Prozent an Öger Tours beteiligt. Schon ein Jahr später erhöhte die Fluggesellschaft ihren Anteil an Kreutzer Touristik auf 74,4 Prozent. Für die Flottenpolitik leitete 1996 wichtige Weichenstellungen ein. Condor bestellte bei Boeing zwölf Boeing B 757-300 und wurde damit Erstkunde dieses neuen Typs. Für zwölf weitere Maschinen gab der Ferienflieger Optionen ab. Das Investitionsvolumen lag bei über 1 Mrd. DM. 1997 hatte sich der Anteil an den Reiseveranstaltern erhöht. Condor hielt nun jeweils 100prozentige Beteiligungen an Kreutzer, Fischer Reisen und Air Marin. Im folgenden Jahr organisierte die Lufthansa ihre touristischen Aktivitäten neu. Zusammen mit der Karstadt AG wurde die Holdinggesellschaft C & N Touristic AG gegründet, an der beide Partner mit jeweils 50 Prozent beteiligt sind. Dabei wurden im wesentlichen die Condor Flugdienst GmbH und die NUR Touristic GmbH zusammengeführt. Zur Holding gehören die Veranstalter Neckermann Reisen, Terramar, Aldiana, Air Marin, Bucher Reisen, Condor Individuell, Fischer Reisen, Kreutzer Touristik, der Vertrieb mit über 1300 Reisebüros, zahlreiche Hotels und natürlich die Fluggesellschaft Condor. Diese gründete im selben Jahr eine 100prozentige Tochtergesellschaft unter dem Namen Condor Berlin GmbH. Der neue Carrier hat seine Heimatbasis in Berlin-Schönefeld und operiert mit sechs Airbus A 320-200, die 1998 ausgeliefert wurden. Dafür wurden die Boeing B 737 ausgemustert. Zusätzlich zu den wirtschaftlichen Veränderungen und der neuen Zusammensetzung der Flotte änderte die Airline auch die Optik der Flugzeuge – wobei Condor allerdings keinen radikalen Bruch mit dem bisherigen Erscheinungsbild vornahm, sondern dieses vorsichtig weiterentwickelte. Neu ist die gelbe Lackierung der Rumpfunterseiten und der Triebwerksverkleidungen, die den Charakter einer Ferienfluggesellschaft deutlich hervorheben sollen.

1999 dann übernahm Condor die ersten Boeing B 757-300, der in schneller Folge weitere Maschinen folgten. Auch bei der Condor Berlin wurde die Flotte 1999 weiter ausgebaut. Zwei Airbus A 320-200 kamen hinzu.

Fluggesellschaften

Meer, Brandung und ein Urlaubsflieger: Assoziationen, wie sie Ferienfluggesellschaften schätzen.

Kurzprofil auf einen Blick

IATA-Code:	DE
Dreilettercode:	CFG
Callsign:	Condor
Mitgliedschaft in Allianzen:	—
Hauptverkehrsdrehscheiben:	Frankfurt
Zahl der Mitarbeiter:	2388
Beförderte Passagiere 1998/99 in Mio.:	8,2
Zahl der Verkehrsflugzeuge:	45

Die Flotte im Detail:

Flugzeugmuster	Anzahl
Boeing B 767-300	9
Boeing B 757-200	16
Boeing B 737-300	13
Airbus A 320-200	8[1]

[1]) Im Einsatz bei Condor Berlin

Flugzeugunfälle mit Totalverlust des Fluggeräts seit 1970:

Datum**Unfall**

02.01.1988 Beim Anflug auf den Flughafen Izmir in der Türkei prallte eine Boeing B 737-200 gegen einen Berg. Alle 16 Insassen der mit nur elf Fluggästen besetzten Maschine kamen ums Leben.

Continental Airlines

Arbeitspferd auf Inlandsstrecken: Boeing B 737 von Continental.

Phoenix aus der Asche: Continental Airlines

Auferstanden aus Ruinen – mit diesen Worten lässt sich recht treffend unter wirtschaftlichen Gesichtspunkten die jüngere Geschichte der US-amerikanischen Fluggesellschaft Continental beschreiben. Während die Airline heute hervorragend dasteht – 1998 wurde ein Rekordgewinn von 770 Mio. US-Dollar vor Steuern erzielt – befand sich das Unternehmen noch 1994 in einer tiefen Krise. In diesem Jahr musste ein Verlust von 204 Mio. US-Dollar hingenommen werden. Nicht wenige Beobachter der Luftfahrtszenerie rechneten schon bald mit dem endgültigen Aus für die renommierte US-Gesellschaft. Dass es nicht dazu kam, ist zu einem großen Teil dem Ex-Boeing-Manager Gordon Bethune zu verdanken, der im Februar 1994 auf dem Chefsessel von Continental Platz nahm und dem es in kürzester Zeit gelang, Missstände innerhalb des Carriers auszuräumen und zugleich vor allem die Mitarbeiter für eine bessere Zukunft ihrer Airline zu motivieren. Die Maßnahmen des neuen Managers griffen extrem schnell. Schon 1995 machte Continental wieder Gewinn, in einer Höhe von 202 Mio. US-Dollar. Das Erfolgsrezept bestand aus mehreren Säulen. Zunächst suchte Bethune den Kontakt zur Belegschaft und bezog diese aktiv in die Neugestaltung des Unternehmens ein, statt über die Köpfe der Mitarbeiter hinweg zu entscheiden. Dann führte er ein Sanierungskonzept unter dem Namen »Go Forward« ein, das auf vier wesentlichen Leitlinien basierte: Fly to win, Fund the Future, Make Reliability a Reality und Working Together. Lezterer Punkt bezog sich auf die nun offenere Mitarbeiterkommunikation. Das Miteinander der Arbeit wurde auch in Kleinigkeiten deutlich. So in einer lockereren Kleiderordnung im Unternehmen oder in der Demontage von Überwachungskameras in den Bürofluren. Fly to Win bedeutete eine radikale Überarbeitung des Streckennetzes. Unrentable Strecken wurden ersatzlos gestrichen, die Installation einer Tochtergesellschaft für Billigflüge unter dem Namen Continental Light komplett eingefroren. Zudem richtete Bethune die Airline verstärkt auf Geschäftsreisende und deren Bedürfnisse aus, ein Marktsegment, das seine Vorgänger in der Geschäftsleitung sträflich vernachlässigt hatten. Fund the Future bezog sich vor allem auf die Finanzen, bei denen die Situation durch Umschuldungsmaßnahmen und günstige Leasingverträge deutlich verbessert wurde. Der Punkt »Make Realiability a Reality« betraf Service, Gepäckbeförderung und Pünktlichkeit, die der neue Boss deutlich verbessern wollte. Dazu installierte Bethune ein Bonussystem. Jeder Angestellte bekam eine Prämie, wenn das Unternehmen nach der Pünktlichkeitsstatistik des US-Verkehrsministeriums unter den ersten drei US-Airlines rangierte. Die Prämie wurde erhöht, wenn Platz 1 erreicht wurde. Das war von nun an häufig der Fall, teilweise viele Monate hintereinander.

Fluggesellschaften

Dank dieser Maßnahmen gelang es Bethune, die Fluggesellschaft – und damit eines der traditionsreichsten Unternehmen aus der Welt der Luftfahrt – vor dem Aus zu retten.

Die Geschichte von Continental Airlines lässt sich bis ins Jahr 1930 zurückverfolgen. Sie beginnt mit einem Namen, der in der Geschichte der US-Luftfahrt des häufigeren zu lesen ist: Walter T. Varney. Zusammen mit seinem Partner Louis Mueller gründete dieser die Fluggesellschaft Varney Speed Lines. Am 15. Juli 1934 führte das Unternehmen den ersten Flug von Pueblo, Colorado, nach El Paso in Texas mit Zwischenstopps in Las Vegas, Santa Fe und Albuquerque durch. Varney hatte zuvor auch eine der Gründungsgesellschaften von United Airlines ins Leben gerufen, sich dann aber teilweise davon abgelöst. 1934 trat Varney die Firmenleitung an seinen Partner Mueller ab. 1936 wiederum erwarb Robert F. Six 40 Prozent der Anteile der Fluggesellschaft von Louis Mueller. Six sollte in den folgenden 40 Jahren die Geschicke der Fluggesellschaft in der Geschäftsleitung bestimmen. Eine seiner ersten Maßnahmen war am 1. Juli 1937 die Umbenennung der Fluggesellschaft. Von nun an hieß das Unternehmen Continental Airlines. Noch im Oktober dieses Jahres verlegte er das Hauptquartier von El Paso nach Denver. Es folgte der zweite Weltkrieg, in dem auch die Einrichtungen von Continental für die US-Luftstreitkräfte genutzt wurden. Nach dem Krieg widmete sich Continental wieder ganz dem zivilen Luftverkehr. Am 8. Juni 1959 erhielt die Flotte ihre erste Boeing B 707. Es folgte 1963 nochmals eine Verlegung des Firmensitzes, dieses Mal nach Los Angeles. Im Vietnam-Krieg beförderte Continental Airlines GIs nach Südostasien.

Aus den Erfahrungen, die das Unternehmen im Pazifik sammeln konnte, erwuchs schließlich die Idee, in dieser Region eine Fluggesellschaft – Air Micronesia – zu gründen. 1969 flog Continental erstmals vom US-Kontinent nach Hawaii. In den Folgejahren baute das Unternehmens sein Streckennetz kontinuierlich weiter aus, von 1970 an auch mit der neuen Boeing B 747, die am 26. Juni die Flotte erreichte. Am 1. Juni 1972 ging auch die DC 10 für Continental in den Flugdienst. 1978 kam es zur Deregulierung des Luftverkehrs in den USA. Wie für viele andere Fluggesellschaften begann damit auch für Continental eine Zeit wirtschaftlicher Turbulenzen. Im Oktober 1982 schloss sich Continental mit der Fluggesellschaft Texas International zusammen. Die Fluggesellschaft verband nun vier Kontinente im Luftverkehr miteinander (Nordamerika, Südamerika, Asien und Australien, das mittlerweile ebenfalls angeflogen wurde) und verfügte über eine Flotte von 112 Maschinen. Nun war der Rahmen des finanziell Möglichen überschritten. Das Jahr 1983 brachte der Airline eine drastische Verschärfung der finanziellen Situation. Um dem drohenden Bankrott zu entgehen, stellte sich die Fluggesellschaft unter Chapter 11 des US-Konkursgesetzes, einer amerikanischen Besonderheit, die finanziell angeschlagenen Firmen Schutz vor ihren Gläubigern bietet und damit die Möglichkeit zur Reorganisation bietet. Die Neustrukturierung begann sofort. Schon 1984 flog die Airline mit 50 Mio. US-Dollar wieder einen Gewinn ein, 1986 konnte der Schutz von Chapter 11 verlassen werden. Inzwischen hatte die Fluggesellschaft auch den Sprung nach Europa gewagt und 1985 Flüge von Newark und Houston nach London aufgenommen. Verbindungen nach Paris, Frankfurt, Madrid und München folgten wenig später. 1987 kaufte Continental mit Frontier, People Express und New York Air drei weitere Fluggesellschaften auf, die anschließend mit dem Unternehmen verschmolzen. 1990 war die Fluggesellschaft wieder wirtschaftlich am Ende. Erneut wurde der Schutz des Chapter 11 aufgesucht. Kaum jemand in der Luftfahrtwelt glaubte noch daran, dass die Fluggesellschaft in Zukunft ernsthafte Chancen haben würde. 1993 dann hatte auch diese Krise ein Ende gefunden. Verantwortlich dafür war ganz wesentlich, dass Air Canada und die texanische Gruppe Air Partners 450 Mio. US-Dollar in den Carrier investierten. Noch im selben Jahr bestellte die Fluggesellschaft – äußerst optimistisch – 92 neue Flugzeuge von der B 737 bis zur B 777 bei Boeing. Wirtschaftlich zeichneten sich bereits wieder massive Schwierigkeiten ab, als Gordon Bethune die Lenkung der Airline übernahm und dauerhaft eine Änderung zum Besseren erreichte. In den Folgejahren schrieb das Unternehmen regelmäßig schwarze Zahlen und gehörte zu den Spitzenreitern unter den US-Fluggesellschaften hinsichtlich der Pünktlichkeit. 1997 und 1998 bereitete sich Continental auf die weitere Zukunft vor. Boeing B 777 und Boeing B 737-900 wurden bestellt. Die erste B 777 erreichte im Oktober 1998 die Flotte. Auf Inlandsflügen lief 1998 eine Zusammenarbeit mit Northwest Airlines an. Am 7. Januar 1999 erfolgte die Aufnahme der ersten Code-Share-Flüge, am 10. April schlossen sich Code-Share-Flüge mit Alaska Airlines an.

Continental Airlines

Die neue Boeing B 767-400. Bei dieser Maschine gehörte Continental zu den Erstkunden.

Die Boeing B 777 wird von Continental vor allem auf Langstrecken eingesetzt.

Kurzprofil auf einen Blick

IATA-Code:	COA
Dreilettercode:	CO
Callsign:	Continental
Mitgliedschaft in Allianzen:	–
Hauptverkehrsdrehscheiben:	New York Newark, Houston
Zahl der Mitarbeiter:	46 091
Beförderte Passagiere (Zahlgäste) 1999 im Linienverkehr in Mio.:	43,9
Beförderte Luftfracht 1999 im Linienverkehr in tsd. t:	217,6
Zahl der Verkehrsflugzeuge:	367

Die Flotte im Detail:

Flugzeugmuster	Anzahl
DC 9	2
B 737-500	66
B 737-300	65
B 737-700	36
B 737-800	41
MD 80	69
B 757-200	40
DC 10-10	3
DC 10-30	31
B 777-200	14

Flugzeugunfälle mit Totalverlust des Fluggeräts seit 1970:

Datum **Unfall**

19.02.1996 Auf dem internationalen Flughafen von Houston/Texas landete eine DC 9 ohne ausgefahrenes Fahrwerk. Das Flugzeug raste auf dem Rumpf über die Piste und kam schließlich schwer beschädigt zum Stehen. Zwölf Insassen trugen leichte Verletzungen davon.

15.11.1987 Beim Start auf dem Flughafen Denver-Stapleton unter winterlichen Bedingungen gewann eine DC 9 nicht ausreichend an Höhe und stürzte unweit der Startbahn auf den gefrorenen Boden. 28 Menschen starben.

01.03.1978 Während des Startlaufs in Los Angeles brach an einer DC 10-10 das Fahrwerk zusammen. Die Maschine schleuderte weiter über die Startbahn und fing schließlich Feuer. Trotzdem konnten sich 198 Menschen aus dem Flugzeug retten, 2 Personen verloren ihr Leben.

07.08.1975 Wenige Sekunden nach dem Start auf dem Flughafen Denver-Stapleton geriet eine Boeing B 727-200 bei äußerst schlechtem Wetter in Scherwinde, die das Flugzeug so nach unten rissen, dass es mit Heck wieder auf der Startbahn aufschlug. Unter den Insassen gab es keine Toten.

Fluggesellschaften

Eine MD 11 von Delta Airlines auf dem Flughafen Frankfurt/Main.

Effektiver Riese:
Delta Airlines

Über 105 Mio. Fluggäste beförderte 1999 die US-Fluggesellschaft Delta Airlines. Das Unternehmen ist damit die größte Fluggesellschaft der Welt – und das mit beträchtlichem Abstand. Die dieser Zahl nach zweitgrößte Airline ist die ebenfalls in den USA beheimatete United Airlines, die es aber »nur« auf rund 87 Mio. beförderte Passagiere brachte, gefolgt von American Airlines mit einer Transportleistung von rund 81 Mio. Passagiere. Auch die anderen Zahlenwerte von Delta Airlines können sich sehen lassen. So erreichte Delta Airlines 1999 eine Beförderungsleistung von 168512 Mio. bezahlten Passagierkilometern (PKT). Die Zahl ergibt sich, indem die Anzahl der beförderten Zahlgäste mit der Zahl der zurückgelegten Kilometer multipliziert wird. Die Fluggesellschaft beschäftigt 72450 Mitarbeiter – zum Vergleich: Bei der Lufthansa sind es 36343 – und verfügt über eine Flotte von 581 Maschinen. 1999 kamen die Flugzeuge von Delta auf insgesamt 956376 Starts. Das bedeutet, dass auf das gesamte Jahr hochgerechnet in jeder Minute rund zwei Maschinen von Delta Airlines irgendwo auf der Welt starten. Bleibt die Fracht. In diesem Bereich beförderte das Unternehmen 498000 t, was ihm immerhin den 15. Rang unter den größten Luftfrachttransporteuren einbringt. Hier belegt Federal Express mit 4,8 Mio. t die Führungsposition.

Die deutsche Lufthansa, die traditionell in der Luftfracht stark engagiert ist, bringt es auf 1,1 Mio. t und damit den vierten Platz. Fällt der Blick des Betrachters auf die Maschinen der Flotte, überraschen zwei Tatsachen. Unter den 584 Flugzeugen gibt es nicht eine Boeing B 747, und es findet sich nicht ein einziges Flugzeug von Airbus. Bei Delta Airlines handelt es sich um einen treuen Boeing-Kunden. Es hat den Anschein, als ob sich das auch in Zukunft nicht ändern wird. Bei den Flugzeugbestellungen, die Delta Airlines aufgegeben hat, befinden sich zahlreiche Modelle von Boeing wie die B 767-400 oder die B 777, aber kein Modell von Airbus. Die Flottenstruktur und das Fehlen der Boeing B 747 passen zum Flugplan des Unternehmens. In dem fällt auf, dass der Carrier nicht nur die großen Drehkreuze miteinander verbindet und in Europa London, Paris oder Frankfurt anfliegt, sondern auch Direktverbindungen zwischen den USA und kleineren Flughäfen in Europa anbietet. Für solche Verbindungen aber ist kleineres Fluggerät wie die Boeing B 767 ideal. In Deutschland stellt ein Beispiel für diese Politik der Flughafen Hamburg dar. Hier hat sich die Lufthansa schon längst von einem Direktflug in die USA zurückgezogen. Delta dagegen bietet einen solchen nach Atlanta mit Unterbrechungen immer wieder an. Dass dieses Rezept ganz gut zu funktionieren scheint, beweisen die gesunden wirtschaftlichen Eckdaten des Unternehmens. Bei einem Umsatz von 14,7 Mrd. US-Dollar machte Delta im Geschäftsjahr 1999 einen Gewinn von 1,1 Mrd. US-Dollar. Gegenüber dem Vorjahr ist das ein Wachstum von 10 Prozent.

Delta Airlines

Zwischen Europa und Nordamerika kommen vor allem Boeing B 767 zum Einsatz.

Wie viele der großen Fluggesellschaften kann auch Delta Airlines auf eine traditionsreiche Geschichte zurückblicken. Sie begann 1924 in dem Bundesstaat der USA, in dem Delta Airlines auch heute noch beheimatet ist: Georgia. Baumwollfelder bildeten hier die Existenzgrundlage für viele Farmer. Und diese war Anfang der 20er Jahre gefährdet. Schädlingsplagen brachten die Ernten in Gefahr und damit das Einkommen der Familien, die von der Baumwolle leben mussten. Wer sich in dieser Zeit auf die Schädlingsbekämpfung spezialisiert hatte, war in den Farmhäusern Georgias ein gerngesehener Gast und konnte mit seinen Diensten entsprechend gutes Geld verdienen. Einer der Männer, die den Farmern halfen, war George Post, der in Macon die Schädlingsbekämpfungsfirma Huff Daland Dusters gründete. Post war auf die Schädlingsbekämpfung aus der Luft spezialisiert. Dazu setzte er zwei Curtiss-»Jenny«-Maschinen ein. Mitbegründer des Unternehmens war C. E. Woolman, eine Unternehmerpersönlichkeit, die später bis 1965 die Geschicke der Fluggesellschaft Delta Airlines leitete. Die Huff-Daland-Dusters-Schädlingsbekämpfer leisteten ganze Arbeit und erwarben sich in der Region einen guten Namen. Das Unternehmen florierte. Als die Baumwollfelder in Macon und Umgebung zu klein wurden, siedelte das Unternehmen nach Monroe, Lousiana, um. Die Flugzeugflotte bestand schon bald aus 18 Maschinen. Aus heutiger Perspektive kein besonders großes Unternehmen. Mitte der zwanziger Jahre gehörte die Firma damit aber schon zu den größten privaten Fluggesellschaften der Welt. 1929 kam es zu einem Wechsel des Firmennamens in Delta Air Service. Der neue Name wurde gewählt, weil die Piloten vor allem im Mississippi-Delta unterwegs waren. Und genau für diese Region wollte man sich als Dienstleister empfehlen. Delta bot erste Flüge für Passagiere an. Der Jungfernflug führte von Dallas nach Jackson/Mississippi mit Zwischenstopps in Shreveport und Monroe. Das Geschäft florierte weiter. 1941 kam es zu einem weiteren Umzug der Airline. Delta Air Service siedelte sich in Atlanta an. Damit begann eine Zusammenarbeit mit dem Flughafen, die bis heute andauert und sich für beide beteiligte Partner als äußerst erfolgreich erwiesen hat. 1945 änderte die Fluggesellschaft ihren Namen. Sie nannte sich fortan Delta Airlines. Das Hauptarbeitsgebiet lag nun in der Passagierbeförderung, 1946 konnte bereits der 1 Millionste Fluggast an Bord der Maschinen begrüßt werden. 1953 kam es zur Fusion mit der Fluggesellschaft Chicago und Southern Airlines, was mit einem Schlag neue Destinationen wie New York, Houston und Detroit an das Delta Streckennetz anschloss. Geflogen wurde mit Maschinen wie der Convair Cv 340, Convair Cv 440 und von 1954 an mit der Douglas DC 7. Schon bald stießen mit der Douglas DC 8 und Douglas DC 9 die ersten Jets zur Flotte. Im Nordosten der USA konnte die Fluggesellschaft ihre Position noch einmal deutlich ausbauen, als sie sich 1972 mit der Fluggesellschaft Northeast Yellowbirds zusammenschloss. Interkontinentale Flüge nach Europa waren für Delta Airlines zu dieser Zeit noch kein Thema. Das änderte sich 1978. In diesem Jahr flog Delta Airlines London an. Es war die erste europäische Destination. 1979 folgte Frankfurt/Main. 1983 dann verstärkte mit der Boeing B 767-200 eine Maschine die Flotte der Fluggesellschaft, die bis heute eine tragende Rolle auf vielen Routen spielt. 1987 kam es zur Fusion mit der Fluggesellschaft Western Airlines, 1990 ging bei Delta die neue McDonnell Douglas MD 11 in Dienst. Ein Jahr später schrieb Delta Airlines Luftfahrtgeschichte. Die Fluggesellschaft Pan Am war in Konkurs gegangen und die Rechte dieses großen und traditionsreichen Unternehmens wurden verkauft. Delta Airlines übernahm sie. Bei der Transaktion handelte es sich um den größten derartigen Kauf in der Geschichte der Luftfahrt. Anders als die großen US-Konkurrenten United und American Airlines hatte sich Delta hinsichtlich der Mitgliedschaft oder Gründung einer Allianz lange zurückgehalten. Das änderte sich erst 2000. Zusammen mit Air France, gab Delta Airlines die Gründung einer weiteren großen Allianz, zu der auch Korean Air und Aeromexico gehören, bekannt. Unter dem Namen Sky Team ist ein weiterer bedeutender Airlineblock entstanden, der sich nun dem Wettbewerb mit den anderen großen Allianzen stellen muss.

Die Lockheed TriStar ist lange eine der tragenden Säulen in der Delta-Flotte gewesen. Jetzt lässt sich die Ausmusterung dieses Typs absehen.

Kurzprofil auf einen Blick

IATA-Code:	DL
Dreilettercode:	DAL
Callsign:	Delta
Mitgliedschaft in Allianzen:	Sky Team
Hauptverkehrsdrehscheiben	
Für den US-Markt:	
Atlanta, Salt Lake City, Cincinnati, Dallas/Ft. Worth	
Für internationale Strecken:	
Atlanta für Europa und Lateinamerika	
Portland/Oregon für die Pazifikregion	
New York (JFK) für Europa und Indien	
Zahl der Mitarbeiter:	72450
Beförderte Passagiere (Zahlgäste)	
1999 im Linienverkehr in Mio.:	105,5
Beförderte Luftfracht 1999	
im Linienverkehr in tsd. t:	498
Zahl der Verkehrsflugzeuge:	581

Die Flotte im Detail:

Flugzeugmuster	Anzahl
B 727	125
B 737-200	54
B 737-300	26
B 737-800	6
B 757-200	99
B 767-200	15
B 767-300	27
B 767-300ER	43
B 777-200	1
L 1011	34
MD 11	15
MD 88	120
MD 90	16

Flugzeugunfälle mit Totalverlust des Fluggeräts seit 1970:

Datum **Unfall**

14.10.1989 Beim Parken am Gate entstand im vorderen Bereich ein Boeing B 727-200 ein Feuer. Fünf Flugzeuginsassen wurden verletzt. Das Flugzeug konnte anschließend nicht mehr repariert werden

31.08.1988 Nach dem Start auf dem Flughafen Dallas/Fort Worth streifte eine Boeing B 727-200 einen Antennenmast und stürzte anschließend zu Boden. 12 Passagiere und 2 Crewmitglieder starben.

02.08.1985 Beim Landeanflug auf den Flughafen Dallas/Fort Worth geriet eine Lockheed L-1011 TriStar in einen ungewöhnlich heftigen Fallwind, der das Flugzeug zu Boden riss. 135 Menschen, darunter ein Autofahrer, starben.

27.11.1973 Einer DC 9 misslang bei äußerst schlechtem Wetter die Landung in Chattanooga. Das Flugzeug wurde völlig zerstört, aber alle Insassen überlebten.

31.07.1973 Die Besatzung einer DC 9 verlor beim Landeanflug auf Boston die Kontrolle über das Flugzeug. Die Maschine zerschellte 1 km vor der Landebahn am Boden, 88 Menschen verloren ihr Leben.

30.05.1972 Auf dem Greater Southwest Airport bei Dallas, Texas, führte eine DC 9 Trainingsanflüge durch. Bei einem Landeanflug geriet die Maschine in die Wirbelschleppen einer ebenfalls mit Trainingsmaßnahmen beschäftigten DC 10. Die DC 9 hatte Bodenberührung und wurde völlig zerstört. Die vier Insassen, ein Kapitän, zwei Pilotenanwärter und ein Mitarbeiter der Luftaufsichtsbehörde, starben.

Deutsche BA

Der Rivale: Deutsche BA

Fluggesellschaften, die sich in der Vergangenheit in der Bundesrepublik im Inlandsluftverkehr zwischen den großen internationalen Flughäfen etablieren wollten, hatten es ausgesprochen schwer. Neben der großen Lufthansa schien es auf diesem Luftverkehrsmarkt – klassisch als Linie bezeichnet – keine Chance für einen zweiten Wettbewerber zu geben. Das hatte nicht zuletzt das Ende der 1990 Pleite gegangenen und dabei doch so hoffnungsvoll begonnenen Fluggesellschaft German Wings gezeigt. Zwar gab es auch in Deutschland große und namhafte Fluggesellschaften, doch hatten sich diese – Beispiel LTU oder Eurowings – auf andere Geschäftsfelder wie den Ferienreiseverkehr oder den Regionalflug spezialisiert. Im klassischen Geschäftsfeld der Lufthansa konnte bisher kein Konkurrent gegen den großen nationalen Carrier der Bundesrepublik bestehen. So war es denn auch kein Wunder, dass 1992, als die Deutsche BA aus der Taufe gehoben wurde, viele Fachleute den Unterneh-

Mutter und Tochter: Den Maschinen der Deutsche BA ist optisch die Nähe des Unternehmen zu British Airways anzusehen.

Fluggesellschaften

mensstart zunächst skeptisch beäugten. Wieder war eine Fluggesellschaft entstanden, die der Lufthansa Konkurrenz machen wollte, ein Versuch, für den nicht wenige Kenner der Szene ebenfalls ein schnelles Ende vorhersahen. Heute darf dieser Versuch als gelungen angesehen werden. Deutschland hat eine zweite Fluggesellschaft bekommen, die im regelmäßigen Verkehr die großen Flughäfen des Landes anfliegt. Die Maschinen mit dem an das Mutterunternehmen British Airways angelehnten Design und den wie bei dieser Fluggesellschaft bunt bemalten Leitwerken gehören heute zum Alltagsbild auf den deutschen Airports. Die Deutsche BA bezeichnet sich selbst gern als zweitgrößte Linienfluggesellschaft Deutschlands. Ein Begriff, der zwar meist richtig verstanden wird, aber dennoch eigentlich nicht korrekt ist. Denn eine Trennung zwischen Linie und Charter gibt es in der EU bereits seit langem nicht mehr. Stattdessen werden von den Airlines »Flugdienste« angeboten. Flugdienste führen LTU und Hapag-Lloyd genauso wie die Lufthansa durch. Auch die beiden Ferienfluggesellschaften sind größer als die Deutsche BA, die übrigens gar nicht so selten auch Ferienflüge durchführt. Trotzdem ist natürlich klar, dass die Deutsche BA sich mit ihrem Flugangebot direkt im Wettbewerb mit der Lufthansa bewegt, was bei den anderen Carriern so umfassend

Damen vor Seitenruder: Die Deutsche BA hat von Anfang an viel Wert auf ihr äußeres Erscheinungsbild gelegt.

Deutsche BA

nicht der Fall ist. Das zeigt sich auch im Passagieraufkommen der Fluggesellschaft. An Werktagen sind die Passagiere der Deutschen BA vorwiegend Geschäftsreisende. Am Wochenende dominieren Privatreisende. Der Konkurrenzkampf zwischen der Deutschen BA und der Lufthansa wird dabei mit äußerst harten Bandagen ausgetragen, so im Herbst 2000, als die Absicht der Lufthansa bekannt wurde, sich an der Regionalfluggesellschaft Eurowings finanziell zu beteiligen. Die Deutsche BA reagierte mit einer äußerst hart formulierten Presseerklärung. Eine Kostprobe: »Lufthansa zeigt ihr wahres Gesicht – nicht am Wohl des Passagiers, sondern allein an ihrer Machterhaltung ist die Airline interessiert«. Starker Tobak – den die Airline mit dem Kranich konterte, in dem sie gerichtlich gegen diese Behauptungen vorging und eine einstweilige Verfügung beim Landgericht Düsseldorf erwirkte. Derartige Vorfälle sind natürlich aber auch ein Beleg dafür, wie empfindlich beide Seiten gegeneinander geworden sind, was letztendlich aber durchaus auch als Beweis für den Erfolg der Deutschen BA gewertet werden kann. Die Geschichte des Unternehmens weist übrigens über das Jahr 1992, das meist in Zusammenhang mit der Gründung genannt wird, hinaus. Der Ursprung der Fluggesellschaft geht bis ins Jahr 1978 zurück. Im April dieses Jahres gründete der Unternehmer Alfred Schopp in Friedrichshafen am Bodensee eine Fluggesellschaft, die den Namen Delta Air Regionalflugverkehr GmbH erhielt. Die Wirtschaft in Friedrichshafen und dem Umland verlangte zu dieser Zeit nach effektiven Verkehrsverbindungen in die größeren Ballungsräume der Umgebung. Delta Air reagierte darauf und führte Flüge von Friedrichshafen nach Stuttgart und Zürich durch. Zum Einsatz kam eine De Havilland Twin Otter. Bis 1982 war die schweizerische Regionalfluggesellschaft Crossair auf Delta Air aufmerksam geworden. Das Unternehmen kaufte 25 Prozent der Anteile, gleichzeitig vereinbarten beide Fluggesellschaften eine Kooperation. Delta Air führte nun auch zwischen Zürich und Bremen sowie – zwei Jahre später – zwischen Genf und Stuttgart Flüge durch. Zum Einsatz kamen Maschinen vom Typ Metroliner II, die 1986 durch zwei Saab 340 ersetzt wurden. Auch die Lufthansa zeigte sich an der zunehmend erstarkenden kleinen Fluggesellschaft interessiert. 1988 unterzeichneten beide Unternehmen einen Kooperationsvertrag. Inhalt war die Durchführung gemeinsamer Flüge von Friedrichshafen nach Frankfurt. Jetzt erhöhte die Crossair ihre Anteile an Delta Air von 25 auf 40 Prozent. In den Folgejahren wurde das Streckennetz – zum Teil in Kooperation mit der Lufthansa – kräftig ausgebaut. Die Strecken von Friedrichshafen nach Köln/Bonn und Berlin, von Stuttgart nach Dresden, Leipzig, Münster/Osnabrück, Bremen sowie von Hamburg und Stuttgart nach Guernsey/Jersey kamen hinzu. Unterdessen zeigte die Fluggesellschaft British Airways Interesse daran, sich auf dem deutschen Luftverkehrsmarkt für die Zukunft ein Standbein zu sichern. Mittlerweile war Deutschland wiedervereinigt. Eine Möglichkeit dazu bot die Fluggesellschaft Interflug, die über die Berliner Treuhandanstalt zum Verkauf stand, eine Offerte, auf die British Airways aber nicht so recht einsteigen wollte. Statt dessen entschied sich das Management für den Kauf von 49 Prozent der Anteile an der Fluggesellschaft Delta Air aus Friedrichshafen. Gegenüber einer Neugründung bot der Einstieg in eine bestehende Fluggesellschaft die Möglichkeit, auf bestehende Verkehrsrechte zugreifen zu können. Die verbleibenden 51 Prozent der Anteile an Delta Air erwarb eine Bankengesellschaft, hinter der die Commerzbank, die Berliner Bank und die Bayerische Vereinsbank standen. Delta Air gab die Übernahme der Anteile am 20. März 1992 bekannt. Am 05. Mai wurde das Unternehmen offiziell in Deutsche BA Luftfahrtgesellschaft mbH umbenannt. Die Flotte bestand zunächst aus Turbopropgerät. Schon im Juni 1992 nahm die Fluggesellschaft nach der Anschaffung von drei Boeing B 737-300 auch Jetflüge auf. Der erste führte von Berlin nach Stuttgart und München. Bereits im Oktober 1992 erweiterte die Fluggesellschaft ihren Flugzeugpark um vier weitere Boeing B 737-300, die auf neuen Strecken von Berlin nach Düsseldorf und Köln/Bonn eingesetzt wurden. Im März 1993 kam eine Fokker F 100 dazu. Einen Monat später übernahm die Deutsche BA Ferienflüge für deutsche Reiseveranstalter nach Griechenland, Spanien, Irland und in die Türkei, neue Strecken von Berlin nach Moskau und von München nach Ankara wurden eröffnet. Im November folgten weitere internationale Verbindungen von Berlin nach Stockholm, Oslo und St. Petersburg sowie von Stuttgart nach Nizza und von Dresden nach Paris. Das Jahr 1994 begann im März zunächst mit einer Erweiterung der Flotte um vier weitere Fokker F 100. Das Netz der Flugverbindungen wurde durch Flüge von München nach Düsseldorf, Paris, Madrid und von Frankfurt nach Paris erweitert. Bis dahin war der Hauptsitz der Fluggesellschaft immer noch in Friedrichshafen angesiedelt. Das änderte sich nun. Die Deutsche BA verlegte ihren Hauptsitz – und den Technik-Bereich – an den neuen Münchener Flughafen. 1995 erhielt die Flotte wieder Verstärkung, in Form der neuen Saab 2000, einer Turbopropmaschine, die Saab mit einer Reihe von Neuerungen ausgestattet hatte, um die typischen Turboprop-Nachteile wie Vibrationen und Lärm zu reduzieren. So baute das Unternehmen bei der Saab 2000 Sechsblattpropeller ein, die leiser sind als die Propeller anderer Turboprops. Um die Nachteile der Triebwerke zu reduzieren, platzierte der schwedische Hersteller diese weit außen an den Tragflächen. Außerdem erhielt die Maschine ein Active-Noise-Control-System, bei dem über ein kompliziertes Lautsprecherverfahren der Lärm in der Kabine reduziert wird. Das neue Flugzeug wurde von der Deutschen BA erstmals ab 26. März 1995 auf den neu eröffneten Strecken Friedrichshafen–Berlin–Riga und nach Vilnius eingesetzt. Ebenfalls mit Beginn des Sommerflugplans vom 26. März an nahm die Fluggesellschaft die Verbindung München–London auf. Zielflughafen in der britischen Metropole war dabei der Airport Gatwick. Im Januar 1996 stieß eine achte Boeing B 737-300 zur Flotte, im April bereits eine neunte Maschine. Neue Verbindungen folgten, so von Berlin und von Hamburg nach London. Die ersten Jahre war die neue Fluggesellschaft schnell und erfolgreich gewachsen. Das folgende Jahr, 1997, stand ganz im Zeichen einer strategischen Neuorientierung und Positionierung, die alle Bereiche des Unternehmens berührte. So wurde gleich zu Jahresbeginn ein klar strukturiertes Tarifsystem eingeführt, das nur drei Preisstufen kennt sowie ein einheitlicher Bordservice für alle Passagiere – Maßnahmen, die nicht nur den Kunden die Orientierung erleichtern, sondern gleichermaßen auch helfen, im Unternehmen Kosten zu reduzieren. Gleichzeitig beschloss die Geschäftsleitung für die Zukunft, sich verstärkt auf innerdeutsche Verbindungen zu konzentrieren. Eine weitere weitreichende Entscheidung: Die Flotte sollte auf Maschinen vom Typ Boeing B 737-300 vereinheitlicht werden. Schon im Januar wurden die Turboprop-Muster verkauft, im April eine Fokker F 100 aus der Flotte genommen. Am 10. Juni führte die Fluggesellschaft ein neues Outfit ein. Damit orientierte sich die Fluggesellschaft am »Global-Design« von British Airways mit den farbenprächtigen Seitenleitwerken, das auf eigene Weise im Inland umgesetzt werden sollte. Im Juli dieses Jahres stieg die Bayerische Vereinsbank aus dem Unternehmen aus. Ihren Anteil kaufte die Deutsche BA Holding auf, über die British Airways an der Fluggesellschaft beteiligt ist. Im Spätsommer und Herbst dieses Jahres wurde die Flotte um drei weitere Boeing B 737 erweitert, während zwei Fokker F 100 die Airline verließen. Noch im November kam eine weitere B 737 zur Deutschen BA. So ausgerüstet wagte sich das Unternehmen am 24. November mit acht täglichen Flügen auf die Verbindung von München nach Frankfurt – eine der Hausstrecken der Deutschen Lufthansa –, um sie schon am 28. März 1998 wieder einzustellen. Unterdessen hatte im Januar die letzte Fokker F 100 die Flotte verlassen. Zwei weitere B 737-300 waren hinzugekommen. Im April dann stockte die Deutsche BA Holding ihre Beteiligung an der Fluggesellschaft von 65 auf 100 Prozent auf. Die Deutsche BA war damit eine 100prozentige British-Airways-Tochter. Schon einen Monat später beförderte die Fluggesellschaft ihren 10millionsten Passagier seit der Gründung im Jahr 1992. Anfang 1999 wurde auch die Deutsche BA als Mitglied der British-Airways-Gruppe Bestandteil der One-World-Allianz.

Kurzprofil auf einen Blick

IATA-Code:	DI
Dreilettercode:	BAG
Callsign:	Speedway
Mitgliedschaft in Allianzen:	Oneworld
Hauptverkehrsdrehscheiben:	München, Berlin
Zahl der Mitarbeiter:	813
Beförderte Passagiere (Zahlgäste) 1999 im Linienverkehr in Mio.:	3
Zahl der Verkehrsflugzeuge:	18

Die Flotte im Detail:

Flugzeugmuster	Anzahl
B 737-300	18

Flugzeugunfälle mit Totalverlust des Fluggeräts seit 1970:

Datum	Unfall
—	keiner

Hapag-Lloyd

Ferienflieger mit traditionsreichem Hintergrund:
Hapag-Lloyd

Die Frage nach dem traditionsreichsten Verkehrsunternehmen in Deutschland ist schnell beantwortet: Es heißt Hapag-Lloyd. Die Wurzeln reichen bis zum 27. Mai 1847 zuruck, als in Hamburg die Hamburg-Amerikanische Packetfahrt-Actien-Gesellschaft (Hapag) gegründet wurde, die am 1. September 1970 mit einem ihrer härtesten Konkurrenten, dem am 20. Februar 1857 gegründeten Norddeutschen Lloyd aus Bremen, zur Hapag-Lloyd AG fusionierte. Große Namen, die in der Regel meist mit Schiffen und dem Seeverkehr in Verbindung gebracht werden, mit legendären Ozeanlinern wie der »Bremen« oder »Europa« des Norddeutschen Lloyd und der »Imperator« oder »Vaterland« der Hapag. Zum einen zu Recht, denn der Seeverkehr war und ist natürlich tatsächlich tragende Säule dieses Unternehmens, das auch heute noch weltweit führend in der Containerschifffahrt ist und mit Kreuzfahrtschiffen wie der neuen »Europa«, der »Columbus« und »Bremen« an alte Passagierschifffahrtstraditonen anzuknüpfen weiß und damit die deutsche Kreuzfahrttradition verkörpert. Zum anderen aber auch zu Unrecht, denn die Geschichte der Hapag und des Norddeutschen Lloyd war immer auch eng mit dem Luftverkehr verbunden, so eng, dass sie getrost auch als Gründungsväter der alten Deutschen Luft Hansa angesehen werden können. So war es kein Zufall, dass zum Beispiel beim ersten Trans-Ozean-Flug von Ost nach West am 13./14. April 1928 in der einmotorigen Junkers »Bremen« neben den Piloten Hermann Köhl und James C. Fitzmaurice mit Ehrenfried Günther Freiherr von Hünefeld auch der Pressechef des Norddeutschen Lloyd im Cockpit des Flugzeuges saß. Immerhin hatte von Hünefeld den Flug maßgeblich organisiert und war auch der Besitzer der Maschine. Am Rande erwähnt, handelte es sich bei Hermann Köhl um einen Lufthansa-Piloten, der eben wegen dieses Fluges fristlos von der Fluggesellschaft gekündigt worden war. Auch wenn die eigentliche Hapag-Lloyd Fluggesellschaft erst 1972 gegründet wurde und am 30. März 1973 um 10 Uhr mit einem Flug von Hamburg nach Ibiza den Flugbetrieb eröffnete, reicht die Fluggeschichte von Hapag-Lloyd sehr viel

Freiherr von Hünefeld, James C. Fitzmaurice und Hermann Köhl (von links nach rechts) vor der Junkers W 33 »Bremen«, mit der ihnen im April 1928 der erste Flug über den Nordatlantik von Ost nach West gelang. Bei der Aufnahme dürfte es sich um eine Montage handeln.

Fluggesellschaften

weiter zurück. Ein Blick darauf ist gleichzeitig ein Blick auf die deutsche Luftfahrtgeschichte überhaupt. Im Jahr 1917 wurde unter maßgeblicher Beteiligung der AEG die Deutsche Luft-Reederei (DLR) gegründet. Die Hapag schloss sich dem neuen Unternehmen als Gesellschafter an. Die DLR war es, die 1919 den ersten Linienflugdienst in Deutschland eröffnete. Er führte von Berlin nach Weimar. Neben Post konnte auch ein Passagier befördert werden. Wenige Wochen später wurde eine weitere Linie von Berlin nach Hamburg eröffnet. Zu dieser Zeit entstanden überall in Deutschland kleine bis kleinste neue Fluggesellschaften, teils ins Leben gerufen von den Flugzeugwerken, die aufgrund des fehlenden Rüstungsgeschäfts nach neuen Betätigungsfeldern suchten, teils gegründet von ehemaligen Kriegspiloten, die mit umgebauten Militärmaschinen versuchten, auf diesem Weg ihren Lebensunterhalt zu verdienen. Währenddessen bildete sich um die DLR ein immer stärkerer Block von bekannten Unternehmen, die am Luftverkehr stark interessiert waren, zur AEG und Hapag kamen die Frankfurter Metallbank und die Luftschiffbau Zeppelin hinzu. Diese Unternehmen bündelten ihre Luftfahrtinteressen im April 1921 mit der Gründung einer Holdinggesellschaft, der Aero Union AG, die ihren Sitz in Berlin hatte. Die Aero Union kontrollierte zum einen die DLR, zum anderen aber auch zum Teil die Firma Dornier-Metallbauten in Friedrichshafen und die Dornier-Werke im italienischen Pisa, wohin dieses Werk aufgrund der in Deutschland bestehenden Flugzeugbau-Beschränkungen ausgewichen war. Daneben gehörte zu den Tochtergesellschaften der Aero Union auch die Deutsch-Russische-Luftverkehrsgesellschaft Deruluft, die Linienverbindungen von Berlin über Königsberg nach Moskau anbot. Der Norddeutsche Lloyd, die andere Wurzel des heutigen Unternehmens Hapag-Lloyd engagierte sich unterdessen ebenfalls im Luftverkehr. Hier waren die Aktivitäten in einer Tochtergesellschaft, der Lloyd-Luftdienst GmbH, zusammengefasst. Im Februar 1923 kam es zum Zusammenschluss der DLR und Lloyd-Luftverkehr in einem neuen Unternehmen: der Deutschen Aero Lloyd AG. Während Hapag und Norddeutscher Lloyd im Seeverkehr noch konkurrierten, waren ihre Luftaktivitäten damit bereits zu einem Unternehmen zusammengefasst. Das Liniennetz dieser Fluggesellschaft wurde in den folgenden Jahren schnell ausgebaut. Mit der Aero Lloyd konkurrierte ein anderes Luftfahrtunternehmen, das ebenfalls ein beträchtliches Liniennetz aufgebaut hatte: die Junkers Fluggesellschaft, hinter der die Junkers-Flugzeugwerke standen. Beide Fluggesellschaften besaßen aufgrund des ständigen Ausbaus des Streckennetzes und der Anschaffung neuer Flugzeuge einen für diese Zeit enormen Geldbedarf, der zu einem großen Teil vom Staat gedeckt wurde. Bis 1925 hatte die öffentliche Hand den beiden Unternehmen schon rund sechs Mio. Reichsmark Beihilfen gewährt. Und noch ließ sich kein Ende absehen. Die Subventionen waren dabei letztendlich in den Aufbau von zwei nahezu identischen, miteinander konkurrierenden Luftverkehrsnetzen geflossen. Aus nationalstaatlicher Sicht ein unsinniger Vorgang, ein ungeheures Sparpotential zeichnete sich durch schlichte Zusammenlegung der Aktivitäten ab. Unter dem entsprechenden Druck des Reiches kam es denn auch folgerichtig im Januar 1926 zum Zusammenschluss von Junkers-Flug und Aero Lloyd zur Deutschen Luft Hansa AG. In diesem neuen Unternehmen hatte nun die öffentliche Hand maßgeblich das Sagen, auch wenn Norddeutscher Lloyd und Hapag weiterhin im Aufsichtsrat saßen und an der Luft Hansa beteiligt waren. In der Folge verlor die Luftfahrt in beiden Reedereien an Bedeutung. Die Reedereien stellten den Versuch, die Verkehrsfliegerei zu einem lukrativen Geschäft in Ergänzung der Seeschifffahrtsinteressen aufzubauen, fast ein halbes Jahrhundert wieder zurück, wenngleich sie auch weiterhin mit der Luft Hansa verbunden blieben und auch im Reiseverkehr zusammenarbeiteten. So wurden Norddeutscher Lloyd und Hapag zusammen mit dem Mitteleuropäischen Reisebüro mit der Übernahme der Generalagentur der Deutschen Luft Hansa in Deutschland betraut. Eilige Reisende, die mit den Schiffen des Norddeutschen Lloyd in Bremerhaven ankamen, fanden dort ab 1928 Anschlussflüge ins Binnenland vor. Luftfahrtgeschichte schrieben der Norddeutsche Lloyd und die Luft Hansa auch durch eine andere Zusammenarbeit, an der auch die Heinkel-Flugzeugwerke beteiligt waren. An Bord des Passagierdampfers Bremen wurde ein Flugzeugkatapult installiert. Hier konnte ein Wasserflugzeug vom Typ Heinkel He 12 gestartet werden. Am 22. Juni 1929 erfolgte der erste Start. Rund 400 km vor New York auf dem offenen Meer wurde eine Maschine, beladen mit Postsäcken, auf den Weg geschickt. Nach 2,5 Stunden erreichte das Flugzeug den Hafen der amerikanischen Metropole, wo es sicher im Hafen wasserte. Der Sinn des Ganzen: Durch den Transport auf dem Luftweg war die Post 24 Stunden eher bei den Empfängern. Auch auf

Hapag-Lloyd

dem Schwesterschiff der Bremen, der Europa, führte der Norddeutsche Lloyd wenig später Katapultstarts durch. Auf der Europa kam dann ab 1932 ein größeres Flugzeug, eine Junkers W 34, zum Einsatz.

Erst im Frühjahr 1972 gewann das Thema Luftverkehr dann für die, inzwischen zur Hapag-Lloyd zusammengeschlossenen Reedereien wieder größere Bedeutung. In einer Vorlage schlug der Vorstand dem Aufsichtsrat die Gründung einer Fluggesellschaft vor, die im Rahmen der Diversifizierung ein Standbein in der Touristik schaffen sollte. Der Aufsichtsrat war damit nicht sofort einverstanden, sondern meldete weiteren Klärungsbedarf an. Dazu gehörten auch Gespräche mit anderen Anbietern auf diesem Markt. Die Lufthansa reagierte in einem Treffen auf Vorstandsebene äußerst ablehnend auf das Vorhaben von Hapag-Lloyd, das natürlich der Chartertochter Condor Konkurrenz machen würde und verwies darauf, dass »doch bitte ein jeder bei seinen Leisten« bleiben möge. Für Hapag Lloyd keine überzeugende Argumentation, hatten doch die Fluggesellschaften den Linien-Passagierschiffen die Passagiere abgezogen und waren nun dabei, den Schiffen auch noch Fracht abzuziehen. Man trennte sich in diesem Gespräch aber immerhin soweit einvernehmlich, dass man sich versicherte, nicht gegenseitig einen Konfrontationskurs steuern zu wollen. Vor allem stellte Hapag-Lloyd klar, dass es keine Bestrebungen gab, über Dumpingpreise in den Markt zu kommen – eine Vorgehensweise, die Lufthansa wohl befürchtet hatte. Parallel zu diesem Gespräch fanden andere statt. Recht schnell zeigte sich dabei, dass eine ganze Reihe von Reiseanbietern dem Projekt von Hapag-Lloyd äußerst wohlwollend entgegenblickte. Allen voran die TUI, mit der Hapag-Lloyd schon damals wirtschaftlich durch eine Beteiligung eng verbunden war. Schließlich konnte der Aufsichtsrat überzeugt werden, der Neugründung stand nichts mehr im Wege. In bester hanseatischer Kaufmannstradition wurde der Start umsichtig geplant. Vor allem sollte Hapag-Lloyd Flug zunächst klein anfangen. Erst wenn sich der Anfang mit bescheidenen Mitteln als erfolgreich erwiesen hatte, würde ein weiterer Ausbau der Fluggesellschaft erfolgen. So geschah es. Anfang 1972 erfolgte die öffentliche Bekanntgabe der Neugründung.

Der Airbus A 310 ist eine der tragenden Säulen in der Flotte von Hapag-Lloyd. Langfristig sucht die Fluggesellschaft ein Nachfolgemuster.

Fluggesellschaften

Eine Boeing B 737-400 rollt über das Vorfeld in Frankfurt/Main.

Für den Start wurden drei Boeing B 727-100 gebraucht von der Fluggesellschaft All Nippon Airways in Japan für je 9 Mio. DM und zusätzlich 4,5 Mio. DM für Ersatzteile gekauft. Der Neupreis einer solchen Maschine hätte zu dieser Zeit 25 Mio. DM betragen. Noch 1972 kam es zur offiziellen Gründung der Fluggesellschaft unter dem Namen Hapag-Lloyd Flugzeug GmbH mit einem Stammkapital von 10 Mio. DM. Der Firmensitz war Bremen. Als Heimatbasis diente von Anfang an Hannover. An diesem Flughafen konnte Hapag-Lloyd auf eine leere Flugzeughalle zugreifen, die vom Bund zu diesem Zeitpunkt noch für eine mögliche Blockade Berlins durch die Sowjetunion vorgehalten wurde. 1973 änderte die Geschäftsleitung den Namen in Hapag-Lloyd Flug GmbH. Der erste Flug startete am 30. März 1973 um 10 Uhr in Hamburg. Es handelte sich um einen Urlauberflug zur Ferieninsel Ibiza im Mittelmeer. Die ersten beiden Fluggäste erhielten Blumen und Freiflugscheine. Nach außen verlief alles plangemäß, der Flug genauso wie die kleine Eröffnungsfeier, die von der Fluggesellschaft organisiert worden war. Hinter den Kulissen aber gab es dramatische Momente, wie später bekannt wurde. So erhielt die Fluggesellschaft die Genehmigung vom Luftfahrtbundesamt erst am Nachmittag vor dem Erstflug, und beim Jungfernflug selbst trafen wesentliche Genehmigungen erst mit großer Verspätung ein – »so als wollte man uns im letzten Moment noch Knüppel zwischen die Beinen werfen,« wie sich Hapag-Lloyd Mitarbeiter an diese Zeit erinnern. Davon ist heute nichts mehr zu spüren. Hapag-Lloyd Flug nimmt unter den Ferienfluggesellschaften der Bundesrepublik einen führenden Platz ein. Das Unternehmen aus Hannover konzentriert sich dabei vor allem auf die klassischen Urlaubsziele rund um das Mittelmeer sowie auf den Kanarischen Inseln. Bei den Fernreisedestinationen hält sich die Airline – abgesehen von Flügen in die Dominikanische Republik – im Vergleich zu Unternehmen wie der Condor oder LTU heute eher zurück. Die Flotte besteht gegenwärtig aus zwei Mustern: der Boeing B 737 und dem Airbus A 310. Bei der A 310 betreibt die Fluggesellschaft die Varianten -200 und -300. Bei der B 737 bestand die Flotte lange aus -500 und -400. Die -500 wurden bis 2000 ausgemustert, die Zahl der -400 reduziert. Dafür erreichte am 23. April 1998 die neue Boeing B 737-800 Hapag-Lloyd als Erstkunden. In den folgenden Monaten kamen weitere Maschinen dieses Typs hinzu. 2000 entschied die Geschäftsleitung, die Flugzeuge mit neuen, von Boeing angebotenen Winglets auszustatten, mit denen die Maschinen von 2001 an im Reiseverkehr eingesetzt wer-

Hapag-Lloyd

den. Im Bereich der Sicherheit geht die Fluggesellschaft weit über das hinaus, was ansonsten in Europa und der Bundesrepublik zum Standard gehört. Und das ist sicher nicht wenig. So stattete Hapag-Lloyd als eine der ersten Fluggesellschaften in Europa die gesamte Flotte mit dem Kollisionswarngerät TCAS aus. Dasselbe geschah, als ein verbessertes Bodenannäherungswarngerät EGPWS zur Verfügung stand – Maßnahmen, die dazu führten, dass die deutsche Pilotenvereinigung Cockpit Hapag-Lloyd 1998 für ihre Verdienste um die Sicherheit auszeichnete. Als es dazu kam, war Hapag-Lloyd Flug schon zu neuen Ufern in Sachen Sicherheit aufgebrochen. So wurde in der Flotte ein Informations- und Messprogramm mit Namen Flight Data Monitoring installiert. Auch in den USA werden entsprechende System unter dem Namen Flight Operations Quality Assurance (FOQA) erprobt. Das System dürfte in Zukunft im Luftverkehr bei einer wachsenden Zahl von Fluggesellschaften zum Einsatz kommen. Normalerweise ist es häufig so, dass im Luftverkehrs sicherheitsrelevante Veränderungen eingeführt werden, nachdem ein Missstand offen zutage getreten ist. Auf gut deutsch: Zuerst muss es krachen, dann wird geändert. Erst im Zuge der dann anlaufenden Unfallermittlungen treten die Gründe für einen Unfall zutage. Weit häufiger kommt es zu sogenannten Incidents. Das sind Zwischenfälle und damit exakt definierte Ereignisse im Luftverkehr, die für die Sicherheit relevant sind und genauestens erfasst und protokolliert werden. Auf einen Unfall kommen rund 300 solcher Zwischenfälle. Aber auch das ist nur die Spitze der Pyramide. Sicherheitsexperten schätzen, dass auf diese 300 Incidents rund 15000 beobachtbare so genannte »Work-Errors« kommen, die normalerweise ohne Folgen bleiben. Genau bei der Auswertung dieser Arbeitsfehler, der berühmten Kleinigkeiten, setzt das neue Verfahren an. Das Prinzip dabei: Jedes Verkehrsflugzeug ist im Regelfall mit zwei so genannten Black Boxes ausgestattet, dem Cockpit Voice Recorder (CVR) und den Flight Data Recorder (FDR) oder Flugdatenschreiber. Beide sind in Wirklichkeit rotorange und zeichnen die Gespräche im Cockpit und eine ganze Reihen von Daten wie die Geschwindigkeit oder den Flugwinkel auf. Nach einem Crash sind sie wesentliche Mittel der Ursachenermittlung. Beim FOQA wird das Flugzeug mit einem dritten Aufzeichnungssystem ausgestattet. Dabei handelt es sich um einen so genannten Quick Access Recorder (QAR). Das kann eine optische Speicherplatte sein oder auch eine PC-Karte. Die Aufzeichnung erfasst beispielsweise die Geschwindigkeit, Höhe, die Einstellung des Fahr-

Ein Airbus A 310-300 kurz nach der Landung in Hamburg.

Fluggesellschaften

Eine Boeing B 737-800 mit Winglets. Hapag-Lloyd war die erste europäische Fluggesellschaft, die sich für diese neue treibstoffsparende Technologie entschied.

werkhebels, der Ruder, Warnsignale im Cockpit, den Kerosinfluss und alle anderen Werte, die für den Flug wichtig sind. Dazu werden viele hundert Parameter an Bord des Flugzeuges ausgewertet. Dieses Speichermedium kann die aufgenommenen Daten eines Zeitraums von bis zu 200 Stunden speichern. Diese Informationen werden in regelmäßigen Abständen von dafür ausgebildeten Fachleuten am Boden ausgewertet. Regelmäßig sich wiederholende »Work-Errors« fallen dabei auf. Hapag-Lloyd ist bei der Übermittlung der Daten noch einen Schritt weiter gegangen. So werden außergewöhnliche Flugzustände sofort über das im Flugzeug installierte Funk-Datenübermittlungssystem an die Zentrale in Hannover übermittelt und können dort ohne Zeitverzögerung ausgewertet werden. Bei normal verlaufenen Flügen erfolgt keine Übermittlung. Auf diese Weise lässt sich vermeiden, dass sich endlose Berge von Datenmüll vor den Auswertern anhäufen. Sämtliche Daten werden außerdem auf einer PC-Karte gespeichert. Deren Kapazität reicht für die Flüge eines Monats. Treten Abweichungen von den üblichen Parametern eines Fluges immer an einer bestimmten Stelle auf, können sie auf ein grundsätzliches Problem hindeuten. Dieses muss nicht bei den Piloten liegen. Es kann auch im Bereich der Fluglotsen oder eines Flughafens liegen. Was kann durch die Installation eines entsprechenden Systems aufgedeckt werden? Die Palette der Möglichkeiten scheint unbegrenzt. So hat Hapag-Lloyd zum Beispiel herausgefunden, dass die neuen Boeing B 737-800 bei Landungen immer sehr spät auf der Piste aufsetzen. Der Grund dafür: Die Maschinen haben eine sehr viel bessere Aerodynamik als die Vorgängermodelle. Das ist grundsätzlich gut, denn es spart kräftig Treibstoff und kommt der Umwelt zugute. Dadurch haben sich aber auch die Landeeigenschaften der Maschinen gegenüber dem Vorgängermodell verändert. Das könnte auf einigen griechischen Urlaubsinseln mit ihren sehr kurzen Landebahnen zu einem Problem werden. Damit es nicht dazu kommt, trainieren die Piloten jetzt die speziellen Landeeigenschaften gezielt im Simulator. Auch hierbei setzt Hapag-Lloyd beispielhafte Standards. So ist international vorgeschrieben, dass jeder Pilot zweimal im Jahr im Simulator sein Können unter Beweis stellen muss, wenn er seine Lizenz verlängert bekommen will. Diese gesetzliche Vorgabe erfüllen natürlich alle Fluggesellschaften. Auch bei der Lufthansa müssen sich die Piloten zwei Simulatorprüfungen unterziehen. Hapag-Lloyd geht weit darüber hinaus. Bei der Airline aus Hannover trainieren die Piloten regelmäßig über die zwei Pflichtsitzungen hinaus im Simulator die Bewältigung von Gefahrensituationen. Trotz der erheblichen Investitionen und des

Wer will, kann bei Hapag-Lloyd seinen Pkw mit auf Reisen nehmen. Eine Möglichkeit, die von Langzeiturlaubern, die ein Haus zum Beispiel auf den Balearen besitzen, gerne genutzt wird

großen Engagements für die Sicherheit erlebte das Unternehmen im Juli 2000 eine schwere Krise, als die »Lima Bravo«, ein Airbus A 310-300, eine Bruchlandung in Wien absolvierte, bei der es leicht zu einer sehr viel größeren Katastrophe hätte kommen können. In den folgenden Tagen sah sich das Unternehmen zum Teil heftigen Angriffen der Medien ausgesetzt. Wirtschaftlich verlief der Zwischenfall für die Fluggesellschaft glimpflich. In der laufenden Sommersaison schenkten die Passagiere Hapag-Lloyd weiterhin ihr Vertrauen, Umbuchungsanfragen wurden kaum registriert. Die Öffentlichkeit zeigte sich von der Berichterstattung in einigen Medien wenig beeindruckt. Unternehmerisch gehört Hapag-Lloyd heute zum Preussag-Konzern. Wichtige Schwerpunkte dieser Unternehmensgruppe sind die Bereiche Transport/Logistik und Touristik. In beiden nimmt die Marke Hapag-Lloyd eine Schlüsselstellung innerhalb des Preussag-Konzernes ein. Im Transport- und Logistikbereich sind unter anderem die Hapag-Lloyd Container Linie und die Hapag-Lloyd Kreuzfahrten angesiedelt. Hapag-Lloyd Flug gehört zum Touristik-Bereich, wo die Preussag-Aktivitäten in der »TUI-Group« zusammengefasst sind.

Wo nur besonders geschulte Kapitäne landen dürfen:

Mit einem Airbus zu einem der gefährlichsten Flughäfen der Welt

Der Flughafen von Funchal auf der kleinen Atlantikinsel Madeira gilt unter Piloten als einer der schwierigsten der Welt – auch heute noch, nachdem der Airport eine neue, verlängerte Landebahn bekommen hat. Davor, auf der alten Piste stellte jeder Anflug aufgrund der Wetterbedingungen und der Kürze der Runway eine fliegerische Meisterleistung dar, die den Flughafen zu dieser Zeit zum anspruchsvollsten Airport der Erde machte. Das galt schon für Landungen, die mit relativ kleinen Maschinen wie der Boeing B 737 durchgeführt wurden. Hapag-Lloyd aber flog Funchal zu dieser Zeit sogar mit einem Großraumflugzeug wie dem Airbus A 310-300 an. Bei einem der letzten Flüge auf die alte Landebahn »06« war der dritte Platz im Cockpit für einen Beobachter reserviert.

Fluggesellschaften

Wind aus nördlicher Richtung mit einer Stärke von 15 bis 20 Knoten hatten die Wetterfrösche im fernen Hannover vorhergesagt. Flugkapitän Friedrich Kepplers Augen gleiten wachsam über die Wellen des Atlantik, denen sich der Airbus A 310-300 der Fluggesellschaft Hapag-Lloyd nähert. Die Maschine ist jetzt 119 t schwer. An Bord befinden sich 246 Passagiere. Auf den Wogen blitzen hier und da kleine Schaumkronen auf, ansonsten rollt die Dünung ruhig und gleichmäßig – bis sie sich rechts vor dem Flugzeug an den schroffen Felsen einer Insel bricht. »Vier«, stellt Copilot Hans-Jürgen Rudolph mit klarer Stimme fest. Er sitzt auf dem rechten Sitz im Cockpit. Flugkapitän Keppler nickt und weist mit dem Finger auf die Insel. Ein schmaler horizontaler Streifen wird dort zwischen Wasser und Felsen sichtbar, ruhend auf einer Vielzahl filigraner senkrechter Stützten: die Landebahn des Flughafens Funchal auf der Ferieninsel Madeira.

Die Runway ist nun parallel zum Kurs der Maschine ausgerichtet und damit durch die rechten Fenster im Cockpit zu erkennen. Um dort zu landen, wird der Airbus zunächst den geraden Kurs beibehalten, dabei weiterhin sinken und dann eine scharfe Rechtskurve fliegen, durch die das Flugzeug dann direkt zur Landebahn geführt wird. Keine leichte Aufgabe – wie sich erst wenige Wochen zuvor bei extrem schlechtem Wetter gezeigt hatte. Wieder und wieder hatten die Besatzungen den Anflug auf Funchal versucht. Wieder und wieder waren sie durchgestartet. Dem Airbus von Hapag-Lloyd war er schließlich im dritten Versuch sicher gelungen – als einziger Maschine an diesem Tag.

Beim Ausruf »vier« des Copiloten ist die Maschine exakt vier nautische Meilen von einem Navigations-Funksender entfernt. Bereits beim Überfliegen des Senders muss die Besatzung Sichtkontakt zur Landebahn des Flughafens haben – ansonsten wäre der Anflug schon an dieser Stelle abzubrechen. Heute ist diese Hürde genommen – der eigentliche Endanflug auf den zur Zeit gefährlichsten Flughafen der Welt kann beginnen.

Rund 600 000 Besucher wagen in jedem Jahr den Flug nach Madeira. Hauptverkehrsmittel für die meisten Reisenden ist das Flugzeug. Zu den Airlines, die seit vielen Jahren regelmäßig nach Funchal fliegen, gehört die Fluggesellschaft Hapag-Lloyd. An jedem Donnerstag startet der Flug, der für jede Flugzeugbesatzung zu den anspruchsvollsten Herausforderungen ihres Berufes gehört, während nur die wenigsten Passagiere in der Kabine überhaupt ahnen, was für ein

In der Verkehrszentrale in Hannover wird der Verlauf jedes Fluges aufmerksam registriert. Die Maschine nach Funchal macht hier keine Ausnahme.

Flugkapitän Friedrich Keppler beim Außencheck des Airbus A 310 in Hannover vor dem Flug nach Madeira.

Airbus A 310 in der Luft.

Hapag-Lloyd

fliegerischen Können es erfordert, die Maschine auf dem Airport sicher zu landen.

Die Gründe für den hohen Schwierigkeitsgrad sind vielfältig. Einer liegt in der Landebahn selbst begründet. Die Piste ist – ganz ähnlich einem Flugzeugträger – ins Wasser gebaut. Am Bahnende und am Bahnanfang endet die Runway in einer Höhe von 60 m direkt über dem Wasser des Atlantiks. Neben der Start- und Landebahn steigen die Berge steil an. Aufgrund der Lage konnte am Flughafen kein ILS-Landesystem installiert werden. Eine solche Landehilfe ist normalerweise an allen großen Flughäfen der Welt zu finden. Sie erleichtert den Piloten ihre Arbeit ganz wesentlich, werden sie doch mit Hilfe von Funkstrahlen zum optimalen Aufsetzpunkt auf der Bahn geführt. In Funchal fliegt der Kapitän nach Sicht. Es zählt allein sein Können – und wohl auch ein bisschen das vielzitierte fliegerische Gefühl. Die Landebahn selbst ist extrem kurz. Nur 1550 m bleiben den Flugzeugen nach dem Aufsetzen zum Abbremsen. Zum Vergleich: Auf der Atlantikinsel Gran Canaria hat die Landebahn eine Länge von rund 3600 m – eine im Luftverkehr durchaus übliche Länge und noch nicht einmal besonders lang. Eine so kurze Piste wie in Funchal bleibt für die Piloten natürlich nicht ohne Konsequenzen: Zunächst muss die Landung präzise bei dem exakt definierten optimalen Aufsetzpunkt erfolgen. Die Crew darf bei dem ohnehin nur kurzen Bremsweg keinen Meter verschenken. Nach dem Aufsetzen wird die Maschine äußerst schnell und stark abgebremst – härter, als auf jedem anderen Flughafen der Welt. Schaffen es die Piloten nicht, den optimalen Aufsetzpunkt genau zu treffen oder wirken die Bremsen nicht umgehend mit der benötigen Wirkung muss sofort ein Durchstartmanöver durchgeführt werden – eine Aktion, die recht häufig in Funchal beobachtet werden kann. Das ist nötig, denn sonst bestände die Gefahr, dass eine Maschine über das Ende der Bahn hinausschießt und damit in den Atlantik stürzt.

Die üblichen Flugzeugtypen, die sich im Anflug auf Funchal befinden, sind die Boeing B 737 und der Airbus A 320. Schon für die Besatzungen dieser Muster ist Funchal eine Herausforderung. Diese Narrow-Bodies haben bei der Landung aber »nur« ein Gewicht rund 60 t. Hapag-Lloyd fliegt Funchal mit einem Widebody, eben dem Airbus A 310, an. Das Flugzeug ist bedeutend größer. Bei der Landung muss mit 119 t fast das doppelte Gewicht zum Stehen gebracht werden.

Im Cockpit ist es still geworden. Nur gelegentlich wird konzentriert ein Kommando gegeben. »Flaps 15«, verlangt Kapitän Keppler und sein »Co« legt den entsprechenden Hebel für die Klappen in der Mittelkonsole zwischen beiden Männern etwas zurück. Die Verzögerung ist in der Maschine zu spüren, als die Auftriebshilfen an der Rückseite der Tragflächen ausfahren. »6,7«, ruft Hans-Jürgen Rudolph eine weitere wichtige Entfernung zum Navigations-Funkfeuer aus. Wieder ist eine Angabe in nautischen Meilen damit gemeint. Einen Moment später stellt er die Landeklappen auf 20, dann auf 30 Grad ein. Der Autopilot wurde mittlerweile ausgestellt. Friedrich Keppler fliegt die Maschine von Hand. Aufmerksam blickt er aus dem Cockpitfenster – so als würde er etwas suchen –, während er mit ruhiger Hand das Flugzeug steuert.

»Dort drüben«, meldet Rudolph – und im gleichen Augenblick hat auch Keppler die ehemalige Eisfabrik an der Küste von Madeira gesehen. Für Männer ist der Anblick dieses Gebäude nicht ohne Grund so wichtig. Es stellt einen wesentlichen optischen Bezugspunkt für den Landeanflug auf Funchal dar und wurde auf der Luftfahrtkarte als Waypoint GELO eingezeichnet. Das ist das Ziel, das Keppler jetzt ansteuert. Die Rechtskurve beginnt. Die Maschine legt sich auf die Seite, während sie gleichzeitig im Kurvenflug weiter sinkt. Turbulenzen packen das Flugzeug in diesem Moment, heben es mit einem Ruck, um es dann plötzlich einige Meter durchsacken zu lassen.

Das Wetter gehört zu den weiteren Schwierigkeiten von Funchal. Starke Winde, Böen und Sturm kommen häufig vor – heftige Turbulenzen sind völlig normal. Werden die Maschinen von starken Böen getroffen, ist es für einen fliegenden Kapitän äußerst schwer, mit seinem Flugzeug exakt den optimalen Aufsetzpunkt zu treffen. Gerade hier, wo das Wetter den genauen Anflug so erschwert, ist aber Präzision in ganz besonderem Maße gefordert. Dazu kommt, dass der Anflug oft durch tiefhängende Wolken und damit ausgesprochen schlechte Sicht zusätzlich behindert wird. Aufgrund dieser Schwierigkeiten ist Funchal ein Flughafen, auf dem fliegerische Erfahrung zählt. Deshalb dürfen hier nur Kapitäne, keine Copiloten, landen. So will es die portugiesische Luftfahrtbehörde – und hat über diese Minimumanforderung hinaus noch einige Zusatzhürden installiert. Um Funchal anfliegen zu können, müssen die Kapitäne außerdem ein spezielles Training, das aus Theorie und

Fluggesellschaften

Boarding in Funchal: Etwas mehr als eine Stunde am Boden, steigen auch schon die neuen Passagiere ein.

Simulatorflügen besteht, durchlaufen. Später, im Flugbetrieb haben sie regelmäßig nachzuweisen, dass sie mindestens alle sechs Monate auf dem Airport landen.

Die Maschine richtet sich langsam wieder aus der Schräglage auf, die Kurve ist zu Ende. Die Verkleidungen der Instrumentenbretter im Cockpit vibrieren in einer weiteren Turbulenz. Der Airbus fliegt nun direkt über GELO, der Eisfabrik. »850«, ruft First Officer Rudolph die Höhe in Fuß aus. Das ist der ideale Wert, den das Flugzeug laut Anflugkarte an diese Punkt haben sollte. »Flaps 40«, kommt auch schon von Keppler mit ruhiger Stimme das Kommando, das ebenfalls laut Luftfahrtkarte genau hier vorgesehen ist, während Rudolph den Hebel der Landeklappen auch schon ganz zurücklegt. Vor dem Flugzeug befindet sich nun ROSARIO, ein anderer markanter Punkt an der Küste, den Keppler jetzt anfliegt. Normalerweise werden GELO und ROSARIO durch eine Lichterkette miteinander verbunden. Sie soll den Piloten als zusätzliche Orientierung dienen. An diesem Tag haben die Portugiesen sie nicht eingeschaltet. Kepplers Berufskollegen, die im gleichen Moment auf einen der zahlreichen anderen Verkehrsflughäfen dieser Welt einkurven,

können sich in diesem Moment auf die Anzeigen des ILS-Landesystems im Cockpit bei der Richtungsführung verlassen.

Die Maschine verliert schnell weiter an Höhe. 600 Fuß, dann auf 500 zeigt die Nadel auf dem kreisförmigen Instrument. In 450 Fuß Höhe überquert die Maschine ROSARIO.

Eine heftige Böe packt das Flugzeug, das sich nun nur noch eine Meile vom Aufsetzpunkt entfernt befindet, drückt die Maschine mit einem Ruck nach links, hebt sie an und lässt sie dann plötzlich durchsacken. Leicht rechts vor dem Flugzeug, durch das Cockpitfenster deutlich zu sehen, erstreckt sich die Landebahn. Mit ruhiger Hand am Steuerhorn führt Keppler die Maschine etwas in diese Richtung, bis die Bahn direkt voraus liegt. Der Bug ist jetzt leicht angehoben, das Fahrwerk ausgefahren und das Flugzeug damit zur Landung bereit. »One-Hundred«, meldet plötzlich eine sonore, leicht metallischer Stimme. Der Bordcomputer, der nun die Höhe in Fuß angibt. Langsam, fast wie in Zeitlupe, kommt die Piste näher, wird vor den Augen der Piloten immer größer. Wieder packt eine Turbulenz die Maschine. Kepplers Blick ist konzentriert auf die Landebahn gerichtet, ab und zu wandern die Augen kurz prüfend über die Instrumente, checken

Hapag-Lloyd

künstlichen Horizont, Geschwindigkeit und Höhe. Deutlich kommt der unterbrochene Streifen der Mittelmarkierung in Sicht, dann die markanten Streifen des Gummiabriebs, die den optimalen Aufsetzpunkt deutlich markieren. »Thirty – Twenty – Ten«, gibt der Computer mit metallischer Stimme zum Besten – gefolgt von einem leichten Rucken. »Touch down«, stellt der »Co« nur einen winzigen Augenblick später fest. Mit rund 250 km/h jagt der Airbus über die Piste. Jetzt muss alles blitzschnell gehen. 1500 m Bremsweg befinden sich vor den Männern und verkürzen sich rasend schnell. Kaum ist der Gedanke realisiert, werden Piloten und Passagiere auch schon mit einem Schlag in die Gurte gepresst – die besonders hart eingestellten automatischen Bremsen haben angesprochen und leisten wieder einmal ganze Arbeit. Durch die Scheiben ist das Donnern des Umkehrschubs zu hören. Der Zeiger des Geschwindigkeitsmessers fällt beruhigend schnell, auch außerhalb des Fensters ist die Verlangsamung zu sehen. Der Airbus hat kaum 1000 m zurückgelegt, als er nur noch langsam rollt. Aus der Passagierkabine dringt leises Klatschen herein. Das Geräusch passt, denn im Cockpit fällt nun die Anspannung von den Piloten. Jetzt heißt es vor allem, die Bauarbeiten, die auf dem Flughafen überall zu sehen sind, gut im Auge zu behalten, denn auch von ihnen können Gefahren für die Maschine ausgehen. Funchal erhält eine neue Landebahn. Ein Teilstück wird vor der Küste auf Betonstelzen ins Meer gebaut. Das macht die Arbeit der Piloten beim Anflug auf Funchal ein ganzes Stück leichter – auch wenn der Airport trotzdem einer der schwierigsten der Welt bleibt. Für die Abwicklung der Flüge ist das natürlich gut, wie Kapitän Keppler versichert, als er den Airbus am Ende der Landebahn, dort, wo jetzt der Blick über ihren Rand möglich wird, wie auf einem Teller wendet. Ein bisschen Wehmut schwingt trotzdem in seiner Stimme mit – während unterhalb des Cockpits Klippen und das tosende Meer in der Tiefe sichtbar werden.

Die Flotte im Detail:	Flugzeugmuster	Anzahl
	A 310-200	4
	A 310-300	2
	B 737-400	6
	B 737-800	19

Kurzprofil auf einen Blick

IATA-Code:	HF
Dreilettercode:	HLF
Callsign:	Hapag-Lloyd
Mitgliedschaft in Allianzen:	–
Hauptverkehrsdrehscheiben:	Hannover, München, Palma de Mallorca
Zahl der Mitarbeiter:	2 121
Beförderte Passagiere (Zahlgäste) 1999 im Linienverkehr in Mio.:	5,6
Beförderte Luftfracht 1999 im Linienverkehr in tsd. t:	3
Zahl der Verkehrsflugzeuge:	31

Flugzeugunfälle mit Totalverlust des Fluggeräts seit 1970:

Datum **Unfall**

12.07.2000 Kurz nach dem Start in Chania, auf der griechischen Insel Kreta, stellten die Piloten eines Airbus A 310-300 fest, dass sich das Fahrwerk der Maschine nicht mehr einfahren ließ. Die Besatzung entschied, trotzdem den Rückflug nach Deutschland anzutreten. Zunächst wurde München als Flughafen ausgewählt. Beim Flug mit ausgefahrenem Fahrwerk steigt der Kerosinverbrauch um mindestens 100 Prozent. Während des Fluges wurde die Entscheidung für den anzufliegenden Airport auf Wien geändert. Beim Anflug fielen 20 km vor der österreichischen Hauptstadt die Triebwerke aus. Der Besatzung gelang es, das Flugzeug im Segelflug bis zum Flughafen bringen. Bei der Landung wurde die Maschine schwer beschädigt, 26 Passagiere erlitten leichte Verletzungen.

Fluggesellschaften

Ein Catalina Flugboot fliegt die südliche Küste von Island ab.

Flugpionier aus dem hohen Norden:
Icelandair

Dem deutschen Passagier bietet sich die kleine isländische Fluggesellschaft Icelandair – so merkwürdig es dem Außenstehenden zunächst auch erscheinen mag – nicht nur bei Reisen nach Island als gute Wahl an, sondern auch dann, wenn er zu Destinationen in Nordamerika fliegen will. Der Grund: Island liegt recht günstig zwischen USA und Europa. Bei den üblicherweise gut aufeinander abgestimmten An- und Abflugzeiten auf dem internationalen Flughafen Keflavik ergibt sich damit eine attraktive Flugalternative bei Reisen in die USA, die zudem preislich oft nicht uninteressant ist und mit einem Stopover-Aufenthalt in Island kombiniert werden kann. Der einzige Nachteil: Zum Einsatz kommen dabei ausschließlich Narrow-Bodies, meist Boeing B 757, Flugzeuge also, in denen während der Flugreise nicht das großzügige Raumgefühl eines Widebodies aufkommt. Ein Großraumflugzeug befindet sich überhaupt nicht in der Flotte der kleinen Fluggesellschaft von der Insel im Nordatlantik, genauso wenig wie ein Modell von Airbus. Icelandair gehörte bisher zu den treuen Boeing-Kunden. Abflughäfen der Airline in Deutschland sind Hamburg mit zwei täglichen Flügen und Frankfurt, von wo im Sommer neun und im Winter fünf wöchentliche Flüge nach Island angeboten werden. In Nordamerika fliegt das Unternehmen New York, Baltimore, Boston, Minneapolis, Halifax sowie von September bis Mai Orlando in Florida an. Für ein Land wie Island hat das Flugzeug als Verkehrsmittel eine ganz besondere Bedeutung. Zum einen um die nicht geringen Entfernungen auf der Insel möglichst schnell und sicher zu überbrücken, gerade wo das Straßennetz aufgrund der Naturgegebenheiten weit von mitteleuropäischen Verhältnissen entfernt ist. Zum anderen auch im Kontakt zur Außenwelt, wo als Verkehrsmittel nur das Flugzeug und das Schiff zur Verfügung stehen. Die Bedeutung des Luftverkehrs wird auch deutlich, wenn man sich vergegenwärtigt, dass es auf Island insgesamt rund 330 Flugzeuge der verschiedensten Größen gibt. Die Zahl, die auf den ersten Blick gar nicht so imponierend wirkt, wird beachtlicher, wenn man sie in Relation zu der Zahl der Einwohner stellt. Davon gibt es nämlich auf der Insel rund 260 000, was wiederum bedeutet, dass auf rund 800 Einwohner ein Flugzeug kommt. Für Starts und Landungen stehen immerhin 23 Flugplätze zur Verfügung, die regelmäßig im Linienverkehr angeflogen werden sowie weitere 60 kleine Plätze, die vielfach nur aus einer Grasbahn bestehen. Das wiederum ergibt rein rechnerisch pro 3 000 Einwohner einen Flugplatz. Beachtliche Zahlen. Bei der Präsenz des Luftverkehrs versteht es sich von selbst, dass die Fliegerei in Island auf eine lange Geschichte zurückblicken kann. Genauso ist es. Erste Versuche im Luftverkehrs erfolgten bereits 1919, als mit einer Avro 504 Rund- und Taxiflüge angeboten wurden, Dienste, die aber wieder in Vergessenheit gerieten. Ende der 20er Jahre versuchten einige isländische Flieger den Aufbau regelmäßiger Flugverkehre, wozu unter anderem eine Junker F 13 von der Lufthansa gechartert wurde. Schon damals wurden 25 Flugplätze bedient. Der Versuch scheiterte allerdings nach kurzer Zeit. Schon 1930 waren zwei der Maschinen zu Bruch gegangen – immerhin die Hälfte der Flotte. Der nächste Versuch gestaltete sich wesentlich dauerhafter. Er erfolgte 1937. Am 3. Juni wurde in Akureyri, einem Ort an der Nordküste Islands, die kleine Fluggesellschaft Flugfélag Akureyrar gegründet – eines der direkten Vorgängerunternehmen der heutigen Islandair, womit auch die Geschichte dieser Fluggesellschaft beginnt. Zum Einsatz kam eine Wako YKS. Das Aufgabengebiet war sofort

Eine Grumman Goose G 21: Die Maschine ließ sich problemlos auf einen seichten Strand ziehen.

Fluggesellschaftene

1938: Eine Waco schwimmt auf ruhigem Wasser in der Nähe von Akureyri im nördlichen Island.

umfangreich. Neben regelmäßigen Passagierverkehren zwischen Akureyri und Reykjavik führte das junge Unternehmen Ambulanzflüge durch sowie Aufklärungsflüge im Auftrag der Fischer des Landes. Das Augenmerk der Flieger galt dabei vor allem Heringsschwärmen. Am Ende des Jahres 1938 hatte die neugegründete Fluggesellschaft bereits 750 Passagiere befördert. Schon wenig später beschaffte die Fluggesellschaft eine weitere Maschine vom Typ Wako. 1940 wechselte die kleine Airline das Hauptquartier und zog in die Hauptstadt, nach Reykjavik, um. Damit einher ging ein Wechsel des Namens in Flugfélag Islands (FI). 1941 kaufte die Fluggesellschaft ihre erste zweimotorige Maschine, eine Beechcraft D 18, die 1942 ausgeliefert wurde. Doppelt so schnell wie die Wako konnten die Strecken zwischen Reykjavik und Akureyri jetzt in etwas über einer Stunde geflogen werden. Flugfélag Islands ist aber nur eine Wurzel von Islandair. Die andere ist die Fluggesellschaft Loftleidir, die 1944 gegründet wurde und ihre Flugdienste – auch dieses Unternehmen führte Passagierverkehre genauso durch wie die Heringsaufklärung – zunächst mit einer Stinson Reliant aufnahm. Schon wenig später kamen eine weitere Stinson Reliant und eine Grumman Goose G 21 hinzu. Flugfélag Islands hatte unter dessen 1944 ihr erstes Catalina Seeflugzeug erhalten. Mit dieser Maschine führte die Fluggesellschaft am 11. Juli 1945 den ersten internationalen Flug durch. Er führte nach Largs Bay in Schottland. Schon wenige Tage später wurde ein erster Flug nach Kopenhagen mit Zwischenstopp in Schottland durchgeführt. Beide Fluggesellschaften bauten in den Folgejahren ihre Dienste und ihre Flotten aus. Die erste DC 3 ging 1946 für Flugfélag Islands in Dienst, die DC 4 folgte wenig später. 1955 führte Loftleidir einen Liniendienst zwischen Luxemburg in die USA ein, der natürlich mit Zwischenstopp über Island geführt wurde. 1973 dann begann eine enge Zusammenarbeit zwischen den beiden isländischen Airlines, die schließlich 1979 im Zusammenschluss beider Unternehmen unter dem Namen Icelandair mündete.

Kurz nach dem Start wird bei dieser B 737 das Fahrwerk eingefahren.

Kurzprofil auf einen Blick

IATA-Code:	FI
Dreilettercode:	ICE
Callsign:	Iceair
Mitgliedschaft in Allianzen:	—
Hauptverkehrsdrehscheiben:	Reykjavik
Zahl der Mitarbeiter:	1848
Beförderte Passagiere (Zahlgäste) 1999 im Linienverkehr in Mio.:	1,3
Beförderte Luftfracht 1999 im Linienverkehr in tsd. t:	24,2
Zahl der Verkehrsflugzeuge:	14

Die Flotte im Detail:

Flugzeugmuster	Anzahl
Fokker F 50	3
B 737-300	1
B 737-400	2
B 757-200	8

Flugzeugunfälle mit Totalverlust des Fluggeräts seit 1970:

Datum Unfall

15.11.1978 Beim Landeanflug auf Colombo in Sri Lanka kam eine Douglas DC 8 der Loftleidir vom korrekten Anflugweg ab und raste in den Boden. 183 Menschen starben. Die Maschine war von der Fluggesellschaft Garuda für den Einsatz auf Pilgerflügen gechartert worden.

Boeing B 757-200 von Icelandair kurz vor der Landung.

Fluggesellschaften

Mit dem »Tsuru« und 100 t Wein auf der Seidenstraße:
Japan Airlines

Internationale Fluggesellschaften gelten im Ausland oft als erste Botschafter ihres Landes. Nicht ganz ohne Grund. Fliegt der Reisende mit ihnen aus seinem Heimatstaat in das Land der Airline, ist die Fluggesellschaft häufig der erste Kontakt mit den Menschen und einer Organisation des Landes, in das der Reisende sich begibt. Das gilt in ganz besonderem Maße für Japan Airlines (JAL). Wie nur wenige andere Fluggesellschaften vermittelt Japan Airlines dem Reisenden schon während des Fluges japanischen Lebensstil. Zum Beispiel bei den Mahlzeiten: Wer zum Beispiel aus Deutschland mit JAL nach Japan fliegt, kommt an Bord der Maschinen schon in den Genuss japanischer Küche. Das Angebot landestypischer Speisen in den Flugzeugen ist soweit natürlich noch keine Besonderheit. JAL aber geht noch einen Schritt über das Angebot anderer Airlines hinaus. An Bord der Flugzeuge dieser Fluggesellschaft werden nicht nur japanische Speisen zubereitet, diese bestehen darüber hinaus nur aus landestypischen Zutaten. Im Klartext: Alle Gerichte, die in Frankfurt an Bord der Boeing B 747-400 von JAL gehen, werden aus Zutaten zubereitet, die zuvor original aus Japan extra zu diesem Zweck eingeflogen wurden. Für das Catering verantwortlich ist dabei die deutsche Firma LSG Sky Chefs. Und damit die Zutaten aus Fernost auch wirklich original zubereitet werden, beschäftigt das Cateringunternehmen allein in Frankfurt 13 japanische Köche. Übrigens: An Bord der Flugzeuge kommen die Mahlzeiten in vorgegartem Zustand. Erst in den Maschinen erfolgt das Fertiggaren der Mahlzeiten. Dazu werden die Schalen mit den Speisen direkt auf den Tabletts vor dem Servieren erhitzt.

Japan Airlines gehört heute zu den größten Fluggesellschaften der Welt. 1999 beförderte die Fluggesellschaft rund

Die Boeing B 777 gehört zu den neuesten Anschaffungen von Japan Airlines.

32,9 Mio. Passagiere. Demnach liegt sie auf Rang 11 unter den Fluggesellschaften der Erde. Betrachtet man die bezahlten Passagierkilometer, nimmt JAL mit rund 82,9 Mrd. PKT den neunten Platz unter den Airlines der Welt ein. Diesen Rang kann die Fluggesellschaft auch für sich beanspruchen, wenn die Zahl der Passagiere betrachtet wird, die ausschließlich im internationalen Verkehr befördert werden. Schon traditionell hat die Luftfracht bei JAL einen großen Stellenwert. 1999 transportierten die weißen Maschinen der japanischen Fluggesellschaft insgesamt rund 949 000 Tonnen. Damit ist das Unternehmen hinter der Lufthansa der fünftgrößte Frachtcarrier der Welt. Dass die japanische Fluggeschäft dabei nur 18 974 Mitarbeiter beschäftigt, verblüfft bei diesen Zahlen. Das Verhältnis von Personal zu transportierten Fluggästen ist damit betriebswirtschaftlich gesehen

Japan Airlines

besser, als bei den meisten anderen großen Airlines. Ein Indiz dafür, wie effizient die große japanische Fluggesellschaft geführt wird.

Die Geschichte von Japan Airlines reicht bis in das Jahr 1951 zurück. Das Ende des Zweiten Weltkrieges lag erst wenige Jahre zurück. Noch war es japanischen Staatsbürgern nicht gestattet, eine fliegerische Tätigkeit aufzunehmen. Trotzdem wurde am 1. August dieses Jahres eine private Fluggesellschaft unter dem Namen Japan Air Lines gegründet. Um den gesetzlichen Bestimmungen Rechnung zu tragen und gleichzeitig den Flugbetrieb aufnehmen zu können, mietete das neugegründete Unternehmen eine zweimotorige Martin 202 von der US-amerikanischen Fluggesellschaft Northwest Orient Airlines samt Crew. Am 25. Oktober fanden die erste Flüge von Tokio nach Sapporo und von Tokio über Osaka nach Fukuoka statt. Schon am 1. Juli 1952 gründete die Airline ein Tochterunternehmen, die Japan Aircraft Maintenance Company (Jamco), die sich auf Wartungsarbeiten an Flugzeugen spezialisierte – auch ein Zeichen für die optimistische Einschätzung der zukünftigen Unternehmensperspektiven. Die bestätigten sich spätestens am 25. Oktober desselben Jahres. Die erste eigene Douglas DC 4 startete in den Liniendienst – geflogen von einer japanischen Besatzung, was nun wieder möglich war. Gleichzeitig wurde die Martin 202 schon wieder aus dem Flugplan genommen. Zu diesem Zeitpunkt blickte die Geschäftsleitung bereits weiter. Wenn möglich, sollten möglichst bald internationale Ziele in den Flugplan aufgenommen werden. Das aber war so in Japan zu diesem Zeitpunkt unter den gegebenen Rahmenbedingungen nicht möglich, es fehlte eine Beteiligung der Regierung an der Fluggesellschaft. Also wurde die neugegründete Airline kurzerhand wieder aufgelöst und sofort wieder unter gleichem Namen neugegründet, dieses Mal unter finanzieller Beteiligung der Regierung. Dazu erließ diese eigens ein Gesetz. Die neue JAL nahm formal am 1. Oktober 1953 ihre Arbeit auf. Am 15. September dann erreichte die erste Douglas DC 6B die Flotte. Die Maschine wurde auf dem Namen »City of Tokio« getauft und ging am 2. Oktober bei einem Linienflug von Tokio nach Sapporo in den Liniendienst. Nun konnten internationale Langstreckenflüge angegangen werden. Erstes Ziel für die JAL-Manager waren die USA. Bevor es dazu kam, fand am 23. November ein erster Testflug statt. Er führte von Tokio über Wake Island und Honolulu nach San Francisco. Mit Erfolg: Am 2. Februar 1954 wurde auf dieser Strecke die erste internationale Linienverbindung von Japan Airlines in Betrieb genommen. Zum Einsatz kam die »City of Tokio«. JAL flog diese Verbindung zweimal in der Woche. Das Unternehmen baute seine Aktivitäten weiter aus. Am 5. Februar nahm der Carrier Flüge nach Okinawa auf, das zu diesem Zeitpunkt unter US-Verwaltung stand. Überall auf der Welt eröffnete die Fluggesellschaft eigene Büros, so in San Francisco, Sao Paulo, Chicago und Hongkong, wohin der erste Flug am 4. Februar 1955 über Okinawa durchgeführt wurde. Der Zwischenstopp auf der Insel musste nicht lange beibehalten werden. Schon am 1. November flog die erste

Auch die Boeing B 767 ist Bestandteil der Flotte von Japan Airlines.

Fluggesellschaften

Die Douglas DC 8 bildete lange Zeit auf Langstrecken das Rückgrat der Japan-Airlines-Flotte.

Maschine Hongkong Nonstop an. Voraussetzung für die Verwirklichung weiterer Pläne war eine Aufstockung der Flotte. Am 15. Dezember 1955 bestellte das Unternehmen vier Douglas DC 8, am 12. April 1956 orderte JAL vier Douglas DC 7. Die Investitionen wollten finanziert sein. Um das zu ermöglichen, gab die Fluggesellschaft am 25. Mai 1956 neue Aktien im Wert von umgerechnet fast 1,4 Mio. US-Dollar aus. Am 20. September erfolgte eine zweite Aktien-Ausgabe in derselben Höhe. Am 4. Oktober eröffnete JAL die Route nach Bangkok. Weitere Aktienausgaben folgten 1957. In diesem Jahr konnte das Unternehmen mit der Airport Ground Service Company ein weiteres Tochterunternehmen gründen. Ende 1957, genau am 23. Dezember, war es dann endlich soweit: Die erste der neu bestellten DC 7 wurde der Flotte in Tokio überstellt. Das Flugzeug erhielt den Namen »City of San Francisco«, womit auch schon klar war, wohin die Flüge die Maschine in Zukunft führen sollten. Bis die DC 7 zum ersten Mal über den Pazifik in die kalifornische Metropole flog, vergingen aber noch einige Wochen. Erst am 12. Februar wurde die DC 7 erstmals auf der Route von Tokio nach San Francisco eingesetzt. Für die Piloten der Airline war der 1. Februar 1959 ein wichtiger Stichtag. An diesem Datum stellte JAL ein neues Crew Training Center am Haneda-Airport in Tokio in Dienst. Schon zu diesem Zeitpunkt genoss die Fracht bei der japanischen Fluggesellschaft große Aufmerksamkeit. Eine vorausschauende Einschätzung, denn Japans große Zeit als eine der bedeutensten Exportnationen der Welt sollte erst noch kommen. Schon am 2. Mai 1959 aber wurde ein erster Nur-Frachter-Dienst nach San Francisco installiert. Wenige Tage später, am 28. Mai, beflog JAL erstmals die Verbindung von Tokio nach Los Angeles über Honolulu, am 27. Juni folgte eine Verbindung nach Seattle über Anchorage. Auf beiden Routen kamen DC 7 zum Einsatz. Die DC 6 hingegen bediente die neu eingerichteten Strecken nach Taipeh. Zu diesem Zeitpunkt waren die ersten Jets vom Typ DC 8 noch nicht bei Japan Airlines eingetroffen. Trotzdem bestellte das Unternehmen am 13. April 1960 drei weitere Jets, allerdings vom Typ Convair Cv 880. Dann am 22. Juli 1960 traf die erste DC 8-32 in Tokio bei JAL ein. Das Flugzeug erhielt den Taufnamen »Fuji«. Am 12. August ging das Flugzeug auf der Strecke nach San Francisco in Dienst. Es war die erste Jet-Verbindung von Japan Airlines. Die DC 8 wurde schon bald auf den Strecken nach Los Angeles, Seattle und Hongkong eingesetzt. Die so genannte Polroute nahm Japan Airlines am 6. Juni 1961 auf. Sie führte von Tokio über Anchorage nach Paris und London. Zum Einsatz kam ebenfalls die DC 8. In diesem Jahr traf auch die erste Convair Cv 880 bei der Flotte ein. Sie flog zunächst auf der Strecke von Tokio nach Sapporo, dann wenig später vor allem auf den Strecken nach Südostasien. So wurde

Japan Airlines

zum Beispiel die Verbindung von Tokio nach Jakarta in Indonesien 1962 mit der Convair in Betrieb genommen. Am 4. Oktober 1962 nahm Japan Airlines eine Verbindung in den Flugplan auf, deren Name gerade in europäischen Ohren gut klang: die Seidenstraße. Gemeint war damit natürlich eine Flugverbindung. Diese führte als regelmäßiger Dienst von Tokio aus über Hongkong, Bangkok, Kalkutta, Karachi, Kairo und Rom nach Frankfurt. Bei diesem Umlauf kam die Convair Cv 880 zum Einsatz. 1963 nahm die Fluggesellschaft die betagten DC 4 aus dem Dienst. Ende des Jahres dann löste die DC 8 die Convair auf der Seidenstraße ab. 1964 entschied sich die japanische Fluggesellschaft dafür, für den Frachttransport zusätzliche DC 8 als Cargomaschinen zu kaufen. Noch im gleichen Jahr wurde eine Bestellung für sechs Boeing B 727 abgegeben. Schon am 9. März des Folgejahres erreichte die erste DC 8-55F die Fluggesellschaft. Im Mai dieses Jahres zeigte die Airline aus dem Land der aufgehenden Sonne auch in Norddeutschland Flagge. Am 2. dieses Monats wurde Hamburg als Flughafen an die Polroute angebunden. Zwei Tage später knüpfte die Airline auch das Streckennetz der Seidenstraße weiter und führte es bis nach Paris. Zwei Monate später erhielt die Kurz- und Mittelstreckenflotte in Tokio Verstärkung, als die erste Boeing B 727 bei der Flotte eintraf. Das Flugzeug trat am 1. August seinen Dienst auf der Verbindung Tokio-Fukuoka an. Wie bei zahlreichen anderen Fluggesellschaften der Welt, rechneten auch die Verantwortlichen bei JAL mit einer großen Zukunft des Überschall-Düsenverkehrs. Noch im September 1965 ließ sich die Fluggesellschaft drei Maschinen des von Boeing geplanten SST-Überschallflugzeuges reservieren. Einen Tag später fiel dann eine Entscheidung, die im Gegensatz dazu bis heute Bestand hat. Der »Tsuru«, ein Kranichvogel, wurde zum offiziellen JAL-Symbol erkoren. Er ziert auch in der Gegenwart die Leitwerke der Maschinen. Ende Oktober verkündete die Geschäftsleitung dann das Aus für die bisher noch im Dienst stehenden DC 7. 1966 fielen zunächst wieder einige Entscheidungen, die das Streckennetz betrafen. Amsterdam wurde an die Pol Route angeschlossen, Teheran fand sich als Flughafen an der Seidenstraße wieder. Ende des Jahres schließlich band JAL auch New York mit einem Flug über Honolulu und San Francisco an das eigene Streckennetz an. Daneben traf das Management eine Entscheidung, die ebenfalls große Tragweite haben sollte: die ersten drei Boeing B 747 wurden bestellt, ein Flugzeugmuster, das schon wenig später zu einem dominierenden Fluggerät in der Flotte von Japan Airlines werden sollte. Schon 1967 stockte die Fluggesellschaft die Bestellung um drei weitere Maschinen auf. Im gleichen Jahr nahm Japan Airlines eine Flugverbindung in den Flugplan auf, die nur wenige Fluggesellschaften zu bieten hatten: einen »Round-the-World-Service«. Der Flug führte von Tokio über Honolulu nach San Francisco, von dort nach New York, London und auf die Seidenstraße, auf der er dann bis Tokio zurückgeführt wurde. Die Verbindung um die Welt wurde bis 1972 aufrechterhalten und dann wieder eingestellt, als JAL am 7. Dezember dieses Jahres die Transatlantikverbindungen aufgab. Pionierarbeit leistete der Carrier in Zusammenarbeit mit einem Partner, mit dem zusammenzuarbeiten in der damaligen Zeit bestimmt nicht einfach war: der Aeroflot. In Kooperation mit der russischen Fluggesellschaft nahm JAL am 18. April 1967 die Verbindung Tokio-Moskau auf. Geflogen wurde dabei mit einer sowjetischen Tupolev Tu 114. Während aber die Piloten ebenfalls aus der UdSSR kamen, setzte sich die Kabinenbesatzung aus Mitarbeitern von JAL und Aeroflot zusammen. JAL eröffnete zahlreiche weitere Verbindungen, so nach Kuala Lumpur oder Manila. DC-8-Frachter kamen schon bald auf der Nur-Frachter-Verbindung nach San Francisco zum Einsatz. Die DC 6 wurden 1969 aus der Flotte ausgemustert. Japan Airlines hatte nun nur noch düsengetriebene Flugzeuge im Einsatz. Nachdem der Carrier 1968 weitere Boeing B 747 bestellte, wurde die erste Maschine dieses Typs am 22. April 1970 in Seattle an Japan Airlines ausgeliefert. Der erste Linieneinsatz erfolgte am 1. Juli mit einem Flug von Tokio nach Los Angeles. Noch im Oktober orderte das Unternehmen fünf weitere Jumbos bei Boeing. Für eine Fluggesellschaft wie Japan Airlines mit ihren aufkommensstarken Routen auf den transpazifischen Langstrecken erwies sich die B 747 schnell als das ideale Arbeitsgerät. Im Juni 1971 kam dieses Muster ebenfalls bei den Flügen nach San Francisco, aber auch auf der sehr viel kürzeren, dafür aber extrem aufkommensstarken Strecken von Tokio nach Hongkong zum Einsatz. Unterdessen war die Convair Ende 1970 aus der Flotte ausgemustert worden. 1972 führte JAL die 747 auf den Verbindungen nach Hamburg, Amsterdam und Paris ein. Inzwischen hatte sich mit Russland die Zusammenarbeit in kleinen Schritten mit sehr vielen Vorteilen für JAL entwickelt. Seit dem 28. März 1970 konnte die Fluggesellschaft einen Transsibirischen Service

Boeing B 747 über einer japanischen Metropole.

bieten. Er führte von Tokio über Moskau nach Paris. 1971 kam eine Fracht-Verbindung von Tokio nach Khabarovsk hinzu, die mit Boeing B 727 bedient wurde. 1973 nun schlossen Japan und die UdSSR ein Luftfahrtabkommen, das es JAL erlaubte, von Moskau aus sechs europäische Destinationen auf der transsibirischen Route anzufliegen. Typisch für den Flugplan von Japan Airlines sind nicht nur Flüge über extreme Langstrecken mit großem Passagieraufkommen, sondern auch Flüge mit großem Passagierandrang, die über kürzere Strecken durchgeführt werden müssen.

Die aufkommensstärksten Flugrouten der Welt

Strecke	Pass. in Mio. (1997)
Tokio-Haneda–Sapporo	8,13
Taipeh–Kaoshiung	7,17
Tokio-Handa–Fukuoka	6,75
Seoul–Pusan	6,35
Seoul–Cheju	5,18
Sydney–Melbourne	4,56
Hongkong–Taipeh	3,98
New York–Los Angeles	3,73
Kuala Lumpur–Singapur	3,18
London–New York	3,13
New York–Miami	3,09
Tokio-Haneda–Okinawa	3,01

Aufgrund der Passagierzahlen auf manchen Strecken war es für Japan Airlines also naheliegend, die Boeing B 747 auch auf kurzen Strecken einzusetzen. Das Problem dabei: Die 747 ist ein Flugzeug, das von der gesamten Grundkonzeption für Langstreckenflüge ausgelegt ist. Bei Langstreckenflügen kommt es aber zu Beispiel nur ein bis zweimal am Tag zu einer Landung, im Gegensatz zu Kurzstreckenflügen, bei denen ein Flugzeug rund achtmal am Tag landet. Das ist ein wesentlicher Unterschied, denn eine Landung gehört zu den schwersten Belastungen für die Flugzeugkonstruktion. Die gemessenen Belastungswerte sind hier sehr viel höher als zum Beispiel bei starken Turbulenzen in der Luft. Schon beim Entwurf eines Flugzeuges berücksichtigen die Flugzeugbauingenieure diesen Aspekt, in dem sie das Flugzeug so auslegen, dass es der späteren Einsatzart über einen möglichst langen Zeitraum – üblich ist die Annahme von 25 Jahren – ohne Belastungsschäden an der Konstruktion standhält. Für den regelmäßigen Einsatz auf Kurzstrecken ist die B 747 von der normalen Konstruktion her also nicht auf lange Sicht geeignet. Folglich hatte Japan Airlines Bedarf an einer Sonderversion des Jumbos, die Boeing auch prompt liefern konnte: die B 747 SR, die auf der B 747-100 basiert. SR steht dabei als Abkürzung für Short Range. Wesentliche Merkmal der SR ist, dass die Zelle gegenüber der normalen B 747 deutlich verstärkt ist. Außerdem wurde die Startmasse auf rund 273,5 t reduziert, was natürlich die Belastungen bei Start- und Landungen ebenfalls verringert. Ausgestattet

Japan Airlines

mit 498 Sitzplätzen ging die erste B 747SR bei Japan Airlines am 7. Oktober 1973 auf der Strecke Tokio-Okinawa in Dienst. Bei diesem Flug waren 455 Passagiere an Bord, die größte Zahl, die Japan Airlines bis zu diesem Tag an Bord einer Maschine befördert hatte. 1974 konnte die -SR auch auf den Strecken von Tokio nach Fukuoka und Sapporo beobachtet werden. Die normalen 747-Maschinen wurden hingegen auf den Polrouten von Japan nach Europa eingesetzt sowie bei den Flügen nach Singapur, während die DC 8 auf den Flügen über Moskau nach Rom zu sehen war. Am 29. September konnte JAL regelmäßige Verbindungen in die Volksrepublik China anbieten. Geflogen wurde von Osaka und Tokio mit DC 8 nach Peking und Shanghai. Vom 1. Oktober an setzte JAL 747-Frachter bei Flügen über den Pazifik ein, am 1. Juli 1975 fand der erste Flug der B 747 auf Seidenstraße, ebenso wie auf der Verbindung von Tokio nach Los Angeles statt. Die Flüge in die Volksrepublik China brachten ein Problem mit sich: Wer das kommunistische Land anfliegen wollte, konnte nicht gleichzeitig auch Flüge nach Taiwan im Flugangebot haben. Folgerichtig hatte JAL die bestehende Verbindung nach Taipeh einige Monate vor Aufnahme der Chinastrecken eingestellt. Unter wirtschaftlichen Gesichtspunkten war es natürlich ärgerlich, auf diese finanziell sehr einträglichen Dienste zu verzichten und sie der Konkurrenz zu überlassen. Um trotzdem auch am Taiwan-Markt teilzuhaben, gründet JAL am 9. August 1975 ein 100prozentiges Tochterunternehmen unter dem Namen Japan Asia Airways (JAA), das vom 15. September an die Flüge nach Taiwan durchführte. Am 17. März des Folgejahres konnte ein fliegerischer Rekord in der Fluggesellschaft registriert werden. JAL absolvierte den ersten Nonstop-Flug von Tokio nach New York in einer Zeit von 11 Stunden und 30 Minuten. Unterdessen hatte das Management der Fluggesellschaft eine neue Maschine geordert: die Douglas DC 10-40. Am 1. Juli 1976 ging die Maschine auf den Inlandsstrecken zwischen Tokio, Sapporo, Osaka und Fukuoka in Dienst. Auch die DC 10 ist eine Maschine mit großer Sitzplatzkapazität, wenn sie auch nicht so viele Reisende wie eine Boeing B 747 aufnehmen kann. Das optimale Einsatzgebiet stellt die Langstrecke dar. Auf dieser wurde die DC 10 bei JAL erstmals am 1. April bei Flügen auf den Strecken von Tokio nach New York über Anchorage und von Tokio nach Singapore eingesetzt. Das Streckennetz wuchs weiter, insbesondere auch im Cargobereich, wo 1978 erstmals ein 747-Frachter die DC 8 beim Deutschlanddienst ablöste. Am 7. Juni 1978 gab es bei der japanischen Airline Grund zu Feiern. Der 100millionste Passagier wurde befördert. Schon wenige Tage wagte sich Japan Airlines vom Flugangebot auf Neuland vor. Das Unternehmen bot erstmals Flüge nach Brasilien an. Die Flüge wurden mit einer DC 8-62 durchgeführt. Der Flugverlauf klang schon so anstrengend, wie er für die Passagiere auch in der Realität gewesen sein dürften: Die Flüge führten von Tokio über Anchorage nach New York, von dort nach San Juan, Sao Paulo und Rio de Janeiro. Weitere Strecken kamen hinzu, die Flotte wurde beständig ausgebaut. Die Boeing B 747SR flog mittlerweile mit einer Sitzplatzkapazität von 550 Plätzen auf der Inlandsroute zwischen Tokio und Okinawa. Mittlerweile war der gesetzliche Rahmen, in dem sich die Arbeit der Fluggesellschaft in Japan bewegte, zu eng geworden. Es bedurfte dringend einer Überarbeitung des Gesetzes, das bei der Gründung des Unternehmens geschaffen worden war. Diese erfolgte und trat am 1. April 1981 in Kraft. Sie sicherte der Fluggesellschaft größere wirtschaftliche Freiheit gegenüber der Regierung zu, die aber nach wie vor an dem Unternehmen beteiligt blieb. JAL ist eine Fluggesellschaft, die sich sehr stark im internationalen Luftverkehr engagiert. Trotzdem war der japanische Inlandsverkehr für die Airline immer ein ganz wesentliches Standbein. Am 10. April 1981 konnte dann auch der 100millionste Passagier auf einer Inlandstrecke an Bord einer der Maschinen auf dem Flug von Tokio nach Okinawa begrüßt werden. Es handelte sich um Frau Fumiko Hayashi, eine Hausfrau aus Tokio. Fünf Tage später nahm Japan Airlines ihre 40. Boeing B 747 in Dienst: einen Frachter. Einen für die Zeit beachtlichen Rekord konnte JAL wenig später verbuchen: Am 2. Juli 1981 flog ein 747-Frachter mit einer Ladung von 112 Tonnen über den Pazifik. Üblich war eine maximale Nutzlast von 90 Tonnen in den älteren Frachtervarianten des Jumbos. Überhaupt hatte sich die Fluggesellschaft im Cargogeschäft als überaus erfolgreich erwiesen. 1981 belegte Japan Airlines Platz 1 unter den größten Frachtfluggesellschaften der Welt bei den beförderten Tonnenkilometern. Die Zahl ergibt sich, indem die beförderte Tonnage mit der Zahl der zurückgelegten Kilometer multipliziert wird. Jetzt, in den 80er Jahren, war die DC-8-Flotte des Unternehmens in die Jahre gekommen. Es wurde Zeit, über ein Nachfolgemodell nachzudenken. Als Ersatzmuster entschied sich Japan Airlines 1983 für die Boeing B 767. Über-

Fluggesellschaften

1954: Die Fluggäste des Eröffnungsfluges von San Francisco nach Tokio steigen aus ihrer Douglas DC 6.

haupt hatte sich die Fluggesellschaft zu einem treuen Boeing-Kunden entwickelt. Das galt insbesondere für die Boeing B 747, die JAL allein schon aufgrund der Routenstruktur in großem Umfang einsetzte. Bis heute sind alle grundlegenden 747-Muster in der JAL-Flotte vertreten gewesen, von der -100 bis zur -400. Die erste Maschine mit gestrecktem Oberdeck, die -300, erreichte am 30. November 1983 die Flotte. Am 4. Februar 1985 dann konnte Japan Airlines bereits die 50. Boeing B 747 in Empfang nehmen. Die erste Boeing B 767 traf am 22. Juli ein. Schon wenig später, am 12. August, kam es zu einer der größten Katastrophen des Luftverkehrs, als eine fast vollbesetzte Boeing B 747SR auf einem Inlandsflug von Tokio nach Osaka abstürzte und 520 Menschen starben. Unter dem Absturz litt natürlich auch der Ruf der Airline stark. In der Folgezeit unternahm JAL große Anstrengungen, das Vertrauen der Fluggäste wiederzugewinnen. Auf wirtschaftlichem Gebiet erschien immer mehr die Privatisierung der Fluggesellschaft als lohnendes Ziel. Am 12. September erklärte die Airline ein entsprechendes Vorhaben zum ausdrücklichen Unternehmensziel, das so schnell wie möglich umzusetzen sei. Auf den Inlandsstrecken von Tokio nach Sapporo und Fukuoka und von Sapporo nach Fukuoka nahm unterdessen die Boeing B 767 ihren Dienst auf. Am 18. Dezember dann führte eine Boeing B 747 von Japan Airlines einen ersten Nonstop-Flug von Tokio nach London durch. Die Flugzeit: 12 Stunden und 19 Minuten. Einen ganz anderen Rekord konnte Japan Airlines bei einem Flug am 6. März 1986 angehen. Der schwerste Mensch der Welt, ein 440 kg wiegender Österreicher, hatte einen JAL-Flug ab Frankfurt gebucht. Um ihn zu befördern musste die Airlines sechzehn Sitze ausbauen. Nach wie vor gehörten die japanischen Inlands-

Japan Airlines

strecken zu den am stärksten frequentierten Flugverbindungen der Welt. Mit der Boeing B 747 SR stand Japan Airlines dafür ein geeignetes Fluggerät zur Verfügung. Aber die Maschinen waren natürlich mittlerweile nicht mehr die jüngsten. Die Beschaffung eines Ersatzmusters war nötig geworden. Japan Airlines fand es in Form der Boeing B 747-300SR mit 563 Plätzen, einer Maschine, die Boeing extra zu diesem Zweck entwickelt hatte. Auf der Langstrecke wurde am 1. April 1986 nach den guten Erfahrungen, die das Unternehmen beim ersten Flug gesammelt hatte, ein Nonstop-Dienst zwischen Tokio und London eingerichtet. Vom 5. April an flog JAL auch Nonstop von Tokio nach Paris. Die Inlandsstrecken florierten zwar, doch hatte das Unternehmen seit Jahrzehnten hier keine neue Verbindung mehr in Betrieb genommen. Das änderte sich am 20. Juli 1986, als Japan Airlines die Strecke Tokio–Kagoshima in den Flugplan aufnahm. Einen Monat später erreichte der neunte 747-Frachter die Flotte, die damit 54 Flugzeuge vom Typ Boeing B 747 umfasste. Nicht immer fanden die Transporte, die von den Frachtern geflogen wurden, von der Öffentlichkeit unbemerkt statt. Zuweilen gab es auch Flüge, die viele Japaner sehnlichst erwarteten. Dazu gehörten mit Sicherzeit zwei Frachterflüge, die am 17. November 1986 durchgeführt wurden. Bei den Transporten wurden jeweils rund 100 Tonnen Beaujolais-Noveau-Wein von Frankreich nach Japan geflogen. Mit der Verfügbarkeit des neuen Flaggschiffs von Boeing, der B 747-400, lag es auf der Hand, dass diese Maschine sehr gut die bestehende Flotte von Japan Airlines ergänzen würde. Am 21. September 1987 kündigte die Fluggesellschaft denn auch die Absicht an, fünf Maschinen dieses Typs bei Boeing zu bestellen. Ende Oktober 1987 hielt die japanische Regierung immer noch 34,5 Prozent der Anteile an der Fluggesellschaft. Am 27. Oktober erging offiziell von staatlicher Seite der Beschluss, das JAL-Gesetz zum 18. November aufzuheben und das Unternehmen damit zu privatisieren. Bis zum 17. Dezember waren alle Anteile der Regierung verkauft. Rund die Hälfte der Aktien ging an institutionelle Anleger, die andere Hälfte wechselte in Streubesitz, also an eine Vielzahl von Anlegern. Auch bei der Flotte ergaben sich zum Ende dieses Jahres noch zwei wichtige Ereignisse: die 60. Boeing B 747, eine Maschine in der -300SR-Version, wurde ausgeliefert und die DC 8 absolvierte ihren letzten Flug in JAL-Farben bei einem Flug von Pusan in Korea nach Tokio. Für Piloten und Besatzungen sicher auch ein wehmütiger Tag, immerhin verabschiedete JAL damit einen der ganz großen Klassiker des Luftverkehrs aus der Flotte. Dafür rückte die Premiere einer anderen Maschine, der Boeing B 747-400, immer näher. Mittlerweile war der Geschäftsleitung bei JAL klar geworden, dass die fünf bestellten Maschinen bei weitem nicht ausreichen würden. So gab das Unternehmen am 30. Juni 1988 eine Bestellung über 15 weitere Flugzeuge ab. Ein Jahr später, am 17. Mai, enthüllte das Management ein neues Design für den Auftritt der Fluggesellschaft, das vor allem an Maschinen und Namenszug deutlich werden sollte. Die wesentlichen Merkmale: Auf dem Rumpf der Maschinen wurden die Buchstaben JAL zu einem zentralen Designelement statt des voll ausgeschriebenen Namens der Fluggesellschaft. Bei diesem wiederum änderte sich die Schreibweise. Aus Japan Air Lines wurde Japan Airlines. Für die komplette Erneuerung der Flotte mit dem neuen Anstrich visierte der Carrier einen Zeitraum von drei Jahren an. Schon am 29. Mai rollte die erste Maschine mit dem neuen Outfit aus der Wartungshalle der Fluggesellschaft, wo – wie bei anderen Fluggesellschaften auch – entsprechende optische Änderungen meist im Rahmen der ohnehin vorgesehenen regelmäßigen Checks vorgenommen werden. Im Jahr darauf, am 25. Januar 1990 war es dann endlich soweit: Die Boeing B 747-400 konnte von Japan Airlines in Seattle übernommen werden. Gleich zwei Flugzeuge wurden an den japanischen Carrier ausgeliefert. Damit stand nun noch die Auslieferung von weiteren 18 nagelneuen Jumbos aus. Mit diesem Investitionsvolumen war die Flottenerneuerung bei Japan Airlines aber noch lange nicht abgeschlossen. Am 30. März 1990 bestellte das Unternehmen zehn neue Flugzeuge vom Typ MD 11 bei McDonald Douglas und optionierte gleichzeitig für den Kauf von zehn weiteren Maschinen. Die Bestellung war im Grund natürlich nur logisch, denn auch für die in die Jahre gekommenen DC 10 bedurfte es eines Nachfolgemodells. Schon zwei Monate später gab die Airline die Bestellung weiterer Boeing B 747 bekannt. Die Höhe der Bestellungen und Optionen stieg damit auf die mehr als stattliche Zahl von 74 Maschinen. Gleichzeitig lief jetzt die Auslieferung weiterer dieser Großraummaschinen bereits auf Hochtouren. Am 19. November 1990 konnte JAL bereits die achte -400 in Empfang nehmen. Damit verbunden war gleichzeitig ein Jubiläum, das Japan Airlines und den US-amerikanischen Flugzeughersteller gleichermaßen betraf: Es handelte sich

Fluggesellschaften

um die 100. Auflieferung eines Boeing-Flugzeuges an JAL, nachdem die Fluggesellschaft 1965 ihre erste B 727 erhalten hatte. Weltpolitisch stand das Jahr 1990 ganz im Zeichen des Konfliktes zwischen dem Irak und der UNO. Die Auswirkungen bekam auch Japan Airlines zu spüren. Immer wieder wurden Sonderflüge arrangiert, um Japaner, aber auch Flüchtlinge anderer Staaten aus dem Krisengebiet zu evakuieren. JAL eröffnete weitere Strecken. Am 14. Oktober erhielt die Fluggesellschaft ihre erste Boeing B 747-400D. Die Abkürzung D steht für Domestic und weist schon auf das hauptsächliche Einsatzgebiet der Maschine auf Inlandsstrecken hin. Auch in dieser Hinsicht hatte Japan Airlines die schon mit der ersten Boeing-Variante begonnene Tradition beibehalten, jeweils eine speziell von Boeing gefertigte 747-Variante auf Inlandsstrecken zum Einsatz zu bringen. Die -400D ist mit der gewaltigen Zahl von 568 Sitzplätzen ausgestattet. Optisch unterscheidet sich die Maschine von der normalen -400 darin, dass auf den Anbau der Winglets verzichtet wurde. Das Flugzeug nahm am 22. Oktober seinen Dienst auf. Bis zu diesem Tag hatte Airbus mit seinen Maschinen bei der japanischen Fluggesellschaft nicht das geringste Interesse gefunden. So war es auch kein Wunder, dass JAL bei der Auswahl der nächsten Maschine dem Hersteller aus Seattle treu blieb und am 28. Oktober die Bestellung von 20 Maschinen der Boeing B 777 bekanntgab. Die Auslieferung sollte ab 1995 beginnen. Wenige Tage nach dieser Bestellung stellte das Unternehmen die Flüge nach Europa über die Anchorage-Route ein. Der letzte Flug wurde nach Paris abgewickelt. Dass Europa aber nicht an Bedeutung für den Carrier verloren hatte, zeigte sich schon wenige Tage später, als Japan Airlines am 3. November eine neue Verbindung zwischen Tokio und Berlin in den Flugplan aufnahm. Ende 1993 dann begann die Auslieferung der MD 11. JAL erhielt die erste Maschine am 19. November 1993. Jede der neuen MD 11 wurde in der Folgezeit mit dem Namen einer vom aussterbenden Vogelart benannt. Die gesamte MD 11 Flotte bekam die Bezeichnung J-Birds. Am 4. September 1994 öffnete der neue Kansai International Airport im Ballungsraum von Osaka, Kyoto und Kobe den Betrieb. Der Airport war auf einer künstlichen Insel im Meer errichtet worden und über eine Brücke mit der Metropole Osaka verbunden. Für die Insel wurden bereits in der ersten Ausbauphase 178 Millionen Kubikmeter Sand und Gestein im Meer aufgeschüttet. Japan Airlines startete von nun an eine ganze Reihe von Flügen von diesem neuen Flughafen, so die Verbindungen von Osaka nach Brisbane, Jakarta, Los Angeles und London sowie zahlreiche Inlandsrouten. Am 17. Januar 1995 dann kam es zu einem schweren Erdbeben in Kobe. Japan Airlines richtete sofort zahlreiche Sonderflüge ein, denn vor allem durch die Zerstörungen des Schienennetzes war auf dem Landweg die Versorgung der Stadt erheblich erschwert. Bis zum 14. April führte JAL insgesamt 1275 Sonderflüge durch, bei denen 248 254 Personen geflogen wurden. Bei zahlreichen Freiflügen – national wie international – stellte das Unternehmen seine Maschinen für die Beförderung von Hilfsgütern zur Verfügung. Am 31. Oktober 1995 gab Japan Airline die Bestellung von fünf weiteren Flugzeugen vom Typ Boeing B 777-300, der verlängerten Version der -200, bekannt. Luftfracht war nach wie vor ein ganz wesentliches Standbein für die japanische Fluggesellschaft. In Zukunft sollte der Frachtbereich optisch eigenständiger gegenüber dem Passagiertransport auftreten können. Zu diesem Zweck enthüllte das Unternehmen am 6. Dezember 1995 ein neues Logo für die Frachtmaschinen. Diese zierte fortan der Aufdruck »JAL Super Logistics«. Bereits am 1. Februar 1996 ging der erste 747-Frachter mit dem neuen Aussehen in den Liniendienst. Nur wenige Tage später, am 15. Februar, nahm Japan Airlines in den USA die Schlüssel für die erste der neu ausgelieferten B 777-200 entgegen. Wie schon bei der Einführung anderer neuer Muster ließ sich das Unternehmen auch bei der 777 Zeit, bis das Flugzeug den Liniendienst aufnahm. Am 26. April erfolgte der erste planmäßige Flug von Tokio nach Kagoshima. Am Boden hatte Japan Airline mittlerweile die Arbeiten an einem neuen Verwaltungsgebäude, das wie das alte in Tokio steht, abgeschlossen. Am 27. Juli 1996 war es soweit, der Umzug der umfangreichen Abteilungen wurde abgeschlossen. Schon in der Vergangenheit arbeitete Japan Airlines in Teilbereichen des Luftfahrtgeschäftes mit anderen Fluggesellschaften im Passage und Frachtbereich zusammen, so mit Air France, SAS oder Malaysia Airlines. Am 25. Februar 1998 kündigte das Unternehmen eine besonders wichtige Zusammenarbeit an: eine Code-Sharing-Allianz mit American Airlines. Auch mit British Airways wurde eine intensive Zusammenarbeit aufgenommen. Noch gehört JAL keiner der großen Allianzen an. Eine Mitgliedschaft der traditionsreichen und äußerst erfolgreichen Fluggesellschaft dürfte aber nur noch eine Frage der Zeit sein. Und das es sich bei

Japan Airlines

der Allianz um Oneworld handelt, scheint sich derzeit ebenfalls abzuzeichnen. Den Transporten von Beaujolais-Nouveau-Weinen ist Japan Airlines übrigens treu geblieben. 1999 flog die Airline bereits 700 t in 513 000 Flaschen von Frankfurt nach Japan. Der Wein füllte drei komplette B-747-Frachter sowie die Unterflurfrachträume zahlreicher Passagiermaschinen. Japan ist weltweit der größte Importeur des französischen Weins. JAL hat von der Regierung in Paris ganz offiziell die Erlaubnis erhalten, die Flaschen bereits vor dem offiziellen Beaujolais-Termin zu transportieren. Seitdem gilt auch in Japan der dritte Donnerstag im November als Beaujolais-Tag.

Kurzprofil auf einen Blick

IATA-Code:	JL
Dreilettercode:	JAL
Callsign:	Japanair
Mitgliedschaft in Allianzen:	—
Hauptverkehrsdrehscheiben:	Tokio
Zahl der Mitarbeiter:	18 974
Beförderte Passagiere (Zahlgäste) 1999 im Linienverkehr in Mio.:	32,9
Beförderte Luftfracht 1999 im Linienverkehr in tsd. t:	945,2
Zahl der Verkehrsflugzeuge:	137

Die Flotte im Detail:

Flugzeugmuster	Anzahl
B 737-400	4
B 767-200	3
B 767-300	19
DC 10-40	12
MD 11	10
B 777-200	5
B 777-300	5
B 747-100/200	15
B 747SR	1
B 747-300	10
B 747-300SR	5
B 747-400	31
B 747-400D	8
B 747-200F	9

Flugzeugunfälle mit Totalverlust des Fluggeräts seit 1970:

Datum	Unfall
12.08.1985	Bei Flug von Tokio nach Osaka kam es zu einem explosionsartigen Ermüdungsbruch am hinteren Druckschott einer Boeing B 747SR im Reiseflug. Dabei wurden unter anderem wichtige Hydrauliksysteme der Maschine schwer beschädigt. Das untersteuerbar gewordene Flugzeug raste in einen Berg. 520 Menschen starben.
17.09.1982	Nach dem Start in Shanghai fielen bei einer DC 8 wesentliche Hydrauliksysteme aus. Die Piloten kehrten nach Shanghai zurück und führten eine Notlandung durch, bei der das Flugzeug schwer beschädigt aber kein Insasse getötet wurde.
09.02.1982	Beim Landeanflug auf Tokio-Haneda verfehlte eine DC 8 die Landebahn. 24 Insassen der Maschine kamen ums Leben.
27.09.1977	In einem heftigem Gewitter streifte eine DC 8 beim Anflug auf Kuala Lumpur einen Berg und stürzte zu Boden. 34 Menschen starben.
31.01.1977	Kurz nach dem Start in Anchorage sackte ein DC 8 Frachter plötzlich durch und stürzte zu Boden. Die fünf Insassen der Maschine verloren ihre Leben.
23.07.1973	Kurz nach dem Start in Amsterdam brachten Terroristen eine B 747 in ihre Gewalt. Die durch eine Handgranatenexplosion schwer beschädigte Maschine landete schließlich im libyschen Bengasi. Nachdem die Passagiere von Bord gehen konnten, sprengten die Terroristen das Flugzeug in die Luft.
28.11.1972	Nach dem Start in Moskau verlor eine DC 8 plötzlich an Höhe und stürzte zu Boden. 61 Menschen starben.
24.09.1972	Eine DC 8 befand sich im Anflug auf Bombay, als die Piloten statt des internationalen Flughafens irrtümlich ein kleines Flugfeld in dessen Nähe ansteuerten. Bei der Landung schoss die Maschine über die viel zu kurze Landebahn hinaus. Es gab keine Toten. Allerdings wurde das Flugzeug schwer beschädigt.
14.06.1972	Beim Anflug auf Neu Dehli hatte eine DC 8 schon vor dem Flughafen Bodenberührung und zerschellte beim Aufprall. 89 Insassen kamen ums Leben.

Fluggesellschaften

Kommt auf kürzeren Strecken zum Einsatz: die Fokker F 100.

Älteste Fluggesellschaft der Welt: KLM

Viele gerade der großen nationalen Fluggesellschaften der Welt können auf eine traditionsreiche Geschichte zurückblicken, die meist bis weit vor die Zeit des 2. Weltkrieges zurückreicht. Häufig beginnt die Unternehmensgeschichte in den 20er oder 30er Jahren, wobei die Fluggesellschaft am Anfang der Firmenchronik meist unter einem anderen Namen als heute firmiert oder auch verschiedene Vorläuferunternehmen vorhanden sind. Zuweilen weist die Historie des Unternehmens auch Brüche in der Kontinuität auf, wie zum Beispiel bei der deutschen Lufthansa, die rein formal nicht die Rechtsnachfolge der vor dem 2. Weltkrieg agierenden »alten« Lufthansa antrat. Bei der niederländischen Fluggesellschaft KLM ist das alles anders. Die Airline kann auf eine lückenlose mittlerweile über 80-jährige Firmengeschichte zurückblicken und stellt damit die älteste noch unter ihrem Gründungsnamen operierende Fluggesellschaft der Welt dar. Mit rund 15,4 Mio. beförderten Passagieren gehört KLM heute nicht zu den 20 größten Fluggesellschaften der Welt, wenn die Zahl der beförderten Passagiere zugrunde gelegt wird. Anders sieht das bei Betrachtung der Passagierkilometer aus. Hier belegt KLM mit 58 Mrd. hinter Qantas den 13. Rang, was natürlich daran liegt, dass das Flugangebot der niederländischen Fluggesellschaft zu einem nicht unbeträchtlichen Teil aus Langstrecken besteht. Das wird auch deutlich, wenn man die Fluggesellschaften ausschließlich anhand der Beförderungsleistung im internationalen Linienverkehr vergleicht. Hier liegt KLM mit 15,3 Mio. Passagieren hinter American Airlines auf dem fünften Platz in der Rangfolge der Fluggesellschaften der Welt. Diese Zahl bedeutet natürlich aber auch, dass die niederländische Airline fast ausschließlich internationale Routen befliegt, eine Tatsache, die sich aber auch schon aus der Größe des Landes beinahe zwangsläufig ergibt. Zum weltumspannenden Streckennetz gehören 167 Destinationen in 79 Ländern. Einen sehr großen Stellenwert genießt bei der Fluggesellschaft aus Amsterdam die Luftfracht. In diesem Bereich wurden 1999 rund 545000 t transportiert, was die KLM auf Rang 13 unter den größten Frachtairlines der Welt befördert.

Das Gründungsdatum der KLM ist der 7. Oktober 1919. An diesem Tag wurde die Fluggesellschaft unter dem heute noch verwendeten Namen Koninklijke Luchtvaart Maatschappij (KLM), was sich sinngemäß mit Königliches Luftfahrt-Unternehmen übersetzen lässt, in das Handelsregister der Stadt Den Haag eingetragen. Dass sich die Menschen in den Niederlanden schon früh mit dem Luftverkehr und seinen neuen Möglichkeiten beschäftigten, war kein Wunder. Gerade Holland ist ein Staat, dessen Bürger sich in der Geschichte Handel und Transport schon immer in ganz be-

KLM

Flaggschiff von KLM ist die Boeing B 747-400.

sonderem Maße verbunden fühlten. Als typischer Vertreter der alten Handels- und Seefahrernation erkannte ein ehemaliger Fliegerleutnant die Möglichkeiten des Luftverkehrs und entwickelte die Vision vom »Air Ocean that units the People«, vom Luftozean, der die Menschen vereint. Sein Name: Albert Plesman. Plesman beließ es nicht bei Worten. Auf sein Engagement hin wurde die Fluggesellschaft KLM gegründet, um eben diese Vision in der Praxis umzusetzen. Plesman war aber nicht nur ein Wegbereiter für das, was dann kam, er erwies sich auch als guter Kaufmann. Zunächst benötigte die KLM Flugzeuge. Das erste Flugzeug wurde in Großbritannien geleast. Dabei handelte es sich um eine de Havilland DH-16. Wie üblich sollte das Flugzeug von Großbritannien zur Heimatbasis der Fluggesellschaft – in diesem Fall Amsterdam – überführt werden, um dann von dort aus zum offiziellen Jungfernflug zu starten. Das war mit Plesman nicht zu machen, stellte es aus seiner Sicht doch schlicht eine Geldverschwendung dar. Auf sein Geheiß hin wurde schon der Überführungsflug der Maschine kommerziell genutzt. Und so fand der erste KLM-Flug von London nach Amsterdam statt. Datum: 17. Mai 1920. An Bord befanden sich eine Ladung Zeitungen, ein Brief des Londoner Bürgermeisters an seinen Amsterdamer Kollegen und zwei Journalisten, die über diesen Flug berichten konnten. Am Ende des ersten Geschäftsjahres hatte die neugegründete Fluggesellschaft immerhin schon 345 Passagiere, 22 Tonnen Fracht und drei Tonnen Post befördert. Bei seiner Vision vom Luftozean und dessen Möglichkeiten dachte Albert Plesman insbesondere auch an Langstreckenflüge. Genau die nahm KLM bereits fünf Jahre nach der Firmengründung in Angriff, als eine Fokker F 7 zu einem Testflug nach Batavia, dem heutigen Jakarta, aufstieg. Hintergrund dieses Pionierfluges waren natürlich – wie zum Beispiel bei der belgischen Fluggesellschaft Sabena auch – handfeste Kolonialinteressen, die in Holland an solchen Flügen bestanden. Nach 55 Tagen erreichten die Piloten dieses ersten Fluges ihr Ziel. Auf ihrem Weg hatten sie 19 Zwischenlandungen durchführen und eine dreiwöchige Zwangspause in Bulgarien einlegen müssen. Die reine Flugzeit für die 15 373 km lange Strecke betrug 127 Stunden und 12 Minuten. Fünf Jahre später wurde die Strecke als Linienverbindung in den Flugplan aufgenommen, zunächst nur für die Post, dann aber 1931 auch für die Passagierbeförderung. Mit 24 Zwischenlandungen dauerte die Reise neun Tage, war jedoch immer noch schneller als die 30-tägige Seereise. Fluggeschichte schrieb der Weihnachtsflug der Fokker F 18 »Pelicaan« 1933, der nur vier Tage, vier Stunden und 35 Minuten brauchte. Auf dem Rückflug war die Maschine sogar noch zehn Minuten schneller. Die Niederländischen Antillen waren das nächste große Ziel der KLM. Bereits 1934 überquerte die Fluggesellschaft erstmals den Atlantik mit der Fokker F 18 »Snip«. Die Streckenführung verlief dabei über Casablanca, Porto Praia, Paramaribo und Caracas nach Curacao. Noch vor dem zweiten Weltkrieg wurde außerdem eine weitere Langstrecke nach Johannesburg in Südafrika in das Streckennetz aufgenommen. Parallel dazu hatte das Unternehmen auch in Europa ein umfassendes Streckennetz aufgebaut. 1939 verband KLM regelmäßig 39 europäische Städte zwischen Oslo und Athen mit ihrem Heimatflughafen Amsterdam/Schiphol. Seit den Anfangsjahren spielte Deutschland dabei eine wichtige Rolle. Schon im ersten Jahr nach der Firmengründung wurde eine regelmäßige Verbindung nach Hamburg und Bremen aufgenommen. Es folgten 1929 Flüge nach Nürnberg und Berlin, nach Köln und Frankfurt 1935 sowie nach Hannover 1938. Nach dem Ende des zweiten Weltkrieges baute KLM das Streckennetz wieder auf. Dazu wurden in den USA 18 viermotorige Douglas DC 4 und 30 DC 3 erworben. Schon am 28. November 1945 eröffnete KLM wieder die Strecke nach Jakarta, am 21. Mai 1946 nahm das Unternehmen den Linienverkehr nach New York auf. 1947 flog KLM bereits wieder nach Südamerika und Südafrika, 1951 band KLM Australien in das Streckennetz ein. 1955 bestellte das Unternehmen die Douglas DC 8, womit das Düsenzeitalter bei der Fluggesellschaft begann. Die Boeing B 747 wurde 1971 von der niederländischen Fluggesellschaft in Dienst gestellt, die in der Folge weitere Varianten dieses Flugzeugtyps von der -300 bis zur -400 in die Flotte aufnahm. Neben weiteren Boeing-Modellen fanden sich auch die McDonnell Douglas MD 11 sowie zahlreiche Fokker-Typen in der Flotte der holländischen Fluggesellschaft. 1991 nahm KLM zusammen mit der US-amerikanischen Fluggesellschaft Northwest Airline eine Zusammenarbeit auf, die Schritt für Schritt ausgebaut wurde und sich für die gesamte Luftfahrtbranche als wegweisend erwies. Heute ist die niederländische Fluggesellschaft ein äußerst erfolgreich am Markt operierendes Unternehmen. Im Geschäftsjahr 1999/2000 konnte KLM einen Reingewinn von 743 Mio. Gulden – umgerechnet rund 659 Mio. DM – verbuchen. Die Fluggesellschaft ist an zahlreichen anderen Unternehmen beteiligt. So zu 100 Prozent an der britischen Fluggesellschaft KLM uk, an den Fluggesellschaften Martinair (50 Prozent), KLM cityhopper (100 Prozent) und Transavia (80 Prozent), zu 30 Prozent an der norwegischen Airline Braathens und zu 26 Prozent an Kenya Airways.

Kurzprofil auf einen Blick

IATA-Code:	KL
Dreilettercode:	KLM
Callsign:	KLM
Mitgliedschaft in Allianzen:	Wings Alliance
Hauptverkehrsdrehscheiben:	Amsterdam
Zahl der Mitarbeiter:	28358
Beförderte Passagiere (Zahlgäste) 1999 im Linienverkehr in Mio.:	15,4
Beförderte Luftfracht 1999 im Linienverkehr in tsd. t:	544,9
Zahl der Verkehrsflugzeuge:	108

Die Flotte im Detail:

Flugzeugmuster	Anzahl
B 747-400	19
B 747-300	11
MD 11	10
B 767-300ER	11
B 737-800	4
B 737-300	17
B 737-400	19
Fokker F 100	17

Flugzeugunfälle mit Totalverlust des Fluggeräts seit 1970:

Datum   **Unfall**

27.03.1977   Auf dem Flughafen Teneriffa kollidierte eine Boeing B 747-200 im Startlauf mit einer Boeing B 747-100 der Fluggesellschaft Pan Am, die sich in dichtem Nebel auf der Startbahn befand. 583 Menschen starben. Es war das schwerste Flugzeugunglück in der Geschichte der zivilen Luftfahrt.

Korean Air

Junge Airline mit zuweilen tragischer Geschichte: Korean Air

Am 1. September 1983 kam es über dem asiatischen Luftraum zu einem Unglück, das Luftfahrtgeschichte schreiben sollte und zu den tragischsten Ereignissen des kalten Krieges zählt. Flug 007 der Korean Airlines war irrtümlich in den Luftraum der UdSSR eingedrungen. Die sowjetische Luftüberwachung hatte darauf Jagdflugzeuge alarmiert, um den für sie unbekannten Eindringling am Himmel abzufangen. Eine Suchoi SU 15 mit der Funkkennung 805 und drei Mig 23 rasten der mit 269 Menschen besetzten Boeing B 747, die sich auf dem Flug von New York über Anchorage nach Seoul befand, entgegen und erhielten vom Boden schließlich die Freigabe, den Eindringling abzuschießen. Kurz nach 3:25 Uhr war im Äther der grausige Funkspruch zu hören, der schon wenig später Geschichte machen sollte: »805: Das Ziel ist zerstört. Ich breche den Angriff ab.« Die Katastrophe erschütterte die Welt. Der Name der Fluggesellschaft Korean Airlines war plötzlich in aller Munde. Der Abschuss der Boeing gehörte zu den schwärzesten Augenblicken in der Geschichte der Fluggesellschaft, die in ihrer noch recht kurzen Historie immer wieder mit tragischen Ereignissen konfrontiert wurde, aber auch glanzvolle Stunden erlebte. Gerade in Europa wird die Bedeutung dieser Fluggesellschaft bisweilen unterschätzt. So ist Korean Air die weltweit größte Frachtfluggesellschaft auf der Erde, lässt man Integrators wie Federal Express und United Parcel einmal außen vor. 1999 transportierten die Flugzeuge von Korean Air 1,16 Mio. t Luftfracht. Aber auch die anderen Eckdaten der Beförderungsleistungen können sich sehen lassen. Nach der Zahl der Passagiere, die mit der Fluggesellschaft 1999 geflogen sind, nimmt Korean Air weltweit mit rund 20,4 Mio. Fluggästen immerhin den 17. Rang unter den Fluggesellschaften ein.

Die Geschichte des Unternehmens geht in das Jahr 1962 zurück, als der koreanische Staat die Fluggesellschaft Korean Airlines gründete, die darauf den Dienst aufnahm. Schon zuvor, seit 1945, hatte es in Korea eine Fluggesellschaft unter dem Namen Korean National Airlines gegeben, die allerdings in Konkurs gegangen war. Auch das neue Unternehmen flog langfristig nicht zur Zufriedenheit der staatlichen Stellen. Die koreanische Wirtschaft hatte zu einem beispiellosen Aufschwung angesetzt. Damit wuchs der Bedarf nach leistungsfähigen Flugverbindungen, die nach Ansicht der verantwortlichen Stellen nur eine private Gesellschaft dauerhaft in der gewünschten Schnelligkeit und Effizienz aufbauen konnte. Damit war klar, dass Korean Airlines privatisiert werden sollte. Den Zuschlag dafür erhielt Hanjin, eine Unternehmensgruppe, die bereits umfangreiche Erfahrungen im Transportgewerbe – insbesondere im Bereich der Schifffahrt

Korean Air ist die – bleiben die Paketdienste unberücksichtigt – größte Frachtfluggesellschaft der Welt.

Fluggesellschaften

Eine Boeing B 747-400 kurz nach dem Touch Down.

– vorweisen konnte. Hanjin übernahm Korean Airlines am 1. März 1969. Zur Zeit der Privatisierung bestanden internationale Strecken der Fluggesellschaft nach Osaka und Hongkong. Es dauerte nicht lange, und die Fluggesellschaft nahm weiterreichendere Verbindungen in den Flugplan auf. Bezeichnenderweise erfolgte dieses zunächst im Frachtverkehr. Am 26. April 1971 eröffnete Korean Airlines die Transpazifik-Fracht-Route, die Seoul, Tokio und Los Angeles miteinander verband. Es dauerte ein Jahr länger, bis die erste Passagierverbindung in die USA am 19. April 1972 aufgenommen wurde. Im Mai 1973 dann stellte die Fluggesellschaft ihre erste Boeing B 747 auf dieser Verbindung in Dienst, im September 1974 folgte der erste Einsatz eines B-747-Frachters auf der Pazifik-Route. Erstes Flugziel in Europa war Paris. Hier folgte Korean Airlines dem bewährten Muster. Zunächst wurde der Frachterflug installiert, dann schloss sich die Passagierverbindung an. 1973 nahm das Unternehmen den Frachtverkehr in die französische Hauptstadt auf, 1975 begannen die Passagedienste. Es folgte eine Zeit, in der sich die Fluggesellschaft stark auf den Mittleren Osten konzentrierte. In den ölfördernden Ländern dieser Region engagierte sich zu dieser Zeit die koreanische Wirtschaft sehr stark. Entsprechend groß war die Nachfrage nach Flügen, einem Bedürfnis, dem Korean Airlines sofort entsprach und Verbindungen nach Saudi Arabien und Kuwait aufbaute. 1979 richtete sich der Fokus dann wieder mehr auf die USA. Korean Airline nahm eine Verbindung von Seoul nach New York in den Flugplan auf. Die Route wurde dreimal wöchentlich mit Zwischenstopp in Anchorage angeboten. 1984 änderte das Unternehmen Logo und Erscheinungsbild. Von nun an trat die Fluggesellschaft unter dem Namen Korean Air weltweit auf. 1989 dann konnte die Airline die Boeing B 747-400 in der Flotte begrüßen, eine Maschine, die bis heute eine der tragenden Säulen im Flugzeugpark der Airline ist. Mittlerweile hatte Korean Air weitere Verbindungen – so die Strecke Seoul-London – in den Flugplan aufgenommen. 1990 folgten Flüge nach Sydney und Moskau, 1992 nach Sao Paulo und 1993 nach Brisbane in Australien, nach Kairo und Auckland in Neuseeland. Madrid und das thailändische Phuket wurden 1994 in den Flugplan aufgenommen, genauso wie San Francisco, Atlanta, Dallas und Peking. 1996 erfolgte der Abschluss eines Abkommens mit Delta Airlines, das sich auf die gemeinsame Beförderung von Passagieren auf der Strecke von Los Angeles nach Hawaii erstreckte. Im Jahr darauf erhielt die Flotte ihren ersten Airbus A 330 und Boeing B 777, die im Abstand von nur wenigen Tagen im März entgegengenommen werden konnte, gleichzeitig wurden eine neue Verbindung nach Denver und – im Frachtbereich – nach Sydney und Dhaka in Bangladesh installiert. Die Zusammenarbeit mit Delta Airlines erwies sich als zukunftsweisend. Im Juni 2000 traten beide Fluggesellschaften zusammen mit Air France und Aeromexico an die Öffentlichkeit und gaben die Gründung einer gemeinsamen Allianz unter dem Namen Sky Team bekannt.

Korean Air

B 747-400 im Flug.

Kurzprofil auf einen Blick

IATA-Code:	KE
Dreilettercode:	KAL
Callsign:	Koreanair
Mitgliedschaft in Allianzen:	Sky Team
Hauptverkehrsdrehscheiben:	Seoul
Zahl der Mitarbeiter:	15 591
Beförderte Passagiere (Zahlgäste) 1999 im Linienverkehr in Mio.:	20,4
Beförderte Luftfracht 1999 im Linienverkehr in tsd. t:	1 160,5
Zahl der Verkehrsflugzeuge:	105

Die Flotte im Detail:	Flugzeugmuster	Anzahl
	Fokker F 100	10
	MD 82	10
	A 300-600	23
	A 330-300	7
	A 330-200	3
	MD 11F	4
	B 777-200	3
	B 777-300	3
	B 747-200	10
	B 747-300	2
	B 747-400	30

Flugzeugunfälle mit Totalverlust des Fluggeräts seit 1970:

Datum **Unfall**

22.12.1999 Kurz nach dem Start in London-Stansted stürzte ein Frachter vom Typ Boeing B 747-200 ab. Die vier Insassen starben.

15.04.1999 Auf dem Flug von Shanghai nach Seoul stürzte ein MD-11-Frachter kurz nach dem Start zu Boden. Die drei Besatzungsmitglieder und fünf Menschen am Boden kamen ums Leben.

15.03.1999 Bei der Landung in Phohang bei stürmischem Wetter kam eine MD-82 von der Bahn ab. Kein Mensch wurde getötet.

05.08.1998 Bei der Landung in Seoul geriet bei schwerem Wetter eine Boeing B 747-400 von der Landebahn ab. Niemand verlor sein Leben.

06.08.1997 Beim Landeanflug auf Guam raste eine Boeing B 747 gegen einen Hügel. 228 Menschen starben.

10.08.1994 Bei der Landung auf der Insel Cheju während eines starken Sturms raste ein Airbus A 300 über die Landebahn hinaus. Alle 160 Insassen konnten sich retten.

13.06.1991 Bei der Landung auf den Flughafen Taegu setzte eine Boeing B 727-200 ohne ausgefahrenes Fahrwerk auf. Für alle Beteiligten verlief die Bruchlandung glimpflich.

25.11.1989 Nach dem Start einer Fokker F 28 in Seoul fiel ein Triebwerk der Maschine aus. Einen Moment später hatte die Maschine wieder

Wer alles mit dazugehört: Neben Kabinencrew und Piloten haben natürlich auch die Mechaniker und Mitarbeiter aus Verwaltung und Verkauf großen Anteil am Gelingen eines jeden Fluges.

Bodenberührung und wurde schwer beschädigt. Kein Flugzeuginsasse kam ums Leben.

27.07.1989 Bei extrem schlechten Sichtbedingungen wagte die Besatzung einer DC 10 einen Landeversuch auf dem Flughafen Tripolis. Die Maschine raste noch vor der Landebahn in den Boden. 79 Menschen starben.

29.11.1987 Beim Flug von Abu Dhabi nach Seoul explodierte in einer Boeing B 707 eine Bombe. Alle 115 Insassen verloren ihr Leben.

23.12.1983 Bei dichtem Nebel kollidierte ein Frachter vom Typ DC 10-30 beim Start in Anchorage mit einer kleinen Maschine vom Typ Piper Navajo. Die DC 10-30 schoss nach der Berührung mit der Piper über das Gelände auf dem sie schließlich aufschlug. Wie durch ein Wunder wurde keiner der beteiligten Insassen bei dem Vorfall getötet.

01.09.1983 Beim Flug von New York über Anchorage nach Seoul geriet eine Boeing B 747-200 über sowjetisches Staatsgebiet. Die Maschine wurde von einem Abfangjäger abgeschossen. 269 Menschen starben.

19.11.1980 Beim Landeanflug auf Seoul streiften die Tragflächen einer Boeing B 747-200 einen Hügel. Die Maschine stürzte zu Boden, 14 Personen kamen ums Leben.

20.04.1978 Beim Linienflug von Paris über Anchorage nach Seoul geriet eine Boeing B 707 über das Territorium der UdSSR. Die Maschine wurde von sowjetischen Jagdflugzeugen mit Bordkanonen beschossen. Der Angriff beschädigte die Boeing schwer. Die Piloten führten eine Notlandung auf einem zugefrorenen See durch. Zwei Passagiere starben durch die Flugzeuggeschosse.

02.08.1976 Beim Start in Teheran kam es bei einer Boeing B 707 zu einem Triebwerksbrand. Da die Entscheidungsgeschwindigkeit V1 bereits überschritten war, führten die Piloten den Start durch. Beim anschließenden Versuch, die Maschine wieder in Teheran zu landen, raste die Boeing in einen Berg. Fünf Menschen verloren ihr Leben.

Lauda Air

Fluggesellschaft mit Koch:
Lauda Air

Zu den schillernsten Erscheinungen auf dem Luftverkehrsmarkt gehört eine Fluggesellschaft, die einen Teil ihrer Flotte als »Flying Wonder World« oder »Dream Factory« bezeichnet. Die Rede ist von der in Wien beheimateten Lauda Air, die in der Vergangenheit immer wieder in der Branche, aber auch unter Passagieren, durch ausgefallene Service- und Marke-

Ein Bild aus längst vergangenen Tagen: Niki Lauda im Cockpit einer B 777 von Lauda Air.

tingideen, die Person des kürzlich ausgeschiedenen Firmengründers Niki Lauda, aber auch einem spektakulären Flugzeugabsturz in Thailand von sich reden machte. Die Airline ist heute eingebunden in die Star Alliance und bietet seit nunmehr über 20 Jahren sehr erfolgreich ihre Dienstleistungen im Luftverkehr an. Die Geschichte der Airline begann 1979, als der zu dieser Zeit 30-jährige Formel-1-Rennfahrer Niki Lauda eine Bedarfsflugkonzession erwarb und mit zwei Maschinen vom Typ Fokker F 27 den Flugverkehr aufnahm. Das Luftfahrtgeschäft des zu diesem Zeitpunkt zweimaligen Formel-1-Weltmeisters entwickelte sich zunächst mit beiden kleinen Flugzeugen wenig spektakulär. 1984 wechselte der Firmeninhaber noch einmal ins Renngeschäft und errang prompt zum dritten Mal den Weltmeistertitel. Danach widmete er sich nur noch der Fliegerei. Das Engagement machte sich bezahlt. Mit Lauda Air ging es in den folgenden Jahren steil aufwärts. Eine der ersten Lauda-Entscheidungen betraf

die Flotte. Die beiden Fokker F 27 wurden gegen zwei BAC 1-11 getauscht. Damit brach bei Lauda Air das Düsenverkehrszeitalter an. Gleichzeitig begann eine Kooperation mit dem Reiseveranstalter ITAS, die sich für beide Unternehmen als sehr erfolgreich erweisen sollte. ITAS war bisher vor allem auf Urlaubsreisen nach Griechenland spezialisiert. Jetzt weitete der Veranstalter das Programm in Richtung Spanien, Ägypten, Israel und Fernreisen aus. Für Lauda Air bedeutete das Passagiere. Die Vergrößerung der Flottenkapazität wurde dringend notwendig. Noch 1985 kaufte Lauda zwei Boeing B 737-300. 1986 rüstete sich die kleine Airline aus Österreich für die sich abzeichnende Liberalisierung des Luftverkehrs in Europa und bemühte sich um eine Konzession als Linienfluggesellschaft. 1988 war es schließlich so weit. Der erste Linienflug mit einer neu beschafften Boeing B 767-300 nach Bangkok, Hongkong und Sydney erfolgte. Noch aber verfügte das Unternehmen über keine weltweite Linienkonzession, wie sie in Österreich zu diesem Zeitpunkt die Fluggesellschaft Austrian Airlines besaß. Das änderte sich 1990. Am 23. August dieses Jahres erhielt Lauda Air die entsprechende Genehmigung. Im gleichen Jahr ging die Fluggesellschaft an die Börse, wo die Aktien in Wien notiert wurden. Im folgenden Jahr, am 26. Mai 1991, stürzte eine Boeing B 767-300ER bei einem Flug von Bangkok nach Wien kurz nach dem Start ab. Während des Fluges hatte sich die Schubumkehr des linken Triebwerkes geöffnet. 213 Passagiere und 10 Besatzungsmitglieder starben.

Ebenfalls 1991 baute Lauda Air die Flugdienste weiter aus. Melbourne in Australien wurde in den Flugplan aufgenommen. Zu dieser Zeit war bereits abzusehen, dass in Zukunft für Fluggesellschaften jeder Größenordnung Partnerschaften mit anderen Unternehmen eine immer größere Bedeutung gewinnen würden, für große Airlines, aber auch für kleinere Carrier wie Lauda Air. 1992 hatte die österreichische Fluggesellschaft ihren Wunschpartner gefunden: die Deutsche Lufthansa. Vom Dezember dieses Jahres an wurden in Kooperation zwischen beiden Unternehmen drei wöchentliche Linienflüge nach Miami angeboten. Zum Einsatz kamen Maschinen vom Typ Boeing B 767-300ER, die bei der Verbindung mit Zwischenstopp über München flogen. Die Zusammenarbeit lief sehr erfolgreich und vielversprechend an. Schon im Januar 1993 wurde sie entscheidend vertieft: die Lufthansa beteiligte sich mit 26,4 Prozent an Lauda Air. Gleichzeitig führte das Unternehmen eine Kapitalerhöhung

Fluggesellschaften

Mit zweistrahligen Widebodies fliegt Lauda Air vor allem Sonnenziele auf Langstrecken an.

durch. Noch im Frühjahr dieses Jahres expandierte Lauda weiter und gründete in Italien eine Tochterfirma. Mit einer Boeing B 767-300ER wurden von Mailand aus Flüge in die Karibik durchgeführt. In den folgenden Jahren bewährte sich auch die italienische Tochter sehr erfolgreich am Markt. Im Geschäftsjahr 1997/98 stand die kleine Fluggesellschaft bereits vor der Übernahme einer dritten Boeing B 767-300ER. Optisch sind die Flugzeuge den Lauda-Air-Maschinen der österreichischen Mutter sehr ähnlich, nur dass das stilisierte L in der Heckflosse nicht in den Farben der Alpenrepublik, sondern in den rot-grünen Nationalfarben Italiens gehalten ist. Die Zusammenarbeit mit der Lufthansa wurde Anfang 1993 aber nicht nur auf finanziellem Gebiet ausgebaut. Sie machte sich auch in den Flugplänen beider Gesellschaften bemerkbar. Im März startete Lauda Air in Kooperation mit Lufthansa Linienflüge nach Los Angeles, die viermal in der Woche durchgeführt und ebenfalls über München geführt wurden. Aber nicht nur auf der Langstrecke, auch im Kurzstreckenbereich kam es zu neuen Entwicklungen. Im Oktober 1993 bestellte Lauda sechs Canadair Regional Jet, die bereits im März des folgenden Jahres auf Flügen nach Barcelona, Madrid, Brüssel, Genf, Manchester und Stockholm eingesetzt wurden. Währenddessen hatte sich die Zusammenarbeit mit der Lufthansa außerordentlich zufriedenstellend für beide Partner entwickelt – mit der Konsequenz, dass die deutsche Airline ihren Anteil an Lauda Air von 26,4 Prozent auf 39,7 Prozent aufstockte. Im November 1994 kam dann als neue Destination Singapur hinzu. Damit flogen nun die Maschinen nach Sydney und Melbourne über Singapur statt wie zuvor über Bangkok. Ganz im Zeichen eines Ausbaus des Streckennetzes stand dann das Jahr 1995. Lauda stationierte drei neue Canadair Jet in Mailand, die von hier aus Wien, Manchester, Brüssel, Paris und Barcelona anflogen. Die Flüge wurden gemeinsam mit der Lufthansa durchgeführt. Von Salzburg aus bot Lauda Air nun ab Januar zweimal täglich Flüge nach Frankfurt sowie tägliche Verbindungen nach Paris und London an. Auch hierbei kam als Fluggerät der Canadair Regional Jet zum Einsatz. Schon im Oktober ergänzten Berlin und Brüssel den Flugplan. Weitere neue Flüge: ein täglicher Dienst von Wien nach Frankfurt sowie zwei tägliche Flüge nach Düsseldorf. Die Flüge über Singapur nach Sydney und Melbourne wurden auf drei Flüge in der Woche aufgestockt. 1996 dann bereicherte ein asiatisches Reiseziel mit noch stark exotischem Klang des Namens den Flugplan: Ho Chi Minh Stadt. Lauda führte die Flüge dorthin einmal in der Woche durch. Sie passten gut in die neue Politik Vietnams, das sich zunehmend westlichen Reisenden öffnete. Aufmerksam beobachtete die Fachwelt in diesem Jahr eine Veränderung, die sich zunächst bedächtig, dann immer deutlicher zeigte: die Annäherung von Lauda Air und Austrian Airlines, Unternehmen, die aufgrund ihrer Stellung im kleinen Alpenstaat bisher als geradezu natürliche Konkurrenten galten. Trotzdem starteten beide im Juni 1996 eine Zusammenarbeit, die

Lauda Air

sich in Zukunft als sehr erfolgreich und zukunftsweisend herausstellen sollte. Sie begann mit der Durchführung gemeinsamer Flüge nach Rom, Mailand und Nizza mit Canadair Jet von Lauda. Schon kurz darauf wurde die Partnerschaft zwischen beiden Unternehmen deutlich enger, als Austrian sich zu 36 Prozent an Lauda Air beteiligte. Der Lufthansa-Anteil verminderte sich auf 20 Prozent, Niki Lauda hielt nun 30 Prozent der Aktien, bei dem Rest handelte es sich um Streubesitz. Ein Jahr später erhielt die Flotte bedeutenden Zuwachs: Am 24. September konnte die erste Boeing B 777 übernommen werden. Mit Beginn des Winterflugplanes wurden mit Kuala Lumpur, den baltischen Städten Riga, Tallinn und Vilnius sowie Temesvar in Rumänien, Verona und Hamburg gleich eine ganze Reihe neuer Destinationen in den Flugplan aufgenommen. Das setzte sich 1998 fort, als im Januar Wrocław in Polen, Split in Kroatien und die indonesische Insel Bali Aufnahme in den Flugplan fanden. In diesem Jahr konnte die Fluggesellschaft auch die Flotte weiter ausbauen. Im Juli kam eine Boeing B 737-800 hinzu. Sie wurde auf den Namen Falco getauft, nach dem österreichischen Popstar Johann Hölzel, der am 6. Februar 1998 bei einem Autounfall starb. Im Oktober nahm Lauda seine zweite Boeing B 777 in Empfang. Das Flugzeug erhielt den Taufnahmen Ernest Hemingway. Die Vergabe dieser Namen ist eines der Markenzeichen von Lauda Air. Während andere Fluggesellschaften Städtenamen oder historische Persönlichkeiten für die Taufnahmen ihrer Maschinen verwenden, tragen eine ganze Reihe von Lauda-Maschinen die Namen von Künstlern oder Sportlern, die in der jüngsten Vergangenheit sehr populär waren.

Beispiele aus der Flotte:

Flugzeugtyp	Name
Boeing B 737-300	John Lennon
Boeing B 737-300	Bob Marley
Boeing B 737-400	Elvis Presley
Boeing B 737-400	Janis Joplin
Boeing B 737-800	Freddie Mercury
Boeing B 767-300ER	Ayrton Senna
Boeing B 767-300ER	Enzo Ferrari
Boeing B 767-300ER	Marilyn Monroe
Boeing B 767-300ER	James Dean
Boeing B 767-300ER	Steve McQueen
Boeing B 777-200ER	Pablo Picasso

Neu in den Winterflugplan wurden Mexico City, der mexikanische Badeort Cancun und Agadir in Marokko aufgenommen. 2000 schloss sich Lauda Air dann zusammen mit Tyrolean Airways und Austrian Airlines der Star Alliance an.

Nicht nur die Taufnamen der Maschinen sind eine Besonderheit von Lauda. Die Fluggesellschaft ist auch sonst darum bemüht, sich durch einen besonderen Auftritt von anderen Airlines abzuheben. Das gelang natürlich in der Vergangenheit zunächst schon einmal durch die Person Niki Laudas selbst, der auch als Pilot an Bord seiner Maschinen zu finden war, dabei aber anders als »normale« Flugkapitäne nicht in Uniform flog, sondern auch im Cockpit sein bekanntes legeres Outfit beibehielt. Auch bei der Vermarktung des Flugangebotes ist Lauda Air darum bemüht, den eigenen Maschinen und Flügen ein ganz besonders Ambiente zu geben. So kommt der Passagier auf allen Langstreckenflügen in der Boeing B 767 und Boeing B 777 in den Genuss von »Laudas Flying Wonder World«. Darunter ist zum einen ein ausgetüfteltes Unterhaltungs- und Informationsprogramm zu verstehen, zum anderen Komfort und Service an Bord der Maschinen. So sind in den Maschinen alle Sitze, auch in der Economy-Class, mit einem Bildschirm und einem Telefon ausgestattet. Das Informations- und Unterhaltungsangebot – Lauda Bezeichnung: Dream Factory – ist äußerst umfangreich und bietet zwölf Videoprogramme sowie 16 Musikkanäle. Zum Angebot gehört ein Meditationskanal, ein Nachrichtendienst in Zusammenarbeit mit der Nachrichtenagentur Reuters sowie ein Überblick über wesentliche Flug- und Reisedaten. Mittels Bordkameras wird den Passagieren die Möglichkeiten geboten, den Flugverlauf aus der Sicht des Cockpits mitzuverfolgen. Eine andere Besonderheit ist die Bordverpflegung, die Lauda Air zusammen mit dem Cateringunternehmen Do & Co konzipiert hat und anbietet. Dabei fliegen in den Maschinen während der Langstreckenflüge Köche mit, die für die Zubereitung der Mahlzeiten verantwortlich sind. In der Business-Class soll den Passagieren das Ambiente eines exklusiven Restaurants geboten werden. Ende 2000 kam es dann zum Eklat zwischen Niki Lauda und Austrian Airlines, der auch offensichtlich werden ließ, dass es zwischen dem Ex-Rennfahrer und dem österreichischen Nationalcarrier schon seit langem Spannungen gegeben hatte. Nachdem eine Wirtschaftsprüfungsgesellschaft Kritik an Fremdwährungsgeschäften des Firmengründers geübt

Fluggesellschaften

Die Köche haben den Service bei Lauda Air bekannt gemacht.

hatte, trat dieser von seiner Position als Vorstandsvorsitzender von Lauda Air zurück. Wenige Tage später verzichtete Austrian Airlines auf die Dienste von Niki Lauda als Pilot.

Kurzprofil auf einen Blick

IATA-Code:	NG
Dreilettercode:	LDA
Callsign:	Lauda Air
Mitgliedschaft in Allianzen:	Star Alliance
Hauptverkehrsdrehscheiben:	Wien
Zahl der Mitarbeiter:	1692
Beförderte Passagiere (Zahlgäste) 1999 im Linienverkehr:	973 400
Beförderte Luftfracht 1999 im Linienverkehr in tsd. t:	15,1
Zahl der Verkehrsflugzeuge:	25

Die Flotte im Detail:

Flugzeugmuster	Anzahl
Learjet 60	2
Canadair CL 601	1
Canadair RJ 100	8
B 737-300	2
B 737-400	2
B 737-800	2
B 767-300	6
B 777-200	2

Flugzeugunfälle mit Totalverlust des Fluggeräts seit 1970:

Datum   **Unfall**

26.05.1991   Beim Flug von Bangkok nach Wien öffnete sich in einer Boeing B 767-300ER noch am Himmel über Thailand die Schubumkehr am linken Triebwerk. Das Flugzeug stürzte ab. Alle 223 Insassen in der Maschine starben.

LTU

Die Wahl von Düsseldorf als Heimatflughafen erwies sich als Glücksgriff: LTU

Viele Jahrzehnte lang hatte der Luftverkehrsmarkt in der Bundesrepublik Deutschland ein eindeutige Einteilung. Liniencarrier war die allgegenwärtige Lufthansa. Daneben konnte sich kein weiteres Unternehmen in diesem Geschäftsfeld als ernsthafter Konkurrent halten. Nur auf Charterebene hatten Fluggesellschaften auf lange Sicht eine Chance, sich dauerhaft wirtschaftlich am Markt zu etablieren. Die Zeiten sind längst vorbei. Mit der Deutschen BA ist der Lufthansa ein potenter Konkurrent erwachsen, und die ehemals gültige Trennung in Charter und Linien gilt heute ohnehin nicht mehr, auch wenn sich nach wie vor die Fluggesellschaften, die als Charterairlines groß geworden sind, auch heute noch vorwiegend als Ferienflieger verstehen und einen Großteil ihrer Platzkapazitäten an Reiseveranstalter verkaufen. Als Urlaubsfluggesellschaft gehört die in Düsseldorf beheimatete LTU zu den traditionsreichsten Unternehmen in der Bundesrepublik. Und obwohl das so ist, können nur die wenigsten Flugreisenden erklären, wofür die Buchstaben, die als Name weiß auf den rot lackierten Leitwerken prangen, eigentlich stehen. Dabei ist das ganz einfach. LTU steht schlicht für die Bezeichnung Luft-Transport Unternehmen. Die Fluggesellschaft nahm am 2. März des Jahres 1956 offiziell den Flugbetrieb auf – allerdings noch unter anderem Namen. LTU stand zu diesem Zeitpunkt noch für Luft-Transport Union. Gründungsväter waren die beiden Briten Bernard A. Dromgoole und Ronald Myhill, der deutsche Architekt und Bauunternehmer Kurt Conle sowie Wilhelm Sachsenberg und Ernst Seibert, die in einer in Wiesbaden ansässigen Firma unter dem Namen Deutsche Luftfahrt-Beratungsdienst arbeiteten. Nach der Eintragung ins Handelsregister 1955 kaufte die junge Airline in Großbritannien zwei Vickers Viking. Die Flugzeuge konnten 36 Passagiere oder – nach Ausbau der Sitze – 3,5 t Fracht befördern. Die Maschinen wurden von zwei Kolbenmotoren mit jeweils 1 690 PS angetrieben. Die Reichweite betrug 1 750 km. Schwierig erwies sich zu dieser Zeit die Beschaffung von Cockpitpersonal. Der deutschen Arbeitsmarkt konnten noch keine Piloten zur Verfügung stellen, also warb LTU Crewmitglieder in Großbritannien, Irland und den Niederlanden an.

In der Kabine wurde derweil improvisiert. Eine standardisierte Ausrüstung, wie heute selbstverständlich, stand nicht zur Verfügung. Also machte sich die erste Stewardess eigenverantwortlich auf den Weg in die Frankfurter Innenstadt und kaufte für die Flüge ein – Teller, Tassen, Thermoskannen und andere Gegenstände für die Bordküche. Der erste kommerzielle Flug mit Passagieren stand unter keinem

Nahaufnahme: Bug einer Boeing B 757.

Fluggesellschaften

Boeing B 757-200 von LTU im Reiseflug.

guten Stern. Er führte am 4. März 1956 von München nach Catania. Doch bevor man in Sizilien landen konnte, musste Pilot Iven O'Neill im südfranzösischen Marseille einen unplanmäßigen Zwischenstopp einlegen. Grund: Die Maschine hatte einen Defekt und musste repariert werden. Flugreisen, gerade im Urlaubsverkehr, waren in den 50er Jahren bei weitem noch nicht so selbstverständlich wie heute. Dem Fliegen haftete noch der Hauch eines Abenteuers an. Damit verbunden war die Toleranz der Passagiere gegenüber Improvisationen, aber auch Pannen, sehr viel höher als in der Gegenwart. Viel weniger noch als heute bestand Fliegen zu dieser Zeit aus Routine. Dafür, dass diese für die LTU-Piloten im ersten Betriebsjahr ganz sicher nicht auftreten konnte, sorgte der damalige ägyptische Staatschef Gamal Abd el Nasser, als er am 26. Juli den Suezkanal nationalisierte und eine internationale Krise ausbrach. Sofort wurde es nötig, deutsche Techniker und ihre Familien aus der Krisenregion auszufliegen – eine Aufgabe, mit der die Bundesregierung unter anderem die LTU beauftragte. Eine schwierige Arbeit. Ägyptens Flughäfen waren geschlossen. LTU musste auf den Sudan ausweichen und flog dort die Wüstenpiste von Wadi Halfa an, die die Passagiere per Bahn oder Schiff auf dem Nil erreichten. In zehn Flügen wurden 206 Personen ausgeflogen.

Ende dieses Jahren arbeiteten 62 Mitarbeiter für die LTU. Die Bilanz bisher: 2680 Flügen wurden absolviert, 20000 Passagiere befördert. Unter dem Strich entstand wirtschaftlich ein Verlust, was aber aufgrund der nötigen Investitionen in Flugbetrieb und Wartung auch nicht anders zu erwarten war. In den Folgejahren veränderte sich die Flotte. LTU verkaufte einige Vickers Viking, andere waren neu hinzugekommen. 1958 beschaffte LTU die erste DC 4, 1959 folgte eine zweite Maschine dieses Typs. Urlaubsreisen waren in diesen Jahren noch nicht während des ganzen Jahres üblich. Die Menschen flogen vor allem während der relativ eng begrenzten Zeit der Sommerferien in die Ferien. Die Charterfluggesellschaften hatten es von daher schwer, ihre Maschinen in der übrigen Zeit des Jahres auszulasten. So auch LTU. Jeder zusätzliche Chartereinsatz war willkommen. So führte die LTU zum Beispiel Frachtflüge für die niederländische KLM in die USA durch. Bei einem typischen Umlauf startete die DC 4 in Köln und flog von dort nach Amsterdam. Hier wurde Fracht verladen. Von hier aus flogen die Piloten nach Preswick, dann nach Keflavik, Gander, Montreal und schließlich nach New York. Ein Flug westwärts dauerte zwölf Stunden. Der Rückflug erfolgte bereits nach einer Ruhezeit von nur zwölf Stunden. Die DC 4 verfügte über keine Druckkabine. Während der Flüge war es in der Maschine kalt, bei schlechtem Wetter drang Wasser durch undichte Stellen in der Flugzeugbeplankung.

Unterdessen musste der Name der Fluggesellschaft geändert werden. Eine Spedition verwandte den Namen »Transport-Union« drohte der LTU mit rechtlichen Schritten. Die Fluggesellschaft benannte sich in Luft-Transport Unternehmen um. Unterdessen kam es innerhalb der LTU zu einer ersten Krise, die verschiedene Gründe hatte, so zum Beispiel Spannungen zwischen Flugbetrieb und Wartung oder die sich immer stärker abzeichnenden mangelnden Perspektiven des Flughafens Frankfurt für das Unternehmen. Vor allem aber entwickelte sich die junge Charterbranche in der Bundesrepublik nicht wie gewünscht, wozu neben den Konkursen von Touristik-Veranstaltern auch der spektakuläre Crash einer Maschine des Luftfahrtunternehmens Karl Herfurtner beigetragen hatte.

Die neue Bemalung der LTU-Maschinen.

Das Herfurtner Debakel

Das Luftfahrtunternehmen Karl Herfurtner war mit Maschinen vom Typ Vickers Viking und Douglas DC 4 ebenfalls auf dem neuen Chartermarkt tätig. Am 3. November 1957 kam der Chefpilot auf den Gedanken, kurz nach dem Start mit einer viermotorigen DC 4 in Düsseldorf zu demonstrieren, wie sicher das Flugzeug auch mit nur zwei laufenden Motoren an einer Seite fliegen kann. Er stellte zwei Triebwerke ab – verlor die Kontrolle über das Flugzeug und stürzte ab. Beide Piloten, der Flugingenieur und zwei Stewardessen, darunter die Tochter des Unternehmers, starben.

1960 kam es zu einer bedeutenden Gesellschafterversammlung in Köln. Kurt Conle, mittlerweile alleiniger Mehrheitsgesellschafter, berief die beiden Piloten Ernst-Jürgen Ahrens und Wolfgang Krauss zu Geschäftsführern. Diese ergriffen sofort energische Maßnahmen. So wurde als einer der ersten Schritte der Umzug der Fluggesellschaft an den Flughafen Düsseldorf eingeleitet. Der Standort schien günstig aufgrund des zukünftigen Passagierpotentials, das der umliegende gewaltige Wirtschaftsraum versprach. Eine Einschätzung, die sich als richtig erweisen sollte. Ein weiterer wichtiger Schritt war die Erneuerung der Flugzeugflotte. LTU entschied sich für die Fokker F 27, ein Turboprop-Flugzeug mit zwei Propellern, ausgestattet mit einer Druckkabine und für seine Zeit sehr modern. Piloten, Techniker und Passagiere waren begeistert. Trotzdem wurde der Flugverkehr in dieser Zeit in sehr bescheidenem Rahmen durchgeführt. In das Jahr 1962 ging LTU mit nur zwei Maschinen, vom Rest der Flotte hatte sich das Unternehmen getrennt. Das Geschäft lief zunächst langsam an, entwickelt sich insbesondere 1963 aber immer besser. Mittlerweile drängten weltweit düsengetriebene Verkehrsmaschinen auf den Markt, eine Entwicklung, der sich LTU gegenüber sehr aufgeschlossen zeigte. 1964 wurde ein Vertrag über den Kauf einer ersten gebrauchten Caravelle geschlossen, 1965 das Flugzeug ausgeliefert. Am 18. Februar 1965 flog die Caravelle zum ersten Mal planmäßig Passagiere im Dienst der LTU. Der Flug führte von Düsseldorf nach Palma de Mallorca. Im November wurde bereits die zweite Caravelle bestellt. Trotzdem blieb der weitere Weg der LTU zunächst steinig. 1966 verstarb Kurt Conle. Eine gefährliche Situation für das Unternehmen, denn die Treuhänder der Erbengemeinschaft hatten zunächst Zweifel daran, ob es sinnvoll sei, die Fluggesellschaft weiter zu führen. Den Geschäftsführern gelang es in schwierigen Verhandlungen, die Airline zu erhalten. Fliegerisch kam 1966 ein neues Standbein für das Unternehmen hin. LTU führte Flüge im Auftrag der Deutschen Lufthansa aus, so auf den Verbindungen Düsseldorf–Bremen, Düsseldorf–Hannover und Düsseldorf–Rotterdam. Während der Einführungsphase übernahm das Land Nordrhein 75 Prozent der Kosten. Bedingung der Lufthansa: Auf den einge-

Fluggesellschaften

setzten Fokker F 27 durfte nichts auf die LTU hinweisen. Ebenfalls 1966 wurde eine weitere Caravelle ausgeliefert. 1967 flog LTU bereits 23 Zielorte an und beförderte immerhin 249 431 Passagiere. Die Entwicklung schritt jetzt zügiger voran, neue Maschinen erreichten die Flotte, 1969 vertrauten sich über 375 000 Passagiere der LTU an. Im gleichen Jahr erhielt die Fluggesellschaft einen neuen Flugzeugtyp in Form von zwei Fokker F 28, während sich das Unternehmen von den letzten F 27 trennt. 1972 zeichnete sich ab, dass auf der Basis der bisherigen Geschäftstätigkeit die Grenzen des Wachstums erreicht waren. Wollte der Carrier weiter wachsen, musste der Sprung in den Massentourismus gewagt werden. Dazu aber war die Anschaffung neuen Fluggeräts nötig. Eine positive Entscheidung würde gewaltige Investitionen nötig machen. Die Geschäftsführer entschieden sich, den Schritt zu wagen. Nach ausführlichen Gesprächen mit den großen Flugzeugherstellern fiel die Kaufentscheidung auf die Lockheed L 1011 TriStar. 1973 wurde die erste Maschine ausgeliefert. Als die TriStar mit der Kennung D - AERA am 14. Juni 1973 zu ihrem ersten kommerziellen Flug für LTU nach Ibiza startete, saß hinter dem Steuerhorn kein geringerer als Wolfgang Krauss. Der Geschäftsführer war immer noch aktiver Flugkapitän der Airline. Wieder kam ein Rückschlag in Form der Ölkrise. Die Zahl der beförderten Passagiere ging leicht zurück, ein weiterer Rückgang musste 1974 verbucht werden. LTU reduzierte die Flotte, Caravelle und Fokker F 28 wurden verkauft. 1975 war ein Ende der Krise in Sicht. Gleichzeitig erhielt der Carrier die zweite TriStar. 1976 bestand die Flotte der Fluggesellschaft damit noch aus zwei TriStar und drei Caravelle. Wirtschaftlich verlief das Jahr äußerst erfolgreich. 768 746 Passagiere wurden befördert. Mit dem neuen Fluggerät nahm LTU jetzt auch Langstrecken-Flüge in den Flugplan auf. Die erste Destination war Miami, New York, Los Angeles, Nassau und Colombo folgten. Weitere Lockheed L 1011 kamen hinzu. Besonderheit bei einigen Maschinen: Im Frachtraum war ein Passagierabteil installiert, in dem 16 Fluggäste Platz finden. Es wurde als Club Lounge vermarktet. 1978 überschritt LTU zum ersten Mal in einem Jahr die Grenze von 1 Mio. beförderten Passagieren. 1979 verließ die letzte Caravelle die Flotte, die damit nun nur noch aus fünf Großraumflugzeugen von Lockheed bestand. Zwei weitere Maschinen erreichten 1980 die Flotte. Dabei handelte es sich um Lockheed L 1011-500, einer Langstreckenversion der TriStar. 1980 starb Geschäftsführer Ernst-Jürgen Ahrens. Eine achte TriStar ging 1982 für LTU in den Flugdienst. Mittlerweile engagierte sich die Fluggesellschaft auch im Bereich der Reiseveranstalter. Der Anbieter Jahn-Reisen wurde zu 100 Prozent übernommen, eine Mehrheitsbeteiligung an Tjaereborg konnte bereits im Jahr zuvor gekauft werden. 1983 gründete LTU mit der LTS ein Tochterunternehmen als Fluggesellschaft. Sitz war München. Mit Fluggerät vom Typ Boeing B 757-200 begann man, den süddeutschen Markt zu erschließen.

1985 bestand die Fluggesellschaft seit 30 Jahren. Der Umsatz betrug jetzt 670 Mio. DM. LTU beförderte 2,5 Mio. Passagiere und beschäftigte mehr als 1000 Mitarbeiter. Im gleichen Jahr schaffte die Fluggesellschaft eine neunte TriStar an, im Dezember 1986 erreichte eine Boeing B 757 die Fluggesellschaft. In diesem Jahr schied der langjährige Geschäftsführer Wolfgang Krauss aus. Gleichzeitig wurde mit der Lufttransport Touristik (LTT) eine neue Holdinggesellschaft gegründet, die alle Aktivitäten der Unternehmen in der LTU-Gruppe bündeln und koordinieren sollte. In Spanien entstand 1987 mit der LTE eine neue Fluggesellschaft, an der die LTU mit 25 Prozent beteiligt war. Für den Flugbetrieb erhielt die LTE zwei Boeing B 757 aus dem Bestand der LTS. Durch die neue Fluggesellschaft erhoffte sich LTU Zugang zu neuen Chartermärkten in Europa und nicht zuletzt eine gute Startposition für die absehbaren Liberalisierungsschritte. LTE konzentrierte sich in den Jahren nach der Unternehmensgründung denn auch ganz wesentlich auf den skandinavischen Ferienmarkt. Ebenfalls 1987 wurde der Name der Fluggesellschaft LTS in LTU Süd geändert. Das folgende Jahr stand ganz im Zeichen einiger Neuerungen. Am Düsseldorfer Flughafen nahm im Januar die Firma LTC Catering den Betrieb auf. Das Unternehmen arbeitete natürlich wesentlich für LTU. Freie Kapazitäten standen aber auch Fremdkunden zur Verfügung. Gleichzeitig bestellte LTU in diesem Monat drei neue Maschinen. Dabei handelte es sich um Boeing B 767, die bei LTU Süd zum Einsatz kommen sollten, während neue Boeing B 757 schon im Oktober und November 1987 die LTU-Süd-Flotte erreichten. Im Dezember 1988 wurden dann weitere schwerwiegende Investitionsentscheidungen getroffen, die insgesamt dem Wert von mehr als einer Milliarde DM entsprachen. LTU bestellte in den USA drei McDonald Douglas MD 11 und gab die Option für eine weitere Maschine ab. Außerdem orderte die Fluggesellschaft beim europäischen Airbus-Konsortium vier Airbus A 330 und optionierte für drei weitere Maschinen. 1989 erreichten eine ganze Reihe von neuen oder gebrauchten Maschinen die Konzernflotte. Drei Boeing B 767 wurden ausgeliefert, zwei Boeing B 757 und außerdem erhielt LTU eine weitere Lockheed TriStar, die das Unternehmen von der Fluggesellschaft United Airlines gebraucht kaufte. LTU wandelte die bisherige Option auf eine vierte MD 11 wurde in eine Festbestellung um. Auch auf dem Reisesektor tat sich etwas. LTU übernahm den Veranstalter Sonnenreisen zu 90 Prozent und das Unternehmen LTI-Hotels-International wurde gegründet. Die Ausweitung der Unternehmensaktivitäten auf weite Bereiche des Reisemarktes erwies sich für die LTU-Gruppe als lohnende Entscheidung. Immerhin 75 Prozent der beförderten Passagiere buchten mittlerweile über die eigenen Veranstalter. Die Investitionen hatten natürlich einen erheblichen Finanzbedarf zur Folge. Immerhin bewegte LTU mittlerweile Gelder in Milliardenhöhe, für ein Familienunternehmen mehr als stattliche Beträge. So war es denn auch keine große Überraschung, dass sich zur Jahreswende 1989/1990 der Übergang zum Dienstleistungskonzern vollzog. Die West LB, mächtige und finanzkräftige Landesbank von Nordrhein Westfalen, beteiligte sich mit einem Anteil von 34 Prozent an LTU. 1990 erwarb die Düsseldorfer Fluggesellschaft zwei gebrauchte Boeing B 757 von Eastern Airlines aus den USA. Mit dem nun recht umfangreichen Flugzeugpark flog LTU mittlerweile rund 50 Ziele weltweit an. Die Hälfte davon war in Spanien angesiedelt, 32 Prozent im sonstigen Nah- und Mittelstreckenverkehr und bei immerhin 18 Prozent der Routen handelte es sich um Langstreckenflüge im Fernverkehr. 1991 tobte in Kuwait und Irak der Golfkrieg. Die gesamte Reiseverkehrswirtschaft weltweit musste Einbußen hinnehmen. Davon blieb auch LTU nicht verschont. Insbesondere bei den Flügen in die Türkei und nach Ägypten kam es zu erheblichen Einbußen. 50 000 Fluggäste konnten dadurch weniger befördert werden. Gleichzeitig wurde das Kerosin teurer. Für LTU bedeutete das Mehrkosten in Höhe von 50 Mio. DM. Trotz dieser Schwierigkeiten gelang es der Airline, wie vielen anderen Fluggesellschaften auch, diese Zeit relativ unbelastet zu überstehen. Größere Verluste konnten auch dadurch vermieden werden, dass Touristenströme auf das westliche Mittelmeer und die Kanarischen Inseln umgelenkt wurden. Am 2. Januar 1992 war es dann soweit und ein lange erwartetes neues Flugzeug, die erste MD 11, ging auf einem Flug nach Palma de Mallorca in den Flugdienst für LTU. Zwei weitere MD 11 wurden im Sommer ausgeliefert, im März 1993 folgte die vierte bestellte Maschine. In diesem Jahr war die 100prozentige Übernahme von LTE ein weiteres wichtiges Ereignis. Über 5 Mio. Passagiere konnte LTU 1993 befördern, der Konzerngewinn nach Steuern betrug 73,6 Mio. DM. Im Bereich der Flotte kam nun die Zeit des Abschieds von den TriStars. Die erste Maschine wurde im April 1994 ausgemustert. Dafür erhielt die Fluggesellschaft im 16. Januar 1995 die erste Maschine eines neuen Flugzeugmusters, das nicht weniger eindrucksvoll ist: den Airbus A 330. Der erste reguläre Flug fand am 23. Januar nach Larnaca auf Zypern statt. Bis Mai trafen drei weitere Maschinen ein. Weitere Lockheed 1011 TriStar verließen währenddessen die Flotte. Im Sommer 1996 schloss LTU die Ausmusterung dieses Flugzeugtyps ab, während weitere A 330 sowie eine Boeing B 767 und eine Boeing B 757 ausgeliefert wurden. Bis 1998 verließ auch ein anderes Modell die Flotte: die MD 11. Die Ausmusterung erfolgte in Zusammenhang mit einer eingeleiteten Neustrukturierung der Flotte, die eine deutliche Steigerung der Ertragskraft zur Folge haben sollte. Auf wirtschaftlichem Gebiet wurde 1997 die Trennung zwischen LTU und LTU Süd aufgehoben. Beide Fluggesellschaften fusionierten. Eine weitere, sehr bedeutende Veränderung stellte sich 1998 ein: Die schweizer SAir-Group, zu der unter anderem die Fluggesellschaft Swissair gehören, beteiligte sich mit 49,9 Prozent an der LTU-Gruppe. Der Anteil der Westdeutschen Landesbank ging auf 10,2 Prozent zurück, private Investoren hielten nun noch 39,9 Prozent der Firmengruppe. Der Wechsel hatte langfristig auch Konsequenzen für die Flottenpolitik der deutschen Urlaubsfluggesellschaft. Im Frühjahr 2000 wurde die Anschaffung von 25 neuen Flugzeugen bekanntgegeben. Bei allen Maschinen handelt es sich um Modelle von Airbus, genauer um 18 Flugzeuge der A-320-Familie und sieben A 330-200. Für sechs A 320 unterschrieb LTU dabei gleich den Kaufvertrag. Gleichzeitig wurde bekannt, dass LTU damit verbunden eine komplette Umstrukturierung der Flotte plant. Bis Ende 2003 will die Fluggesellschaft eine reinrassige Airbus-Flotte betreiben. Das bedeutet, dass die aktuellen Modelle von Boeing bis zu diesem Datum verkauft werden. Die Entscheidung überrascht letztlich nicht. Swissair wie auch Sabena, die ebenfalls eng mit der SAirGroup verbunden ist,

Fluggesellschaften

Der A 330 war die erste Maschine von Airbus, für die sich LTU entschied.

haben sich schon zuvor weitgehend für Airbus-Modelle entschieden. Eine einheitliche Flottenstruktur innerhalb der ganzen Gruppe aber schafft natürlich Kostenvorteile bei der Wartung, der Ersatzteilbevorratung und natürlich auch dem Einkauf der Maschinen – Vorteile, die im scharfen Wettbewerb zwischen den Fluggesellschaften immer stärker an Bedeutung gewinnen. Die neuen Maschinen werden außerdem erstmals auch eine neue Lackierung tragen, die LTU im Sommer 2000 der Öffentlichkeit vorstellte. Die Veränderungen fallen dabei sehr vorsichtig aus. So wird das Leitwerk unverändert bleiben. Am Rumpf dominiert dagegen die weiße Farbe, ergänzt durch den Schriftzug LTU an beiden Seiten der Maschine. Die Unterseite der Flugzeuge wird dann wieder rot lackiert sein. Das neue Design soll insgesamt frischer, innovativer und moderner wirken. Zu Beginn des neuen Jahrtausends präsentierte sich die Fluggesellschaft LTU Lufttransport-Unternehmen GmbH als 100prozentige Tochter der LTU Group Holding GmbH. Eng verbunden war die Fluggesellschaft mit den verschiedenen Reisemarken der LTU Group, die unter dem Dach der LTU Touristik GmbH – ebenfalls eine 100prozentige Tochter der LTU Group – zusammengefasst waren. Dazu gehörten die Reiseveranstalter Jahn Reisen, Marlboro Reisen, Meiers Weltreisen, THR Tours, Tjaereborg und Smile & Fly. LTU Lufttransport wiederum hatte ebenfalls einige Tochterunternehmen. Das waren die LTE Fluggesellschaft mit Sitz in Palma de Mallorca, die RAS Fluggesellschaft, eine regionale Airline mit Sitz in Düsseldorf, die mit zwei Shorts 360 zum Beispiele Flüge nach Westerland auf Sylt und Erfurt anbietet sowie die Firmen LTU Aircraft Maintenance GmbH, LTU Aviation Handling GmbH und LTC Catering GmbH. Außerdem gehörte noch zur Unternehmensgruppe die LTI Hotelbeteiligungs- und Investitionsgesellschaft mbH, unter deren Flagge weltweit 41 Hotelbetriebe stehen. Zum Jahresbeginn 2001 kam es dann zu einer bedeutenden Änderung der Besitzverhältnisse, die im Sommer 2000 bereits angekündigt wurde. Der Einzelhandelskonzern Rewe übernahm die Anteile in Höhe von 39,9 Prozent an der LTU-Holding, die sich noch in der Hand privater Investoren, der LTU-Gründerfamilie Conle, befanden. Gleichzeitig erwarb Rewe 40 Prozent der Anteile an der Fluggesellschaft LTU. Für diese kann das Engagement des Einzelhandelsriesen nur Vorteile bieten, immerhin gehören zur Rewe-Gruppe auch die Reiseveranstalter DER und IST, was natürlich eine gute Voraussetzung ist, die LTU-Maschinen in Zukunft mit Passagieren zu füllen.

Kurzprofil auf einen Blick

IATA-Code:	LT
Dreilettercode:	LTU
Callsign:	LTU
Mitgliedschaft in Allianzen:	—
Hauptverkehrsdrehscheiben:	Düsseldorf
Zahl der Mitarbeiter:	2876
Beförderte Passagiere[1] 1998/99 in Mio.:	7,4
Zahl der Verkehrsflugzeuge:	29

Die Flotte im Detail:	Flugzeugmuster	Anzahl
	A 330-300	7
	A 320-200	1
	B 767-300ER	6
	B 757-200	15

[1] LTU, LTE und RAS gemeinsam

Flugzeugunfälle mit Totalverlust des Fluggeräts seit 1970:

Datum   Unfall

27.06.1991 In einer Lockheed L 1011 brach während nächtlicher Wartungsarbeiten ein Feuer aus. Es kam niemand zu Schaden. Das Flugzeug wurde allerdings total zerstört.

Spiegel deutscher Geschichte:
Lufthansa

Eingebunden in die Star Alliance präsentiert sich die Deutsche Lufthansa zur Jahrtausendwende als sehr erfolgreiche Fluggesellschaft mit hervorragenden Perspektiven für die Zukunft. 1999 erzielte die Lufthansa AG einen Jahresüberschuss von stolzen 787 Mio. DM, der damit stabil das Ergebnis von 1998 mit 785 Mio. DM weiterführte. Unter den Fluggesellschaften der Welt belegte Lufthansa gemessen an der Zahl der beförderten Passagiere 1999 mit 42,1 Mio. Fluggästen den 8. Platz. Rechnet man die Fluggäste, die auf Inlandsstrecken flogen heraus und vergleicht nur den internationalen Verkehr ist Lufthansa hinter British Airways die zweitgrößte Fluggesellschaft der Welt. Schon traditionell ist die deutsche Airline sehr stark im Frachtgeschäft vertreten. Mit rund 1,1 Mio. t 1999 war sie die viertgrößte Frachtfluggesellschaft der Welt. Lässt man die Integrators Federal Express und UPS unberücksichtigt, liegt Lufthansa auf Rang 2 hinter Korean Air. Im Fracht- wie auch im Passageverkehr gilt die deutsche Fluggesellschaft weltweit als besonders pünktliches und sicheres Unternehmen. Glaubt man der landläufig häufig zu hörenden Meinung, scheint der Komfort an Bord der Maschinen allerdings nicht zu den Stärken dieser Fluggesellschaft zu zählen. Ähnlich wie bei British Airways hält die genauere Betrachtung der reinen Komfortdaten dieser Betrachtungsweise allerdings nicht stand. So bietet die Lufthansa in der Ersten Klasse der Boeing B 747-400 einen vorzeigbaren Sitzabstand von 228 cm an. Darüber hinaus lässt sich der Sitz in eine ebene Liegefläche verwandeln. Und in der Business Class findet der Reisende 122 cm Sitzabstand vor, wenn sich auch hier die Lehne des Sitzes nur noch auf 135 Grad absenken lässt und nicht auf 180 Grad, wie im Kapitel unter British Airways beschrieben.

Die Geschichte der Deutschen Lufthansa reicht bis ins Jahr 1919 zurück und hat ganz wesentlich die Entwicklung des Luftverkehrs in Deutschland, darüber hinaus aber auch in der ganzen Welt, gefördert. Ein wesentliches Eckdatum ist der 6. Januar 1926, als im Berliner Hotel Kaiserhof die »alte« Lufthansa unter dem Namen Deutsche Luft Hansa Aktiengesellschaft auf der Taufe gehoben wurde. Am 18. Januar erfolgte der Eintrag ins Handelsregister. Zwei Fluggesellschaften, die bis dahin den deutschen Luftverkehr dominiert hatten, gingen in der Luft Hansa auf: die Deutsche Aero

Eine Dornier Komet III in Berlin-Tempelhof am 6. April 1926. Die Passagiere steigen zu einem Flug nach Köln ein.

Mit laufenden Motoren wartet eine Focke-Wulf FW 200 »Condor« auf dem Vorfeld.

Lloyd AG und die Junkers Luftverkehrs AG. In der Aero Lloyd AG hatten sich am 6. Februar 1923 die Deutsche Luft-Reederei (DLR) und der Lloyd-Luftverkehr zusammengeschlossen. Die DLR wiederum führte am 5. Februar 1919 mit einem Zeitungstransport den ersten Linienflug in Deutschland durch. In den 20er und 30er Jahren baute Lufthansa in Europa ein beeindruckendes Streckennetz auf, das zuverlässig und sicher beflogen das Flugzeug zu einem ernstzunehmenden Verkehrsmittel machte. Nach Südamerika bestanden regelmäßige Postverbindungen. Darüber hinaus tastete sich die Lufthansa durch Beteiligung an beeindruckenden Pioniertaten wie dem Nonstop-Flug einer Focke Wulf Fw 200 von Berlin nach New York am 10./11. August 1938 an die Aufnahme regelmäßiger Linienverkehre auf solchen Langstrecken heran. Der Krieg unterbrach weitere derartige Projekte. Nach dem 2. Weltkrieg war an eine Wiederaufnahme des Luftverkehrs zunächst nicht zu denken. Deutsche durften laut Anweisung der Alliierten keine Flugzeuge herstellen, besitzen oder betreiben. 1950 zeichnete sich ein Ende der schweren Nachkriegszeit ab. Die Lebensmittelkarten wurden abgeschafft und erste Überlegungen über eine Wiederbelebung eines zivilen deutschen Luftverkehrs angestellt. Schließlich war klar, dass Deutschland – mit Einverständnis der Alliierten – daran gehen konnte, Vorbereitungen für einen eigenständigen deutschen Luftverkehr zu betreiben. Entsprechende Pläne hatte der Wirtschaftsberater Hans M. Bongers bereits ausgearbeitet. Am 29. Mai berief ihn der damalige Verkehrsminister Hans Christoph Seebohm zum offiziellen Berater in Luftverkehrsfragen. Bongers hatte sein bisheriges Berufsleben in Zusammenhang mit dem Luftverkehr verbracht. Noch bei Junkers baute er 1924 eine Betriebskostenermittlung für den Luftverkehr auf. Bei der »alten« Lufthansa stand er dann nach verschiedenen anderen Tätigkeiten wie der eines Werkstättenleiters als Verkehrsleiter des Gesamtbetriebes in den Diensten des Unternehmens. Das »Büro Bongers«, das sich darauf in Köln etablierte, wurde zur Keimzelle der späteren Lufthansa. Zum wichtigen Partner von Bongers entwickelte

Lufthansa

Ein Blick in die Erste Klasse einer Lockheed-Constellation im November 1958.

sich dabei der Ingenieur Gerhard Höltje, der vor allem seinen technischen Sachverstand in die Planungen einbrachte. Bei der »alten« Lufthansa war Höltje maßgeblich an der Entwicklung der Seeflugzeuge beteiligt gewesen. Langsam, Schritt für Schritt kamen die Entwicklungen voran, immer abgestimmt mit den Alliierten. Am 6. Januar 1953 dann – das Datum hatten die Verantwortlichen nicht zufällig gewählt – war es soweit: Im Oberbergischen Saal der Industrie- und Handelskammer zu Köln versammelten sich die Gründungsmitglieder, um die Aktiengesellschaft für den Luftverkehrsbedarf (Luftag) zu gründen. Aktionäre waren der Bund, die Bundesbahn und das Land Nordrhein-Westfalen. Die Leitung übernahmen Bongers und Höltje. Die Luftag durfte nun Mitarbeiter einstellen, eine Bodenorganisation aufbauen und vor allem: Flugzeug kaufen. Eine Aufgabe, die von Gerhard Höltje ausgefüllt wurde. Die Mittel waren zu dieser Zeit begrenzt. So wurden vier Convair Cv 340 für die Kurz- und Mittelstrecken und vier Lockheed Super Constellation für die Langstrecken bestellt. Unterdessen kam es zu einer Namensänderung, über die sich alle Beteiligten freuten: Seit dem 6. August 1954 konnte sich die Fluggesellschaft wieder Deutsche Lufthansa nennen – wenn sie auf formell nicht Rechtnachfolger der »alten« Lufthansa war. Diese befand sich in Liquidation. Die Luftag hatte davon lediglich den Namen gekauft. Für die Maschinen benötigte man Piloten. Diese wurden in scharfen Auswahlverfahren ausgewählt. Voraussetzung für eine Aufnahme in den darauf folgenden Lehrgängen war der Nachweis von mindestens 2000 Flugstunden Erfahrung auf mehrmotorigen Maschinen. In Frage kamen also Piloten der »alten« Lufthansa« wie auch der Luftwaffe. Alle hatten mittlerweile seit geraumer Zeit nicht mehr geflogen und übten ganz normale berufliche Tätigkeiten am Boden aus, aus denen heraus sie sich dann für den Wiedereinstieg in die Pilotenlaufbahn bewarben. Im März 1955 konnte der »Probeflugverkehr« innerhalb der Bundesrepublik beginnen. Die deutschen Piloten flogen zunächst als Copiloten englischer Kapitäne. Vielen fiel die Umstellung nicht leicht, denn der Luftverkehr hatte sich mittlerweile verändert, was sich vielleicht am auffälligsten an der Einführung der englischen Sprache bemerkbar machte. Am 1. April dann starteten jeweils in München und Hamburg je eine Convair Cv 340 zum ersten planmäßigen Linienflug. Die US-Fluggesellschaft Pan Am meldete sich in Zeitungsinseraten zu Wort: »Hallo Lufthansa! In der Reihe der Weltfluggesellschaften heißen wir das neue alte Mitglied willkommen. Wir freuen uns über den Zuwachs und sind sicher, dass die große Tradition der Lufthansa auch ihre Leistungen in Zukunft bestimmen wird. Bremsklötze weg.« Mit dem Inkrafttreten der Pariser Verträge am 5. Mai 1955 hatte die Bundesrepublik wieder ihre Souveränität und Lufthoheit zurück erhalten. Noch im selben Monat startete der erste Flug nach Paris, Flüge nach Madrid und London fanden statt. Der erste planmäßige Langstreckenflug über den Nordatlantik wurde am 8. Juni 1955 absolviert. Zum Einsatz kam auf diesen Langstrecken die Lockheed Super Constellation. Da hierfür ebenfalls noch keine Kapitäne zur Verfügung standen, stellte die US-ameri-

Fluggesellschaften

Mit einer Feier eröffnete die »neue« Lufthansa am 31. März 1955 in Hamburg ihren Flugbetrieb. Der erste Flug startete am 1. April um 7.40 Uhr mit einer Convair CV 340 über Düsseldorf und Frankfurt nach München.

kanische Fluggesellschaft TWA diese. Im April 1957 flogen 20 TWA-Kapitäne in den Lufthansa Maschinen. Im ersten Jahr des Betriebs beschäftigte die Lufthansa bereits 1 100 Mitarbeiter. 104 000 Fluggäste wurden befördert und 15 900 Flugstunden absolviert. In den folgenden Jahren baute das Unternehmen das Verkehrsnetz zügig weiter aus, in Deutschland, in Europa und der ganzen Welt. Parallel dazu stieg die Zahl der Mitarbeiter. 1957 arbeiteten schon 5 000 Menschen für die Lufthansa, 1958 waren es 6 000. Das Wirtschaftswunder war angelaufen. Zur Flotte stießen die Lockheed L 1649, die Convair Cv 440 und die Vickers Viscount. Am 2. März 1960 traf in Hamburg die erste Boeing B 707 der Lufthansa ein, die Chefpilot Rudolf Mayr und Kapitän Werner Utter gemeinsam nach Deutschland überführt hatten.

Mit der Einführung der 707 wurde das Fliegen demokratisch, begann die Entwicklung zu dem Massenverkehrsmittel, die es heute darstellt. Der Grund ist ganz einfach. Diese Maschine konnte doppelt so viele Passagiere befördern wie die zuvor auf Langstrecken eingesetzten Propellermaschinen. Gleichzeitig war es rund doppelt so schnell am Zielort wie diese. Daraus ergab sich die in dieser Zeit häufig zitierte Faustregel, dass eine B 707 vier Constellations ersetzen konnte. Das hatte weitreichende Konsequenzen. Mit der Einführung dieses Flugzeugtyps wuchs die Sitzplatzkapazität weltweit drastisch an. Damit verbunden sanken natürlich die Preise für Flüge im selben Maße. Einige Zahlen dazu: 1959 beförderte die Lufthansa 786 000 Passagiere, 1960 waren es 1 237 000 und 1961 1 553 000. 1959 kostete das Ticket für den Flug von Frankfurt nach New York rund 2 300 DM. 1961

Lufthansa

Flottenentwicklung der Lufthansa Flotte bis 1968

Baumuster	1956	1957	1958	1959	1960	1961	1962	1963	1964	1965	1966	1967	1968
B 707 A					4	5	5	5	5	5	5	5	5
B 707 B								1	2	4	10	11	11
B 707 C											2	3	3
B 720 B						3	7	7	4	4			
B 727 A									6	11	14	13	11
B 727 C												10	11
B 737												3	17
Viscount 814			2	9	9	9	9	8	7	7	7	8	7
Convair Cv 440	4	9	9	9	9	11	11	11	11	11	10	10	
L 1049 G	8	8	8	7	7	7	7	7	7	7	6		
L 1649 A		1	4	4									
L 1649 C					2	2	2	2	2	2			
DC 3	3	3	3	3	3								
Gesamt	15	21	26	32	34	37	41	41	44	51	54	63	65

Tägliche Ausnutzung der Lufthansa Flotte – gestern und heute:

Flugzeugtyp	Durchschnittliche Gesamtflugstunden pro Tag und Flugzeug
1999	
Airbus A 300-600	7,85
Airbus A 310	5,55
Airbus A 319	7,3
Airbus A 320	6,98
Airbus A 321	7,01
Airbus A 340	13,3
Boeing B 737	6,32
Boeing B 747-200	12,63
Boeing 747-400	14,84
1966	
Boeing B 707 A	10,62
Boeing B 707 B + C	10,94
Boeing B 727	5,81
Viscount 814 D	5,31
Lockheed L 1649 A + C	0,58
Lockheed L 1049 G	3,58
Convair Cv 440	5,62

waren es 1703 DM. Nur zum Vergleich: Ein Angestellter verdiente zu dieser Zeit durchschnittlich 700 DM pro Monat. Ein VW-Käfer kostete rund 4000 DM. Diese Entwicklung hielt – immer wieder einmal für kürzere Zeiten unterbrochen – bis heute an. Einen wesentlichen Schub erhielt sie noch einmal mit der Einführung der Boeing B 747, die bei der Lufthansa am 26. April 1970 in Dienst ging. Zuvor konnte das deutsche Unternehmen am 10. Februar 1968 die B 737 erstmals im Liniendienst einsetzten. Bei der Entwicklung des Flugzeuges durch Boeing hatte Lufthansa ganz wesentlich mitgewirkt.

Trotzdem standen noch eine ganz Weile die älteren Propeller-Muster im Dienst. Am 31. März 1971 wurde die Vickers Viscount außer Dienst gestellt. Dafür erhielt die Flotte in den folgenden Jahren weitere neue Modelle. Am 14. Januar 1974 absolvierte die Douglas DC 10 ihren ersten Linieneinsatz, am 2. Februar 1976 traf der erste Airbus A 300 bei der Flotte ein. Wirtschaftlich waren die 70er Jahre für das Unternehmen nicht einfach. Zu den Ölkrisen, die drastische Preiserhöhungen bei den Kraftstoffen zur Folge hatten, gesellte sich das weiterhin sinkende Preisniveau bei den Tickets. Gleichzeitig drängten immer mehr Charterfluggesellschaften auf den Markt und setzten mit Billigangeboten die etablierten Airlines – so auch die Lufthansa – noch weiter unter Preisdruck. Die deutsche Airline überstand dieses Jahrzehnt in wirt-

Frankfurt/Main ist Heimatflughafen der Deutschen Lufthansa. Entsprechend dominieren die Maschinen das Vorfeld.

schaftlich guter Verfassung. Die 80er Jahre dann entwickelten sich in allen Branchen der Wirtschaft zu einer Zeit des Wohlstands und des Wachstums. Gleichzeitig begann sich das Reiseverhalten der Menschen zu verändern. Man wurde flexibler, verreiste nicht nur einmal im Sommer, sondern nutzte das Flugzeug auch zum Zweit- und Dritturlaub sowie zu Kurz- und Städtereisen. Ein enormer Boom des Luftverkehrs war die Folge, eine Entwicklung, von der natürlich auch und gerade in der Bundesrepublik die Lufthansa profitierte. Gleichzeitig nahm der Wettbewerb weiter zu und gewann deutlich an Schärfe, was zu einem Teil auch daran lag, dass in den USA im Zuge der Deregulierung der Konkurrenzkampf für die US-Carrier erheblich zugenommen hatte und diese Entwicklung auf dem gesamten Weltmarkt spürbar wurde. Auf dem Weg in die 90er Jahre war absehbar, dass diese Situation sich auch in Zukunft nicht ändern würde.

Ganz im Gegenteil: Es zeichnete sich ab, dass der bevorstehende Binnenmarkt und die damit einhergehende Liberalisierung des Luftverkehrsmarktes in der EU den Wettbewerb weiter verschärfen würde. 1989 legte die Lufthansa die Orientierungspunkte für die weitere Entwicklung des Unternehmens fest. Als Ziel wurde definiert, »das führende Luftverkehrsunternehmen in Europa zu werden.« Als weitere Perspektive definierte Lufthansa in Hinblick auf den europäischen Binnenmarkt das Ziel, »eine deutsche Fluggesellschaft mit europäischem Heimatmarkt« zu sein, ein Unternehmen, das keinen »abrupten Kurswechsel« vollzieht, dabei aber fähig ist, sich auf neue Entwicklungen flexibel einzustellen. Die Flotte des Unternehmens erhielt in den 80er Jahren Verstärkung durch einige Modelle, die bis heute eine tragende Rolle im Luftverkehr spielen: Am 29. März 1983 übernahm Lufthansa den ersten Airbus A 310. Am 25. Mai

Lufthansa

1989 traf die erste Boeing B 747-400 in Frankfurt ein und am 16. Oktober 1989 ging der neue Airbus A 320 bei der Lufthansa in den Dienst. Der Golfkrieg 1991 leitete dann die 90er Jahre in der Luftverkehrswirtschaft unter äußerst negativen Vorzeichen ein. Sinkende Passagierzahlen führten im scharfen Wettbewerb dazu, dass die Lufthansa – wie viele andere Fluggesellschaften auch, mit 444 Mio. DM. in die wirtschaftliche Verlustzone abrutschte. Der deutsche Carrier reagierte schnell auf die Krise. 1992 lief ein drastisches Sanierungsprogramm an. Es kam zum Personalabbau im Unternehmen. 1991 waren 50826 Menschen im gesamten Lufthansa Konzern beschäftigt, 1992 49292, 1993 45322 und 1994 43888. Darüber hinaus mussten die Mitarbeiter ein Jahr lang auf Lohnsteigerungen verzichten. Auch die Sachkosten im Unternehmen wurden deutlich reduziert. Trotzdem endete auch das Jahr 1992 mit einem Verlust, erst 1994 dann schrieb die Lufthansa wieder schwarze Zahlen. Das Sanierungsprogramm lief aus. Es hatte die Produktivität des Unternehmens um mehr als 30 Prozent erhöht und die Kosten deutlich gesenkt. Die Reduzierung der Kosten war eine notwendige Maßnahme, um die Airline für den Wettbewerb der Zukunft fit zu machen. Das allein aber würde nicht reichen. Mittlerweile zeichnete sich ab, dass langfristig nur Fluggesellschaften erfolgreich sein würden, die mit anderen Unternehmen kooperieren – eine Entwicklung, die sich schon in den 80er Jahren angedeutet hatte.

Lufthansa Verkehrszahlen – gestern und heute

	1967	1999
Beförderte Fluggäste	3 973 733	42 128 500
Fracht	87 884	1 103 800
Sitzladefaktor	52%	73,3%
Flugkilometer in Mio.	100,4	630,9
Zahlgastkilometer in Mio.	5 622,6	86 154

Lufthansa hatte schon in der Vergangenheit mit anderen Airlines zusammengearbeitet. So wurde 1989 ein entsprechendes Abkommen mit Air France getroffen, dass viele Unternehmensbereiche berührte. Die Absprachen betrafen zum Beispiel das Frachthandling, die Nutzung von Bodeneinrichtungen und die Untersuchung geplanter Flugstrecken. Am 4. Oktober 1993 unterzeichnete die Lufthansa ein Kooperationsabkommen mit der US-Fluggesellschaft United Airlines, das im Juni 1994 starten konnte. Dieses Abkommen war eine ganz wesentliche Keimzelle für die später entstehende Star Alliance. Schon bald darauf wurden mit weiteren Fluggesellschaften Kooperationen vereinbart, so mit Thai Airways, South African Airways und SAS. Für die Flotte des Unternehmens stellte 1993 ein wichtiges Jahr dar, konnte doch der Airbus A 340 in Empfang genommen werden. Mit dem Ende des Sanierungsprogramms war die Lufthansa reif für einen deutlichen Privatisierungsschritt. Im Herbst 1994 kam es zu einer Kapitelerhöhung von 382 Mio. DM auf nun rund 1,9 Mrd. DM., an der sich der Hauptaktionär, der deutsche Staat, nicht beteiligte, sondern sogar noch Aktien verkaufte. In Folge dessen sank der Anteil der Bundesrepublik am Aktienkapital auf 36 Prozent. Auch dieser Anteil aber war nur eine Zwischenstation auf dem Weg zur vollständigen Privatisierung des Unternehmens. Diese wurde am 13. Oktober 1997 abschlossen. 10,05 Prozent der Lufthansa-Aktien befanden sich damit in der Hand der Münchener Gesellschaft für Luftfahrtwerte, 89,95 Prozent in Streubesitz. Im gleichen Jahr erzielte der Konzern einen Gewinn vor Steuern in Höhe von 1,65 Mrd. DM. Ein anderes ganz wichtiges Ereignis in 1997: Am 14. Mai gründete Lufthansa zusammen mit Air Canada, SAS, Thai Airways und United Airlines die Star Alliance. Am 22. Oktober kam Varig Brazilian Airlines hinzu. Heute präsentiert sich die Lufthansa als wirtschaftlich kerngesundes Unternehmen. 1999 betrug der Konzerngewinn vor Steuern 1,962 Mrd. DM. Zur Deutschen Lufthansa AG gehören zahlreiche Tochterfirmen, die ebenfalls sehr erfolgreich auf ihren Märkten agieren. Dazu gehört die 100prozentige Tochter Lufthansa City Line, die Lufthansa Cargo AG, an der Lufthansa ebenfalls 100 Prozent der Anteile besitzt sowie die Lufthansa Technik und die LSG Lufthansa Service Holding AG. An der C & N Touristik AG ist die Lufthansa zu 50 Prozent beteiligt. Die anderen 50 Prozent hält die Karstadt AG. Zur C & N Touristik wiederum gehört die Fluggesellschaft Condor. Von dieser besitzt die Lufthansa aber auch noch 10 Prozent der Anteile direkt. Weiter ist der deutsche Carrier seit dem 1. Januar 2001 mit 24,9 Prozent an der Fluggesellschaft Eurowings beteiligt. 26 Prozent beträgt der Anteil, den die Lufthansa an der Fluggesellschaft Air Dolomiti hält, an der Firma Aircraft Maintenance and Engineering (AMECO) in Peking ist sie mit 40 Prozent beteiligt, an der Lufthansa Flight Training GmbH mit 100 Prozent und an der Fluggesellschaft Luxair mit 13 Prozent.

Eine besonders gelungene Aufnahme des Airbus A 340. Gerade aus dieser Perspektive wird die elegante Linienführung insbesondere durch die Tragflächen deutlich.

Kurzprofil auf einen Blick

IATA-Code:	LH
Dreilettercode:	DLH
Callsign:	Lufthansa
Mitgliedschaft in Allianzen:	Star Alliance
Hauptverkehrsdrehscheiben:	Frankfurt, München
Zahl der Mitarbeiter:	36 343
Beförderte Passagiere (Zahlgäste) 1999 im Linienverkehr in Mio.:	42
Beförderte Luftfracht 1999 im Linienverkehr in tsd. t:	1 103,8
Zahl der Verkehrsflugzeuge:	225

Die Flotte im Detail:

Flugzeugmuster	Anzahl
A 300	13
A 310	7
A 319	20
A 320	33
A 321	21
A 340	19
B 747	32
B 737	78

Flugzeugunfälle mit Totalverlust des Fluggeräts seit 1970:

Datum **Unfall**

14.09.1993 Ein Airbus A 320-200 schoss bei der Landung in Warschau über die Landebahn hinaus und raste gegen einen Sandwall. Ein Passagier und ein Pilot starben

26.07.1979 Eine Boeing B 707-300C kollidierte kurz nach dem Start in Rio de Janeiro mit einem Berghang. Die drei Besatzungsmitglieder des Frachters kamen ums Leben

20.11.1974 Eine Boeing B 747-100 gewann nach dem Start in Nairobi nur unzureichend an Höhe und stürzte in der Nähe des Flughafen in die Steppe. 58 Menschen verloren ihr Leben.

19.12.1973 Beim Landeanflug auf Neu-Dehli hatte eine Boeing B 707 gut einen halben Kilometer vor der Landebahn Bodenberührung. Bei der sich anschließenden Bruchlandung kamen alle Flugzeuginsassen mit dem Leben davon.

Northwest Airlines

Ein Jumbo von Northwest. Der Einsatz der Boeing B 747 ist ansonsten bei US-amerikanischen Fluggesellschaften keine Selbstverständlichkeit.

Trendsetter aus dem Norden der Vereinigten Staaten:
Northwest Airlines

Zu den großen US-Luftfahrtgesellschaften gehört auch die in Minneapolis/St. Paul beheimatete Fluggesellschaft Northwest Airlines. Die Airline beförderte 1999 rund 57,5 Mio. Passagiere und liegt damit auf dem fünften Platz unter den größten Fluggesellschaften der Welt. Betrachtet man die bezahlten Passagierkilometer (PKT, sie ergeben sich aus der Multiplikation der beförderten Passagiere mit der Streckenentfernung) nahm Northwest mit 119 Mio. PKT sogar den vierten Platz unter den größten Fluggesellschaften ein. Auch wirtschaftlich geht es dem Unternehmen gut. 1999 wurde ein Nettogewinn von 300 Mio. US-Dollar erreicht, ausgehend von operativen Einnahmen von insgesamt rund 10 Mrd. US-Dollar. Gegenüber dem Vorjahr eine immense Verbesserung, denn 1998 musste immerhin noch ein Nettoverlust von 285 Mio. US-Dollar hingenommen werden. Die operativen Einnahmen 1998 betrugen 9,045 Mrd. US-Dollar, die Zunahme von 1998 auf 1999 damit 13,6 Prozent. Möglich gemacht haben diesen Erfolg die über 52 535 Mitarbeiter, die Northwest Airlines beschäftigt. Neben dem Passagiertransport stellt auch die Beförderung von Fracht ein wichtiges Standbein für die Airline dar. 1999 beförderten die Maschinen von Northwest rund 681 000 Tonnen. Damit liegt die Fluggesellschaft auf dem neunten Rang unter den Luftfrachtcarriern der Welt. Die Fluggesellschaft ist insbesondere im Norden der USA stark vertreten, was schon durch die Ansiedlung der Hauptdrehkreuze in Minneapolis/St. Paul und Detroit ersichtlich wird. Daneben befindet sich mit Memphis ein weiterer Hub weiter im Süden der USA. Beim Blick auf diese Streckenschwerpunkte wird schnell klar, warum sich Northwest zu einer engen Partnerschaft mit der US-Fluggesellschaft Continental entschlossen hat. Die Hauptdrehkreuze von Continental liegen in Houston (Texas) und in New York, so dass sie das Streckennetz von Northwest geradezu ideal nach Süden und Osten ergänzen. Im Rahmen der Zusammenarbeit, die 1998 angekündigt wurde, konnte der Flugplan von Northwest um 52 neue Destinationen im Rahmen von Code-Sharing-Flügen ergänzt werden. Bei den Langstreckenverbindungen ist Northwest traditionell stark in Asien, insbesondere Japan, vertreten, das Northwest mit zahlreichen Flügen an die USA anbindet. Europa wird von Northwest mit eigenen Maschinen weit weniger intensiv bedient, wenn auch die Maschinen auf den großen Airports in London, Frankfurt oder Paris regelmäßig

Fluggesellschaften

zu sehen sind. Hier verlässt sich die nordamerikanische Airline statt dessen auf die Kooperation mit der niederländischen Fluggesellschaft KLM. Mit gutem Erfolg. Die Zusammenarbeit hat sich für beide Fluggesellschaften als äußerst erfolgreich erwiesen. 1993 gegründet kann dieser Partnerschaft zwischen einer europäischen und einer US-amerikanischen Fluggesellschaft geradezu wegbereitender Charakter in der Luftbranche bescheinigt werden. Sie stand an der Spitze der Entwicklung, die wenig später in der Gründung der großen Allianzen mündete. Gerade in Europa klaffen heute aber auch noch am ehesten Lücken im Northwest-Flugplan, so insbesondere in Süden und Osten des Kontinents, wo KLM und Northwest eher schwach vertreten sind, genauso wie in Australien.

Northwest Airlines ist eine der traditionsreichsten und ältesten Fluggesellschaften der Welt. Gegründet wurde die Fluggesellschaft am 1. September 1926 von Lewis Britten unter dem Namen Northwest Airways. Von der Heimatbasis, die schon damals in Minneapolis/St. Paul lag, führte die Fluggesellschaft vom Oktober 1926 an Postflüge nach Chicago durch. Das Flugfeld befand sich zu dieser Zeit in der Nähe des heutigen Flughafens. Der Flugzeugpark bestand aus zwei Maschinen, einer Thomas Morse Scout und einer Curtiss Oriole. Beide Flugzeuge waren, wie zu dieser Zeit nicht ungewöhnlich, mit offenen Cockpits ausgestattet. Schon im November des Gründungsjahrs aber zeigte sich Northwest besonders fortschrittsfreudig: Die Fluggesellschaft nahm die erste Maschine mit geschlossener Kabine, eine Stinson Detroiter, in Dienst. Zunächst wurde weiterhin ausschließlich Post geflogen. Aber nicht mehr lange. Am 5. Juli 1927 ging der erste Passagier an Bord einer der Maschinen. Er hieß Byron Webster und war ein Geschäftsmann aus St. Paul. Für seinen One-Way-Flug vom Flugfeld in der Nähe seiner Heimatstadt nach Chicago zahlte er vierzig US-Dollar. Der Flug führte zu dieser Zeit über La Crosse, Madison und Milwaukee und dauerte zwölfeinhalb Stunden. Die neue Reisemöglichkeit kam gut in der Geschäftswelt an. Am Ende dieses Jahres hatte Northwest immerhin schon 106 Passagiere befördert. Optimistisch ging die Betriebsleitung ins nächste Jahr und bot mit einer Verbindung ins kanadische Winnipeg gleich einen ersten internationalen Flug an, der allerdings nach drei Monaten aufgrund von Einwänden der kanadischen Regierung wieder eingestellt werden musste. Dieser Rückschlag entmutigte das Management

nicht. Das Streckennetz wurde weiter ausgebaut, neue Maschinen wie die Ford Trimotor verstärkten die Flotte. Am 1. August 1929 dann kam es zu einer ersten bedeutenden wirtschaftlichen Transaktion, die die Fluggesellschaft selbst betrat. Ein Zusammenschluss von Geschäftsleuten aus Minneapolis/St. Paul kaufte das Unternehmen auf. Präsident wurde Richard C. Lilly. Am 1. Juli 1930 zog Northwest Airways dann vom zuvor benutzten Flugfeld zu dem Standort um, an dem die Fluggesellschaft auch heute noch anzutreffen ist. Gleichzeitig wurde das Streckennetz kontinuierlich weiter ausgebaut. Auch der Flug nach Kanada fand sich 1931 wieder im Flugplan. Er wurde allerdings nicht mehr als Direktverbindung angeboten. In einem Kompromiss mit den kanadischen Behörden war folgende Flugroute vereinbart worden: Die Maschinen von Northwest flogen bis zur Grenzstadt Pembina. Dort mussten die Passagiere dann für den restlichen Flug nach Winnipeg in eine Maschine der Fluggesellschaft Western Canada Airways umsteigen. Auf dem Lake Superior, einem der großen Seen in Nordamerika, legte Northwest eine Basis für Wasserflugzeuge an, die nun ebenfalls zum Einsatz kamen. Die Fluggesellschaft kaufte zwei Sikorsky S 38, mit denen Duluth bedient wurde. Am 3. Dezember 1933 dann richtete die Fluggesellschaft die »Northern Transcontinental Route« ein, indem sie ihre Flugverbindungen bis nach Seattle an der Westküste der USA verlängerte. 1934 änderte der Carrier seinen Namen von Northwest Airways in Northwest Airlines, der Bezeichnung unter der die Fluggesellschaft auch heute noch fliegt. Ab 10. Oktober 1935 erreichte das Unternehmen ein anders Ziel: Es waren wieder Direktflüge nach Winnipeg in Kanada möglich. Das umständliche Umsteigen konnte für die Passagiere entfallen. Neue Flüge und neue Maschinen verstärkten das Angebot der Fluggesellschaft in den Folgejahren. 1938 wurden erstmals Flüge in großer Höhe über die Rocky Mountains durchgeführt. Zum Einsatz kamen dabei neue Sauerstoffmasken, die von den Piloten während des Fluges getragen werden mussten. 1939 nahm Northwest ihre ersten Douglas DC 3 in Betrieb. Nun setzte die Airline auch erste Stewardessen im Unternehmen ein, die sich in den Maschinen um das Wohl der Passagiere zu kümmerten. Es folgte der zweite Weltkrieg. Auch als zivile US-Fluggesellschaften stand Northwest Airlines in den Diensten der Regierung und führte Arbeiten wie die Modifikation von Bombern oder Spezialprojekte durch. Ein Großteil der Flüge

Northwest Airlines

in kleinere Städte wurde eingestellt, weil rund die Hälfte der Northwest-Flotte im Regierungsauftrag flog. In dieser Zeit erlebte die Fluggesellschaft einen beispiellosen Zuwachs: die Zahl der Mitarbeiter stieg von 881 auf 10 439 im Jahr 1944. Bereits 1945 ging die Fluggesellschaft wieder daran, das Netz der zivilen Flugverbindungen auszubauen. In diesem Jahr wurde New York in das Flugnetz aufgenommen und mit der Douglas DC 4 kam die erste viermotorige Maschine in den Besitz der Fluggesellschaft. Es folgte die Aufnahme von Flügen nach Anchorage in Alaska. 1947 bot Northwest Airlines Flüge nach Asien an, der Region, die auch heute noch ein Schwerpunkt der internationalen Tätigkeit ist. Mit Zwischenstopp in Alaska wurden vom 15. Juli an Flüge von Minneapolis/St. Paul nach Tokio, Seoul, Shanghai und Manila angeboten. Von nun an nannte sich das Unternehmen Northwest Orient Airlines. Am 25. September folgte eine Verbindung nach Okinawa. 1948 wurden die Maschinen erstmals mit dem »Red Tail«, der roten Seitenflosse, lackiert, die bis heute Markenzeichen der Flugzeuge von Northwest geblieben ist. Gleichzeitig bereicherten Washington, Cleveland, Pittsburgh und Honolulu den Flugplan um drei wichtige US-amerikanische Ziele. Am 1. August 1949 erhielt Northwest die erste Boeing B 377. Die große, luxuriöse Maschine wurde auf den langen Strecken über den Pazifik eingesetzt. Die 50er Jahre brachen an. Northwest erweiterte den Flugplan auf Edmonton, Alberta und Taipeh auf der Insel Taiwan. 1955 ging die erste Lockheed L 1049 Constellation bei Northwest in Dienst. Eine wichtige Basis der Fluggesellschaft bei ihren Flügen in den pazifischen Raum war die Insel Shemya, ein Teil der Aleuten. Sie hatte bei den langen Flügen vor allem als Landepunkt für Tankstopps große Bedeutung. Am 1. Januar 1956 mietete Northwest die gesamte Insel von der US-Regierung und übernahm damit auch den Betrieb auf dem darauf befindlichen Airport. Von 1957 an verstärkten Douglas DC 7 die Flotte und am 1. Juni 1959 eröffnete Northwest die Polar-Route mit der Verbindung New York–Anchorage–Tokio. Noch im gleichen Jahr erhielt die Flotte ihre erste Lockheed L-188 Electra. Schon wenig später, am 8. Juli 1960, ging die Douglas DC 8 bei Northwest in den Liniendienst, 1961 folgte die Boeing B 720 B. Die Boeing B 707-320 verstärkte ab 1963 die Flotte der Fluggesellschaft. 1964 kam es dann schon zu einem weiteren Ausbau des Flugzeugparks, als die Boeing B 727 ihren Dienst antrat. Im gleichen Jahr erhielt die Fluggesellschaft

eine Auszeichnung von der renommierten Flight Safety Foundation. Grund: Northwest hatte ein Vorhersagesystem für die gefürchteten Windshears – Fallwinde – entwickelt, das mit einigem Erfolg von der Airline in der Praxis eingesetzt wurde. Der Flugplan auf internationalen Strecken entwickelte sich vor allem in Richtung Asien. Nach Erhalt der entsprechenden Genehmigung flog Northwest von Oktober 1966 an mit eigenen Maschinen Hongkong an, 1967 erweiterten Osaka in Japan und Hilo auf Hawaii den Flugplan. Innerhalb der USA wurde der Flugplan 1969 durch Flüge von Minneapolis/St. Paul nach Los Angeles und San Francisco ausgebaut. 1970 dann nutzte Northwest Los Angeles schon als Ausgangspunkt für einen neuen Liniendienst, der über Honolulu nach Tokio führte. Am 1. September dieses Jahres führte der Carrier eine Non-Stop-Verbindung von Chicago nach Hawaii ein. Im gleichen Jahr nahm die Boeing B 747 auf den Pazifik-Langstrecken von Northwest ihren Dienst auf, 1972 erhielt die Flotte mit der DC 10 weitere Verstärkung. 1978 war für Northwest – wie für alle anderen US-Fluggesellschaften auch – ein wichtiges Datum. Der »Airline Deregulation Act«, die Deregulierung, trat am 1. November in Kraft. Staatliche Anordnungen und Reglementierungen des Luftverkehrs verloren ihre Wirkung, die Luftfahrtbranche wurde in den USA dem Wettbewerb des freien Marktes ausgesetzt. Die Fluggesellschaften konnten jetzt zum Beispiel Verbindungen innerhalb der USA ohne staatliche Genehmigung eröffnen oder schließen. Das Jahr 1979 begann bei Northwest zunächst mit einer Ausweitung des Luftfrachtengagements. Der Carrier stellte am 9. Februar seine erste Luftfrachtverbindung über den Atlantik von New York, über Boston nach Glasgow in Dienst. Am 31. März stieg Northwest mit einer Verbindung nach Kopenhagen und Stockholm in den Transatlantik-Passagierverkehr ein. Innerhalb der USA nutzte die Fluggesellschaft die neuen wirtschaftlichen Möglichkeiten. Im ersten Jahr der neuen ökonomischen Freiheit richtete die Airline zwanzig neue Verbindungen ein. 1980 stand ganz im Zeichen der Expansion des Flugnetzes in westlicher Richtung. Northwest flog jetzt nach Shannon, Oslo, London und auch nach Hamburg, wobei sich aus der Aufzählung der Städtenamen schon zu diesem Zeitpunkt eine ganz klare Ausrichtung auf den Norden des europäischen Kontinentes erkennen lässt. Parallel dazu wurde auch das Netz der Cargo-Verbindungen kontinuierlich ausgebaut. 1981 nahm die Airline Los Angeles und

Auch die Douglas DC 10 gehört zum Flottenpark von Northwest.

Houston in das Netzwerk der 747-Flüge auf, 1982 kamen Atlanta und Oslo hinzu, 1984 flog Northwest dann im Passagierverkehr Frankfurt an, wo die Maschinen auch heute noch regelmäßig zu sehen sind. 1985 erhielt die Flotte Verstärkung in Form der ersten Boeing B 757. Im Gegensatz zu vielen anderen US-amerikanischen Fluggesellschaften hatte sich Northwest mit der Übernahme anderer Unternehmen bisher weitgehend zurückgehalten. Das Wachstum war vor allem aus dem Unternehmen selbst heraus entstanden. Das änderte sich 1986, als Northwest für 884 Mio. US-Dollar die Fluggesellschaft Republic Airlines aufkaufte. Republic hatte ihren Firmensitz ebenfalls in Minneapolis/St. Paul und war 1979 aus der Fusion der Fluggesellschaften North Central Airlines und Southern Airways hervorgegangen. Die Größe des Kaufs wird besonders deutlich, wenn man sich zwei andere Zahlen vergegenwärtigt: Republic Airlines beschäftigte immerhin 15100 Mitarbeiter. Die Flotte bestand aus 168 Maschinen. Für Northwest arbeiteten zu diesem Zeitpunkt rund 17000 Menschen. Damit verdoppelte sich der Personalstand beinahe über Nacht auf 33000 Mitarbeiter. Die Integration von Republic führte natürlich zu zahlreichen Problemen, die für Northwest auch wirtschaftlich eine schwere Belastungsprobe darstellten. Trotzdem baute die Fluggesellschaft auch in den folgenden Jahren das Streckennetz weiter aus und engagierte sich weiterhin für den Einsatz neuer Technologien zur Erhöhung der Sicherheit im Luftverkehrs. 1988 begann Northwest damit, das neue Kollisionswarngerät TCAS an Bord ihrer Maschinen zu testen, 1989 trat Northwest als Erstkunde der Boeing B 747-400 in Erscheinung. Aber noch eine andere Maschine wurde erstmals an die US-amerikanische Airline ausgeliefert: der Airbus A 320. Die 90er Jahre begannen mit einem ungewöhnlichen Ereignis. Im Alter von 70 Jahren zog sich die Stewardess Connie Walker aus dem Airline-Berufsleben zurück. Die rüstige Dame war die älteste Stewardess, die jemals für Northwest geflogen ist. Bei ihrem Austritt aus dem Unternehmen konnte sie auf ein 42-jähriges Berufsleben in Diensten von Northwest zurückblicken. 1991 dann lief die später für die ganze Luftfahrtbranche wegweisende Zusammenarbeit mit KLM an. Die beiden Fluggesellschaften starteten eine gemeinsame Flugverbindung zwischen Minneapolis/St. Paul und Amsterdam, die zweimal in der Woche geflogen wurde. Noch im selben Jahr leistete Northwest auf anderem Gebiet Pionierarbeit. Als erste US-Fluggesellschaft seit dem Zweiten Weltkrieg

Northwest Airlines

konnte das Unternehmen am 3. April im Luftraum der Sowjetunion fliegen. Und am 19. April kündigte Northwest Charterflüge nach Ho Chi Minh Stadt an. Damit war das Unternehmen die erste US-Fluggesellschaft, die nach Ende des Vietnam-Krieges wieder diesen südostasiatischen Staat anflog. Parallel dazu wurde die Flotte durch neue Flugzeuge vom Typ Airbus A 320 verstärkt. Am 12. Juni 1992 empfing das Unternehmen die 32. Maschine dieses Typs und stellte damit zu diesem Zeitpunkt den größten A-320-Betreiber der Welt dar. Auf dem Prüfstand kam in diesem Jahr der Flugplan, der einer grundlegenden Überarbeitung unterzogen wurde. Erklärtes Ziel der Airline war es, sich vor allem auf profitable Routen zu beschränken und alle unrentablen Strecken auf dem Flugplan zu streichen. Zahlreiche Inlandverbindungen innerhalb der USA, die an den großen Hubs vorbei von Ort zu Ort führten, wurden gestrichen. Das Unternehmen konzentrierte sich noch sehr viel stärker darauf, die Flüge über die großen Drehkreuze zu führen und abzuwickeln. Im internationalen Bereich stellte der Carrier seine mittlerweile aufgenommenen Australien-Dienste wieder ein, um sich noch intensiver auf den japanischen Markt zu konzentrieren. Über dem Atlantik setzte Northwest nun stark auf die Partnerschaft mit KLM. Am 11. Januar 1993 wurde das Airline-Bündnis auch von offizieller Seite genehmigt. Das US-Verkehrsministerium gab mit Gewährung der Antitrust-Immunität grünes Licht für den weiteren Ausbau der Zusammenarbeit. So ausgestattet stockten die beiden Airlines 1993 ihre Code-Sharing-Flüge kräftig auf, auf mehr als 30 Northwest-Destinationen in Nordamerika und die gleiche Zahl von Flügen in Europa, dem Mittleren Osten und Afrika. Die Flugpläne zwischen beiden Airlines wurden eng aufeinander abgestimmt. Gleichzeitig verstärkte Northwest das Flugangebot auf den Langstrecken über dem Pazifik mit neuen Verbindungen von Detroit nach Osaka und Tokio. Neben den modernen Airbus-A-320-Maschinen gehörten zahlreiche Douglas DC 9 zur Flotte von Northwest Airlines, Flugzeug die allmählich in die Jahre gekommen waren und von zahlreichen anderen Airlines überall auf der Welt bereits ausgemustert wurden. In Zusammenhang mit der DC-9-Flotte traf Northwest eine in der Branche vielbeachtete Entscheidung, als das Unternehmen ankündigte, die DC-9-Maschinen zu modernisieren anstatt sie aus der Flotte auszumustern. In der Folge erhielten die Triebwerke der Maschinen Hushkits zur Lärmreduzierung. Außerdem ge-

In den USA gehören die Maschinen von Northwest auf vielen Airports zum alltäglichen Bild.

Fluggesellschaften

staltete Northwest die Kabine der Flugzeuge völlig neu. Hintergrund bildete zunächst einmal natürlich der Investitionsaufwand, der nötig gewesen wäre, um die gesamte DC-9-Flotte durch völlig neue Maschinen zu ersetzen. Gleichzeitig muss man aber auch bedenken, dass es zu diesem Zeitpunkt auf dem Markt für Flugzeug mit 100 Sitzplätzen nur ein sehr dünnes Angebot gab – ein Grund, warum Airbus sich für den Bau der A 318 entschloss und Boeing die B 717 auf den Markt brachte. Und genau an Maschinen dieser Größenordnung bestand Bedarf bei Northwest Airlines – weshalb sich das Unternehmen zur Modernisierung der DC 9 entschied. Die Folgejahre erlebten einen kontinuierlichen Ausbau des Streckennetzes. Auch die Zusammenarbeit mit KLM wurde beständig intensiviert. Im Westen der USA stärkte Northwest die eigene Marktposition durch ein Code-Share-Abkommen mit Alaska Airlines. Die Fluggesellschaft war mittlerweile ein zufriedener Airbus-Kunde. Das zeigte sich nicht zuletzt am 24. September 1997 als Northwest 50 Airbus A 319 beim europäischen Flugzeugbaukonsortium bestellte. Mit den ersten Auslieferungen dieses Typs wurde 1999 begonnen. Zu diesem Zeitpunkt war weltweit die Bildung der großen Allianzen im Luftverkehr mittlerweile vollzogen. Neben dem Bündnis von Northwest und KLM hatten sich die Star Alliance mit United Airlines und der Deutschen Lufthansa, Oneworld mit British Airways und American Airlines und Sky Team mit Delta Airlines und Air France formiert. Insbesondere der Star Alliance und Oneworld schlossen sich neben den Gründungsfluggesellschaften weltweit schon bald nach der Gründung zahlreiche weitere Partner an – eine Entwicklung, die Northwest und KLM, einst Trendsetter bei der Bildung der Allianzen, so nicht mit vollzogen hatten. Ob das für die Zukunft ausreicht, bleibt abzuwarten.

Die Flotte im Detail:

Flugzeugmuster	Anzahl
DC 9	173
A 319	3
MD 82	8
A 320	70
B 727	38
B 757-200	48
DC 10-40	21
DC 10-30	20
B 747-100	2
B 747-200	22
B 747-200F	8
B 747-400	13

Flugzeugunfälle mit Totalverlust des Fluggeräts seit 1970:

Datum **Unfall**

03.12.1990 Im dichten Nebel verirrte sich die Crew einer DC 9 auf dem Flughafen Detroit beim Rollen. Dabei kam die Maschine auf der aktiven Startbahn zum Stehen, als dort eine Boeing B 727, ebenfalls von Northwest Airlines, den Start durchführte. Die 727-Piloten konnten im letzten Moment einen direkten Zusammenstoß vermeiden. Dennoch kollidierte ihre Tragfläche mit der DC 9, in der acht Insassen starben.

16.08.1987 Beim Start in Detroit gewann eine MD 82 nur unzureichend Höhe und kollidierte nach nur kurzem Flug mit dem Boden. 155 Menschen kamen ums Leben.

01.12.1974 Beim Überführungsflug von New York nach Buffalo geriet eine Boeing B 727-200 kurz nach dem Start in einen überzogenen Flugzustand. Die Maschine stürzte ab. Die Insassen des Cockpits starben.

Kurzprofil auf einen Blick

IATA-Code:	NW
Dreilettercode:	NWA
Callsign:	Northwest
Mitgliedschaft in Allianzen:	Wings Alliance
Hauptverkehrsdrehscheiben:	Detroit, Memphis, Minneapolis/St. Paul, Tokio
Zahl der Mitarbeiter:	52 535
Beförderte Passagiere (Zahlgäste) 1999 im Linienverkehr in Mio.:	57,5
Beförderte Luftfracht 1999 im Linienverkehr in tsd. t:	681
Zahl der Verkehrsflugzeuge:	426

Qantas

Wegen der Haifische verlangten die Piloten nach mehrmotorigen Maschinen:
Qantas

In Luftfahrtkreisen hat die australische Fluggesellschaft Qantas ein hervorragendes Image. Ein Grund dafür ist die Sicherheit. Als einer der wenigen großen nationalen Carrier der Welt musste die australische Fluggesellschaft noch nie eine Flugzeugkatastrophe mit Toten hinnehmen. Und das, obwohl das Unternehmen nicht gerade zu den kleinen Fluggesellschaften der Welt gehört. Dass die australische Airline sich mit dieser äußerst positiven Tatsache sehr zurückhält und sie zum Beispiel in ihrer Werbung nicht besonders herausstreicht hat sicher auch etwas mit dem Stil zu tun, der bei dieser Fluggesellschaft gepflegt wird. Ein anderer Grund für das positive Image sind die wirtschaftlichen Zahlen. Qantas ist eine sehr profitable Fluggesellschaft, deren Ergebnisse sich sehen lassen können. Im Geschäftsjahr 1998/99 erwirtschafte Qantas einen Gewinn vor Steuern in Höhe von 662,5 Mio. australischen Dollar, was gegenüber dem Vorjahresergebnis ein Wachstum von 38,6 Prozent bedeutet. Grund genug, einen genaueren Blick auf diese Fluggesellschaft und ihre Geschichte zu werfen. Zunächst der Name: Qantas steht als Abkürzung für Queensland and Northern Territories Aerial Services Limited, was auch erklärt, warum hinter dem »Q« nicht das sonst üblich »u« folgt, was schon bei so manchem Fluggast beim Versuch, die Airline im Telefonbuch zu suchen, für Irritationen gesorgt hat. Die Geschichte der Fluggesellschaft braucht keinen Vergleich mit der anderer etablierter Fluggesellschaften zu scheuen. Ganz im Gegenteil. Sie ist mindestens ebenso romantisch, wie die der Fluggesellschaft Cathay Pacific. Die Wurzeln von Qantas reichen bis ins Jahr 1919 zurück, als zwei Piloten der australischen Luftwaffe nach dem 1. Weltkrieg in ihre Heimat zurückkehrten. Ihre Namen: Wilmot Hudson Fysh und Paul McGinness. Beide hatten den festen Vorsatz gefasst,

Paul McGinness (links) und ein Flugzeuginspektor posieren 1921 vor einer Avro 504 K.

Wie bei vielen anderen Fluggesellschaften, kam auch bei Qantas die Boeing B 707 auf den Langstrecken zum Einsatz.

auch nach dem Krieg im Luftfahrtgeschäft zu bleiben. Zu diesem Zweck importierten sie eine Farnborough B.E.2e. 1920 wurde dazu noch eine Avro 504K erworben. Bei beiden Maschinen handelte es sich um Doppeldecker aus dem 1. Weltkrieg. Das Geld für die Flugzeuge kam zu einem großen Teil in Form von Spenden zusammen. In den Weiten des australischen Outback verdienten zahlreiche kleine Farmer ihr Geld mit der Schafzucht. In der Regenzeit riss vielerorts für sie der Kontakt zur Außenwelt ab. Die Ankündigung, eine Fluggesellschaft zu gründen, klang für diese Männer mit ihren Familien verheißungsvoll. Also unterstützten sie das Projekt mit einer Spende. Am 16. November 1920 ließen McGinness und Hudson Fish ihr Unternehmen ins Handelsregister eintragen. Der Name Queensland and Northern Territories Aerial Services Limited erwies sich allerdings schon bald als nicht gut einzuprägen. Außerdem hatte er einen weiteren Nachteil: Er passte nicht auf den neuen Flugzeughangar, den die Männer in Charleville errichtet hatten. Also kürzte man den Namen kurzerhand ab und nannte sich Qantas, was allgemein sehr gut aufgenommen wurde. Kaum war die Fluggesellschaft gegründet, als auch schon der Flugverkehr begann. In der B.E.2e konnte ein Passagier befördert werden oder zwei Kinder. In der Avro war es sogar möglich, dass zwei Erwachsene zusammen mit dem Piloten abhoben. Geflogen wurde zu dieser Zeit nach Bedarf, wobei die Piloten feststellen mussten, dass überraschend viele ihrer Kunden einfach nur fliegen wollten, um einmal in ihrem Leben geflogen zu sein. Am 2. November 1922 setzte die neugegründete Fluggesellschaft dann schon ein weiteres Flugzeug erstmals ein. Dabei handelte es sich um eine Armstrong Witworth F.K.8, ein umgebauter Bomber, in dem zwei Passagiere Platz fanden. Am 3. November 1922 flog die F.K.8 erstmals mit einem Passagier die 929 km lange Strecke von Charleville nach Conclurry. Die Regionalregierung war sehr daran interessiert, dass Qantas diese Route häufiger beflog. Also erhielt die Airline einen Luftpostvertrag. Schon 1924 ging Qantas dann daran, ein kleines Verkehrsnetz aufzubauen. Im selben Jahr wurde mit der de Havilland D.H. 50A das erste richtige Zivilflugzeug gekauft. In den Anfangsjahren spielte Paul McGinness eine tragende Rolle in der neuen Fluggesellschaft. Als er 1922 aus dem Unternehmen ausschied, geschah das wegen einer

Qantas

Ansicht, mit der er sich im Unternehmen nicht durchsetzen konnte. Ginness meinte, dass jeder Pilot durchaus die Möglichkeit haben sollte, nach dem Dienst gelegentlich ein Bier zu trinken. Genau das aber war den Qantas-Piloten untersagt worden. Im Laufe der folgenden Jahre wurden weiter Maschinen angeschafft, eine ganze Reihe von D.H.50 baute Qantas in Lizenz sogar selbst. 1931 fanden erste Testflüge für den Aufbau einer Postverbindung zwischen Großbritannien und Australien statt. Die erste Luftpostsendung wurde von Brisbane nach Darwin geflogen, wo sie eine Maschine der britischen Fluggesellschaft Imperial Airways übernahm. Bis 1934 war daraus ein regelmäßiger Postdienst geworden. 1935 übernahm Qantas auch die Beförderung von Darwin nach Singapur. Diesen Streckenabschnitt fürchteten Piloten und Passagiere gleichermaßen. Insbesondere das Teilstück im Bereich der Insel Timor war berüchtigt, denn hier galt das Meer als extrem haiverseucht. Das war mehr als beunruhigend, denn Motorausfälle gehörten zu dieser Zeit noch zur Tagesordnung. So war es denn auch kein Zufall, dass die Piloten gar nicht genug Motoren an den Tragflächen haben konnten. Die bisherigen Qantas-Maschinen aber verfügten nur über einen Motor. Nicht genug um den Flug über die Timorsee zu wagen. Um der Sicherheit Rechnung zu tragen, wurde an den Flugzeughersteller de Havilland der Auftrag für die Entwicklung einer entsprechenden Maschine übermittelt. Das Ergebnis bildete die D.H. 86, mit der Qantas am 26. Februar 1935 diesen schwierigen Streckenabschnitt übernahm. Die Flugzeuge waren dabei mit dem Namenszug Qantas Empire Airways versehen. Dabei handelte es sich um ein Gemeinschaftsunternehmen, das Qantas und Imperial Airways 1934 gründeten. Einen anderen Service hatte Qantas schon 1928 installiert: den legendären Flying Doctor Service, bei dem medizinische Versorgungsflüge in den Weiten des australischen Hinterlandes durchgeführt wurden. Im Streckennetz der Fluggesellschaft zeichnete sich eine wachsende Nachfrage nach Platzkapazitäten ab. Schon bald erwiesen sich die D.H. 86 als zu klein, um dieser Nachfrage gerecht zu werden. Qantas entschloss sich, die gigantischen Flugboote der Shorts C- oder Empire-Klasse zu beschaffen. Mit diesen Maschinen wurde dann ein regelmäßiger Dienst zwischen Australien und Großbritannien aufgebaut. Als der zweite Weltkrieg sich immer näher an Australien herantastete, beschränkte sich die Fluggesellschaft weitgehend auf Flüge im Inland. Qantas flog Singapur noch bis zur Eroberung durch die Japaner 1942 regelmäßig an. 1943 baute die Fluggesellschaft mit britischen Catalina-Flugbooten eine Verbindung von Perth nach Ceylon, dem heutigen Sri Lanka, auf. Der Flug – er wurde Kangoroo-Service genannt – über

Auch der Airbus A 300 flog eine Zeit lang in den Farben von Qantas.

Fluggesellschaften

Boeing B 737 von Qantas.

die 5652 km lange Distanz dauerte unter guten Bedingungen 28 Stunden, bei schlechten Winden mussten über 32 Stunden kalkuliert werden. Bis zum 18. Juli 1945 führte der Carrier 271 Flüge durch. 648 Passagiere nutzten diesen Service, der anschließend mit umgebauten Liberator- und Lancaster-Bombern fortgeführt wurde. Ansonsten kamen bei Qantas, wie bei so vielen anderen Fluggesellschaften der Welt auch, nach dem Krieg Maschinen vom Typ Douglas DC 3 zum Einsatz, die die Airline zunächst parallel zu den umgebauten Bombern und den noch vorhandenen Catalinas eingesetzte. 1949 stießen Lockheed L 749 zur Flotte, 1949 folgte die Douglas DC 4. Auch auf wirtschaftlichem Gebiet kam es zu Veränderungen. 1947 übernahm die australische Regierung die Anteile privater Eigentümer an der Qantas, die damit in staatlichen Besitz überging. Anschließend ordnete der Staat eine klare Aufgabenverteilung im australischen Luftverkehr an. Qantas sollte langfristig als Fluggesellschaft für die internationalen Langstrecken zuständig sein. Die Inlandsstrecken wurden der 1946 gegründeten Fluggesellschaft Trans-Australia Airlines, die sich später in Australian Airlines umbenannte, zugewiesen. 1954 nahm Qantas den Verkehr in die USA auf. Zwei Jahre später trennte sich das Unternehmen von den letzten Catalinas, die noch in der Flotte Dienst taten. Zwischen Juli und September 1959 trafen bei Qantas sieben Boeing B 707 ein. Damit begann bei der australischen Fluggesellschaft das Jetzeitalter. Schon im Juli 1959 wurden mit der B 707 regelmäßige Flüge in die Vereinigten Staaten aufgenommen. Zwei Monate später führte Qantas die Route weiter über New York nach London. Eine Verbindung von Sydney nach London, die über Indien verlief, nahm das Unternehmen im Oktober auf. Ganz ähnlich South African Airways war Qantas schon allein von der geographischen Lage her eine Fluggesellschaft, für die extreme Langsteckenflüge von früh an zum Alltags-

Qantas

geschäft gehörten. Von daher stellte die Boeing B 747 auch für Qantas ein ideales Arbeitsgerät dar. 1967 dann orderte die Fluggesellschaft ihre ersten Jumbos. Die erste Boeing B 747-200 ging im September 1971 bei Qantas in den Dienst. Die Jumbos von Qantas gehörten dabei zu den Maschinen, die auf dem Oberdeck mit einer Lounge ausgestattet waren. Im gemütlichen Ambiente konnten die Passagiere hier zwanglos beisammen sitzen oder Getränke an einer Bar zu sich nehmen. Die Ölkrise beendete diese Ära, da die Lounges aus ökonomischen Gründen nicht mehr haltbar waren. In der Folgezeit blieb die Boeing B 747 das Rückgrat der Qantas-Flotte, die um weitere Varianten wie die -SP, die -300 und -400 bereichert wurde. Die Boeing B 707 absolvierte am 25. März 1979 ihren letzten Flug. Von diesem Zeitpunkt an war Qantas für einige Jahre eine Fluggesellschaft, deren Flotte ausschließlich aus Boeing B 747 bestand. 1985 erreichte dann die Boeing B 767-200 die Flotte, die vorwiegend auf den Strecken nach Neuseeland und Asien eingesetzt wird, 1987 folgte die Boeing B 767-300. In den 90er Jahren kam es dann im australischen Luftverkehr zu weitreichenden Veränderungen. Im Oktober 1990 wurde zunächst der australische Inlandsmarkt dereguliert. Im April 1991 kündigte die Regierung an, 49 Prozent der Qantas-Anteile und 100 Prozent der Anteile an Australian Airlines zum Verkauf anzubieten. Im Februar 1992 gab die Regierung weitergehende Pläne für eine gänzliche Umstrukturierung der bisherigen Luftverkehrspolitik bekannt. Eine der wesentlichen Veränderungen: Die Abgrenzung zwischen Inland- und internationalem Luftverkehr sollte fallen. Das machte für Qantas den Weg zum Wiedereintritt in den australischen Inlandsmarkt frei. Die Qantas-Geschäftsleitung war dabei an einer Übernahme von Australian Airlines interessiert. Im Juni 1992 akzeptierte die Regierung diesen Qantas-Wunsch und beschloss gleichzeitig die vollständige Privatisierung der Fluggesellschaft. Im Oktober 1993 konnte die Übernahme von Australian Airlines bereits abgeschlossen werden. Währenddessen war die Privatisierung der Qantas angelaufen. Im März 1993 erwarb British Airways 25 Prozent der Qantas Anteile, im Juli 1995 fand die Privatisierung bereits ihren Abschluss, die Aktien der Fluggesellschaft wurden nun an der Börse notiert. Und das Känguruh? Es fand sich als Logo erstmals 1944 bei Qantas auf einem Liberator-Bomber, den die Fluggesellschaft auf dem Kangaroo Service einsetzte. 1947 wurde zum ersten Mal auf den Lockheed L 749 das Logo eines geflügelten Känguruhs angebracht. 1984 erfuhr das Symbol eine Überarbeitung, bei der die Flügel verschwanden und das Logo sein heutiges Aussehen erhielt.

Kurzprofil auf einen Blick

IATA-Code:	QF
Dreilettercode:	QFA
Callsign:	Qantas
Mitgliedschaft in Allianzen:	Oneworld
Hauptverkehrsdrehscheiben:	Sydney
Zahl der Mitarbeiter:	24174
Beförderte Passagiere (Zahlgäste) 1999 im Linienverkehr in Mio.:	16,8
Beförderte Luftfracht 1999 im Linienverkehr in tsd. t:	338,4
Zahl der Verkehrsflugzeuge:	102

Die Flotte im Detail:	Flugzeugmuster	Anzahl
	B 747-400	23
	B 767-300ER	21
	B 767-200ER	7
	B 747SP	2
	B 747-300	6
	B 747-200	5
	B 737-400	22
	B 737-300	16

Flugzeugunfälle mit Totalverlust des Fluggeräts seit 1970:

Datum	Unfall
—	keiner

Die Boeing B 747X in den Farben von Qantas, dem Erstkunden dieser Maschine.

Die Fluggesellschaft TWA machte mit einer großen Bestellung von 50 Boeing B 717 auf sich aufmerksam.

Die Concorde gehört nach wie vor zu den faszinierensten Flugzeugen der Welt.

Die Mütze scheint schon fast zu passen. Als Kinder- und Jugendtraum hat so manche Pilotenkarriere angefangen. Szene aus dem Cockpit einer Boeing B 747-200 von South African Airways.

In der Flotte von Delta Airlines befindet sich kein Jumbo. Dafür setzt die Fluggesellschaft zu einem großen Teil zweistrahlige Widebodies ein.

Boeing B 747-400 von Britisch Airways.

Scheinbar schwerelos: Boeing B 747 im Anflug auf den Flughafen Hongkong Kai Tak. Das rot-weiße Schachbrettmuster ist das Checkerboard, eine visuelle Anflughilfe für die Piloten im Endanflug auf den mittlerweile geschlossenen Flughafen.

Die neue Boeing B 767-400 in einer Sonderbemalung, in der sie auf einer Welttournee der Öffentlichkeit vorgestellt wurde.

Über den Wolken: eine Boeing B 737 von Japan Airlines.

Boeing B 747-200 von South African Airways in einem langsamen Überflug. Um die niedrige Geschwindigkeit zu halten, wurden die Klappen ausgefahren.

Boeing B 737 von KLM.

Cockpit einer Boeing B 767-300.

Fluggesellschaften

Maßarbeit in der Wüste:
Royal Jordanian

Geduld ist eine wesentliche Eigenschaft von Majd Arafat, wenn er wieder einmal Besucher aus Europa oder USA durch die Anlagen seines Unternehmens führen muss. Nicht immer sind die Gäste pünktlich, wenn er sie im Hotel zum vereinbarten Zeitpunkt abholen soll, nicht selten haben sie Fragen oder Wünsche, die er nur mit sehr viel Mühe beantworten kann, und stets muss er zusammen mit ihnen warten, bis die Besichtigung der vorgesehen Einrichtungen möglich oder der avisierte Gesprächspartner zum Treffen bereit ist. Majd Arafat arbeitet im Marketing der Fluggesellschaft Royal Jordanian. In Amman, der Hauptstadt des haschemitischen Königsreichs Jordanien, betreut er die Gäste, die geschäftlich die kleine Airline besuchen. Damit ist Majd Arafat auch ein Mittler zwischen den Welten, zwischen dem Geschäftsverständnis westeuropäischer oder US-amerikanischer Gäste und dem arabischer Länder, zwischen der westlichen und der orientalischen Kultur. Der freundschaftliche Kuss auf die Wange ist in Jordanien unter privat miteinander verbundenen Kollegen üblich, auch zum höhergestellten Chef – eine Tatsache, auf die der Gast aus Europa zunächst vorbereitend hingewiesen wird, während er auch ohne diesen Hinweis schnell eine andere Eigenart des Geschäftslebens im Nahen Osten registriert: Jordanien ist ein gastfreundliches Land. Es geht nichts ohne einen gemeinsam getrunkenen Kaffee oder Tee, begleitet von einem freundschaftlichen Gespräch, bevor das eigentlichen Thema des Geschäftsbesuches angegangen wird. Die Tradition – aber auch das menschliche Miteinander – genießen hier einen hohen Stellenwert.

Mit rund 4 Mio. Einwohnern gehört Jordanien zu den kleinen Staaten der Erde. Mit einem Bruttosozialprodukt von 4 Mrd. US-Dollar ist das Haschemitische Königreich nicht mit den Reichtümern gesegnet, von denen andere Staaten der arabischen Welt profitieren. Jordanien stehen keine nennenswerten Ölvorräte wie zum Beispiel den mächtigen Nachbarn Irak oder Saudi-Arabien zur Verfügung. Mit letzt-

Airbus A 320 von Royal Jordanian am Terminal in Amman.

Royal Jordanian

genannten Staat aber teilt Jordanien dafür eine andere Gemeinsamkeit: Auch das kleine Land am Jordan ist ein Königreich, eines, in dem der Monarch nicht nur repräsentative Aufgaben wahrnimmt, sondern die realen politischen Geschicke des Staates bestimmt. Und das äußerst geschickt. Der mittlerweile verstorbene König Hussein galt als Meister der Diplomatie, als ein Herrscher, der sein Land, eingekeilt zwischen Irak, Israel und Syrien wohlbehalten durch die weltbewegenden Konflikte der jüngsten Weltgeschichte steuerte und darüber hinaus auf der diplomatischen Bühne eine ausgleichende Brückenfunktion zwischen den verfeindeten Mächten wahrnehmen konnte. Sein Sohn Abdallah, der nach dem Tod des Monarchen die Regierungsgeschäfte übernommen hat, scheint ganz in die Fußstapfen des Vaters zu treten. Kein Wunder also, wenn die Menschen in Jordanien ihr Königshaus lieben. Kaum ein Haus, kaum ein Büro, in den nicht das Portrait des Vaters oder des Sohnes – oder von beiden zusammen – an einer Wand hängen. Im Gegensatz zu anderen Staaten, in denen es sich bei solcher Herrscherverehrung aber um aufgesetzte Fassade handelt, ist die Sympathie in Jordanien echt und wird von jedem Bürger mitgetragen. Vielleicht konnten genau deshalb fundamentalistische Strömungen in Jordanien, anders als in anderen arabischen Staaten, nie Fuß fassen und an Bedeutung gewinnen. Die Verehrung des Königshauses überträgt sich zu einem Teil auf das Unternehmen, dass dessen Krone als Firmenzeichen in die Welt hinaus trägt: die Fluggesellschaft Royal Jordanian. Die Airline gehört nicht zu den größten Carriern der Welt. Ganz im Gegenteil. Mit rund 1,25 Mio. beförderten Passagieren und 4785 Mitarbeitern darf sie ruhig zu den kleineren nationalen Linienfluggesellschaften der Welt gezählt werden. Eine Airline, die sich anders als andere Fluggesellschaften im Mittleren Osten nie werbewirksam mit vermeintlichen Komfortvorteilen oder riesigen Flotteninvestitionen in den Vordergrund zu spielen wusste, sondern stets durch zuverlässige, sichere und beständige Leistung am Fluggast eher bescheiden überzeugen konnte. Auf den internationalen Flughäfen der Erde, die von Royal Jordanian angeflogen werden, fällt die Airline dem Beobachter relativ schnell durch das Aussehen der Maschinen auf. In Zeiten, in denen kühles Weiß die Flugzeugrümpfe der meisten Airlines ziert, sticht das warme Braun der jordanischen Fluggesellschaften deutlich hervor, das gilt natürlich auch für die große, goldene Krone am Leitwerk der Maschinen. Die Flotte der Fluggesellschaft besteht gegenwärtig aus 17 Maschinen. Im normalen Passagierdienst kommen nur zwei Muster, der Airbus A 320 und der Airbus A 310 zum Einsatz. Zwei Boeing B 707 werden darüber hinaus ausschließlich für Frachtflüge genutzt, eine Lockheed L 1011-500 TriStar ist für Passagiere nicht zugänglich, sie dient dem Königshaus als Verkehrsmittel. Royal Jordanian fliegt 58 Destinationen in 39 Staaten an. Das Streckennetz reicht über die USA, Europa, Nah- und Mittelost, Nordafrika bis nach Indonesien. In Deutschland bedient Royal Jordanian seit 1970 Frankfurt und seit 1992 Berlin. Zum Einsatz kommen dabei beide Airbus-Typen.

Gegründet wurde die Fluggesellschaft 1963 – natürlich von König Hussein persönlich. Das geschah per Dekret, in dem die Gründung einer nationalen Fluggesellschaft unter dem Namen Alia angeordnet wurde. Genau so geschah es. Mit zwei Handley Page Dart Heralds und einer Douglas DC 7 wurde der Flugbetrieb aufgenommen und Flüge nach Libanon, Ägypten und Kuwait angeboten. Im nächsten Jahr kam ein weiteres Flugziel hinzu und die Piloten von Alia navigierten ihre Maschinen jetzt über den eintönigen Wüstenflächen Saudi-Arabiens nach Jeddah. Eine weitere DC 7 verstärkte die Flotte. 1965 brach bei der kleinen Airline das Düsenzeitalter an. Alia orderte drei Caravelle und erhielt die erste bereits im Juli ausgeliefert. In den Flugplan wurde jetzt als erstes europäisches Ziel Rom aufgenommen. Das Angebot umfasste zunächst einen wöchentlichen Flug. Ein Jahr später nahm Alia zusätzlich Flüge nach Paris und London auf und flog von Rom nach Jerusalem. Die Flotte erhielt mit der zweiten Caravelle Verstärkung. Das Jahr 1967 brach an. Noch hatte Jordanien nicht zu seiner Rolle als Vermittler im Konflikt zwischen Israel und den arabischen Staaten gefunden, noch war Jordanien selbst erbitterter Gegner des jüdischen Staates – und beteiligte sich aktiv am Sechstagekrieg, der in diesem Jahr ausbrach. Die Kampfhandlungen entwickelten sich für das Haschemitische Königreich zur Katastrophe – für das Land wie auch für die Fluggesellschaft. Israel besetzte die westlichen Landesteile, die beiden DC 7 wurden bei israelischen Luftangriffen zerstört. Zumindest bei der Airline währte der Schock aber nur kurz. Noch im selben Jahr beschaffte das Management zwei Fokker F 27 und baute sogar das Flugnetz mit einer neuen Route nach Athen weiter aus. 1968 stand ganz im Zeichen der Expansion. Die Flotte erhielt die lang erwartete dritte Caravelle und Nikosia, Bengasi, Dahran und Doha wurden in den Flugplan

Fluggesellschaften

Ein Airbus A 310 rollt nach der Landung in Frankfurt zum Terminal.

aufgenommen. 1969 folgten Istanbul, Teheran und zum ersten Mal mit München ein deutscher Airport. 1970 flog Alia von Amman nach Frankfurt und nach Abu Dhabi am persischen Golf. Die Fokker F 27 verließen wieder die Flotte, die aber schon im folgenden Jahr durch zwei Boeing B 707 wesentlich verstärkt wurde. Gleichzeitig nahm der Carrier Kopenhagen, Madrid und Karachi in Pakistan als neue Destinationen in das Flugangebot auf. 1972 verstärkten zwei Boeing B 720 zusätzlich die Flotte. Der gewachsene Maschinenpark, die gestiegene Zahl der Piloten und die immer komplexer gewordenen Anforderungen des Luftverkehrs schufen zunehmenden Aus- und Weiterbildungsbedarf des fliegenden Personals. Die Fluggesellschaft reagierte darauf mit der Gründung des Alia Training Institut. 1973 richtete Alia erstmals regelmäßige Flüge nach Bahrain, Dubai, Muscat und Rabat ein. Neben dem nun bestehenden Training Institut wurde mit einer Catering-Abteilung ein weiterer Leitungsbereich geschaffen, der sich bis heute einen sehr guten Ruf in der Luftfahrtbranche erwerben konnte. Im Jahr 1974 erhielt die Flotte ihre erste Boeing B 727. Wie zu dieser Zeit üblich, arbeiteten in den Cockpits der Maschinen drei Besatzungsmitglieder, Kapitän, Copilot und Flugingenieur. In einer Zeit, als auch in westeuropäischen oder US-amerikanischen Flugzeugen die Arbeit im Cockpit noch weitgehend eine Männerdomäne war, setzte Alia 1975 ein Zeichen: Eine Frau nahm im Cockpit den Dienst auf und arbeitete als Flugingenieur. Im selben Jahr wurden als neue Destinationen Damaskus, Wien, Larnaca, Bagdad, Bangkok, Amsterdam und Genf von Alia angeflogen. 1976 stand die Wartungsabteilung der Fluggesellschaft zur Verfügung. Die Dienste dieses Unternehmensbereichs werden auch äußerst rege von anderen Fluggesellschaften in Anspruch genommen, die ihre Maschinen dann nach Abschluss entsprechender Wartungsvereinbarungen nach Amman fliegen, um hier die vorgeschriebenen Arbeiten eines C- oder D-Checks vornehmen zu lassen. Im Laufe vieler Jahre konnte sich die Maintenance Abteilung in der Luftfahrtwelt einen guten Namen erarbeiten. Die Hallen, in denen dieser Bereich untergebracht ist, sind so ausgelegt, dass sie räumlich die Voraussetzungen bieten, um auch am zur Zeit größten Verkehrsflugzeug der Welt, der Boeing B 747, Wartungen durchzuführen. Genau zwei Maschinen dieses Typs – genauer zwei Boeing B 747-200 – kaufte Alia 1977. Damit konnte die Fluggesellschaft erstmals Direktflüge nach New York anbie-

Royal Jordanian

ten. Die wachsende Zahl der Verbindungen und Flüge sowie der beförderten Passagiere machte 1978 Investitionen in das Reservierungssystem der Fluggesellschaft nötig, das komplett computerisiert wurde. Im Jahr darauf nahm Alia Houston in den USA als zusätzliche Verbindung in den Flugplan auf, 1980 kamen mit Tunis und Tripolis zwei Ziele in Nordafrika hinzu. 1981 stockte die Airline die Flotte kräftig auf. Alia erhielt eine weitere Boeing B 747-200, drei Boeing B 727 und zwei Lockheed TriStar. Mit Bukarest und Chicago nahm der Carrier zwei neue Flugziele in das Angebot auf, 1982 folgte Belgrad. Außerdem stießen nun drei weitere Widebodies in Form von Lockheed TriStar zur Flotte. Mit diesem Typ war das Management der kleinen Fluggesellschaft aus Jordanien äußerst zufrieden. Schon 1983 kündigte sie den Kauf von vier weiteren Maschinen dieses Musters an. Die Vergrößerung der Flotte führte natürlich zu einer erheblich stärkeren Auslastung der Wartungseinrichtungen, die die Fluggesellschaft am Flughafen Amman unterhält. Vor allem für Triebwerksarbeiten fehlten hier lange die technischen Möglichkeiten. Das änderte Alia 1984, als die Maintenance-Abteilung eine eigene Triebwerksüberholungswerkstatt erhielt. Gerade dieser Bereich hat seitdem mit zum guten Ruf der Wartungsreinrichtungen in der jordanischen Wüste beigetragen. 1985 gingen zwei neue Lockheed TriStar in den Liniendienst, jetzt wurden auch Flüge nach Kuala Lumpur in Malaysia angeboten. In den Cockpits der Maschinen flogen mittlerweile ganz selbstverständlich auch weibliche Besatzungsmitglieder, von denen die erste in diesem Jahr ihre Kapitänsstreifen entgegennehmen konnte. Wie dynamisch sich die Fluggesellschaft entwickelte, zeigte sich besonders 1986. Während es noch gar nicht so lange her war, dass die Airline mit der TriStar ein völlig neues Flugzeugmuster in die Flotte aufgenommen hatte, gab das Unternehmen in diesem Jahr schon wieder einen Großauftrag ab. Dieses Mal ging er nach Europa, in die Airbus Zentrale. Hier bestellte Alia neben sechs Airbus A 310 auch ein hochmodernes Flugzeug, das in diesem Jahr noch gar nicht seinen Erstflug absolviert hatte: den Airbus A 320. Von dieser Maschine orderte die Geschäftsführung ebenfalls sechs Flugzeuge. Im gleichen Jahr wurden neue Flüge nach Sanaa im Jemen und nach Moskau aufgenommen und eine weitere, bis heute wirkende Entscheidung des Unternehmens durchgeführt: Alia änderte ihren Namen in Royal Jordanian, die Bezeichnung, unter der die kleine Airline auch gegenwärtig auf vielen Flughäfen Europas zu sehen ist. Bereits 1987 nahm der erste Airbus A 310 bei Royal Jordanian seinen Dienst auf. Die folgenden Jahre standen ganz im Zeichen der Expansion des Streckennetzes. 1988 ergänzte die Airline ihren Flugplan mit den neuen Destinationen Miami, Montreal, New Dehli und Kalkutta, 1989 kamen Ankara, 1991 Toronto, Colombo, 1992 Jakarta und Berlin hinzu. Weitere A 310 wurden mittlerweile ausgeliefert. 1995 beförderte Royal Jordanian 1,27 Mio. Passagiere und 66316 t Fracht. Das Unternehmen beschäftigte 5600 Mitarbeiter. Dieses Jahr stellte einen wirtschaftlichen Höhepunkt in der Unternehmensgeschichte dar. Zur Jahrtausendwende konnte der Carrier immer noch stattliche Zahlen vorlegen, die aber an dieses Ergebnis nicht mehr ganz heranreichten. Auch die Flotte hatte sich verändert. Die Boeing B 747 und die Lockheed TriStar sind – bis auf die Ausnahme der Maschine, die für das Königshaus reserviert ist – wieder ausgeschieden. Die Flugverbindungen werden jetzt mit A 320 und A 310 abgewickelt. Letzteres Muster kommt auch auf den New-York-Verbindungen von Royal Jordanian zu Einsatz, die mittlerweile mit Zwischenstopp in Amsterdam geflogen werden. Zum Unternehmen gehören einige Tochterfirmen, so der jordanische Reiseveranstalter Royal Tours und das in unmittelbarer Nähe zum Flughafen Amman gelegene Alia Gateway Airport Hotel. Dazu kommen zwei kleine Fluggesellschaften. Arab Wings wurde 1975 gegründet und führt Bedarfsflüge für Geschäftsleute sowie Krankentransporte durch. Die Flotte besteht aus Cessna 340 und Saberliners 75 A. Das andere Tochterunternehmen, die Fluggesellschaft Royal Wings, bietet Kurzstreckenflüge von Amman nach Aqaba, Tel Aviv und Gaza an. Zum Einsatz kommen dabei zwei Dash 8-300. Langfristig soll Royal Jordanian privatisiert werden. Ein längerer Prozess, der auch die untergeordneten Servicebereiche des Unternehmens mit einbezieht, die teilweise schon lange auch für Drittkunden am Markt arbeiten. Dazu gehören das Trainings Center mit seinen Simulatoren, die Wartung und das Catering. Während der Trainingsbereich im Frühjahr 2000 schon privatisiert war, bereiteten sich die beiden anderen Bereich zu diesem Zeitpunkt noch darauf vor. Beide dürften in Zukunft keine Probleme haben, wirtschaftlich zu überleben, wird doch ganz sicher Royal Jordanian auch weiterhin für eine gute Auslastung der Betriebe sorgen. Das Catering kann sich schon jetzt nicht über mangelnde Nachfrage auch von Drittkunden beklagen. Dieser

Fluggesellschaften

Unternehmensbereich versorgt bereits seit langem auch die Maschinen der Fluggesellschaften Air France, Gulf Air, Lufthansa, Olympic und Emirates mit Verpflegung. 6000 Mahlzeiten werden hier pro Tag von 308 Mitarbeitern angerichtet. Beispiele für die üblicherweise an einem Tag verwendeten Lebensmittel: 150 bis 180 kg Tomaten, 100 kg Gurken, 110 bis 150 kg Kartoffeln und 250 kg Orangen. Nicht minder erfolgreich ist die Maintenance. Hier können zur Zeit alle nur erdenklichen Wartungsarbeiten an den Typen Airbus A 320, Airbus A 310, Boeing B 707, Boeing B 727 und Lockheed TriStar durchgeführt werden. Zu den Kunden gehören unter anderem viele Airlines, die die TriStar noch in ihrer Flotte haben, so der Chartercarrier Tradewinds aus den USA oder die Fluggesellschaft Air Atlanta Iceland aus Island. Die Wartungshalle von Royal Jordanian wurde so ausgelegt, dass an drei Widebodies gleichzeitig gearbeitet werden kann. Die Angebotspalette der Maintenance reicht von Arbeiten am Fahrwerk, der Aufpolsterung von Flugzeugsitzen bis hin

Ein Blick in die Verkehrzentrale in Amman. Über Funk halten diese Mitarbeiter den Kontakt zu den Maschinen weltweit aufrecht.

In der Wartungshalle von Royal Jordanian. Den Service der Fluggesellschaft nutzen oft und gerne andere Airlines. Hier wird eine Boeing B 727 der afghanischen Fluggesellschaft Ariana Afghan gewartet.

Analyse von Fehlern in den Bordcomputern spezialisiert, die dazu an eine Testanlage angeschlossen werden, wozu der Einsatz spezieller Adapter für den jeweiligen Bordcomputer-Typ nötig ist. In einem anderen Wartungsbereich können selbst feinste Bemalungen und Lackierungen an Flugzeugen vorgenommen werden.

Auch Triebwerksreparaturen führen die Techniker durch. Gerade dieser Bereich gehört zu den Spezialitäten von Royal Jordanian. Die Fluggesellschaft ist mit einem großzügigen Triebwerksprüfstand ausgestattet. Hier werden die zuvor von den Tragflächen der Maschinen abmontierten Düsen in einem bunkerähnlichen Raum mit einem Kran unter der Decke so montiert, dass damit Testläufe unter allen

bis zur Durchführung kompletter D-Checks, der umfassensten Wartungsmaßnahme, die an einem Flugzeug durchgeführt wird. Eine Abteilung der Wartung ist auf die

Royal Jordanian

mögliche Belastungszuständen möglich sind. Der Bunkerbeton sorgt für gute Geräuschisolierung. Während die Triebwerke Frischluft durch Öffnungen in den Wänden ansaugen, werden die Abgase nach oben, über die Decke abgeleitet. Das Bedienpersonal steuert Düse und Test von einem eigens dafür eingerichteten Kontrollraum, in dem die Testcrew auch die Daten des Testlaufes genau analysieren kann. In einem separaten kleinen Bereich können auch die Hilfsturbinen der Maschinen auf ihre Funktion getestet werden. Solche Ausstattung bringt den Mitarbeitern natürlich auch Erfolgserlebnisse. An einen Fall erinnern sich die Techniker besonders gern: Die Mitarbeiter von Royal Jordanian reklamierten ein Triebwerk bei der Herstellerfirma, weil es ihrer Ansicht nach nicht einwandfrei lief. Schon bald nach der Rücksendung kam die Turbine wieder zurück nach Jordanien mit dem Hinweis, dass der Hersteller nach genauer Analyse keinen Fehler habe finden können und die Düse bedenkenlos an ein Verkehrsflugzeug zu montieren sei. Die arabischen Wartungstechniker blieben skeptisch. Die Montage am Flugzeug wurde zunächst aufgeschoben und die Turbine auf dem eigenen Prüfstand installiert. Zum Glück für die Piloten und die zukünftigen Passagiere von Royal Jordanian. Kaum war die Düse auf der Testanlage installiert und lief hoch, schossen auch schon derart massiv die Flammen aus dem Triebwerk, dass sogar ein Teil des Prüfstandes erheblich beschädigt wurde. Die herbeizitierten Ingenieure des Triebwerksherstellers zeigten sich verständlicherweise fassungslos – eine Episode, wie sie von den Mitarbeitern der Maintenance von Royal Jordanian immer wieder gerne Besuchern erzählt wird. Raum und Zeit dafür ist zum Beispiel beim gemeinsamen Kaffee oder Tee ausreichend vorhanden. Nur Majd Arafat muss dabei wieder einmal seine Geduld beweisen. Denn er hat die Geschichte vom Triebwerksbrand bestimmt schon 1001 Mal gehört.

Die Flotte im Detail:	**Flugzeugmuster**	**Anzahl**
	Airbus A 320-200	5
	Airbus A 310	9
	Boeing B 707	2
	Lockheed L 1011-500	1

Kurzprofil auf einen Blick

IATA-Code:	RJ
Dreilettercode:	RJA
Callsign:	Jordanian
Angeflogene Destinationen:	58 Destinationen in 39 Ländern
Drehkreuz:	Amman
Mitgliedschaft in Allianzen:	—
Zahl der Mitarbeiter 1999:	4785
Beförderte Passagiere (Zahlgäste) 1999 im Linienverkehr in Mio.:	1,25
Beförderte Luftfracht 1999 im Linienverkehr in tsd. t:	56,1
Zahl der Verkehrsflugzeuge:	17

Flugzeugunfälle mit Totalverlust des Fluggeräts seit 1970:

Datum **Unfall**

12.06.1985 Bei einer Flugzeugentführung wurde auf dem Flughafen Beirut eine Boeing B 727-200 von Alia durch Sprengsätze und MG-Feuer einiger Terroristen völlig zerstört. Da Passagiere und Besatzung die Maschine zuvor verlassen hatten, gab es keinen Todesfall.

14.03.1979 Beim Flug von Amman nach Doha im Katar geriet die Besatzung einer Boeing B 727-200 beim Anflug in ein extrem schweres Gewitter, das eine Landung unmöglich machte. Beim Durchstarten nach dem Abbruch eines Landeversuches drückten plötzliche Schwerwinde die Maschine zu Boden. Beim Aufschlag starben 44 Menschen.

03.08.1975 Eine Boeing B 707-320 C prallte bei einem Landeversuch in Agadir gegen einen Höhenzug. Alle 188 Insassen verloren ihr Leben.

22.01.1973 Bei der Landung in Kano in Nigeria wurde eine Boeing B 707 beschädigt. Die Maschine fing Feuer. 176 Menschen kamen ums Leben.

Keine Airline aus Europa oder den USA kennt sich so in Afrika aus:
Sabena

Wer einmal die Namen der nationalen Linienfluggesellschaften weltweit betrachtet, dem fällt meist recht schnell die vorherrschende Eintönigkeit bei der Namensvergabe auf. Austrian Airlines, American Airlines, British Airways, Kenya Airways, Air France und Air Malta mögen hierbei nur als willkürlich herausgehobene Beispiele gelten: Meist wird der Name des Landes mit Air, Airlines oder Airways kombiniert. In diesem sprachlichen Einerlei gibt es einige Ausnahmen. Die Deutsche Lufthansa ist ein solches Unternehmen genau wie die indonesische Fluggesellschaft Garuda – ein wundersamer Vogel, der dem Gott Vishnu als Reittier dient – oder die belgische Fluggesellschaft Sabena. Wofür steht nun eigentlich dieser Name? Es handelt sich um eine Abkürzung, die für Société Anonyme Belge d'Exploitation de la Navigation Aérienne steht, was – etwas salopp übersetzt – Belgische Gesellschaft zur Nutzung des Luftverkehrs bedeutet. Genau unter diesem Namen wurde die Sabena 1923 gegründet, womit sie zu den ältesten und traditionsreichsten Fluggesellschaften der Welt gehört. Die Wurzeln des Unternehmens reichen aber noch weiter zurück. 1917 – mitten im 1. Weltkrieg – hatte Georges Nélis, Leiter der technischen Dienste der belgischen Luftwaffe eine Vision. Seiner Ansicht nach war das Flugzeug nicht nur ein sehr wirksames Mittel der Kriegsführung, sondern auch ein Verkehrsmittel, das der Menschheit in Zukunft große Dienste beim Transport von Waren und Personen über große Entfernungen leisten konnte. Überzeugt von seiner Idee, begann Nélis, Politiker und Wirtschaftsvertreter in Belgien davon zu überzeugen. 1919 erschien ein kleines Buch von ihm unter dem Titel »Belgische Expansion durch Luftverkehr«, in dem er seine Vorstellungen zusammenfasste. Hier stand zum Beispiel als Ziel einer weiteren Verbreitung des Luftverkehrs zu lesen, »die

Douglas DC 4 der Fluggesellschaft Sabena.

Auch wenn diese Avro RJ 100 die Farben von Sabena trägt, wird sie von DAT Delta Air Transport betrieben.

Beziehungen zwischen Menschen und Nationen, die durch Tausende von Kilometern voneinander getrennt sind, genauso eng und regelmäßig werden zu lassen, wie bisher nur zu unmittelbaren Nachbarn.« Hintergrund waren vitale Interessen Belgiens. Das Königreich verfügte über umfangreiche Kolonien in Afrika. Leistungsfähige Verkehrsverbindungen in die Kolonien besaßen aus militärischer, aber auch wirtschaftlicher Sicht, große Bedeutung. Kein Wunder also, dass die Bemühungen des Mannes Erfolg hatten. 1919 entstand mit der SNETA in Belgien ein nationales Syndikat, das die Möglichkeiten des Luftverkehrs studieren sollte. Genau das geschah denn auch – mit Georges Nélis als Pilot am Steuerknüppel. Zunächst flog der belgische Luftfahrtpionier Erkundungsflüge nach Paris und London, dann wurden im Sommer 1920 bereits erste Flugdienste von Brüssel in die beiden Metropolen eingerichtet. Daneben engagierte man sich vor allem in Afrika. Erklärtes Ziel war es hier, zwischen den Städten Leopoldsville und Stanleyville eine Flugverbindung zu schaffen, die entlang dem Kongo führen sollte. Am 1. Juli 1920 konnte schon der erste Abschnitt mit einer Länge von 520 km beflogen werden, ein Jahr später gab es Flüge auf der 1740 km langen Gesamtstrecke. Das Ergebnis beeindruckte. Durch den Einsatz der Flugzeuge hatte sich die Reisezeit auf dieser Strecke von siebzehn auf 3 Tage verkürzt. Bei insgesamt 80 Flügen beförderten die Piloten der SNETA 95 Passagiere und 1800 kg Fracht. Schon Mitte 1922 sah die Studiengesellschaft ihre Aufgabe als erfüllt an. Es war klar, dass das Flugzeug als Verkehrsmittel nutz- und gewinnbringend eingesetzt werden konnte und dem Luftverkehr eine große Zukunft bevorstand. Die praktische Umsetzung der gemachten Erfahrungen begann. Dazu wurde 1923 die Sabena gegründet. Neben dem belgischem Staat war die SNETA einer der Hauptaktionäre. Zunächst flog die neugegründete Sabena Post und Fracht – vor allem Zeitungen – zwischen England und Belgien. Auch vereinzelte Passagiere stiegen dabei schon in die Maschinen. Noch Ende 1923 begannen die Vorbereitungen für eine Verbesserung der Flugverbindungen in Afrika. Hier wollte die Sabena sich bei der

Fluggesellschaften

Streckenführung vom Flusslauf des Kongo lösen und statt dessen den Flug über die unergründlichen Dschungelflächen wagen. Um das zu ermöglichen, mussten aber zuvor erst entlang der Strecke Landeplätze für mögliche Notfälle eingerichtet werden. 1925 gelang der erste Flug von Brüssel in den Kongo. Ein flugbegeisterter Rechtsanwalt, Edmond Thieffry, überführte einen Handley-Page-Doppeldecker über die 8000 km lange Strecke. Der Flug blieb lange ein Einzelfall. Es verging noch über ein Jahrzehnt, bis auf dieser Strecke regelmäßige Linienflüge aufgenommen wurden. 1936 dauerte der Flug von Brüssel in den Kongo drei Tage. In Europa führte die Fluggesellschaft die ersten regelmäßigen Dienste 1924 von Rotterdam über Brüssel nach Strasburg durch. Flüge nach Basel, Antwerpen und Amsterdam, dann auch nach Köln, Düsseldorf, Essen, Hamburg, Dortmund, Bremen und Berlin folgten. Zur Flotte der Sabena gehörten Fokker F VII, Junkers Ju 52, Savoia Marchette S 73 und SM 83 sowie von 1938 an auch Douglas DC 3. Mit dem Kriegsausbruch kamen in Europa die Linienverkehre der Sabena zum Erliegen, während sie in Afrika weitergeführt und zum Teil ausgebaut wurden. Schon 1944 flog Sabena wieder von Europa nach Zentralafrika. Die Flüge starteten allerdings in London. Nach Ende des Krieges gehörte die belgische Fluggesellschaft zu den europäischen Pionierunternehmen über dem Nordatlantik. Der erste Flug wurde 1946 durchgeführt, 1947 startete das Unternehmen regelmäßige Linendienste zwischen Brüssel und New York, wobei Douglas DC 4 zum Einsatz kamen. 1960 nahm die Fluggesellschaft als erste Airline in Europa die Boeing B 707 in die Flotte auf, 1961 folgte die Caravelle, 1967 die Boeing B 727 und 1971 die Boeing B 747. Wirtschaftlich war die Situation des Unternehmens seit dem Ende der 50er Jahre nicht besonders rosig. Jahr für Jahr wurden Verluste erwirtschaftet, die jeweils der belgische Steuerzahler auffing. Jahrzehntelang befand sich die Airline – von kurzen Unterbrechungen abgesehen – in einer Dauerkrise. Erst Mitte der 90er Jahre kam es zu einer Wende zum Besseren. Im Juli 1995 war die Swissair mit einer finanziellen Beteiligung bei Sabena eingestiegen. In der Folge setzte die Fluggesellschaft ein rigides Sparprogramm um, dass schon 1997 im operativen Geschäft zu einem positiven Ergebnis führte. Heute hält die Swissair 49,5 Prozent der Anteile an Sabena. Nur noch 11,81 Prozent des Kapitals befinden sich in den Händen des belgischen Staates, den Rest halten institutionelle Anleger. Eingebunden in die Qualiflyer Group arbeitet Sabena mittlerweile auf vielen Gebieten der Luftfahrt eng mit der Swissair zusammen. Seit dem 21. November 1999 besteht darüber hinaus ein Code-Share-Abkommen mit American Airlines, das sich auf Flüge zwischen Brüssel, Boston, Chicago und Washington erstreckt. Wichtige Tochterunternehmen von Sabena sind die Fluggesellschaften DAT und Sobelair. DAT – die Buchstaben stehen für Delta Air Transport – ist innerhalb der Sabena-Gruppe für alle Flüge mit weniger als 97 Passagieren zuständig. Zum Einsatz kommen 26 Avro RJ 85/100 sowie sechs BAe 146. Die Maschinen haben keine eigenständige Lackierung, sondern fliegen in Sabena-Farben, so dass die Fluggesellschaft als eigenständiges Unternehmen nur dem Fachmann gegenüber in Erscheinung tritt. Das ist bei Sobelair anders. Die

Die Zeitungslektüre gehört zu den geschätzten Aufmerksamkeiten wohl an Bord der Maschinen einer jeden Fluggesellschaft.

Sabena

kleine Fluggesellschaft führt mit Boeing B 737 und Boeing B 767 vorwiegend Ferienflüge durch. Das Unternehmen kann selbst auf eine beachtliche Tradition zurückblicken. Sobelair wurde bereits 1946 gegründet und führte zunächst vorzugsweise Charterflüge nach Belgisch-Kongo durch. Bereits 1948 übernahm Sabena die Mehrheit der Anteile an dem kleinen Unternehmen. Und der Name dieser Fluggesellschaft? Auch Sobelair ist eine Abkürzung. Der Begriff steht für Société Belge de Transports par Air – Belgisches Unternehmen für Lufttransporte.

Kurzprofil auf einen Blick

IATA-Code:	SN
Dreilettercode:	SAB
Callsign:	Sabena
Mitgliedschaft in Allianzen:	Qualiflyer Group
Hauptverkehrsdrehscheiben:	Brüssel
Zahl der Mitarbeiter:	12 717
Beförderte Passagiere (Zahlgäste) 1999 im Linienverkehr in Mio.:	9,96
Beförderte Luftfracht 1999 im Linienverkehr in tsd. t:	147,3
Zahl der Verkehrsflugzeuge:	43

Die Flotte im Detail:

Flugzeugmuster	Anzahl
B 737-200	2
B 737-300	6
B 737-400	3
B 737-500	6
A 319	8
A 320	2
A 321	3
A 330-200	5
A 330-300	4
A 340-200	2
A 340-300	2

Flugzeugunfälle mit Totalverlust des Fluggeräts seit 1970:

Datum — Unfall

04.04.1978 Im Rahmen der Pilotenausbildung führte eine Boeing B 737-200 zahlreiche Touch-and-Go-Mannöver durch. Bei einem Start geriet die Maschine in einen Vogelschwarm, bei dem zahlreiche Tieren mit dem Flugzeug zusammenstießen. Anschließend hob die Maschine nicht mehr vom Boden ab, überschoss die Landebahn und kollidierte mit Bodenhindernissen. Die drei Piloten an Bord konnten sich retten.

Airbus A 321 von Sabena.

Fluggesellschaften

Die Douglas DC 7 wurde von South African Airways auf Langstrecken eingesetzt.

Langstreckenspezialist von der Südhalbkugel:
South African Airways

Zu den Fluggesellschaften, die auf eine lange Tradition zurückblicken können, gehört auch South African Airways (SAA). Das Unternehmen hatte es nicht immer leicht in seiner Firmengeschichte. Zu der geographischen Lage mit weiten Wegen zu den Hauptzentren der Weltwirtschaft in USA, Europa und Asien gesellte sich lange Zeit die Apartheitspolitik Südafrikas, die viele Staaten zu Boykottmaßnahmen gegenüber Land und Airline veranlasste. Deren Ende bekam der Airline ausgesprochen positiv, eine Entwicklung, die sich auch in dem neuen, frischen und farbigen Logo von South African Airlines widerzuspiegeln scheint.

Die Wurzeln der Fluggesellschaft reichen bis ins Jahr 1929 zurück, als die Fluggesellschaft Union Airways in Südafrika gegründet wurde. Das Unternehmen führte Luftposttransporte zwischen Port Elisabeth, Johannesburg, Kapstadt und Durban durch. 1934 übernahm die staatliche Eisenbahngesellschaft South African Railways die Kontrolle über Union Airways und gründete South African Airways (SAA). Ein Jahr später erwarb SAA South West African Airways, eine Fluggesellschaft, die seit 1932 Luftpost zwischen Windhoek und Kimberley transportierte. Zum Einsatz kamen bei SAA zu dieser Zeit vor allem Flugzeuge der Typen Junkers F 13, W 34, Ju 52 und Ju 86. Das Streckennetz reichte in alle Nachbarstaaten. Es wurden Ziele bis hin nach Nairobi angeflogen. Nach Ende des zweiten Weltkrieges, noch am 10. November 1945, erfolgte die Aufnahme einer ersten regelmäßigen Verbindung, des »Springbok-Dienstes«, nach London. Ende 1947 betrieb SAA eine Flotte von 41 Maschinen, zu denen

South African Airways

Boeing B 747-400 über einer Landschaft, wie sie für große Teile des südlichen Afrikas typisch ist.

unter anderem Douglas DC 3 und DC 4 gehörten. Am 1. Juli 1952 wurde Frankfurt/Main in den Flugplan der südafrikanischen Fluggesellschaft aufgenommen. 1953 begann für den südafrikanischen Carrier das Düsenzeitalter. Von der britischen Fluggesellschaft BOAC wurde eine Comet 1 angemietet. 1956 setzte SAA als erste nicht in den USA ansässige Fluggesellschaft die DC 7B ein. Die Maschine flog auf der Route nach London. Mit Lockheed Constellation eröffnete South African 1957 eine Verbindung nach Perth in Australien. Auf Inlands- und Regionalstrecken kamen vom November 1958 an Vickers Viscount 813 zum Einsatz.

Als die Fluggesellschaft 1960 die neue Boeing B 707 in ihre Flotte integrieren konnte, wurde die Route nach Perth ausgebaut und bis Sydney verlängert. Derartige Langstreckenverbindungen – gerade auf der Südhalbkugel waren zu dieser Zeit bei weitem noch nicht selbstverständlich. South African ergänzte ihren Flugplan 1969 um eine weitere vergleichbare Langstrecke, die ebenfalls auf der südlichen Erdhalbkugel, dieses Mal aber nach Westen, nach Rio de Janeiro führte. Auf dem politischen Parkett hatte es Südafrika weltweit zunehmend schwerer. Der Grund war die Politik der Apartheit, die in diesem Land praktiziert wurde. Die Folgen bekam auch South African Airways zu spüren. So gewährten zahlreiche afrikanische Staaten der Fluggesellschaft keine Überflugrechte. Um trotzdem ihre Ziele zum Beispiel in Europa zu erreichen, mussten die Piloten weite Umwege fliegen. Das wiederum spiegelte sich in der Flottenpolitik der Airline wider. South African orderte Fluggerät, mit dem für diese Zeit der Flug über extreme Reichweiten möglich war. Angeschafft wurde 1971 die Boeing B 747 SP. 1974 führte der Carrier eine wöchentliche Verbindung zwischen Südafrika und Fernost mit einem Flug von Johannesburg nach Hongkong ein, 1980 kam ein Flug nach Taiwan hinzu. 1983 konnte die Airline die Boeing B 747-300 in Empfang nehmen. Die Strecke Johannesburg-London wurde jetzt Nonstop geflogen. Die Abkehr von der Apartheitspolitik beendete für Südafrika die internationale Isolation. Davon profitierte insbesondere South African Airways. 1991 konnten die Flüge über Afrika wieder aufgenommen werden, SAA flog Nairobi an. Im gleichen Jahr empfing der Carrier den ersten Airbus A 320 und die erste Boeing B 747- 400. Die Zahl afrikanischer Flugziele wuchs stetig. Ein wöchentlicher Flug nach Luanda wurde aufgenommen, in Kooperation mit Air Afrique bot SAA nun regelmäßige Flüge von Südafrika nach Zentral- und Westafrika an. Auf der Langstrecke kam es 1992 zur Aufnahme neuer Verbindungen. Am 1. Juni dieses Jahres begannen Flugdienste nach Bangkok und Singapore. Es schloss sich der erste Linienflug nach München am 13. August an. Am 12. Dezember führte SAA den ersten Direktflug von Kapstadt nach Miami durch, am 2. Februar 1993 integrierte die Airline Larnaca auf Zypern in die Tel-Aviv-Route. Als dritte Destination in Deutschland wurde Hamburg 1993 angeflogen, aber nicht lange, denn bereits 1994 wechselte SAA dieses Flugziel gegen Düsseldorf. Im selben Jahr ergänzte Sao Paulo in Brasilien den Flugplan. Ende 1995 nahm SAA – ganz in der Tradition der Airline – einen Flug von Johannesburg nach Buenos Aires, und damit eine weitere Langstreckenverbindung auf der Südhalbkugel, in das Netzwerk der Flugverbindungen auf.

Am 30. Januar 2000 bereicherte SAA den Flugplan um ein weiteres Ziel in den USA: Atlanta. Der Flug führt von Kapstadt nach Fort Lauderdale in Florida, von wo aus er nach Atlanta weitergeführt wird. Die Auswahl von Atlanta als Flughafen war natürlich kein Zufall. SAA bietet den Flug in Kooperation mit Delta Airlines an. Passagiere der südafrikanischen Fluggesellschaft haben so über das Delta-Drehkreuz optimale Anschlussmöglichen innerhalb der USA. 99 Destinationen von Delta können innerhalb von drei Stunden nach Ankunft erreicht werden. Eine weitere Zusammenarbeit – dieses Mal aber im afrikanischen Kontinent angesiedelt – wurde im April 2000 aufgenommen. Partner ist die Fluggesellschaft Zambia Skyways. Die Zusammenarbeit umfasst eine Erhöhung der wöchentlichen Flüge von Lusaka und Johannesburg von vier auf sechs pro Woche. Für Bill Meaney, Vize-Präsident von South African war es in diesem Zusammenhang wichtig darauf hinzuweisen, dass die Kooperation auch ein Beweis dafür ist, dass SAA auf dem Weg sei, für Fluggesellschaften in Afrika zum Partner der ersten Wahl zu werden. Immerhin würden die Passagiere aus afrikanischen Destinationen beim Flug mit SAA via Johannesburg Verbindungen zu über 500 weltweiten Destinationen offen stehen. Damit zeichnet sich in der Tat eine erfolgversprechende Strategie des südafrikanischen Carriers ab. Wenn es gelingt, das afrikanische Passagierpotential von den zahlreichen kleineren Destinationen über Partnergesellschaften, aber auch eigene Dienste, für den Flug zu internationalen Zielen mit SAA über dessen Drehkreuz zu gewinnen, eröffnet sich der Fluggesellschaft ein wachsender Markt. Damit dürften South African langfristig kontinuierliche kräftige Wachstumsraten sicher sein.

Im gleichen Jahr gab South African eine Entscheidung zum Aufstocken der Flugzeugflotte im Bereich der Kurz-und Mittelstreckenmaschinen bekannt. 21 Boeing B 737-800 wurden bestellt, jede in Zweiklassenkonfiguration mit einem Platzangebot für 157 Passagiere. Darüber hinaus erwarb SAA Optionen für 20 weitere Maschinen der 737-Reihe, die als -800, -900 oder -700 zur Auslieferungen kommen können, je nach den jeweiligen Bedürfnissen der Fluggesellschaft. Die -900 würden dann mit 175 Sitzen ausgestattet sein, die -700 mit 125 Plätzen. Die Maschinen sollen auf den Inlandstrecken von SAA, aber auch auf Verbindungen innerhalb Afrikas, zum Einsatz kommen. Die Flugzeugbeschaffung steht in Zusammenhang mit einem weitreichenden Flottenerneuerungsprogramm von South African. Nach Angaben von SAA-Geschäftsführer Coleman Andrews solen die neuen 737-Maschinen gleich drei verschiedene im Einsatz befindliche Flugzeugmuster ablösen: die über 20 Jahre alten Airbus A 300, die über 16 Jahre alten Boeing B 767 und die über sieben Jahren alten Airbus A 320. Interessant dabei sind zweierlei Aspekte: Zum einen, dass die 737-800 als Narrow-Body die Widebody-Modelle B 767 und A 300 ersetzen wird. Zum anderen der Ersatz der Airbus A 320, eines Flugzeuges, das normalerweise der direkte Konkurrent der Boeing B 737 ist. Dabei sind die Boeing B 737-800 auch mit den neuen Winglets an den Enden der Tragflächen ausgestattet.

South African Airways

Über Afrikas endlose Weiten:
Im Cockpit eines Langstreckenfluges nach Südafrika

Langstreckenflüge, Reisen über Distanzen, deren Bewältigung noch vor dem zweiten Weltkrieg ein Abenteuer war, gehören heute zur alltäglichen Routine der Fluggesellschaften. Eine der erfahrensten Airlines auf solchen Routen ist South African Airways. Bei einem Flug von Frankfurt nach Johannesburg bestand Gelegenheit, eine Crew in der Boeing B 747-300 zu begleiten. Ein faszinierender Einblick in die Abwicklung eines Fluges über den endlosen Landflächen Afrikas.

»Flightdeck«: Diese Bezeichnung für das Cockpit findet sich gerade in älteren Büchern über die Fliegerei häufig. Wer das Cockpit der Boeing B 747-300 der Fluggesellschaft South African Airways kurz vor dem Start in Frankfurt zu einem Flug nach Südafrika betritt, versteht plötzlich, warum der Begriff bei diesem Flugzeug seine Berechtigung hat, während er bei kleineren und moderneren Maschinen wie dem Airbus A 320 oder der Boeing B 767 merkwürdig überdimensioniert, immer irgendwie übertrieben wirkt. Der mächtige Jumbo verfügt wirklich über ein Cockpit, das den Namen Flugdeck verdient. Fünf Besatzungsmitglieder halten sich im Cockpit auf, während die Maschine noch am Gate steht – in einer verwinkelten, langgezogenen Kabine, in der es an Wänden und Decken von Schaltern, Rundinstrumenten, Anzeigen, Hebeln und Schaltkästen nur so wimmelt. Bei der Boeing B 747-300 handelt es sich um das Vorgängermodell der Boeing B 747-400. Sie verfügt zwar schon über das langgezogene Oberdeck des moderneren Jumbos, ist aber noch mit dem Cockpit der -200 ausgestattet. Das bedeutet: Die Besatzung fliegt mit einem Bordingenieur. Dieser sitzt hinter den beiden Piloten vor einer mächtigen Schalttafel, die parallel zur Flugrichtung der Maschine angeordnet ist. Die meisten Anzeigen im Cockpit befinden sich in diesem Bereich. Damit endet das Flugdeck aber noch nicht. Dahinter sind weitere Plätze für Beobachter und Besatzungsmitglieder angeordnet. Deren Anwesenheit in der Maschine ist aufgrund der Länge des Fluges nötig. Sie werden im späteren Reiseflug die anderen Mitglieder der Crew ablösen. An Bord befindet sich folgende Crew für den Flug nach Johannesburg: Als Kapitän hat Jan Fenenga auf dem linken Pilotensitz Platz genommen. Copilot ist Phil Parsons auf dem rechten Platz im vorderen Bereich des Cockpits. Der Flugingenieur heißt Willie Wannenburg. Hinter ihm auf einem Beobachterstuhl sitzt sein Ersatzmann, Relief-Flight-Engineer Wallie Muller, dahinter steht Relief-Pilot Gavin Gaenssler. Als Pilot-Flying wird auf dem Flug der Copilot Phil Parsons fungieren.

Um 20:49 Uhr hat Gaenssler das Cockpit verlassen. Der Bordingenieur meldet »All doors closed« und Kapitän Fenenga holt die Erlaubnis zum Zurückstoßen und zum Anlassen der Triebwerke vom Tower ein. Eine Minute später drückt ein Schlepper des Flughafens Frankfurt den Jumbo langsam vom Gate B 44 des Airports zurück. Während des Zurückstoßens werden nach und nach die Turbinen angelassen. Der Schlepper dockt ab. Außerhalb der Maschine ist es an diesem Winterabend dunkel. Parsons schiebt die Schubhebel in der Mittelkonsole ein kleines Stück nach vorn. Behäbig setzt sich die Boeing in Bewegung. Auf ihrem Weg zur Startbahn 18 wird sie bereits rund eine Tonne Kerosin nur für das Rollen am Boden verbrauchen. Die beiden Piloten testen noch einmal die Quer- und Höhenruder der Maschine auf ihre Funktion, indem sie die entsprechenden Ausschläge mit dem Steuerhorn vornehmen. Eine kurze Besprechung des Vorgehens in einem Notfall beim Start schließt sich an. Dabei wird im wesentlichen die Routenführung für den Fall besprochen, dass die Maschine zum Beispiel mit einem ausgefallenen Triebwerk starten muss, weil sie vor dem Ende der Startbahn nicht mehr abzubremsen wäre. Das Durchsprechen der dann zu ergreifenden Maßnahmen im vorweg ist wichtig, damit es im Notfall nicht zu Missverständnissen kommt. Anschließend legt Kapitän Fenenga den Schalter für die Klappen auf die Startstellung Flaps 10 um, während der Copilot den Jumbo mittels eines kleinen Handrades zu seiner Rechten am Boden steuert. Über das Rad wird das Bugfahrwerk gelenkt. Noch immer rollt das Flugzeug auf seinem langen Weg zur Startbahn über die Taxiways des Frankfurter Flughafens. Letzte Checklisten werden verlesen, dann erhält die Maschine vom Tower die Startfreigabe und biegt auf die Startbahn 18 des Frankfurter Flughafens ein. First Officer Parsons schiebt die Schubhebel der Boeing B 747 nach vorn. Mit leichter Verzögerung schwillt das Turbinengeräusch rechts und links der

Fluggesellschaften

Cockpitfenster an, bis es zu einem lauten Grollen wird. Behäbig setzt sich der mächtige Jumbo in Bewegung, erst langsam, dann immer schneller. »Eighty« meldet Kapitän Fenenga beim obligatorischen Crosscheck der Instrumente die Geschwindigkeit in Knoten nach einem Moment.

»Checkt« lautet die standardisierte Antwort Parsons.

Die Maschine beschleunigt weiter, der Zeiger des Geschwindigkeitsmessers klettert höher.

»V 1« quittiert Fenenga das Passieren der Marke von 152 Knoten. Einen Moment später passiert der Zeiger 172 Knoten. Das Flugzeug ist damit 318 km/h schnell.

»Rotate«, ruft Fenenga aus, und Phil Parsons zieht mit beiden Händen das wuchtige Steuerhorn der Maschine zu sich heran. Langsam und majestätisch hebt sich die Nase des Flugzeugs in die Luft, dreht sich der Boden unter dem Cockpitfenster davon. Flug SA 261, Funkkennung »Springbok 261 heavy«, ist jetzt airborne – und wird erst im südafrikanischen Johannesburg, nach mehr als zehn Stunden wieder den Boden berühren. An Bord der Maschine befinden sich 243 Passagiere. Das Startgewicht beträgt 348 442 kg. Allein 134 000 kg davon sind Kerosin. Die mitzunehmende Menge wurde von der Crew sorgfältig kalkuliert. 118 040 kg sind für den reinen Flug vorgesehen. Damit kann die Maschine 10 Stunden und 16 Minuten in der Luft bleiben. Da es immer möglich ist, dass der Zielflughafen zum Beispiel aufgrund von schlechtem Wetter gesperrt wird, muss die Besatzung sich auf diesen Fall vorbereiten und einen Alternativflughafen vorsehen. Dafür wurde bei diesem Flug Gaberone in Botswana geplant. Der Flug dorthin würde 34 Minuten dauern. Dafür hat die Besatzung eine zusätzliche Kerosinmenge von 6 490 kg an Bord. Der Kraftstoffverbrauch kann sich während des Fluges immer durch unvorgesehene Einflüsse, zum Beispiel einen stärker als angenommenen Gegenwind, erhöhen. Um für solche Fälle gerüstet zu sein, hat die Maschine eine Reserve in den Tanks, die mit 3 510 kg kalkuliert wurde. Das reicht für 18 Minuten Flugzeit. Dazu kommt eine sogenannte Final Reserve zum Beispiel für das Fliegen in Warteschleifen. Dafür befinden sich 4 680 kg in den Tanks, was für 30 Minuten Flugzeit ausreichen würde. Zu guter Letzt wurden auf Entscheid des Kapitäns zusätzliche 1 280 kg als weitere Reserve getankt.

Schon kurz nach dem Abheben legt Kapitän Fenenga den Fahrwerkshebel nach oben und fährt damit das Fahrwerk ein. Das Flugzeug steigt in der Dunkelheit weiter in den Him-

Im Sinkflug kurz vor Johannesburg. Kapitän Jan Fenenga (links), Copilot Phil Parsons (rechts vorn) und Flugingenieur Willie Wannenburg in der Boeing B 747-300 bei der Arbeit.

Klassischer »Uhrenladen«: Die Instrumente der älteren Jumbos haben ein Flair, das modernere Flugzeugtypen nicht mehr ausstrahlen.

Gerade aus der Perspektive am Boden wird die Größe besonders deutlich: B 747-300.

South African Airways

mel, auch die Klappen werden wenig später aus der Startstellung zurückgefahren. Bei rund 10 000 Fuß ist die durchgehende Wolkendecke erreicht, die an diesem Tag über Hessen liegt. Kräftige Turbulenzen schütteln den Jumbo. In einer Höhe von 33 000 Fuß erreicht die Boeing die deutlich ruhigere Reiseflughöhe. Später, wenn das Flugzeug durch das verbrauchte Kerosin leichter geworden ist, werden die Piloten versuchen, von der Luftverkehrskontrolle die Genehmigung zum Flug in einer größeren Höhe zu erreichen. An Zürich vorbei nimmt die Maschine Kurs auf Italien, wo die Boeing nördlich von Rom auf das Mittelmeer hinausfliegt. Bei Tripolis erreicht das Flugzeug noch an diesem Abend den afrikanischen Kontinent, der sich nun bis zum nächsten Morgen unter dem Jet erstrecken wird. Der Kontakt zu den Bodenstationen wird in Afrika zu einem großen Teil auf Kurzwelle abgewickelt. Zunächst ist die Luftverkehrskontrolle in Tripolis zuständig, es folgt Ndjamena im Tschad. Wie überall im Luftverkehr müssen die Piloten auch über Afrika bei jedem erreichten Waypoint eine Funkmeldung über ihre Position abgeben. Die Qualität der Luftverkehrskontrolle erreicht hier bei weitem nicht den Standard, wie er in Europa oder USA üblich ist. Die verheerenden Wirkungen wurden nicht zuletzt durch den Zusammenstoß einer deutschen Tupolev der Bundeswehr mit einer US-amerikanischen Transportmaschine deutlich. Um solche Katastrophen zu vermeiden, fliegen die Maschinen in einer sehr großzügigen Staffelung von 20 Minuten Abstand zueinander. Nur zum Vergleich: Über Europa sind Staffelungen von 2 Minuten nicht ungewöhnlich. Außerdem haben die Piloten der Maschinen hier ein besonderes Verfahren eingeführt, das auch über anderen Teilen der Welt mit schlechter Luftraumüberwachung Anwendung findet. Eines der Funkgeräte im Cockpit ist immer auf die Frequenz 126,90 eingerastet. Bei jedem Waypoint geben sich die Besatzungen der Maschinen hier untereinander Position und Kurs durch, so dass auf diese Weise im Kopf aller Piloten ein Bild der jeweiligen Luftlage entsteht. Darüber hinaus ist der Jumbo mit einem TCAS-Kollisionswarngerät ausgestattet, das die Piloten akustisch und optisch warnen würde, wenn ihnen eine Maschine auf ihrer Flughöhe entgegenkäme. Während unterhalb des Flugzeuges die endlosen Wüsten Nordafrikas vorbeiziehen, ist in der Kabine das Abendessen beendet, die meisten Passagiere versuchen zu schlafen. Auch im Cockpit geht es ruhiger zu. Die Fenster umgibt tiefschwarze Dunkelheit, auch am Boden leuchtet nirgendwo ein Licht. Drinnen ist es ebenfalls dunkel, erleuchtet nur vom gedimmten Schein der zahllosen Lämpchen der Instrumente. Die Boeing B 747-300 tastet sich vom Waypoint GARIN zum Waypoint ILDOR auf der Luftstraße UG (Upper Green) 655F voran. Entfernung zwischen den Punkten: 122 nautische Meilen. Die gesamte Flugstrecke ist eine Abfolge aufeinander folgender Wegpunkte. Auf ILDOR werden FLU, KINTU, KOBLA und eine scheinbar endlose Folge weiterer Waypoints folgen. Der Flugplan umfasst in der entsprechenden Auflistung sieben lange Seiten. Geographisch fliegt die Boeing, nachdem sich den Tschad überflogen hat, über Zentralafrika, Zaire, Sambia und Zimbabwe nach Südafrika hinein. Die Maschine ist 913 km/h schnell. Navigiert wird mit Hilfe des Trägheitsnavigationssystems (INS), das unabhängig von der Außenwelt funktioniert. Beim INS erfühlen kreiselstabilisierte Plattformen jede Flugbewegung und errechnen auf diese Weise den geflogenen Kurs von einem eingegebenen Ausgangsort aus weiter fort. Angezeigt werden die Waypoints nicht auf einem Display, wie es in modernen Maschinen wie der Boeing B 747-400 üblich ist. Die Piloten können ihre Position und die Entfernung dazu auf der Anzeige des INS ablesen. Auf das INS wiederum lässt sich der Autopilot aufschalten, der die Abfolge von Waypoints automatisch bis zum Ziel abfliegt. Für die Piloten und den Bordingenieur hat jetzt in der Nacht der monotone Teil der Arbeit begonnen. Gelegentlich muntert ein aufmerksamer Purser oder eine Stewardess die Besatzung durch einen heißen Kaffee auf. Flugkapitän Fenenga hat mittlerweile seinen Platz geräumt und versucht in einem für die Crew reservierten Ruhebereich einige Stunden Schlaf zu finden. Seinen Stuhl hat Relief-Pilot Gaenssler eingenommen. Später in der Nacht wechselt er auf den Sitz von Copilot Parsons, während Kapitän Fenenga wieder zu seinem Platz zurückgekehrt ist. Auch die Flugingenieure lösen sich ab. Schließlich, am Ende der Nacht, nimmt auch Copilot Parsons wieder seinen Stuhl ein und die Ingenieure wechseln erneut. Die Landung in Johannesburg wird damit in derselben Konstellation wie der Start in Frankfurt erfolgen. Dann, nach stundenlangem Flug, wird es wieder hell. Unterhalb der Boeing ergießt die aufgegangene Sonne ihr Licht über unbewohntes, karges Land, das sich in sanften Hügeln, die immer wieder von schroffen Graden unterbrochen werden, bis zum Horizont wellt. Vielerorts steigt Dunst auf und gibt dem ersten Tageslicht eine weiche, fast sanfte Farbe.

Fluggesellschaften

Rund eine halbe Stunde vor Ankunft verlässt die Boeing die Reiseflughöhe, die zu diesem Zeitpunkt 39 000 Fuß beträgt. Das Wetter verschlechtert sich. Unterhalb der Maschine zieht eine durchgehende Wolkendecke auf. Noch fliegt die Maschine von Autopilot, während der Copilot den Schubhebel für den Sinkflug schon von Hand zurückzieht. In einer Höhe von 16 500 Fuß – Johannesburg liegt nicht auf Meereshöhe, sondern rund 5 750 Fuß hoch – stellt die Crew den Autopiloten aus. Jetzt steuert der First Officer die Maschine von Hand. Turbulenzen schütteln das Flugzeug, als es in die Wolkendecke einfliegt. In dieser legt Parsons die Maschine in eine langgezogene Linkskurve. Da die Landebahn in nördliche Richtung weist, die Boeing aber aus Norden kommt und sich damit nach Süden bewegt, fliegt sie zunächst einen weiten Bogen am Airport vorbei, um dann zunächst nach Osten, schließlich nach Norden auf den Bahn einzukurven.

Während der Copilot die Maschine fliegt, wickelt Kapitän Fenenga den Funkverkehr ab und legt nach und nach den Hebel für die Landeklappenstellung immer weiter ein Stück nach hinten, von Flaps 1, über Flaps 5, Flaps 10 auf Flaps 20. Jetzt ist der Jumbo noch 7960 Fuß hoch und 165 Knoten schnell. Im selben Moment wird auch schon das Fahrwerk ausgefahren. Rumpelnd ist das Ausfahren im Cockpit zu hören. Bei einer Geschwindigkeit von 150 Knoten legt Fenenga den Hebel für die Klappen auf die Einstellung 25. Schnell hintereinander folgen Flaps 30 und Flaps Full. Die Jumbo hat die Wolkendecke durchbrochen. Die Landebahn 03L des Flughafens Johannesburg liegt jetzt deutlich zu sehen vor der Maschine. Parallel und rechts davon verläuft die Landebahn 03R. Der schwere Jumbo sinkt schnell tiefer. Im Cockpit ist die Konzentration jetzt zu spüren. Die Maschine passiert die Höhe von 100 Fuß über Grund, schwebt schon fast über der Piste. »One-Hundred« ist im Cockpit zu hören. Die Meldung kommt aber nicht von einer seelenlosen Maschine wie in modernen Flugzeugen, sondern aus dem Mund von Flugingenieur Willi Wannenburg. »Fifty« lautet seine nächste Angabe, dann setzt der Jumbo auch schon sanft auf der Landebahn auf und wird abgebremst. Es ist jetzt 8:07 Uhr, eine Stunde weiter als nach deutscher Zeit. Copilot Parsons steuert die Maschine nun zum Terminal. Um 8:12 hat das Flugzeug die Parkposition erreicht, die Triebwerke werden ausgeschaltet – das wohlbehaltene Ende es ganz normalen Nachtfluges, der um 20:50 Ortszeit in Frankfurt/Main begann.

Kurzprofil auf einen Blick

IATA-Code:	SA
Dreilettercode:	SAA
Callsign:	Springbok
Mitgliedschaft in Allianzen:	
Hauptverkehrsdrehscheiben:	Johannesburg
Zahl der Mitarbeiter:	10 514
Beförderte Passagiere (Zahlgäste)	
1999 im Linienverkehr in Mio.:	5,7
Beförderte Luftfracht 1999	
im Linienverkehr in tsd. t:	115,9
Zahl der Verkehrsflugzeuge:	50

Die Flotte im Detail:	Flugzeugmuster	Anzahl
	B 737-200	11
	A 320	7
	B 767-200	3
	A 300	7
	B 747 SP	5
	B 747-200F	2
	B 747-300	4
	B 747-400	8
	B 737-200F	2
	A 300F	1

Flugzeugunfälle mit Totalverlust des Fluggeräts seit 1970:

Datum **Unfall**

28.11.1987 Beim Flug von Taipeh nach Johannesburg entwickelte sich über dem indischen Ozean ein Feuer im Combi-Frachtraum einer Boeing B 747-200B. Die Maschine stürzte ins Meer, alle 159 Insassen starben.

Swissair

Die Namenswahl erwies sich als früher Glücksgriff:
Swissair

Wie vielerorten in Europa begann die Geschichte des kommerziellen Luftverkehrs auch in der Schweiz kurz nach dem ersten Weltkrieg. Und wie in anderen Ländern auch stand am Anfang die Postbeförderung. In der Eidgenossenschaft war es der Befehlshaber der Luftwaffe, der einen Dienst für die Beförderung von Kurierpost zwischen Zürich und Bern einrichtete. Der Mann hieß Arnold Isler, war Major und setzte für seine Flüge eine DH 3 ein, die bei der Firma Häfeli in Lizenz gebaut wurde. Schon bald dehnte er sein Streckennetz bis nach Lausanne und Genf aus. Im Juni 1919 erhielt Isler die Erlaubnis, auch Passagiere befördern zu dürfen. Jeweils ein Fluggast konnte auf den Flügen mitgenommen werden. Der Platz dafür befand sich im offenen Beobachtersitz der Maschine, die bei Windstille eine Geschwindigkeit von 120 km/h erreichte. Mit kurzen Zwischenlandungen in Lausanne und Bern dauerte der Flug von Genf nach Zürich damit zwei Stunden und zwanzig Minuten. Unter rein fliegerischen Gesichtspunkten war das Flugunternehmen erfolgreich: Isler flog pünktlich, regelmäßig und vor allem sicher. Wirtschaftlich zahlte es sich dagegen nicht aus. Nach der Beförderung von 23350 Poststücken und 246 Passagieren wurde der Flugdienst aus Kostengründen wieder eingestellt. Das hielt andere findige Schweizer nicht davon ab, gleichfalls Fluggesellschaften zu gründen. So in Zürich, wo die Aero-Gesellschaft Comte, Mittelholzer & Co. ins Leben gerufen wurde. In Genf entstand 1919 die Firma Avion Tourisme und ebenfalls in Zürich ein »Ausschuss zur Förderung einer Schweizer Lufttourismus-Gesellschaft«, der zunächst als Frick & Co. firmierte, dann seinen Namen in Ad Astra wandelte und Anfang 1920 die beiden anderen Gesellschaften aufkaufte. Ad Astra verfügte bereits über eine eindrucksvolle Flugzeugflotte. Zum Einsatz kamen sieben Maschinen vom Typ Macchi-Nieuport, fünf Flugboote Savoia S 17 und drei LVG C V. Sieben Piloten mühten sich redlich, die Maschinen möglichst häufig in der Luft zu halten. Sie beförderte bereits 1920 7384 Passagiere auf 4699 Flügen. Am 1. Juni 1922 wurde mit einer Junkers F 13 die erste internationale Verbindung des Unternehmens, die Route Genf–Zürich–Nürnberg eingeweiht. Ende der 20er Jahre kooperierte die Fluggesellschaft auf internationalem Terrain mit einem Partner: der deutschen Lufthansa. Zusammen mit dem deutschen Unternehmen richteten die Schweizer den ersten europäischen »Expressdienst« ein. Dabei handelte es sich um eine Verbindung von Berlin nach Zürich, die nonstop in beachtlichen fünf Stunden beflogen wurde. Zum Einsatz kam dabei eine Maschine vom Typ Dornier Merkur. Mit Ad Astra ist bereits eines der beiden direkten Vorläuferunternehmen der späteren Swissair genannt. Das andere war die Basel Air Transport, kurz Balair, die im September 1925 gegründet wurde. Die Fluggesellschaft hatte sechs einmotorige Fokker F VII in ihrer Flotte. Balair bot Flüge von Basel nach Stuttgart und auf der Linie Frankfurt–Karlsruhe–Basel–La Chaux de Fonds an. Der Carrier erwies sich wirtschaftlich als durchaus erfolgreiches Unternehmen. Ad Astra dagegen schrieb rote Zahlen. Natürlich war auch die Politik zu dieser Zeit schon an einem weiteren Ausbau und einer zügigen Entwicklung des Luftverkehrs interessiert. Aus diesem Grund wurden die Fluggesellschaften staatlich subventioniert. 1930 dann erhielten die Ad Astra wie auch die

Nelly Diener, die erste Stewardess der Swissair 1934.

Fluggesellschaften

Eine Douglas DC 7 der Swissair.

Swissair

Balair einen Brief, der eine drastische Einschränkung der staatlichen Beihilfen ankündigte. Absender: das Eidgenössische Luftamt. An dessen Spitze saß mittlerweile Arnold Isler. Und der wollte nur noch Strecken subventionieren, die mit dreimotorigen Maschinen beflogen wurden. Das stellte für beide Fluggesellschaften den wirtschaftlichen Flugbetrieb in Frage. Die Konsequenz: Man setzte sich zusammen, verhandelte und beschloss schließlich die Zusammenlegung der Unternehmen am 26. März 1931. Dazu wurde eine neue Fluggesellschaft gegründet. Als offizielles Gründungsdatum legten die Gründungsväter rückwirkend den 1. Januar 1931 fest. Der Name des neuen Unternehmens: Swissair. Dieser war Dr. Alphons Ehinger von der Balair spät in der Nacht eingefallen. Eine Entscheidung mit Weitsicht, denn zu dieser Zeit hatte der internationale Charakter des Namens bei weitem noch nicht die Bedeutung, wie er sie heute hat. Ehinger wurde auch zum ersten Präsidenten der neuen schweizer Fluglinie gewählt. Neben ihm waren 63 Mitarbeiter in diesem ersten Jahr der Swissair-Geschichte in dem Unternehmen beschäftigt. Darunter befanden sich zehn Piloten, sieben Funker und acht Bordmechaniker. Das Streckennetz hatte eine Länge von 4 203 km. In der Flotte standen der Fluggesellschaft acht dreimotorige Fokker F VII b, eine einmotorige Fokker F VII a, zwei einmotorige Dornier-Merkur, eine einmotorige Messerschmitt M 18 d und eine Comte AC 4 »Gentleman« zur Verfügung. Das damit vorhandene Sitzplatzangebot: 86 Sitzplätze. Schon im Jahr darauf baute die Swissair die Flotte aus und schaffte amerikanische Typ Lockheed-Orion an. Zwar hatten diese Maschinen nur einen Motor, dafür aber flogen sie schnell: Die Maschinen erreichten immerhin eine Reisegeschwindigkeit von mehr als 250 km/h. Das waren gut 100 km/h mehr, als die anderen zu dieser Zeit in Europa gebräuchlichen Flugzeuge. Mit vier Passagieren an Bord legten die Orions die 610 km lange Strecke von Zürich über München nach Wien in zwei Stunden und zwanzig Minuten zurück. In den Folgejahren schritt der Ausbau der Flotte weiter zügig voran. 1934 gingen eine zweimotorige Curtiss Condor mit 16 Sitzen in Dienst, 1935 die erste DC 2, 1936 folgte die DC 3. Damit bestand 1939 die Flotte der Swissair aus folgenden Maschinen: fünf DC 3, drei DC 2, einer Fokker F VII a, einer Comte AC 4 und einer Dragon Rapide DH 89. Damit konnten nun 163 Sitzplätze angeboten werden. Entsprechend dem Ausbau der Flottenkapazität hatte das Unternehmen sein Streckennetz ausgeweitet. 1933 kam ein Flug von Basel nach Frankfurt hinzu und damit der Anschluss an das europäische Nachtflug-Postlinien-Netz. Zu dieser Zeit war das Fliegen noch eine weitgehende Angelegenheit für den Sommer. Das änderte sich 1935. Die Swissair ging vom Nur-Sommerbetrieb zum Ganzjahresverkehr über. Zusätzlich wurde die Strecke Zürich–Basel–London in den Flugplan angenommen. Ende August 1939 dann stellte Swissair die regelmäßigen Liniendienste weitgehend ein. Der zweite Weltkrieg stand vor der Tür. Nur auf vereinzelten Strecken hielt die Airline im Rahmen der Möglichkeiten einen Flugbetrieb aufrecht, so zeitweise nach Rom, München, Berlin und Barcelona. 1944, als ein Ende des Krieges abzusehen war, begann die Swissair bereits mit den Vorbereitungen auf die Nachkriegszeit. Und so konnten schon 1945 die Streckenflüge auf breiter Basis wiederaufgenommen werden. Im Jahr darauf ging die erste viermotorige DC 4 bei der Swissair in Dienst. 1947 kam es auf ökonomischer Ebene zu einer wichtigen Entscheidung. Der Staat beteiligte sich mit 30 Prozent am Kapital der Airline. Damit wurde die Swissair zur nationalen Gesellschaft. Im gleichen Jahr führte das Unternehmen mit der DC 4 erste Flüge über den Transatlantik nach New York durch. Der regelmäßige Liniendienst nach Nordamerika begann allerdings erst 1949. Sonderflüge führten nach Südamerika und Südafrika. 1950 wurde mit den Fluggesellschaften Sabena und KLM ein Abkommen über einen gemeinsamen Ersatzteil-Pool geschlossen. Wie bei anderen Fluggesellschaften auch, dominierten jetzt bei der Swissair Maschinen amerikanischer Hersteller. 1951/52 ging die erste DC 6 in Dienst, 1954 bestellte das Unternehmen vier DC 7. Das Streckennetz erfuhr zu dieser Zeit kräftige Ausweitungen. 1954 eröffnete die Swissair ihren Südamerika Dienst. Die Verbindung führte von Zürich nach Genf über Lissabon, Dakar nach Recife, Rio de Janeiro und Sao Paulo. 1957 wurde sie nach Montevideo und Buenos Aires, 1962 nach Santiago de Chile verlängert. Auch in Richtung Fernost tat sich etwas. 1957 nahm Swissair eine Linie von Genf über Athen, Beirut, Kairo, Karachi, Bombay, Bangkok nach Manila auf. Eine andere Strecke führte von Zürich über Genf, Athen, Beirut, Karachi, Kalkutta, Bangkok, Hongkong nach Tokio. Das so gewachsene Streckennetz konnte natürlich nur mit einer ebenfalls ausgebauten Flotte bedient werden. 1956 bestellte Swissair DC 8. Eingesetzt wurde dieses Muster zum ersten Mal 1960 auf der Linie nach New York. Ebenfalls 1956 erfolgte die

Fluggesellschaften

MD 11 der Swissair kurz nach dem Aufsetzen.

Übernahme der ersten DC 7, 1957 kamen weitere hinzu. Eine dauerhafte Zukunft sollte diesen Typen aber nicht mehr vergönnt sein, zu mächtig zeichnete sich der Siegeszug der neuen Jets am Horizont ab. Schon 1958 begann die Swissair schrittweise damit, ihre DC 4, DC 6 aber auch DC 7 aus der Flotte auszumustern. Dafür wurden noch im gleichen Jahr fünf Convair Cv 880 bestellt, eine Order, die Swissair 1959 in Convair Cv 990 »Coronado« umwandelte. 1960 nahm Swissair vier Caravelles in Betrieb. Ein Jahr später flogen dann doch Convair Cv 880 auf den Routen der schweizer Fluggesellschaft. Grund: Die Auslieferung der bestellten Cv 990 verzögerte sich. Die ersten fünf Flugzeuge dieses Typs konnten dann 1962 übernommen werden. Hinsichtlich der Flottenpolitik war 1964 ein weiteres wichtiges Jahr für die Fluggesellschaft. Das Management hatte den Kauf von Douglas DC 9 Kurzstreckenmaschinen beschlossen. Die Maschinen wurden nun bestellt. Gleichzeitig erfolgte in diesem Jahr der letzte Einsatz der DC 3. Das Streckennetz war in diesen Jahren vornehmlich in Richtung Süden gewachsen. Die Swissair hatte 1962 Flüge nach Westafrika, genauer nach Accra und Lagos aufgenommen, 1963 flogen die Eidgenossen auch Tunis und Tripolis in Nordafrika an. In Nordamerika kamen 1962 als neue Destinationen Montreal und Chicago hinzu. Auch die Folgejahre sahen ein kontinuierliches Wachstums der Strecken. 1968 flog die Swissair über Nairobi nach Johannesburg und über Karachi und Bombay nach Singapur. 1970 folgte eine zweite Südafrika-Strecke, die über Kinshasa geflogen wurde. Zu diesem Zeitpunkt waren die ersten DC 9 längst bei der Flotte eingetroffen und verkehrten auf den europäischen Kurzstrecken. Da es 1968 bei der Auslieferung der kleinen Maschinen zu Verzögerungen kam, flog kurzfristig eine BAC 1-11 auf den Swissairstrecken. Dieses Flugzeug wurde samt Besatzung von der Fluggesellschaft British Eagle Airways angemietet. Gleichzeitig zeichneten sich aber auch im Bereich der Langstreckenflotte weitreichende Veränderungen ab. 1967 bestellte Swissair zwei Boeing B 747, 1969 folgte die Bestellung von acht Douglas DC 10-30. Von diesem Typ orderte Swissair später noch weitere Flugzeuge. Anfang der 70er Jahre kam es dann zu den Auslieferungen der neuen Riesen. 1971 ging die erste Boeing B 747 in Dienst, 1972 die erste DC 10-30. Der Jumbo wurde zwischen der Schweiz und New York eingesetzt, aber auch die DC 10 flog über dem Nordatlantik, wo die Swissair mittlerweile auch Boston bediente. Mit der Ankunft der neuen Großraummaschinen war die Zeit 1974 reif für die Ausmusterung eines anderen Flugzeuges: der Convair Cv 990, die sich bei Passagieren und Besatzungen großer Beliebtheit erfreut hatte. Im Bereich der Destinationen kam in diesen Jahren ein Ziel vermehrt ins Blickfeld der Geschäftswelt und Fluggesellschaften: die Volksrepublik China. 1975 eröffnete

Dem Airbus A 330 gehört die Zukunft bei Swissair.

die Swissair als zweite westliche Airline überhaupt eine Linie in das Reich der Mitte nach Peking und Shanghai.

Zusätzlich kamen als neue Destinationen Toronto, Abu Dhabi, Dhahran und Salzburg hinzu. Auch in den folgenden Jahren wurde der Flugplan stetig ausgebaut, so 1976 mit Flügen nach Oran, Kuwait und Dubai, 1977 mit der Anbindung von Sofia, Linz und Ankara, 1978 mit der Aufnahme von Oporto, Annaba und Jeddah, 1979 mit Flügen nach Dublin und 1980 mit der Verlängerung der Singapore-Linie nach Jakarta. Entsprechend baute Swissair die Flotte aus, die bis 1979 um zwölf DC 9 erweitert wurde. Bis Anfang der 80er Jahre gab das schweizer Unternehmen nicht unbeträchtliche Flugzeugbestellungen auf. So orderte Swissair 1977 15 MD 81 und zwei zusätzliche DC 9. 1979 bestellte die eidgenössische Fluggesellschaft zehn Airbus A 310, zwei weitere DC 10 und eine Boeing B 747. 1980 dann orderte Swissair vier Maschinen der zu dieser Zeit neuesten von Boeing angebotenen Variante der B 747 mit verlängerten Oberdeck, der B 747-300. Die ersten beiden Maschinen dieses Typs konnten 1983 entgegengenommen werden. Im selben Jahr erhielt die Swissair auch ihren ersten Airbus A 310. Auch in den Folgejahren entwickelte das Unternehmen den Flugzeugpark beständig weiter. 1984 verließ die letzte DC 8 die Flotte, Airbus A 310-300 stießen 1985 hinzu. 1984 wurden acht Fokker F 100 bestellt, 1987 orderte Swissair zwölf McDonnell Douglas MD 11 und gab außerdem Optionen auf den Kauf von sechs weiteren Maschinen dieses Typs ab. 1991 konnte die erste MD 11 in Betrieb genommen werden, bis 1992 hatten die Maschinen dieses Musters die DC-10-Flotte bei dem Unternehmen abgelöst. Unternehmerisch beteiligte sich Swissair 1988 mit 38 Prozent an der schweizer Regionalfluggesellschaft Crossair und mit 3 Prozent an der Austrian Airlines. Mit der Crossair bestand bereits seit 1982 ein Zusammenarbeitsvertrag. Die bestehende Kooperation wurde jetzt vertieft. Am 13. März 1991 dann erhöhte die Swissair ihren Anteil am Aktienkapital der kleinen Fluggesellschaft auf 48,5 Prozent. Mit Austrian Airlines kam es 1992 zur Vereinbarung eines so genannten »Statthalter-Konzeptes«, das besagte, dass ein jeder Partner die Vertretung des jeweils anderen in seinem Heimatmarkt übernimmt. Mit den Fluggesellschaften SAS, KLM und Austrian Airlines hatte die Swissair unterdessen Verhandlungen über den Aufbau eines Allianzbündnisses aufgenommen. Das Projekt trug den Arbeitsnamen Alcazar und wurde seinerzeit vielbeachtet, da sich zu diesem Zeitpunkt die Bedeutung von Allianzen gerade abzuzeichnen begann. Das Projekt scheiterte aber schließlich und musste aufgegeben werden. Dafür konnte Swissair 1995 einen Vertrag mit der belgischen Regierung und der Fluggesellschaft Sabena über eine enge Zusammenarbeit abschließen. In der Folge übernahm Swissair einen Anteil von 49,5 Prozent am Sabena-Aktienkapital. In der Zwischenzeit hatte sich das Streckennetz in den 80er

Fluggesellschaften

Jahren weiter entwickelt. Unter anderem flog die Swissair als neue Ziele Caracas, Rio de Janeiro, Brazzaville, Bahrain und Atlanta an. In den 90er Jahren kamen insbesondere neue Ziele in Osteuropa wie St. Petersburg und Kiev hinzu. Während Rio de Janeiro und Jakarta wieder aus dem Flugplan verschwanden, kamen Ziele wie Harare und Kapstadt hinzu. 1996 besann sich Swissair stärker als zuvor auf die Anwendung eines Hub-and-Spoke-Systems und bündelte von nun an die Langstreckenflüge in einem großen Maß in Zürich, während gleichzeitig zwischen Genf und Zürich ein Shuttlebetrieb installiert wurde. Von der Flotte her stand die zweite Hälfte der 90er Jahre ganz im Zeichen von Airbus. 1995 gingen die Typen A 320, A 319 und A 321 bei der Swissair in Dienst, die das Unternehmen seit Anfang der 90er Jahre bestellt hatte. Im selben Jahr schied die letzte MD 81 aus. 1996 bestellte Swissair neun Maschinen vom Typ A 330-200 bei Airbus. Die Maschinen sollten die A 310-300 ablösen. 1997 gab das Unternehmen weitere Bestellungen für neun A 340-600 und sechs weitere A 330-200 auf. 1998 dann konnte die erste A 330-200 in Dienst gestellt werden. Ab 2002 sollen die neuen A 340-600 zur Flotte hinzukommen. Die Ausmusterung der MD 11 ist bis 2006 geplant. Langfristig plant Swissair, dann eine ausschließliche Airbus-Flotte zu betreiben, eine Maßnahme, von der sich das schweizer Unternehmen maßgebliche Synergieeffekte erhofft. Von der Struktur des Unternehmens her war 1997 ein bedeutendes Jahr für die schweizer Fluggesellschaft. Der Schritt zur Holding-Struktur wurde vollzogen. Der Konzern firmiert seitdem unter dem Namen SAirGroup und besteht aus den Konzernbereichen SAirLines, SAirServices, SAirLogistics und SAirRelations. Zur SAirLines gehören die Fluggesellschaften Swissair, Crossair und der schweizer Chartercarrier Balair. Die SAirServices umfasst zum Beispiel die Swissport International, die Dienstleistungen im Bereich der Flugzeugabfertigung anbietet sowie das Wartungsunternehmen SR Technics. Zur SAirLogistics gehören Swisscargo und Cargologic, ein Unternehmen das sich unter anderem mit Luftfrachtabfertigung und Lagerbewirtschaftung beschäftigt. Die SAirRelations umfasst Firmen wie Swissôtel und das Cateringunternehmen Gate Gourmet. 1998 war Swissair maßgeblich an der Gründung der Qualiflyer Group beteiligt, zu der neben dem schweizer Unternehmen auch Sabena, TAP, Turkish Airlines und Crossair gehören.

Kurzprofil auf einen Blick

IATA-Code:	SR
Dreilettercode:	SWR
Callsign:	Swissair
Mitgliedschaft in Allianzen:	Qualiflyer Group
Hauptverkehrsdrehscheiben:	Zürich
Zahl der Mitarbeiter:	17 628
Beförderte Passagiere (Zahlgäste) 1999 im Linienverkehr in Mio.:	13,3
Beförderte Luftfracht 1999 im Linienverkehr in tsd. t:	326,2
Zahl der Verkehrsflugzeuge:	73

Die Flotte im Detail:	Flugzeugmuster	Anzahl
	Airbus A 319-100	9
	Airbus A 320-200	20
	Airbus A 321-100	12
	Airbus A 330-200	13
	MD 11	19

Flugzeugunfälle mit Totalverlust des Fluggeräts seit 1970:

Datum	Unfall
02.09.1998	Im Cockpit einer MD 11 stellten die Piloten auf einem Flug von New York nach Genf Rauch im Cockpit fest. Bevor eine Notlandung gelang, stürzte die Maschine vor der kanadischen Küste in den Atlantik, 229 Menschen starben.
07.10.1979	Bei der Landung auf dem Flughafen von Athen schoss eine Douglas DC 8-62 über die Landebahn hinaus. 14 Menschen kamen ums Leben.
13.09.1970	Ein Terrorkommando entführte eine Douglas DC 8-53 und erzwang eine Landung in Jordanien. Nach intensiven Verhandlungen wurden die Geiseln freigelassen, die Maschine aber gesprengt.
21.02.1970	Kurz nach dem Start in Zürich explodierte im Frachtraum einer Convair Cv 990 ein Bombe. In der Folge brach ein Feuer in der Maschine aus. Die Besatzung versuchte noch, nach Zürich zurückzukehren, doch das Flugzeug stürzte in einen Wald bei Würenlingen. Die 47 Insassen kamen ums Leben.

TWA

Traditionsreiche Airline im Kampf ums Überleben:
TWA

In der alten Welt gibt es kaum ein Land, in dem nicht eine Fluggesellschaft die Funktion eines nationalen Carriers wahrnimmt, einer Airline, die nach außen hin als »der« Vertreter der eigenen Nation auftritt. Das gilt auch heute noch, wo in vielen Staaten die Fluggesellschaften, die sich einst tatsächlich auch im Staatsbesitz befanden, längst privatisiert sind. Nationalcarrier in Deutschland ist natürlich die Lufthansa, Frankreich glänzt mit der Air France und Großbritannien mit British Airways. In den USA ist diese Tradition nicht ganz so deutlich zu erkennen. Hier gibt es eine ganze Reihe von Fluggesellschaften, die diesen »Titel« nach europäischen Maßstäben für sich in Anspruch nehmen könnten. Am ehesten Anspruch darauf hatte sicher die legendäre Fluggesellschaft Pan Am, ein Unternehmen, das es heute in dieser Form nicht mehr gibt. Eine andere traditionsreiche Fluggesellschaft, die in ähnlichem Maße die USA gerade in Europa repräsentiert, ist die Fluggesellschaft Trans World Airlines (TWA). Dass gerade Pan Am und TWA im Ausland als Botschafter der USA gelten ist natürlich kein Zufall. Lange Zeit haben gerade diese beiden Fluggesellschaften die internationalen Strecken der Vereinigten Staaten in besonderem Maße beflogen. Der Name TWA hat dabei insbesondere in Deutschland immer noch einen guten Ruf, stellte doch TWA die Piloten, als die Lufthansa nach dem Krieg mit neuen Super Constellations wieder Langstreckenflüge anbot. Mit 25,8 Mio. beförderten Passagieren lag TWA 1999 auf dem zwölften Rang unter den

Die Lockheed Constellation »Star of Paris« am 5. Februar 1946 in New York La Guardia vor dem Eröffnungsflug nach Paris. Mit Zwischenstopps dauerte die Reise für die 36 Passagiere rund 20 Stunden.

größten Fluggesellschaften der Welt. Heimatflughafen ist St. Louis. Die Wurzeln von TWA reichen bis ins Jahr 1925 zurück. Am 13. Juli dieses Jahres wurde die Fluggesellschaft Western Air Express gegründet, eines der beiden Vorgängerunternehmen der Airline. Das andere Unternehmen war die am 7. Juli 1929 gegründete Transcontinental Air Transport (TAT). Sie nahm die erste kombinierte Luft-Schienen-Verbindung der USA von New York nach Los Angeles in Dienst. Entworfen hatte die Strecke kein geringerer als Charles Lindbergh, der als Betriebsleiter von TAT fungierte. Über weite Teile der Strecke wurde schon damals geflogen. Nur wenn zum Beispiel hohe Berge das nicht zuließen, mussten die Reisenden für Teilstrecken in Züge umsteigen. Am 1. Oktober 1930 dann schlossen sich Western Air Express und Transkontinental Air Transport zur Transcontinental and Western Air (TWA) zusammen. Schon wenige Tage später, am 25. Oktober, brauchten die Reisenden auf der Strecke von New York nach Los Angeles nicht mehr in Züge umsteigen. Die ganze Verbindung wurde nun auf dem Luftweg absolviert. Inklusive einer Übernachtung in Kansas City war der Passagier zwischen beiden Metropolen 36 Stunden unterwegs. 1931 verlegte TWA den Firmensitz von New York nach Kansas City. Pioniertaten vollbrachte die Fluggesellschaft auch auf einem Gebiet, auf dem sie heute nicht mehr zu den führenden Fluggesellschaften der Welt gehört: der Luftfracht. Am 6. August 1931 nahm TWA den ersten Luftfrachtdienst in den USA zwischen St. Louis nach Newark in Betrieb, bei dem lebendes Vieh transportiert wurde. Im Folgejahr begann dann eine Zusammenarbeit, die Luftfahrtgeschichte schreiben sollte: TWA und der Flugzeughersteller Douglas unterzeichneten am 20. September einen Vertrag, in dem die Entwicklung eines neuartigen Ganzmetall-Verkehrsflugzeuges vereinbart wurde. Das Flugzeug sollte zwei Motoren bekommen und wurde als Douglas Commercial Model 1 (DC 1) bezeichnet. Zu diesem Vertrag kam es zunächst auf Umwegen. Ursprünglich hatte sich TWA für ein Flugzeugmuster interessiert, dem zu diesem Zeitpunkt die Zukunft zu gehören schien: der Boeing B 247. Die Maschine war ganz aus Metall gebaut und versprach die Sicherheit, den Komfort, Zuverlässigkeit und Geschwindigkeit, die dem Luftverkehr in den Augen der Passagiere einen ganz anderen Stellenwert geben würden. TWA fragte bei Boeing wegen des Kauf dieses Typs an. Diesen Flugzeughersteller verband zu dieser Zeit eine enge Partnerschaft zu der Fluggesellschaft United Airlines. Entsprechend wurde TWA beschieden, erst dann beliefert zu werden, wenn United ausreichend mit der neuen Boeing B 247 versorgt sei. Das wollte die Geschäftsleitung von TWA nicht akzeptieren. Also wandte sich TWA an alle Flugzeughersteller, die zu dieser Zeit auf dem Markt präsent waren und bat um ein Angebot für ein Flugzeug, das der Boeing vergleichbar war. Douglas zeigte Interesse. In zahlreichen gemeinsamen Sitzungen entstand schließlich der Entwurf der DC 1. Am 8. Februar 1933 hob die Boeing B 247 zu ihrem Erstflug ab. Am 1. Juli folgte die DC 1. Das Datum ist auch ein Beleg für die beispiellose Aufholjagd, die die Douglas Ingenieure geleistet hatten. Der Jungfernflug endete fast in einer Katastrophe. Mehrfach setzten die Motoren der Maschine aus – zum Beispiel unmittelbar nach dem Abheben – um dann nach einem kurzen Moment wieder anzuspringen. Die Zuschauer hielten den Atem an. Dem Testpiloten gelang es, das Flugzeug wieder sauber zu landen. Am Boden wurde später die Ursache des Problem gefunden: Eine fehlerhafte Konstruktion der Schwimmer in den Vergasern sorgte dafür, dass immer dann die Treibstoffzufuhr unterbrochen war, wenn die Maschine die Nase im Steigflug hob. Im Dezember 1933 lieferte Douglas die erste DC 1 an TWA aus. Es sollte auch die letzte Auslieferung dieses Musters bleiben, denn mehr als ein Flugzeug wurde nie gebaut. Statt dessen hatte Douglas noch vor dem Erstflug mit dem Entwurf der DC 2 begonnen. Der Unterschied zur DC 1 bestand im wesentlichen in einer Verlängerung der Kabine um 90 cm. Am 18. Mai 1934 ging die DC 2 bei TWA in den Liniendienst. Der erste Einsatz erfolgte auf der Route von Columbus über Pittsburgh nach Newark. Die neuen Maschinen erfreuten sich schnell bei den Passagieren äußerst großer Beliebtheit. Zu dieser Zeit waren die meisten Konkurrenzmuster noch stoffbespannte Eindecker, häufig auch Doppeldecker, wenn man von der Boeing B 247 einmal absieht. Von der Geschwindigkeit, aber vor allem auch vom Komfort, insbesondere dem Lärm, lagen Welten zwischen der DC 2 und den Mustern, mit denen viele andere Fluggesellschaften zu dieser Zeit Flüge anboten. Ihre Vorteile konnte die Maschine natürlich besonders auf den langen, transkontinentalen Strecke von New York nach Los Angeles ausspielen. Geflogen wurde jetzt mit Zwischenlandung in Chicago, Kansas City und Albuquerque. Der Flug begann um 16 Uhr. Am nächsten Morgen um 7 Uhr erreichten die Reisenden den Zielort. TWA baute den Komfort

TWA

Boeing B 757 in den Farben von TWA.

in den folgenden Jahren konsequent aus. Am 6. Dezember 1935 flogen die ersten Stewardessen in den DC 2 von TWA mit, 1940 wurde das erste Bordunterhaltungsprogramm installiert. Dazu montierte die Fluggesellschaft an jedem Sitzplatz einen Radioempfänger. Die Passagiere konnten sich damit die gewünschten Sender selbst einstellen. Am 8. Juli 1940 führte die Fluggesellschaft die neue Boeing B 307 Stratoliner ein. Ausgestattet mit Druckkabine flog die Maschine die transkontinentale Strecke in 13 Stunden und 40 Minuten. Nach dem Ende des Krieges begann die große Zeit der Langstreckenflüge über den Atlantik zwischen den USA und Europa. Gleichzeitig war es die große Zeit von Pan Am und TWA, die beide auf diesen Strecken stark vertreten waren. Zusammen mit Pan Am war TWA Erstkäufer der neuen Lockheed Constellation, einem Flugzeug, dessen Name ebenfalls in ganz besonderem Maße mit diesen Strecken verknüpft ist. Am 5. Februar 1946 nahm TWA die Constellation bei einem Flug von New York über Gander und Shannon nach Paris in den Liniendienst. Am 31. März 1946 eröffnete TWA Langstreckenflüge nach Rom, Athen und Kairo, am 1. Mai folgten Flüge nach Lissabon und Madrid. Wieder widmete die Fluggesellschaft der Luftfracht große Aufmerksamkeit. Schon am 30. Januar richtete TWA einen fahrplanmäßigen Nur-Fracht-Dienst über dem Nordatlantik ein. Es war das erste Mal überhaupt, dass ein solcher Dienst eingerichtet wurde. 1950 wechselte das Unternehmen den Namen, die Abkürzung blieb. TWA hieß nun Trans World Airlines. 1953 setzte TWA die neue Lockheed Super Constellation im transkontinentalen USA-Verkehr ein. Der Fortschritt, den die Fliegerei gemacht hatte, zeigte sich insbesondere an den mittlerweile realisierten Reisezeiten. Von Los Angeles nach New York dauerte der Flug nun acht Stunden. Er wurde ohne Zwischenstopp durchgeführt. In Gegenrichtung musste aufgrund der meist vorherrschenden Gegenwinde in Chicago eine Zwischenlandung zum Auftanken eingelegt werden. Am 20. März 1959 begann bei TWA das Jet-Zeitalter. Die Fluggesellschaft setzte eine Boeing B 707-131 auf der Strecke San Francisco-New York ein. Am 19. Juli 1961 wurden erstmals an Bord der Maschinen Filme gezeigt. Der erste Film: »By Love Possessed« mit Lana Turner. Am 1. Juni 1964 führte die Fluggesellschaft die Boeing B 727 in den Dienst ein. Währenddessen flogen bei TWA, wie bei vielen anderen Fluggesellschaften weltweit auch, noch die legendären Super Constellations. Am 6. April 1967 nahm TWA die letzte Maschine aus den regulären Passagierflügen heraus. Nun wurde nur noch mit Jets geflogen. Und deren Größe wuchs. Am 25. Februar 1970 stellte TWA ihre erste Boeing B 747 bei einem Flug von Los Angeles nach New York in Dienst. Nach wie vor genossen Service und Komfort bei der US-Fluggesellschaft großen Stellenwert. Schon 1970 führte TWA Nichtraucherbereiche in den Maschinen ein. 1972 wurde die Lockheed L 1011 TriStar in die Flotte aufgenommen. Als erstes Verkehrsflugzeug der Welt war die TriStar von der US-amerikanischen Zulassungsbehörde FAA für Landungen nach CAT IIIa zugelassen worden. Das heißt, die Maschine durfte landen, wenn die Wolkenuntergrenze mindestens 15 m betrug und eine Landebahnsicht von 200 m vorhanden war. Um diese Zulassung zu erhalten, war die TriStar vom Hersteller mit sehr ausgefeilten Autopilotensystemen ausgestattet, die auch automatische Landungen ermöglichten. Unter Ausnutzung der zur Verfügung stehenden technischen Möglichkeiten wurde der erste Flug der TriStar in TWA Farben denn auch – inklusive der Landung – weitgehend automatisch durchgeführt. Er führte von St. Louis nach Los Angeles. Automatische Landungen sind heute in modernen Verkehrsmaschinen längst eine Selbstverständlichkeit für viele Piloten. Sie werden aber nur selten durchgeführt und kommen in der Regel nur zur Anwendung, wenn die Sichtbedingungen extrem schlecht sind. Die Besatzung ist dabei in die technischen Abläufe durch ständige Kontrollen einer Vielzahl von Parametern so eingebunden, dass eine automatische Landung bei schlechtem Wetter von den Piloten als bedeutend stressiger als eine Landung von Hand bei normalem Wetter empfunden wird. Wie für andere US-Fluggesellschaften auch stellte 1978 für TWA ein schicksalsträchtiges Jahr dar. Die Deregulierung trat in Kraft. Bis dahin war der Luftverkehr in den USA ein weitgehend regulierter Markt. Jede Route, die eine Airline befliegen wollte, genehmigte zuvor die US-Behörde Civil Aeronautics Board (CAB). Von 1978 an musste sich TWA in einem sehr viel schärferen Wettbewerbsumfeld bewähren. Wie bei anderen Fluggesellschaften auch verschlechterten sich die Zahlen in den folgenden Jahren deutlich. Trotzdem hielt sich der Carrier so gut, dass schon bald wieder in die Flotte investiert werden konnte: Die Boeing B 767 ging bei TWA am 3. Dezember 1982 in Dienst. Der erste Flug führte von Los Angeles nach Washington. Am 26. September 1985 dann übernahm Carl Icahn die Geschäftsleitung der traditionsreichen Fluggesellschaft – ein Datum, auf das viele Anhänger des Carriers im Rückblick gar nicht gut zu sprechen sind. Auf wirtschaftlichem Gebiet hatte sich TWA bis dahin weitgehend zurückgehalten. Das änderte sich, und das meist in negativer Hinsicht. Zunächst kaufte TWA mit Ozark Airline 1986 eine andere Fluggesellschaft auf. Anschließend übernahm Icahn am 7. September 1988 auf einer spektakulären Konferenz die Unternehmensanteile und überführte sie in seinen eigenen Besitz – ein Unterfangen, das der Airline letztlich über 610 Mio. US-Dollar entzog. 1989 verlegte Icahn den Firmensitz. Bis 1991 hatte sich der finanzielle Aderlass bei der ehemaligen Renommierairline deutlich bemerkbar gemacht. Das Geld fehlte nun an allen Ecken und Enden. Icahn Reaktion: Er verkaufte die bestehenden TWA-Streckenrechte von New York, Los Angeles, Boston und Chicago nach London an American Airlines. TWA nahm dafür im Gegenzug 445 Mio. US-Dollar ein, doch die besonders attraktiven Strecken fehlten nun. Der Umsatz sank 1992 drastisch und TWA war finanziell praktisch am Ende. Die Fluggesellschaft stellte einen Antrag auf Schutz durch den US-amerikanischen Gläubigerschutz-Paragraphen Chapter 11. Zwei Jahre dauerte die Umstrukturierung der Fluggesellschaft, dann wurde TWA aus dem Chapter 11 entlassen. Carl Icahn war zurückgetreten. TWA gehörte nun zu 45 Prozent den Angestellten. Die verbleibenden 55 Prozent hielten die Gläubiger, die damit auch dokumentierten, welches Vertrauen sie immer noch in die traditionsreiche Fluggesellschaft hatten. Nun verlegte TWA auch den Firmensitz von New York nach St. Louis. Die Airline konnte sich wieder auf ihr Kerngeschäft konzentrieren. 1995 wurde eine neue Business Class eingeführt, TWA änderte die Bemalung der Flotte, das heute noch gültige Design wurde eingeführt und 1996 Flugzeugbestellungen – 20 Boeing B 757-200, 15 MD 83 – aufgegeben. Trotzdem gelang es nicht, langfristig wieder wirtschaftlich auf den Erfolgkurs zurückzukehren. Dazu kam am 17. Juli 1996 der Absturz einer Boeing B 747 über dem Atlantik, bei dem 230 Menschen starben.

1997 führte TWA zwei tägliche Flüge von St. Louis nach London ein, im November wurde ein Code-Sharing-Abkommen mit der Fluggesellschaft Royal Jordanian getroffen. 1998 trennte sich TWA von der letzten Boeing B 747 in der Flotte. Auf interkontinentalen Strecken kam nun ausschließlich die Boeing B 767 zum Einsatz. Noch immer schrieb TWA rote Zahlen. Trotzdem setzte die Fluggesellschaft zu einem beispiellosen Flottenerneuerungsprogramm an. Am 21. Oktober 1998 kündigte das Unternehmen zunächst die Bestellung von vier weiteren Boeing B 757 und einer zusätzlichen Boeing B 767 an – ein Auftrag in durchaus noch moderater Größenordnung. Zwei Monate später dann brachte TWA die Fachwelt zum Staunen. Am 9. Dezember orderte die Fluggesellschaft auf einen Schlag 50 Boeing B 717 und 50 Airbus A 318. Damit befindet sich die traditionsreiche US-Fluggesellschaft in einem gewaltigen Flottenerneuerungsprogramm, das schon Jahre zuvor mit der Anschaffung der B 767, B 757 und der Ausmusterung der älteren B 747 angelaufen ist. Gleichzeitig zeigen sich deutlich Veränderungen im Flugplan. TWA engagiert sich stark in der Karibik mit neuen Verbindungen, einer Region, die die Fluggesellschaft als neuen lukrativen Markt entdeckt hat. Ein weiteres wichtiges Standbein sind internationale Flüge in den Nahen und Mittleren Osten, ein Gebiet in dem TWA traditionell stark vertreten ist. Eine Code-Share-Vereinbarung, die am 1. Dezember 1999 mit Kuwait Airways geschlossen wurde, dürfte diese Position in Zukunft noch verstärken.

Kurzprofil auf einen Blick

IATA-Code:	TW
Dreilettercode:	TWA
Callsign:	TWA
Mitgliedschaft in Allianzen:	–
Hauptverkehrsdrehscheiben:	St. Louis
Zahl der Mitarbeiter:	20127
Beförderte Passagiere (Zahlgäste) 1999 im Linienverkehr in Mio.:	25,8
Beförderte Luftfracht 1999 im Linienverkehr in tsd. t:	54,5
Zahl der Verkehrsflugzeuge:	187

Die Flotte im Detail:

Flugzeugmuster	Anzahl
DC 9	52
MD-80	81
B 727	21
B 757	17
B 767-200ER	8
B 767-300ER	8

Flugzeugunfälle mit Totalverlust des Fluggeräts seit 1970:

Datum	Unfall
17.07.1996	Beim Flug von New York nach Paris explodierte über dem Atlantik der Rumpftank einer Boeing B 747-100. Alle 230 Insassen starben.
30.07.1992	Bei einem missglückten Start schoss eine Lockheed TriStar über die Bahn hinaus. Es gab keine Toten.
27.08.1988	Da sich beim Landeanflug das Fahrwerk nicht ausfahren ließ, führte die Besatzung einer Boeing B 727-100 eine Notlandung in Chicago durch. Niemand kam ums Leben, das Flugzeug war ein Totalschaden.
30.11.1980	Bei einer Landung in San Francisco wurde ein Boeing B 707 schwer beschädigt.
22.12.1975	Bei dichtem Nebel berührte eine Boeing B 707 beim Landeversuch in Mailand außerhalb der Landebahn den Boden. Es wurde niemand getötet.
01.12.1974	Beim Landeanflug auf den internationalen Flughafen von Washington raste eine Boeing B 727-200 in einen Berg. 92 Menschen starben.
08.09.1974	Beim Flug von Tel Aviv über Athen und Rom nach New York explodierte auf dem Teilstück zwischen Griechenland und Italien eine Bombe an Bord einer Boeing B 707. 88 Menschen verloren ihr Leben.
16.01.1974	Bei einer überharten Landung in Los Angeles wurde eine Boeing B 707 zerstört. Es kam niemand ums Leben.
14.09.1972	Bei einem missglückten Start in San Fransisco schoss eine Boeing B 707 über die Bahn hinaus. Es gab keine Toten.
08.03.1972	Eine Bombe zerstörte eine über Nacht in Las Vegas geparkte Boeing B 707. Niemand wurde getötet.
30.11.1970	Beim Startlauf in Tel Aviv kollidierte eine Boeing B 707 mit einem Flugzeug der israelischen Luftwaffe. Beide Flugzeuge wurden zerstört, zwei Mitarbeiter des Bodenpersonals starben.
22.04.1970	In Indianapolis brach in einer Boeing B 707 Feuer am Boden Feuer aus. Niemand verlor sein Leben.

Eine Canadair RJ 200 im Reiseflug über den Wolken.

Erfolgreich im Regionalverkehr:
Tyrolean Airways

Während die großen Fluggesellschaften wie Delta Airlines, British Airways, Japan Airlines oder die Lufthansa auch beim breiten Reisepublikum einen großen Bekanntheitsgrad haben, führen Regionalfluggesellschaften häufig vergleichsweise ein Schattendasein. Nicht selten haben Passagiere, die die Maschine eines entsprechenden Anbieters besteigen, den auf dem Flugzeug aufgedruckten Airlinenamen noch nie zuvor gehört. Dazu kommt, dass Regionalfluggesellschaften natürlich in ihrer Flotte nicht die großen, auch in der Öffentlichkeit bekannten Jets einsetzen, sondern kleinere, in der Regel ebenfalls unbekanntere Maschinen, nicht selten sogar Turboprops, was der durchschnittliche Passagier ohnehin mit einer gewissen Portion Skepsis quittiert. Das Fliegen gerade in älteren Turboprop-Modellen stellt tatsächlich vom Fluggenuss nicht gerade einen Höhepunkt für Passagiere dar. Ansonsten aber ist jegliche Besorgnis der Fluggäste bei der Beförderung mit einer Regionalfluggesellschaft unbegründet. Diese kleinen Airlines fliegen nicht weniger sicher und professionell als die großen Fluggesellschaften, deren Bekanntheitsgrad so viel größer ist. Eine typische Regionalfluggesellschaft ist das im österreichischen Innsbruck beheimatete Unternehmen Tyrolean Airways. Die kleine Fluggesellschaft fliegt mit dem für Regionalfluggesellschaften typischen Fluggerät wie Canadair Jet, Fokker F 70 und Dash 8 ab Linz, Graz, Innsbruck und Klagenfurt österreichische, aber auch europäische Destinationen an. Auch wenn Tyrolean von Fluggerät und Destinationen damit durchaus das übliche Angebotsrepertoire einer ganz normalen Regionalfluggesellschaft bietet, genießt das Unternehmen in der Branche doch einen ganz besonderen Ruf, immerhin wurde Tyrolean am 27. Februar 1999 in Washington von der Zeitschrift Air Transport World (ATW) zur besten Regionalfluglinie der Welt gekürt. Eine Auszeichnung, zu der Vorstandsdirektor Fritz A. Feitl extra in die USA gereist war, um sie dort persönlich entgegenzunehmen. ATW ist ein Fachmagazin der Luftfahrtbranche, das immerhin von 250 000 Entscheidungsträgern in der Airline-Industrie regelmäßig gelesen wird. Den Titel der »Airline of the Year« erhielt in diesem Jahr übrigens die US-Linienfluggesellschaft Delta

Tyrolean Airways

Airlines. Die Vergabe des Preises an die Fluggesellschaft aus der Alpenrepublik wurde wie folgt begründet: »Tyrolean ist innovativ, wachstumsorientiert und seit der Aufnahme von regelmäßigen Liniendiensten 1980 nachhaltig profitabel. Während die meisten Regionalfluggesellschaften im Bereich der Bordverpflegung auf Sparsamkeit setzen, gibt Tyrolean Airways mehr Geld für Bordmenues und Bordservice aus, als für den Treibstoff der gesamten Flotte, um auch den höchsten Ansprüchen von Geschäftsreisenden zu entsprechen.« Der Erfolg der Auszeichnung war für Tyrolean nicht der erste Preis. Schon 1997 hatte das Unternehmen den Titel der besten europäischen Regionalfluggesellschaft von der European Regions Airline Association (ERA) erhalten.

Die Geschichte der so preisgekrönten Fluggesellschaft geht bis in das Jahr 1958 zurück, als in Österreich die Fluggesellschaft Aircraft Innsbruck gegründet wurde. Liniendienste waren zu dieser Zeit noch nicht das tägliche Einsatzgebiet der kleinen Fluggesellschaft. Man flog zunächst über Jahrzehnte im Bereich des Bedarfsluftverkehrs. Als dann 1978 die Unternehmer Christian Schwemberger und Gernot Langes-Swarovski das Unternehmen kauften, kam es zu weitreichenden Veränderungen. So änderte die Fluggesellschaft am 1. April 1980 ihren Namen in Tyrolean Airlines. Nun wurden auch Linienflüge ins Programm aufgenommen. Diese führten von Innsbruck nach Zürich und von Innsbruck nach Wien. 38 500 Fluggäste nahmen im ersten Betriebsjahr in der dafür eingesetzten Dash 7 Platz. Die Unternehmer bauten ihre Fluggesellschaft zunächst langsam weiter aus. 1985 stieß eine Dash 8-100 zur Flotte, 1988 erfolgte die Umwandlung in eine Aktiengesellschaft, an der nun Gernot Langes-Swarovski 92 Prozent der Anteile hielt. Nun wurde auch der große österreichische Nationalcarrier, Austrian Airlines, auf den kleinen Konkurrenten aufmerksam. Aus dem Wettbewerb entwickelte sich aber schnell eine Partnerschaft. 1994 kaufte Austrian 42,85 Prozent der Anteile an Tyrolean Airways auf. Damit ließen es beide Unternehmen nicht bewenden. Zu offensichtlich lagen die Vorteile einer solchen Partnerschaft auf der Hand, die sich daraus ergaben, dass sich jeder der beiden Partner auf sein Hauptgeschäft konzentrierte und den jeweils anderen als optimale Ergänzung betrachtete. Und so konzentrierte sich Tyrolean auf den Regionalflugverkehr, verband die Regionen in Österreich miteinander und flog aus diesen Passagiere im Zubringerverkehr nach Wien, zum Hub von Austrian Airlines. Der große Carrier wiederum konzentrierte sich auf die weiterführenden Verkehre zu den großen Flughäfen der Welt und gab seine regionalen Dienste zugunsten Tyrolean gänzlich auf – eine Form der Partnerschaft, wie sie gerade zu typisch und auch ideal für den langfristigen Erfolg einer Regionalfluggesellschaft ist. Nun investierte Tyrolean kräftig in die Flotte. Auch anderes Fluggerät wurde beschafft. 1995 kam mit der ersten Fokker F 70 auch der erste Jet zur Flotte, 1996 stießen drei Canadair Regional Jet hinzu. 1998 baute Tyrolean den Flugzeugpark gar von 16 auf 31 Maschinen aus. 1997 arbeiteten für die kleine Airline 860 Mitarbeiter, die dafür sorgten, dass 1,6 Mio. Passagiere flogen und ein Profit von rund 44,5 Mio. DM erzielt wurde. Ein Ergebnis, mit dem auch der große Partner Austrian Airline mehr als zufrieden war. 1998 übernahm die große Fluggesellschaft Tyrolean Airways zu nunmehr 100 Prozent. Den immer noch wachsenden Erfolg verdeutlichen einige Zahlen: In diesem Jahr reisten bereits 1,85 Mio. Passagiere

Aufwendig, aber nicht ohne Charme: Flugbegleiter-Trachten bei Tyrolean.

Eine Fokker F 70 von Tyrolean Airways.

mit der Airline, die nun 950 Mitarbeiter beschäftigte. Die Betriebsleitung betrug umgerechnet 588 Mio. DM, das Ergebnis der gewöhnlichen Geschäftstätigkeit erreichte eine Höhe von 58,95 Mio. DM. 1999 umfasste das Streckennetz der Regionalfluggesellschaft 48 Destinationen in 23 Ländern. Woche für Woche hoben die Maschinen zu mehr als 1440 Flügen ab. Zusammen mit dem Mutterunternehmen Austrian Airlines und der Lauda Air wurde 1999 ein weiterer wichtiger Schritt in der Unternehmensgeschichte beschlossen: der Beitritt zur Star Alliance. Ein Jahr später vollzogen ihn die drei österreichischen Airlines.

Kurzprofil auf einen Blick

IATA-Code:	VO
Dreilettercode:	TYR
Callsign:	Tyrolean
Mitgliedschaft in Allianzen:	Star Alliance
Zahl der Mitarbeiter:	988
Beförderte Passagiere (Zahlgäste) 1999 im Linienverkehr in Mio.:	2
Zahl der Verkehrsflugzeuge:	31

Die Flotte im Detail:

Flugzeugmuster	Anzahl
DHC 8	17
Canadair RJ 200	8
Fokker F 70	6

Flugzeugunfälle mit Totalverlust des Fluggeräts seit 1970:

Datum	Unfall
—	keiner

United Airlines

Auch United Airlines setzte die Douglas DC 3 in ihrer Flotte ein.

Gigant aus Chicago:
United Airlines

Gemessen an der Zahl der beförderten Passagiere ist United Airlines die zweitgrößte Fluggesellschaft der Welt. Wie Konkurrent Delta Airlines stellt auch United ein Unternehmen der Superlative dar. 594 Maschinen umfasst die Flotte dieser Airline, darunter allein 50 Boeing B 747. Insgesamt 828174 mal starteten 1999 Maschinen dieser Fluggesellschaft irgendwo auf der Welt zu ihren Zielen. Gemessen an der Zahl der Passagierkilometer ist United mit 201,8 Mrd. PKT sogar die größte Airline der Welt, ein Unternehmen, für das fast 100000 Menschen arbeiten. Wichtiges Standbein für United ist auch die Luftfracht. Hier beförderte der Carrier 1999 684000 t, was die Fluggesellschaft zum achtgrößten Luftfrachttransporteur der Welt macht. Heimatflughafen des Unternehmens ist Chicago O'Hare. Allein von diesem Airport aus starten täglich rund 550 United Flüge zu ihren nationalen und internationalen Zielen. Chicago O'Hare ist derzeit der zweitgrößte Flughafen der Welt. 1999 wurden hier rund 72,6 Mio. Passagiere abgefertigt. Es liegt auf der Hand, dass dieser Flughafen ganz unmittelbar von seiner Funktion als Hauptdrehscheibe für den Luftfahrtgiganten United Airlines profitiert, genauso wie es zum Beispiel auch bei Delta Airlines der Fall ist, die auf dem größten Flughafen der Welt, Atlanta, zu Hause ist. Auch geschichtlich sind United Airline und Chicago eng miteinander verbunden. Seit nunmehr über 70 Jahren ist die Fluggesellschaft in dieser Metropole am Lake Michigan in den USA beheimatet – in den 20er und 30er Jahren allerdings am stadtnahen Flughafen Chicago Midway, der heute zusammen mit O'Hare das Chicago Airport System bildet. Schon so mancher Reisende hat sich gefragt, was der Name O'Hare als Bezeichnung des Flughafens eigentlich bedeutet. Es ist der Nachname von Lieutenant Commander Edward H. »Butch« O'Hare, einem aus Chicago stammenden Marine-Kampfflieger, der im zweiten Weltkrieg nach vielen erfolgreichen Einsätzen im Pazifik ums Leben kam. Die Anfänge von United Airlines sind – wie bei vielen anderen Fluggesellschaften gerade in den USA auch – eng mit dem Transport von Luftpost verknüpft. In den 20er Jahren hatte in den USA die Beförderung von Luftpost ihre Pionierjahre hinter sich gelassen und befand sich auf dem besten Weg, zu einer professionell abgewickelten Dienstleistung zu werden. Überall im Land bewarben sich die kleinen vorhandenen Luftfahrtunternehmen und Piloten um das Recht, auf den ausgeschriebenen Luftpoststrecken Transporte durchführen zu dürfen. Dazu gehörten auch die Unternehmen, aus denen später United Airlines hervorgehen sollte. Eines dieser Unternehmen hatte Walter T. Varney gegründet, ein Pilot, der schon am ersten Weltkrieg teilgenommen hatte und nun in Kalifornien eine Flugschule und ein Lufttaxiunternehmen unterhielt. Mit seinem Unternehmen – Varney Air Lines – bewarb er sich für die Postbeförderung auf der Strecke zwischen Pasco in Washington und Elko in Nevada. Die Strecke galt als riskant, überquerte sie doch Gebirge und Wüsten gleichermaßen, was dazu führte, dass Varney als einziger Unternehmer ein Angebot dafür abgab. Er bekam den Zuschlag und nahm am 6. April 1926 den Flugbetrieb auf, um ihm schon wenige Tage wieder – mit Regierungsgenehmigung – für 60 Tage auszusetzen, weil er zunächst stärkere Motoren für seine Swallow-Maschinen beschaffen musste. Wenig später, am 12. Mai 1926, eröffnete National Air Transport zwischen Chicago, Kansas City und Dallas eine Luftpostverbindung, am 15. September 1926 nahm zwischen Seattle und Los Angeles mit Pacific Air Transport ein anders United-Vorgängerunternehmen den Flugdienst auf. Als weitere Vorläuferfluggesellschaft folgte Boeing Air Transport auf der Strecke San Francisco- Chicago am 1. Juli 1927. Auch Passagiere wurden bei diesen Flügen schon in den Maschinen mitgenommen, wenn auch das Hauptaugenmerk auf der Postbeförderung lag. Der Flug von San Francisco nach New York war zu dieser Zeit für einen Passagier in 34 Stunden zu schaffen. Um in dieser Zeit von Küste zu Küste zu kommen, mussten sich die Passagiere zahlreichen Entbehrungen aussetzen. Geflogen wurde bei Wind und Wetter. In den offenen Kabinen saßen die Fluggäste nur allzu oft auf den Postsäcken. Der Flug von San Francisco nach Chicago kostete 200 US-Dollar. Für den Anschlussflug nach New York war die gleiche Summe zu zahlen. Die Fluggesellschaft National Air Transport hatte dabei unter den noch seltenen Fluggästen einen hervorragenden Ruf. Sie stellte den Passagieren zumindest Fliegerkappe, Schutzbrille und Fallschirm vor Flugbeginn zur Verfügung. 1928 wurden in den USA 60000 Fluggäste gezählt. Aber im Jahr darauf waren es schon 160000 Passagiere. Diese stürmische Entwicklung ließ sich zu einem großen Teil auch auf die Einführung neuer, komfortabler Maschinen wie der Ford Trimotor zurückführen. Die bestehenden Fluggesellschaften entwickelten sich schnell weiter. Ein besonders erfolgreiches Unternehmen war Boeing, zu dieser Zeit noch Flugzeughersteller und Fluggesellschaft gleichzeitig. Die Firma kaufte schon 1927 Pacific Air Transport auf. Boeing entwickelte eine enge Zusammenarbeit mit dem Motorenhersteller Pratt & Whitney, dessen luftgekühlte Motoren auch an Boeing-Modellen zum Einsatz kamen. 1929 gründeten beide Firmen ein gemeinsames Holdingunternehmen, das den Namen United Aircraft und Transport Corporation erhielt. Dieser frühe Luftfahrtkonzern agierte sofort äußerst erfolgreich und kaufte schon bald weitere Unternehmen aus dem Bereich der Fliegerei auf. Dazu gehörten zum Beispiel die Stearman Aircraft Company aus Wichita, Kansas, Chance Vaught, der Propellerhersteller Hamilton Metalplane sowie Sikorsky, Northrop, Stout Airlines, National Air Transport und Varney Airlines. Die Northrop-Aktivitäten wurden schon 1931 eingestellt, worauf dessen ehemaliger Firmenchef Jack Northrop das Unternehmen verließ und eine neue Firma im kalifornischen El Segundo gründete, an der sich der Flugzeughersteller und Boeing-Konkurrent Douglas mit 51 Prozent beteiligte. Die Fluggesellschaften, die zu dieser Unternehmensgruppe gehörten – unter ihnen Boeing Air Transport –, wurden unter dem Namen United Air Lines zusammengeschlossen, auch wenn sie noch eine Weile unter dem bekannten Namen weiterflogen. Zu dieser Zeit kam es zum Einsatz der ersten Stewardessen im Luftverkehr. Die Idee dazu hatte die Krankenschwester Ellen Church. Sie eilte damit Anfang 1930 zum Verkehrsleiter von Boeing Air Transport in San Francisco und versuchte ihn vor den Vorteilen ihres Einfalls zu überzeugen. Würde man die Besatzungen der Flugzeuge während des Fluges durch eine Krankenschwester an Bord

United Airlines

Frachtbeladung ins Unterdeck.

Koffer und kleine Packstücke werden über Förderbänder in die Maschine geladen.

verstärken, konnte diese sich um luftkranke Passagiere kümmern, Kaffee verteilen und einen Imbiss servieren – Aufgaben, die bisher, wenn überhaupt, gelegentlich der Copilot wahrnahm. Ellen Church hatte Erfolg. Sie überzeugte den Verkehrsleiter von ihrer Idee. Zunächst wurden für die Strecke San Francisco-Chicago acht Krankenschwestern für Stewardessenaufgaben eingestellt. Darunter befand sich auch Ellen Church. Die Neuerung setzte sich sofort durch und wurde ein so bahnbrechender Erfolg, dass sich die anderen Airlines nach Kräften mühten, sie auch sofort umzusetzen. Der Imbiss bestand während der Flüge häufig für die Passagiere aus einem Brathähnchen. Auch das wurde Mitte der 30er Jahre von United geändert. In der Folge kam es zur Einrichtung spezieller Küchenbetriebe für die Verpflegung während der Flüge. In der Flotte zeichnete sich schon Anfang der 30er Jahre ab, dass United neue Maschinen benötigen würde. 1932 bestellte das Unternehmen bei Boeing – zu dieser Zeit zum Firmenverbund gehörend – 59 Maschinen vom Typ Boeing 247. Das Flugzeug war für seine Zeit revolutionär. Als ganz aus Metall konzipierter Eindecker, von zwei Motoren angetrieben, war es gut 260 km/h schnell und konnte zehn Passagiere befördern. Am 8. Februar 1933 absolvierte die Maschine ihren Erstflug und bewies hervorragende Flugeigenschaften. Auch andere Fluggesellschaften zeigten an dem Muster, das alle bisherigen Flugzeuge deklassierte, Interesse, so die TWA, der Boeing schnell klarmachte, dass vorrangig United bedient werden würde. Gut ein Jahr war United Airlines mit der neuen Maschine gegenüber den anderen Fluggesellschaften deutlich im Vorteil. Dann holte die bittere Realität das Unternehmen ein. Douglas hatte die DC 2 entwickelt, ein Flugzeug, das wiederum der Boeing 247 deutlich überlegen war. 1934 stellte TWA den neuen Typ in Dienst und konnte nun 14 Passagiere in der Maschine befördern – schneller, komfor-

Boeing B 737-200 von United Airlines.

tabler und leiser als in der Boeing. 1935 verschärfte sich das Problem mit der Auslieferung der noch größeren DC 3. Die Konsequenz: Auch United orderte die neue Maschine von Douglas. Auch wenn die Passagierbeförderung zu dieser Zeit schon einen gewaltigen Aufschwung genommen hatte, war das Postgeschäft doch immer noch ein wichtiges finanzielles Standbein für die Fluggesellschaften. Als 1934 Präsident Franklin D. Roosevelt plötzlich das bisherige Verfahren bei der Luftpostbeförderung grundsätzlich in Frage stellte und die bestehenden Beförderungsverträge mit den Fluggesellschaften kündigte, stürzte das die Unternehmen in eine tiefe Krise. Statt mit den kommerziellen Fluggesellschaften ließ die Regierung nun die Luftpost von Heeresfliegern transportieren. Das Vorhaben entwickelte sich zum Desaster. Schon in der ersten Woche verunglückten fünf Heerespiloten tödlich, sechs weitere erlitten beim Ausfliegen der Postsendungen schwerste Verletzungen. Kurzerhand wurde die Postfliegerei in der Nacht verboten, aber die Flüge am Tag erwiesen sich nicht als ausreichend. Das Ende dieses Projektes: Nach wenigen Monaten konnten die Fluggesellschaften wieder in das Postgeschäft einsteigen. Aber die Regierung hatte dafür ihre Bedingungen: Die Fluggesellschaften, die Luftpost fliegen wollten, durften nicht mehr zu den großen Luftfahrtkonzernen, die sich herausgebildet hatten, gehören. United musste sich deshalb nun von Boeing, Sikorsky, Pratt & Whitney und anderen Firmen trennen.

Es folgte der Zweite Weltkrieg. Während dieser Zeit bildete United mehr als 7000 Bodenmitarbeiter für die US Air Force und die Marine aus. In den Wartungseinrichtungen der Fluggesellschaft wurden insgesamt 5736 Bomber im Regierungsauftrag bearbeitet. Bei Flügen im Rahmen des Alaska- und Pazifik-Airlift beförderte der Carrier mehr als 156 000 Militärpersonen, 8600 t Fracht und 9200 t Post. Nach dem Krieg kam es innerhalb kürzester Zeit zu einem Überangebot an Flugkapazitäten, hervorgerufen durch die zahllosen von der Regierung verkauften Transportmaschinen und der ebenfalls in großer Zahl arbeitsuchenden Militärpiloten, die sich mit diesen Flugzeugen selbstständig machten. Die Preise für Flugtickets fielen drastisch. Eine schwierige Zeit für alle renommierten Airlines, die United aber durchstand. 1955 orderte die Fluggesellschaft Düsenverkehrsflugzeuge. Das Unternehmen gab eine Bestellung für gleich 30 DC 8 ab. Mit diesem Typ war die Airlines sehr zufrieden. In der Folgezeit erreichten weitere 80 Maschinen die Flotte. Daneben bestellte United Airlines aber auch die Boeing B 720, die kleinere Variante der B 707. Weitere Modelle, die zur Flotte der Airline stießen: die Boeing B 727 und – ungewöhnlich für eine US-Fluggesellschaft – die Caravelle, von der United 20 Maschinen in Europa bestellte. Auch 75 Boeing B 737 kaufte die Airline – was zu einem in der Branche vielbeachteten Streit mit den Piloten führte. Thema war der Flugingenieur, der an Bord der bestellten B 737 nicht mehr

United Airlines

benötigt wurde. Die Empörung unter den Cockpit-Crews schlug so hohe Wogen, dass United sich schließlich verpflichtete, auch auf diesen Maschinen einen Flugingenieur mitfliegen zu lassen – obwohl es für ihn keine Aufgaben mehr gab. 1961 übernahm United die Fluggesellschaft Capital Airlines, zu dieser Zeit eine der größten Airlines der Welt und wurde dadurch mit einem Schlag zur größten Fluggesellschaft in der westlichen Welt. Der weltweit größte Carrier, Aeroflot, führte das Ranking zu dieser Zeit mit solchem Abstand an, dass sie ohnehin praktisch nicht überholbar war. Als globale Fluggesellschaft trat United erst spät in ihrer Firmengeschichte in Erscheinung. Ein wichtiges Jahr in dieser Hinsicht war 1985, als der Carrier von der zu dieser Zeit schon angeschlagenen Fluggesellschaft Pan Am das Fernost-Streckennetz übernahm. Europa flog die Fluggesellschaft erst seit Anfang der 90er Jahre an. Gerade Deutschland erwies sich hierbei als sehr erfolgreicher Markt. Dazu trug natürlich auch die Partnerschaft mit der Lufthansa ihren Teil bei, die schließlich in der Star Alliance mündete und heute als ein Musterbeispiel für eine profitable Kooperation von Fluggesellschaften gilt.

Die Flotte im Detail:

Flugzeugmuster	Anzahl
A 319	28
A 320	53
B 737-200	24
B 737-300	101
B 737-500	57
B 757-200	98
B 767-200	19
B 767-300	31
B 777-200	40
B 747-200	7
B 747-400	43
DC 10-10	10
DC 10-30	4
DC 10F	4
B 727-200	75

Kurzprofil auf einen Blick

IATA-Code:	UA
Dreilettercode:	UAL
Callsign:	United
Mitgliedschaft in Allianzen:	Star Alliance
Hauptverkehrsdrehscheiben:	Chicago, Denver
Zahl der Mitarbeiter:	99 916
Beförderte Passagiere (Zahlgäste) 1999 im Linienverkehr in Mio.:	87
Beförderte Luftfracht 1999 im Linienverkehr in tsd. t:	684,5
Zahl der Verkehrsflugzeuge:	594

Flugzeugunfälle mit Totalverlust des Fluggeräts seit 1970:

Datum — Unfall

03.03.1991 Beim Anflug auf den Flughafen von Colorado Springs geriet eine Boeing B 737-200 plötzlich außer Kontrolle und stürzte zu Boden. Alle 25 Menschen im Flugzeug kamen ums Leben.

19.07.1989 Während des Reisefluges zerbarst im Hecktriebwerk einer DC 10-10 ein Schaufelrad. Umherfliegende Trümmer zerstörten Steuerelemente des Flugzeuges sowie alle drei Hydrauliksysteme. Der Besatzung gelang mit der kaum noch steuerbaren Maschine eine Notlandung in Sioux City. Beim Aufprall brach das vollbesetzten Flugzeug auseinander. 111 Menschen starben.

11.01.1983 Beim Start in Detroit geriet ein DC-8-Frachter in einen überzogenen Flugzustand und stürzte ab. Die drei Besatzungsmitglieder starben.

28.12.1978 Kurz vor der Landung in Portland ging einer DC 8 der Kraftstoff aus. Bei der sich anschließenden Notlandung starben zehn Menschen.

18.12.1977 Beim nächtlichen Anflug auf Salt Lake City verlor die Besatzung eines DC-8-Frachters die Orientierung. Die Maschine raste in eine Bergkette. Alle drei Besatzungsmitglieder kamen ums Leben.

08.12.1972 Eine Boeing B 737-200 befand sich im Landeanflug auf den Flughafen Chicago-Midway, als die Besatzung den Anflug abbrach. Dabei erlitt das Flugzeug einen Strömungsabriss und stürzte zu Boden. 45 Menschen verloren ihr Leben.

Mit dem »fliegenden Postamt« fing alles an:
US Airways

Wirft man einen Blick auf die größten Airlines der Welt, gemessen an der Zahl der beförderten Fluggäste, so wird die weltweite Rangliste hierbei seit langem von US-amerikanischen Fluggesellschaften angeführt. Zu den »Big Five« gehört mit rund 55 Mio. beförderten Passagieren auch die Fluggesellschaft US Airways. Das Unternehmen ist vor allem im Osten der USA stark vertreten. Drehscheiben des internationalen Verkehrs sind in Pittsburgh, Philadelphia und im südlicher gelegenen Charlotte vorhanden. In Deutschland werden Frankfurt und München angeflogen, in Europa Manchester, London, Paris, Madrid und Rom. In der Bundesrepublik besteht ein Code-Share-Abkommen mit der Deutschen BA, die ihren Passagieren damit ab München internationale Verbindungen in die USA anbieten kann. Die Wurzeln von US-Airways reichen, wie bei vielen anderen US-Gesellschaften auch, bis in die Zeit vor dem 2. Weltkrieg zurück. Hier nahm 1939 die Fluggesellschaft All American Aviation einen Luftpostservice auf und belieferte damit erstmals viele Kleinstädte im westlichen Pennsylvania und Ohio Valley. Eingeführt und bekannt wurde dieser regelmäßige Dienst in den entsprechenden Regionen als »Flying Post Office«, das »Fliegende Postamt«. Der Service entwickelte sich schnell zu einer festen Institution in den angeflogenen Orten, das Geschäft lief gut. 1949, nach Ende des Krieges, kam es zu einer Änderung des Namens: Aus All American Aviation wurde All American Airways. Gleichzeitig nahm das Unternehmen nun die Passagierbeförderung auf. Zum Einsatz kamen Flugzeuge des Typs Douglas DC 3. Auch das Streckennetz wuchs in den folgenden Jahren beträchtlich. 1953 erfolgte erneut eine Namensänderung. Die neue Bezeichnung: Allegheny Airlines. Durch den Namen sollte ein Bezug zur Landschaft gleichen Namens, die im Zentrum des Netzwerkes der Fluggesellschaft lag, hergestellt werden. Unter dieser Bezeichnung wurde 1965 als erstes Turbinenflugzeug die Convair Cv 580 in die Flotte eingeführt. Bei diesem Typ handelte es sich um eine zweimotorige Turboprop-Maschine, die eine Weiterentwicklung der kolbenmotorgetriebenen Modelle Convair Cv 240, 340 und 440 darstellte und rund 50 Passagieren Platz bot. Die Convair Cv 580 wurde in den folgenden Jahren zum »Workhorse« von Allegheny Airlines. 1966 ging der erste Jet in Dienst. Es war eine DC 9-10. Im Jahr darauf folgte die größere DC 9-30, die

Auch US Airways setzt in großem Maß die Boeing B 737 ein – hier in der älteren -200 Variante. Auf dem Bild ist die alte Bemalung der Airline zu sehen.

später wesentliche Säule der Airline-Flotte werden sollte. 1968 fusionierte Allegheny Airlines mit der in Indianapolis beheimateten Fluggesellschaft Lake Central Airlines. Damit vergrößerte sich die Reichweite der Fluggesellschaft beträchtlich. Das Streckennetz umfasste jetzt auch Städte wie Dayton, Columbus, Cincinnati, Indianapolis und St. Louis. Es folgten einige ruhigere Jahre, in denen der Zusammenschluss mit Lake Central Airlines im Unternehmen umgesetzt wurde. 1972 folgte dann ein weiterer wichtiger Schritt. Allegheny fusionierte mit einer weiterer Fluggesellschaft, der Mohawk Airlines. Dadurch erwarb sich Allegheny die Flugrechte für die meisten Städte im Staat New York und in New England. Auch einige Jets des Typs BAC 1-11 stießen dadurch zur Flotte. Mittlerweile war Allegheny die sechstgrößte Fluggesellschaft der Welt geworden. Wieder folgten Jahre der Konsolidierung des Erreichten, zugleich aber auch für die gesamte US-Luftfahrtbranche unruhige Zeiten, denn 1978 mussten sich die Fluggesellschaften den Auswirkungen der Deregulierung stellen. Damit boten sich den Airlines jetzt neue Möglichkeiten der Routenplanung, aber auch bei der Gestaltung neuer, flexiblerer Tarifstrukturen. Allegheny nahm – wie die anderen US-Gesellschaften auch – die Herausforderung an. Bereits 1979 expandierte die Fluggesellschaft weiter in die Staaten Arizona, Texas, Colorado, Florida und Kalifornien. Gleichzeitig war dieses Jahr auch aus einem anderem Grund wichtig: Die Fluggesellschaft erhielt ein neues Gesicht mit neuen Farben und – vor allem – einem neuen Namen. Von nun an hieß die Fluggesellschaft USAir. Durch den Wechsel des Namens sollte nicht zuletzt auch der erheblich gewachsenen Größe des Streckennetzes Rechnung getragen werden. Nun schlossen sich einige Jahre ohne weitere Firmenfusionen an. Dafür installierte USAir 1984 mit dem »Frequent Traveler Programm« ein Meilen-Sammel-System, wie es heute zum Standardangebot aller großen Fluggesellschaften gehört. 1986 expandierte dagegen eine andere Fluggesellschaft kräftig: Piedmont Airlines, eine Fluggesellschaft, die 1948 den Betrieb aufnahm, kaufte Empire Airlines auf. 1987 wagte Piedmont Airlines den Sprung über den Atlantik und flog erste Ziele in Europa an. Noch im November dieses Jahres wurde der Carrier zur Tochtergesellschaft der USAir-Gruppe und verschmolz in der Folge mit USAir. Diese Integration ist bis heute eine der größten Zusammenschlüsse in der Geschichte der Luftfahrt. Für USAir stellte sie einen bedeutender Schritt nach vorne dar, insbesondere in Richtung auf die internationalen Märkte. Die Fluggesellschaft verfügte nun auch über die bedeutenden Hubs von Baltimore und Charlotte. Gleichzeitig wurden mit der Integration von Piedmont Airlines auch deren Boeing B 767-200ER übernommen, ein Flugzeugmuster, das heute noch wesentliches Rückgrat der Langstreckenflotte der Fluggesellschaft ist. Im April 1990 nahm USAir die Transatlantikverbindung zwischen Pittsburgh und Frankfurt in den Flugplan auf. Die Verbindung ergänzte die 1987 von Piedmont aufgenommene Route zwischen Charlotte und London. Im Jahr darauf stieg die Bedeutung von Frankfurt für die Fluggesellschaft weiter, die Airline richtete einen zweiten Nonstop-Flug in die Rhein-Main-Metropole ein, Ausgangspunkt war Charlotte. Dieser Ausbau der Verbindungen war eingebettet in eine generelle Aufstockung des internationalen Engagements. Im Januar 1992 eröffnete USAir den Flugbetrieb zwischen Philadelphia und Paris, im Mai kamen tägliche Nonstop-Flüge von Philadelphia und vom Baltimore/Washington International Airport nach London Gatwick hinzu. Aber auch im Inlandsverkehr der USA baute USAir seine Position weiter aus. Gemeinsam mit Trump Shuttle schloss die Fluggesellschaft eine Vereinbarung über die gemeinsame Vermarktung eines Shuttle-Services, der unter dem Namen USAir Shuttle verkehren sollte. Angeboten wurden dabei stündliche Flüge zwischen New York und Boston sowie zwischen New York und Washington. Im gleichen Jahr eröffnete USAir am Flughafen New York La Guardia ein neues Terminal. 1993 kündigten USAir und British Airways Pläne für eine weitreichende Zusammenarbeit an. Im Jahr darauf konnte auf Marketingebene ein großer Erfolg verbucht werden. Das Frequent-Traveller-Programm wurde exklusiver Partner auf dem Markt der US-Inlandsstrecken für den Latin Pass, einem Bonusprogramm, dem 14 Fluggesellschaften aus Lateinamerika angehören. Das verschafft der Fluggesellschaft natürlich zusätzliche Passagiere unter den Fluggästen, die aus Süd- und Mittelamerika kommen und Ziele in den USA anfliegen möchten. Trotz dieser Erfolge arbeitete USAir seit 1988 nicht mehr profitabel. Aus finanzieller Sicht lagen einige karge Jahre hinter der Airline. Das änderte sich 1995. In diesem Jahr wurde erstmals seit 1988 wieder ein Gewinn erzielt, die Höhe betrug 119,3 Mio. US-Dollar. 1996 stand wieder ganz im Zeichen der Streckenexpansion. USAir bot zusätzliche Flüge von Philadelphia nach München, Rom und Madrid an. Im selben Jahr

Airbus A 330 in den neuen Unternehmensfarben.

waren bei USAir erstmals ticketlose Flüge möglich. Ebenfalls 1996 kam es zu zwei weitreichenden Ankündigungen. Die eine betraf den Auftritt der Fluggesellschaft. Die Airline sollte eine neue Identität mit neuem Namen, neuem Logo und neuer Farbgebung erhalten, um den Sprung ins neue Jahrtausend zu verdeutlichen. Die andere Ankündigung betraf die Flotte. USAir gab die Bestellung der kaum fassbaren Zahl von 400 neuen Flugzeugen bekannt. Bei allen handelt es sich um Airbus-Maschinen der Typen A 319, A 320 und A 321. Die Auslieferung soll gestaffelt zwischen 1998 und 2009 erfolgen. Für das europäische Flugzeugbaukonsortiums stellt diese Kaufentscheidung einen ganz wesentlichen Erfolg bei den Bemühungen um den Markt der US-Fluggesellschaften dar. Im Jahr darauf erfolgte die offizielle Einführung des neuen Logos und des neuen Namens: US Airways. Nach und nach war das neue Logo auf Briefpapier, Flugscheinen, in der Werbung, an Ticketschaltern und natürlich auf den Maschinen zu sehen. Ebenfalls 1997 endete das Code-Share-Abkommen mit British Airways. Statt dessen begann der britische Carrier mit dem Aufbau einer Zusammenarbeit mit American Airlines, einem Bündnis, mit dem das spätere Fundament für die Oneworld-Allianz gelegt wurde. Damit einher ging auch das Ende der finanziellen Verflechtung. Immerhin war British Airways im Besitz von 24,6 Prozent der US-Airways-Aktien. Die US-amerikanische Fluggesellschaft steckte diese Trennung gut weg. Schon im Jahr darauf bestellte die Airline dreißig weitere neue Flugzeuge. Wieder setzte das Management konsequent auf Maschinen von Airbus. Geordert wurde das Modell A 330-300. Die Maschinen sollten vor allem über dem Transatlantik zum Einsatz kommen. Ebenfalls 1998 kaufte US Airways die Fluggesellschaft Shuttle, die seit 1992 unter dem US-Airways-Namen flog, von einem Bankenkonsortium. Zuvor hatte US Airways nur eine kleinere Beteiligung an dem Unternehmen gehalten. Daneben gehören um die Jahrtausendwende noch weitere Tochterunternehmen zur US-Airways-Gruppe. Neben Shuttle ist die Fluggesellschaft Metro Jet zu nennen, die im Juni 1998 als Low-Cost-Carrier den Betrieb aufnahm. Das Unternehmen bietet täglich 222 Flüge zu 22 Destinationen zwischen der Ostküste und dem Mittleren Westen der Vereinigten Staaten an. Metro Jet operiert mit Boeing B 737-200 in Einklassenauslegung mit jeweils 118 Sitzplätzen. US Airways Express ist der Markenname für die regionalen Luftfahrtaktivitäten von US Airways. Hinter diesem Namen verbergen sich zehn regionale Fluggesellschaften, die kleinere Städte mit Zubringerflügen an das US-Airways-Streckennetz anbinden. Drei der kleineren Fluggesellschaften tragen dabei die Namen von Airlines, die irgendwann einmal in der US-Airways-Gruppe aufgegangen und wesentliche Basis für den späteren Unternehmenserfolg waren. Dabei handelt es sich um Allegheny Airlines, Piedmont Airlines und PSA Airlines.

US Airways

Kurzprofil auf einen Blick

IATA-Code:	US
Dreilettercode:	USA
Callsign:	US Air
Mitgliedschaft in Allianzen:	–
Hauptverkehrsdrehscheiben:	Philadelphia, Pittsburgh, Charlotte
Zahl der Mitarbeiter:	40 291
Beförderte Passagiere (Zahlgäste) 1999 im Linienverkehr in Mio.:	55,8
Beförderte Luftfracht 1999 im Linienverkehr in tsd. t:	91,7
Zahl der Verkehrsflugzeuge:	393

Die Flotte im Detail:

Flugzeugmuster	Anzahl
Fokker 100	40
Douglas DC 9-30	34
Airbus A 319	28
Airbus A 320	12
McDonnell Douglas MD 80	31
Boeing B 737-200	59
Boeing B 737-300	85
Boeing B 737-400	54
Boeing B 727-200	4
Boeing B 757-200	34
Boeing B 767-200 ER	12

Flugzeugunfälle mit Totalverlust des Fluggeräts seit 1970:

Datum   Unfall

08.09.1994 Beim Landeanflug auf den Flughafen Pittsburgh in den Vereinigten Staaten geriet eine Boeing B 737-300 außer Kontrolle und rollte plötzlich während des Fluges nach links um die Längsachse. Die Besatzung konnte die Kontrolle nicht wiedererlangen. Die Maschine stürzte zu Boden. Alle 132 Insassen starben.

02.07.1994 Eine DC 9-31 geriet während des Landeanfluges auf den Flughafen von Charlotte in den USA in einen heftigen Gewittersturm mit sintflutartigen Regenfällen. Während die Besatzung durchstartete, wurde das Flugzeug von einer massiven Windscherung erfasst und zu Boden gedrückt. Beim Aufprall starben 37 Passagiere.

22.03.1992 Auf dem Flughafen New York La Guardia gewann eine Fokker F 28 direkt nach dem Start an einem eisigen Märzabend keine ausreichende Höhe. Die Maschine kollidierte mit mehreren Anlagen auf dem Flughafen und schoss dann über einen Deich hinweg in den Hudson River. 27 Flugzeuginsassen, darunter der Kapitän, ertranken.

18.01.1992 Beim Landeanflug auf den Airport von Elmira, USA, wurde eine DC 9-30 von einer plötzlichen Windböe auf die Landebahn gedrückt. Während alle Passagiere überlebten, wurde das Heck der Maschine schwer beschädigt.

01.02.1991 Bei der Landung auf dem internationalen Flughafen von Los Angeles kollidierte eine Boeing B 737-300 nach erhaltender Landefreigabe durch den Tower mit einer kleineren Fairchild-Propellermaschine, die sich auf der Landebahn befand. An Bord des kleinen Flugzeugs starben alle 12 Insassen. In der Boeing kamen 22 Menschen ums Leben.

22.07.1990 Bei einem Startabbruch auf dem Flughafen von Kinston, USA, kollabierte bei einer Boeing B 737-200 das Bugrad. Die Maschine raste auf dem Bug über die Piste, bis sie zum Stehen kam. Alle Passagiere blieben am Leben.

20.09.1989 Eine Boeing B 737-400 brach während des Startlaufs auf dem Flughafen New York La Guardia nach rechts aus. Die Besatzung führte einen Startabbruch durch. Dabei schoss die Maschine über die Startbahn hinaus und zerbrach in mehrere Teile. Zwei Passagiere starben.

21.02.1986 Bei der Landung unter winterlichen Bedingungen auf dem Flughafen Erie, USA, gelang es der Crew nicht, die DC 9-31 vor dem Ende der Landebahn zum Stehen zu bringen. Bei der Bruchlandung kam kein Passagier ums Leben.

09.07.1978 Bei der Landung in Rochester schoss eine BAC 1-11 der Allegheny Airlines über das Bahnende hinaus. Niemand wurde getötet.

23.06.1976 In einem Gewittersturm misslang der Versuch der Besatzung einer DC 9, die Landung auf den Flughafen von Philadelphia abzubrechen. Die Maschine schlug auf dem Boden auf. Niemand verlor sein Leben.

Anhang

Begriffe aus der Luftfahrt einfach erklärt

ACARS	ACARS steht für Air-to-Ground Communication and Reporting System. Dabei handelt es sich um ein Kommunikationssystem zwischen Cockpit und Boden. Bei Verwendung von ACARS sind im Cockpit eingehende Nachrichten auf einem Display zu sehen. Die Piloten können diese auch auf einem kleinen Drucker ausgeben. Über ACARS kann die Crew mit ihrer Heimatbasis kommunizieren oder Wetterinformationen abrufen. ACARS ist nicht bei allen Fluggesellschaften Standard, viele Unternehmen verlassen sich statt dessen auf den Kurzwellenfunk.
ADF	Der Begriff steht für Automatic Direction Finder. Dabei handelt es sich um einen Radiokompass, dessen Anzeigeinstrument im Cockpit auf einen zuvor eingestellten NDB Funksender weist.
Airpass	Besitzt der Fluggast einen Airpass, kann er damit in einem zuvor definierten geographischen Raum eine genau definierte Anzahl von Flügen zu Sonderkonditionen abfliegen.
Airway	Luftstraße
ALPA	Airline Pilots Association, internationale Pilotenvereinigung der USA
Altitude	Höhe über dem Meeresspiegel
Antiskid-System	ABS-Bremssystem in Flugzeugen
Apex-Tarif	Der Apex-Tarif ist ein niedriger Tarif für Hin- und Rückflüge. Die Abkürzung resultiert aus dem Begriff Advance Purchase Excursion. Ein Apex-Tarif muss eine bestimmte Zahl von Tagen vor einem Flug gebucht werden. Nach Buchung lassen sich die Daten für die Flüge zumindest offiziell nicht mehr verändern.
Arrival	Ankunft
Approach	Landeanflug
APU	Die Auxillary Power Unit ist die Hilfsturbine eines Flugzeuges. Sie befindet sich im Heck.
ATC	Air Traffic Control oder die Flugverkehrskontrolle
ATIS	Das ATIS ist das Automatic Terminal Informations System. Dabei handelt es sich um ein Informationssystem, über das die Flugzeugbesatzungen per Funk Wetter- und Flugplatzinformationen abrufen können.
Autopilot	Der Autopilot hält ein Flugzeug automatisch auf einem vorgegebenen Kurs.
Backhaul Rule	Das ist der Mindestpreis für eine einfache Flugstrecke. Mit Backhaul wird ein geographischer Knick bezeichnet. Dieser Preis kommt zur Anwendung, wenn der Passagier einen Stopover absolviert, an einem Ort, zu dem der Flug teurer ist als es der eigentliche Flug zur Enddestination wäre. Beispiel: Ein Passagier reist von Frankfurt über Jakarta (Stopover) nach Singapur. Der Flug Frankfurt–Jakarta ist teurer als Frankfurt–Singapur. In diesem Fall wird die Differenz auf den höheren Tarif für die Strecke Frankfurt–Jakarta hinzugerechnet.
Backtracking	Dabei handelt es sich um einen Flugabschnitt, bei dem der Fluggast wieder in der Richtung rückwärts reist. Beispiel: Ein Flug von Frankfurt nach Moskau, nach Warschau und Peking. Der Abschnitt von Moskau nach Warschau wird als Backtracking bezeichnet. Eine Rolle spielt das Backtracking in manchen Round-the-World-Tickets. In diesen ist es nämlich für den Kunden ausgeschlossen.
Baggage Claim	Gepäckausgabe am Flughafen

Anhang

Blackbox	Rotorange Kästen in einem Flugzeug, in denen sich Cockpit Voice Recorder und der Flight Data Recorder befinden.
Boarding	Einsteigen der Passagiere
Bogus Parts	Von Piloten, Mechanikern und Fluggesellschaften gefürchtet, sind Bogus Parts Ersatzteile, die anstelle der Originalteile in Flugzeuge eingebaut werden, die aber nicht den Qualitätsanforderungen des Herstellers genügen.
Cabin Attendant	Flugbegleiter
Callsign	Rufbezeichnung, unter der eine Fluggesellschaft im Funkverkehr angrufen wird.
Cargo	Fracht
Carrier	Fluggesellschaft
CAT	Clear Air Turbulence – die berühmten »Luftlöcher« bei guter Sicht und ansonsten guten Wetter
CAT I, II, III	Bezeichnung der Kategorie von Start- und Landebahnen. Anhand der Nummern sind bestimmte Sichtweiten definiert, die bei Benutzung der Piste mindestens gelten müssen.
Catering	Verpflegung und Serviceprodukte, mit denen ein Flugzeug ausgestattet wird.
Check in	Beim Check in werden die Bordkarten an den Passagier ausgegeben, während dieser sein Gepäck aufgibt.
COC	Country of Commencement of Travel. Staat, in dem eine Flugreise ihren Anfang hat.
Codesharing	Codesharing kommt zur Anwendung, wenn ein Flug von verschiedenen Fluggesellschaften gemeinsam durchgeführt wird. Bei einem so bezeichneten Flug kann es passieren, dass der Passagier auf dem ganzen Flug oder auf einem Teilstück von einem anderen Carrier befördert wird, als dem, unter dessen Flugnummer er das Ticket erworben hat.
Conjunction Ticket	Das ist ein Anschlussflugschein. Dieser wird in Verbindung mit einem anderen Flugschein ausgegeben. Connecting Stretch Anschlussflug
Counter	Die Abfertigungsschalter der Fluggesellschaften werden als Counter bezeichnet.
Coupon	Bestandteil des Flugscheins. Jeder Coupon gilt für die Beförderung zwischen zwei Orten. Ein Flugschein kann also aus mehreren Coupons bestehen
Cross-Border-Ticket	Ein Flugschein, bei dem der Abflugort in einem anderen Staat angesiedelt ist als der Verkaufsort.
Cruising Altitude	Reiseflughöhe
Customs	Zoll
CVR	Abkürzung für Cockpit Voice Recorder. Gerät, mit dem die Gespräche im Cockpit aufgezeichnet werden. Wird gern als Black Box bezeichnet und befindet sich im Heck des Flugzeuges.
DBC	Denied Boarding Compensation, eine Entschädigung, die der Fluggast erhält, wenn er wegen Überbuchung der Maschine seinen Flug nicht antreten kann.
Delay	Verspätung
Departure	Abflug
Deregulierung	Liberalisierung des Luftverkehrs. Durch eine Deregulierung wird der Luftverkehr von staatlichen Anordnungen und Reglementierungen befreit. Dieses verschafft den Fluggesellschaften insbesondere bei der Auswahl der Strecken und der Preisbildung sehr viel flexiblere Möglichkeiten als zuvor. Gleichzeitig verschärft sich in Folge einer Deregulierung der Wettbewerb unter den Airlines deutlich. Musterbeispiel einer solchen Liberalisierung ist die Deregulierung, die am 1. November 1978 in den USA durch den Airline Deregulation Act in Kraft getreten ist.
Destination	Zielort
Descent	Bezeichnung für den Sinkflug
Dispatch	Eine Flugzeugcrew erhält vor einem Flug Unterlagen zur Durchführung des Fluges. Dabei handelt es sich vor allem um aktuelle Wetter- und Streckendaten. Das wird als Dispatch bezeichnet.

Anhang

DME	Die Abkürzung steht für Distance Measuring Equipment: Entfernungsmessgerät an Bord der Flugzeuge. Es dient der Navigation und ist meist mit einem VOR-Funkfeuer gekoppelt. Die Besatzung kann dann im Cockpit die Entfernung zu dem Funkfeuer ablesen.
Downgrading	Beim Downgrading erfolgt die Beförderung des Passagiers in einer niedrigeren Klasse als der, für die er ursprünglich bezahlt hat. Er bekommt die Differenz erstattet, hat aber weiter Anspruch auf die Freigepäckmenge der höheren Klasse.
Dumping	In Notfällen, zum Beispiel dann, wenn eine Maschine notlanden muss, aber aufgrund der gefüllten Tanks noch schwerer ist, als sie bei der Landung sein darf, muss sie Kerosin ablassen und so ihr Gewicht verringern. Das wird als Dumping bezeichnet.
Durchchecken	Muss der Passagier bei einer Reise umsteigen, ist es für ihn wünschenswert, dass er sich nicht mehr um sein einmal aufgegebenes Gepäck kümmern muss, weil dieses automatisch weiterbefördert wird. Das ist heute üblich und wird als durchchecken bezeichnet.
Durchstarten	Kommt etwas bei einer Landung dazwischen, muss eine Maschine diese abbrechen und wieder an Höhe gewinnen. Sie startet dann durch oder führt einen Go around durch.
EBA	Estimated Block Arrival, die geschätzte Ankunftszeit
ETA	Estimated Time of Arrival, mit EBA identisch
EBD	Estimated Block Departure, die geschätzte Abflugzeit
ETD	Estimated Time of Departure, siehe EBD
Endorsement	Dabei handelt es sich um ein Übertragungsvermerk im Ticket. Damit überträgt die Fluggesellschaft für einen oder mehrere Coupons und die damit verknüpften Teilstrecken das Recht zur Beförderung auf eine andere Airline.
Excess Baggage	Übergepäck. Das ist Gepäck oberhalb der Freigepäckgrenze.
FAA	Federal Aviation Administration, US-Luftfahrtbehörde, die unter anderem für die Zulassung von Flugzeugen maßgeblich ist.
Fahrenheit	In angelsächsischen Ländern übliche Messskala zur Temperaturbestimmung, 32°F = 0°C
Fan	Die vorderen Stufen des Verdichters in einem Düsentriebwerk
FDR	Die zweite Blackbox in einem Flugzeuge, der Flight Data Recorder. Er zeichnet wesentliche Parameter eines Fluges wie die Geschwindigkeit, Höhe oder Ausschläge der Steuerelemente auf.
FFP	Frequent Flyer Programm, gängige Bezeichnung für Bonusprogramme der Fluggesellschaften
Filekey	Kombination von Ziffern und Buchstaben. Diese Kombination dient dazu, eine Flugreservierung im Computer zu speichern.
Flaps	Klappen an der Rückseite der Tragflächen, die von den Piloten zur Erhöhung des Auftriebs bei Start und Landung ausgefahren werden
Flugfläche	Bezeichnung für die Höhe während eines Fluges. Flugfläche 390 sind 39000 Fuß.
Fly-by-Wire	Prinzip, bei dem die Steuerbefehle in einem Flugzeug als elektrische Impulse über Drahtleitungen – englischsprachlich »Wire« – an die Hydraulikmotoren übermittelt werden.
FMS	Flight Management System: Flugführungssystem
FOQA	Flight Operations Quality Assurance, neues Verfahren zur Steigerung der Sicherheit im Luftverkehr von Seiten der Airlines. In Deutschland fungiert Hapag-Lloyd als Vorreiter. Beim FOQA – Hapag-Lloyd nennt es Flight Data Monitoring (FDM) – werden wesentliche Flugparameter auf einem Datenspeicher im Flugzeug gespeichert oder per Satellit in die Unternehmenszentrale übermittelt. Stellt man über einen längeren Zeitraum Abweichungen vom Idealzustand fest, deutet das auf ein mögliches Sicherheitsproblem an Flugzeug, Crew, Bodeneinrichtungen oder auch Flugverfahren hin. Es können Gegenmaßnahmen ergriffen werden, bevor etwas passiert.

Anhang

Fuß	Maßeinheit im Luftverkehr. 1 Fuß = 30,48 cm
Full-Fare-Ticket	Flugschein, der zum vollen Tarif gekauft wurde. Ein solches Ticket wird als voll flexibel bezeichnet. Die Gültigkeit beträgt ein Jahr, es kann umgeschrieben werden, eine Übertragung auf andere Fluggesellschaften ist möglich und eine Flugunterbrechung an verschiedenen Orten.
g	g ist die Maßeinheit für die Erdbeschleunigung
Galley	Die Küche in einem Flugzeug
Gallone	Maßeinheit, das vor allem beim Betanken von Flugzeugen eine Rolle spielt. Eine Gallone entspricht 3,785 Litern
Gate	Flugsteig.
GIT	Group Inclusive Tour Fare. Tarif, der bei Gruppenreisen Anwendung findet
Gleitpfad	Flugweg zum Erreichen des optimalen Aufsetzpunktes auf der Landebahn
Go-arround	Durchstartmanöver
GPS	Global Positioning System: satellitengestütztes Navigationssystem
GPWS	Beim Ground Proximity Warning System handelt es sich um ein Bodenannäherungswarnsystem. Aktuelle Varianten sind mit dem Zusatz »Enhanced« versehen (EGPWS).
Handling Agent	Firma, die im Auftrag einer Fluggesellschaft deren Abfertigung am Boden übernimmt. Wird von den meisten Fluggesellschaften an fremden Flughäfen in Anspruch genommen. Die Passagiere geben ihr Gepäck beim Handling Agenten auf.
Heavy	Zusatzbezeichnung im Funkverkehr, kommt bei großen Flugzeugmustern wie der B 747, MD 11 oder DC 10 zur Anwendung. So wird eine MD 11 von Swissair dann statt als »Swissair 111« als »Swissair 111 Heavy« bezeichnet.
Höhenruder	Steuerelement des Flugzeuges, befindet sich im hinteren Leitwerk.
Holding	Warteschleifen vor der Landung
ILS	Steht für Instrument Landing System, ist ein bodengestütztes Instrumenten-Landesystem, das an den meisten Flughäfen der Welt zum Standard gehört.
IATA	Internationale Luftverkehrsorganisation, zu der sich weltweit die Fluggesellschaften zusammengeschlossen haben, steht für International Air Transport Association
ICAO	Vertretung der Regierungen aller am Luftverkehr teilnehmenden Staaten. Eine Unterorganisation der UNO. Die Abkürzung steht für International Civil Aviation Organization
IFR	Instrumentenflugregeln
Infant	Ein Kleinkind, jünger als zwei Jahre, ist ein Infant und fliegt meist umsonst, aber auch ohne eigenen Sitzplatz
Integrator	Transportunternehmen, das dem Kunden eine komplette Transportdienstleistung »aus einer Hand« von Haus zu Haus anbietet, wobei in der Versandkette mehrere Verkehrsträger wie Lkw und Flugzeug hintereinander zum Einsatz kommen können. Bei der »normalen« Luftfracht sind sehr viele verschiedene Anbieter wie ein Lkw-Transportunternehmen, eine Fluggesellschaft, eine weitere Lkw-Transportfirma – hintereinander geschaltet. Beispiele für Integrators: UPS und Federal Express
Involuntary Rerouting	Dabei handelt es sich um eine unfreiwillige Umschreibung, der Passagier fliegt über eine andere Route als im Flugschein angegeben. Das kann zum Beispiel eintreten, weil der angegebene Flug nicht durchführbar ist. Der Passagier muss aber keinen höheren Preis bezahlen.
INS/IRS	Trägheitsnavigationssystem. Es navigiert das Flugzeug unabhängig von der Außenwelt.
Jetstream	Starke und beständige Windströmung, die in großer Höhe anzutreffen ist
Kerosin	Treibstoff von Düsen-Verkehrsflugzeugen
Knoten	Übliche Maßeinheit im Luftverkehr. Ein Knoten entspricht einer Seemeile und ist 1,852 km lang. Kommt bei der Geschwindigkeitsmessung zur Anwendung.

Anhang

Layover Expenses	So werden Kosten bezeichnet, die eine Airline unter bestimmten Bedingungen für Passagiere übernimmt. Das können zum Beispiel Mahlzeiten sein oder Kosten für Übernachtungen.
LMC	Last Minute Change. So wird ein Fluggast bezeichnet, der noch im letzten Moment einen Platz im Flugzeug erhält.
LNAV	Ein Modus am Autopiloten, der das Flugzeug horizontal navigiert.
Long Haul Sector	Ein Nonstop-Flug über eine Langstreckenentferung, zum Beispiel London-Singapur
Lounge	Bezeichnung für abgegrenzten Aufenthaltsbereich im Terminal, der nur für besondere Passagiere – meist der First- oder Business-Class – bestimmt ist
Luftstraße	Bezeichnung für genau definierte Strecken im Luftraum, die sich fast immer an Navigationsfunkfeuern (VOR) orientieren
MCO	MCO steht für Micellaneous Charges Order, das ist eine Gutschrift, die zur Zahlung der Flugreise oder auch von Übergepäck verwendet werden kann.
Microburst	Von Piloten besonders gefürchtete Form der Windscherung. Dabei fällt eine Windböe fast senkrecht nach unten und strömt beim Auftreffen auf dem Boden in alle Richtungen auseinander. Mircobursts haben im Landeanflug schon viele Flugzeugunglücke verursacht, lassen sich aber durch ein Zusatzgerät im Cockpit, das Windshear-Radar, im voraus erkennen – wenn eine Airline ihre Maschinen damit ausgestattet hat.
MPM	Steht für Maximum Permitted Mileage und ist die maximale Meilenzahl, die ein Passagier für einen veröffentlichten Tarif zwischen zwei Orten fliegen darf. Der Wert liegt um rund 20 Prozent über der Meilenzahl eines Nonstop-Fluges.
Narrow-Body	Bezeichnung für ein Flugzeuge wie den Airbus A 320 oder die Boeing B 737. Die Passagierkabine wird von einem Mittelgang durchzogen. An beiden Seiten sind zwei bis drei Sitzreihen angeordnet.
NDB	Non-directional Beacon: ungerichtetes Funkfeuer, das dem Zwecke der Navigation dient
No Show	Ein Passagier, der nicht zum Flug erscheint
NTSB	National Transportation Safety Board, US-amerikanische Behörde, deren Aufgabe unter anderem die Untersuchung von Flugzeugunglücken ist.
NUC	Abkürzung für Neutral Unit of Construction, einem Währungsersatz der Reiseverkehrswirtschaft. Alle Tarife lassen sich nicht nur in den lokalen Währungen angeben, sondern auch in NUC, was Umrechnungen erheblich erleichtert.
Off-Line-Büro	Büro einer Fluggesellschaft in einer Stadt, die sie selbst nicht anfliegt.
One-Line-Transfer	Bei einem One-Line-Transfer steigt der Passagier in eine andere Maschine derselben Fluggesellschaft um.
Outer Marker	Eine Markierung, die beim Landeanflug für die Piloten eine Rolle spielt. Beim Überfliegen des Outer Marker erhalten sie im Cockpit eine optische und akustische Information darüber. Die Endphase des Anfluges beginnt. Wenig später tritt der näher zur Landebahn gelegene Middle Marker in Aktion, manchmal folgt dann noch ein Inner Marker. Das akustische Signal ist jeweils anders.
Overbooking	Überbuchung
Pax	Bezeichnung für Passagier, Mehrzahl: Paxe
Pex-Tarif	Hin- und Rückflugtarif, der unter dem finanziellen Satz des Normaltarifs liegt. Dafür ist er aber auch nicht so flexibel wie dieser
Piece Concept	Bei Anwendung des Piece Concept auf Flugreisen darf der Passagier maximal zwei Gepäckstücke mit je 32 kg einchecken. Das Piece Concept kommt aus den USA, wird aber auch in vielen anderen Staaten angewandt.
PIR	Sprechen Mitarbeiter einer Fluggesellschaft vom PIR, meinen sie den Property Irregularity Report. Das ist ein Formular, dessen Ausfüllen nötig ist, wenn Gepäck vermisst oder beschädigt wurde.

Anhang

Purser/Purserette	Chef/Chefin der Kabinenbesatzung
Querruder	Steuerelement des Flugzeuges an der Hinterkante der Tragflächen
Prepaid Ticket	Ein Flugschein, der einem Land bezahlt, aber in einem anderen Staat ausgestellt wird.
Refund	vollständige oder teilweise Rückzahlung des Flugpreises
Rerouting	eine Veränderung der Streckenführung des gekauften Flugscheines. Es ist möglich, dass sie zu einer Nachzahlung oder auch Rückerstattung führt.
ROE	Rate of Exchange, der Umrechnungskurs, zu dem eine lokale Währung in den NUC umgerechnet werden kann
Routing	Streckenführung des Tickets
RT	Round Trip, Hin- und Rückflug
RTW	Round the World
Runway	Start- und Landebahn
Schubumkehr	Durch die Schubumkehr an den Triebwerken wird ein Teil des erzeugten Schubs nach vorne umgeleitet. Dadurch entsteht ein Bremseffekt, der bei einer Landung bedeutsam ist.
Seitenruder	Steuerelement des Flugzeuges am hinteren Leitwerk
SITI	Sold Inside, Ticketed Inside, der Flugschein wurde im Abflugland ausgestellt und bezahlt.
SITO	Sold Inside, Ticketed Outside, der Flugschein wurde im Abflugland bezahlt, aber in einem anderen Land ausgestellt.
Slot	festgelegte Zeit, in der ein Start oder eine Landung einer Maschine auf einem Flughafen stattfinden können
Slats	Vorflügel. Sie werden an der Vorderseite der Tragflächen ausgefahren und erhöhen den Auftrieb während des Start oder der Landung.
SOTI	Sold Outside, Ticketed Inside, der Flugschein wurde in einem anderen Staat bezahlt, aber im Land des Abflugortes ausgestellt.
SOTO	Sold Outside, Ticketed Outside, der Flugschein wurde in einem anderen Staat als dem Abflugland ausgestellt und bezahlt.
Spoiler	Bezeichnung für die Luftbremsen eines Flugzeuges. Befinden sich an der Oberfläche der Tragfläche und können im Bedarfsfall aufgestellt werden. Andere Bezeichnungen sind Speedbrakes oder Störklappen.
STA	Scheduled Time of Arrival, die Ankunftszeit laut Flugplan
Stall	Ein überzogener Flugzustand. Ein Stall entsteht, wenn die Geschwindigkeit einer Maschine zu langsam und die Nase zu sehr angehoben wird. Dann reißt der Auftrieb über den Tragflächen ab und das Flugzeug sackt plötzlich durch.
STD	Scheduled Time of Departure, Abflugzeit laut Flugplan
Stick Shaker	Beginnen die Steuersäulen vor den Piloten in einem modernen Düsenverkehrsflugzeug plötzlich, sich zu schütteln, ist der Stick Shaker in Aktion getreten. In früheren Zeiten der Fliegerei begannen sich die Steuersäulen der Maschinen zu schütteln, wenn das Flugzeug in einen Stall geriet. In einem modernen Großflugzeug tritt dieses Schütteln von sich aus nicht mehr auf. Als Ersatz – es handelt sich ja um eine wichtige Information – wird sie bei einem Stall von der Automatik des Stick Shakers künstlich herbeigeführt.
Steward/Stewardess	Flugbegleiter/Flugbegleiterin
Stopover	Unterbricht der Reisende seinen Flug an einem Ort für mindestens 24 Stunden, macht er einen Stopover.
STPC	Stopover on Company Account, siehe unter Layover Expenses
Take off	Start eines Flugzeuges

Anhang

Taxiway	Rollweg auf einem Flughafen
Terminal	Abfertigungsgebäude eines Flughafens
TCAS	Die Buchstaben stehen für Traffic Alert and Collision Avoidance System. Das ist ein Kollisionswarnsystem, bei dem die Computer verschiedener Flugzeuge miteinander über Funk in Kontakt treten und die Besatzung optisch und akustisch vor einem möglichen Zusammenstoß warnen.
Touch down	Aufsetzen des Flugzeuges bei der Landung.
Tower	Kontrollturm
TPM	Ticketed Point Mileage, die Entfernung, die ein Passagier zwischen zwei Punkten zurücklegt.
Transitpassagier	Ein Fluggast, der umsteigen muss und dabei den Transitbereich des Flughafens nicht verlässt.
Transponder	Ein kleiner Sender an einem Flugzeug, der auf Abfrage Informationen über Flughöhe und die Kennnummer der Maschine sendet. Dieses System ist gegenwärtig Standard im Flugverkehrs und kommt zum Beispiel bei der Arbeit der Fluglotsen zur Anwendung. Diese können auf ihren Kontrollbildschirmen primäre und sekundäre Radarsignale sehen. Das einfache, »primäre«, Radarbild ist optisch nicht besonders aussagekräftig und bildet das Flugzeug nur als Lichtpunkt ab. Das sekundäre Radarbild zeigt zusätzlich wesentliche Daten der Maschine wie die geflogenen Höhe. Es entsteht durch die Daten, die der Transponder des Flugzeugs sendet. Die Transponderdaten bilden auch die Basis für das TCAS.
Trollies	Gepäckwagen
Turboprop	So wird ein Flugzeug bezeichnet, bei dem Propeller-Turbinen zum Antrieb dienen. Auch wenn eine Turboprop-Maschine mit einem Propeller ausgestattet ist, hat der Motor nichts mit den Kolbenmotoren zu tun, wie sie ältere Generationen von Verkehrsmaschinen angetrieben haben. Bei der Turbine, die den Propeller einer Turboprop-Maschine in Rotation versetzt, handelt es sich im Prinzip um ein kleines Düsentriebwerk. Die Drehung, die in der Düse erzeugt wird, treibt über mechanische Verbindungen einen Propeller an, der dann für den Vortrieb sorgt.
UM	Steht für Unaccompanied Minor, ein Kind im Alter zwischen fünf und zwölf Jahren, das ohne Begleitung eines Erwachsenen fliegt.
Upgrading	Ein Passagier, der in einer höheren Klasse fliegt als der, für die er bezahlt hat, erhält ein Upgrading. Das erfolgt zum Beispiel häufig, wenn die Economyklasse sehr voll ist, in der Businessklasse gleichzeitig sehr viele Plätze frei sind.
V 1	V1 ist eine Geschwindigkeit. Sie wird vor dem Abflug von den Piloten ausgerechnet. Ab dem errechneten Wert müssen die Piloten in jedem Fall starten, auch dann, wenn beim Beschleunigen ein Triebwerksschaden auftritt. Der Grund: Ab V1 ist es nicht mehr möglich, die Maschine vor dem Ende der Startbahn abzubremsen. Im Cockpit ruft der Pilot Not Flying die Geschwindigkeit als »V 1« oder als »go« aus.
V 2	Geschwindigkeit, bei der eine Maschine sicher weiter steigt, wenn ein Triebwerk ausgefallen ist.
V R	Bezeichnung für die Abhebegeschwindigkeit beim Start. Beim Startvorgang ruft sie der Pilot Not Flying als »V R« oder »rotate« aus.
VC	Vereinigung Cockpit: Interessenvertretungs-Verband der deutschen Berufspiloten
VFR	Sichtflugregeln
VNAV	Modus am Autopiloten, der das Flugzeug vertikal führt
VOR	Very High Frequency Omnidirectional Radio Range: UKW-Drehfunkfeuer. Es dient der Navigation.
Vorfeld	Bereich vor dem Terminal auf dem Flughafengelände. Hier befinden sich die Parkpositionen der Flugzeuge.
Waiver	So wird eine Freistellung vom Tarif oder eine Tarifbeugung bezeichnet. Sie kann zum Beispiel zur Anwendung kommen, wenn der Passagier zum Beispiel einen Mindestaufenthalt, wie er laut Tarif eigentlich vorgeschrieben ist, nicht einhalten kann.

Anhang

Widebody	Steigt der Passagier in ein Flugzeug und findet dort zwei Mittelgänge vor, befindet er sich in einem Widebody. Ein solches Flugzeug hat einen sehr viel größeren Rumpfdurchmesser als ein Narrowbody. Beispiele: die Boeing B 747 oder der Airbus A 340.
Windshear	Von Piloten gefürchtete Wetterbedingung. Schwerwinde treten in Zusammenhang mit Stürmen auf, bei denen es stark regnet. Dabei kann es sein, dass kalte Luftmassen zusammen mit dem Regen zu Boden gerissen werden. Die Folge: Es entwickelt sich ein mächtiger abwärts gerichteter Luftsog.
YEE	Kennzeichnung für spezielle Sondertarife, wenn es sich nicht um PEX- oder APEX-Tarife handelt

Danksagung

Der besondere Dank des Autors gilt Anke Jobs (South African Airways), Ilse Ludewig (Lufthansa Bildstelle), Simone Schabrich (Aero Lloyd) und Susanne Stünckel (Hapag-Lloyd Flug), den Flugkapitänen Jan Fenenga, Gavin Gaenssler, Eckhard Jann, Steffen Kaiser, Friedrich Keppler und Egbert Quast, den Copiloten Phil Parsons, Erwin Reitenbach, Hans-Jürgen Rudolph, Karsten Walter sowie den Flugingenieuren Wallie Muller und Willie Wannenburg.